【中国通史】第十册

蔡美彪 汪敬虞 李燕光 冯尔康 刘德鸿 著

人民出版社

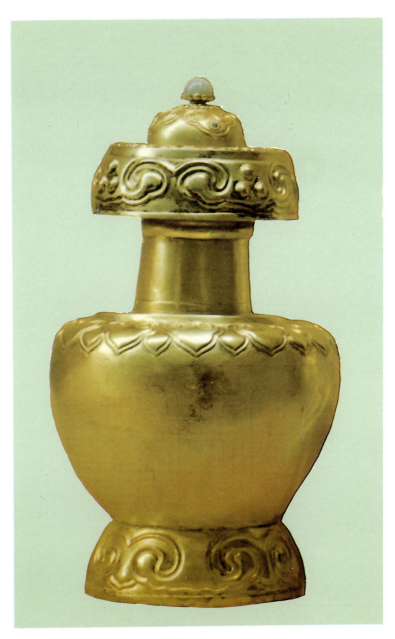

清乾隆金奔巴瓶
（现藏北京市雍和宫文物管理处）

清乾隆清静化城塔

（在北京市西黄寺）

明戴进《三顾草庐图》

清郎世宁《哨鹿图》

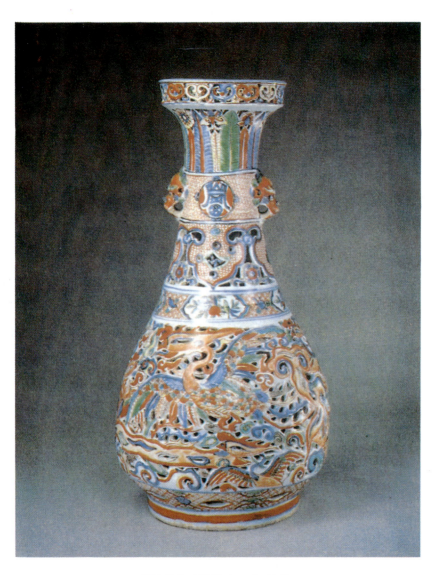

明万历五彩镂空云凤纹瓶

清乾隆各色釉大瓶

明宣德铜掐丝珐琅番莲花碗

清乾隆《大禹治水图》玉山

第十册编写说明

（一）本册是本书第五编明清封建制时期的最后一册，包括本编的第五、六、七三章。第五章乾嘉时期的清朝，主要叙述这一时期的政治概况。清王朝在康熙、雍正时期已经逐渐巩固了它的统治。清高宗（乾隆帝）继承父祖的遗业，曾力图有所建树。但随着经济的发展，皇室贵族日益侈靡腐朽。边疆战事的不断发动也极大地消耗了国力。社会诸矛盾不断激化，终于在嘉庆时爆发了规模浩大的农民起义。当清王朝由强盛转入衰弱的年代，西方资本主义各国正在相继兴起，并开始侵向东方。嘉庆帝的继承者道光帝即位后，便面临着鸦片输入的威胁。一八四〇年的鸦片战争标志着中国由封建社会陷入半殖民地半封建社会的开始。本章的叙述至嘉庆帝去世为止，只是为了体例的统一和叙事的便利，并不表示社会历史发展的断限和分期。

清王朝在乾隆时期确立了自己的版图。本书设立专节，叙述清朝统治下的各民族状况。由于篇幅的限制和文献记载的多少不同，只是作了简括的叙述，藉以表明清代中国的五十几个民族都应有其历史地位。

（二）第六章关于清代经济状况的论述，列为专章。这是因为清王朝是封建社会的最后一个王朝，它的衰落时期同时也是中国封建社会的最后阶段。有必要以较多的篇幅，对社会经济的各个方面作出较详的叙述，以便读者对陷入半殖民地半封建社会以前的状况得到较全面的了解。

（三）明洪武至清嘉庆时期，文化学术经历曲折的道路而出现繁荣。各个时期各个文化领域的发展也呈现出不平衡的状态。明初提倡程朱理学，随后出现王阳明的心学，明末清初反对理学和心学的思潮迭起，由于清初诸帝的提倡，程朱理学再次成为社会政治领域的统治思想，但在学术领域，以求实为旨归的汉学兴起，盛极一时，并带动了历史学、金石学、语言文字学、目录学等学科的发展。小说与戏曲的繁荣，构成明清文学的显著特色。绘画书法和工艺美术的兴盛是艺术领域的成就。科学与技术的许多部门在宋元时代曾居于世界的前列，明清时逐渐落到西方先进国家的后面。某些部门开始注意吸收来自域外的学说和技术。某些传统的科技也取得了一些新进展。本编第七章对文化学术的各部门，分别作了有重点的简要评介，旨在显示这一时期的概貌和发展历程。

（四）本册第五章由蔡美彪总写，李燕光、刘德鸿编写了若干节目的初稿。第六章由汪敬虞独立完成。

第七章经学与学术著作两节，由冯尔康创稿，蔡美彪增补改定。文学部分由冯尔康编写。艺术两节由近代史所罗筠筠同志供稿。科学技术节由南开大学刘洪涛同志供稿。主编者蔡美彪作了统一体例、修订文字的工作。由于罗、刘两同志的襄赞，加快了本册的完成进度。编者谨向他们表示感谢。

编者感谢中国社会科学院近代史研究所中国通史研究室的韩志远、刘小萌、陈杰等同志。他们分别为本书编制了人名索引、地名表和插图。故宫博物院、北京市文物局和雍和宫文物管理处的同志热心为本书提供图片，在此一并致谢。

目　录

第五编　明清封建制时期

第 五 编
明 清 封 建 制 时 期

第 五 章

乾嘉时期的清朝

一七三五年（雍正十三年）八月，清雍正帝（世宗）在北京病死，遗诏皇四子弘历即皇帝位。次年，改年号为乾隆。

清王朝经过康熙、雍正两朝的经营，到乾隆帝即位时，已形成为国力富盛的大国。（一）康熙帝战胜了汉族军阀的所谓"三藩之乱"后，不再有大规模的反清战争。康熙、雍正两朝逐步建成适合于汉地封建社会特点的统治制度，确立了对广大汉族人民的统治。雍正时期，汉族民众的反清和反满斗争虽然仍在继续，但总的说来，清王朝在汉地建立的封建统治秩序已经逐渐巩固。（二）康、雍两朝也逐步建立了对边疆各民族地区的统治。漠北喀尔喀蒙古诸部归附于清朝。天山南北路在准噶尔部噶尔丹败死后，也已归入清朝的统治范围。西南地区，加强了对西藏和云南各民族的统治。东南沿海，台湾郑氏降附后，归于福建省统辖，海疆的统治也渐趋稳固。乾隆帝即位时，虽然准噶尔部仍然对清朝的统治有所抵抗，但整个说来，清王朝已经基本

3

上奠立了它的统治领域。（三）清王朝经康、雍两朝建立起统治秩序后，经过长期战乱而衰敝的社会经济又得到恢复和发展。城市商品经济呈现前所未有的繁荣。清王朝的赋税收入不断增长，逐渐成为财力充裕的富国。

与清初几代创业之君即位时的情形不同，乾隆帝承袭了乃父乃祖的遗业，在统治巩固、国力富盛的局面下开始了他的长期统治。

第一节　乾隆帝统治的确立

乾隆帝弘历，是雍正帝第四子。一七一一年（康熙五十年）八月生。母钮祜禄氏，雍正帝封熹贵妃。弘历六岁时，由康熙帝收养宫中，亲授书课，深得宠爱。雍正帝即位后，为防止日后的皇位纠纷，秘密书写继承者的名字，封存于乾清宫匾额之上。密书名即是弘历。雍正帝在位时，弘历深居读书，尤好汉诗文，虽曾参与军事谙议，受封为和硕宝亲王，但基本上是生长深宫，如他自己所说："于外事总未经历"（《高宗实录》卷一），与乃父即位前迥然不同。

乾隆帝即位时，由庄亲王允禄、果亲王允礼和大学士张廷玉、原任大学士鄂尔泰等开读密封，拥帝即位，受命辅政。乾隆帝服丧期间，由允禄等总理事务王大

4

臣执政，撤销雍正时设立的军机处，另设总理事务处办事。在此期间，乾隆帝仍不时过问政事。一七三七年（乾隆二年）十一月，乾隆帝服丧期满，亲自执政，总理事务王大臣解任，总理事务处也随之撤销。复设军机处，草拟诏旨，处理章奏，以鄂尔泰、张廷玉等为军机大臣。乾隆帝由此组成满汉大臣集团，建立起他的统治。

（一）乾隆初政诸措施

乾隆帝依"密封建储"制，顺利地继承了帝位，避免了皇位争夺和朋党纠纷，但也正由于此，他在即位前并未能建立起足够的威望，在他的周围也未能聚集一批可以信赖的臣佐。他在清王朝已臻富盛时即位，原只能做个守成的君主，但他又并不甘于守成，而渴望有所作为，以树立自己的声威，巩固皇室的统治。雍正帝因力矫康熙末年的积弊，施政不免严猛。乾隆帝在即位的次年即一七三六年（乾隆元年）二月的诏谕中说："大抵皇祖圣祖仁皇帝时，久道化成，与民休息，而臣下奉行不善，多有宽纵之弊。皇考世宗宪皇帝整顿积习，仁育而兼义正，臣下奉行不善，又多有严峻之弊。朕缵承统绪，继述谟烈，惟日孜孜，正欲明作有功，以几惇大成裕之治。"（《高宗实录》卷十二）乾隆帝这段话表明：他力图矫正前朝或宽或严之弊，从而以所谓"宽严相济"作为施政的方针。乾隆帝即位之初的十多年间，依此方针，实行如下的一些重大措施。

一、宽赦与严惩

乾隆帝初即位，即下诏说："凡皇考办理未竟之事，皆朕今日所当敬谨继述者。"（《高宗实录》卷一）但依据宽严相济的施政方针，对前朝已经处置的重大案件，又重新做了处理。

雍正帝严惩宗室兄弟，翦除政敌允禩、允禟一党，令其削籍离宗，赐名阿其那、塞思黑。允禩、允禟相继死于狱中。宗室多人也被株连。乾隆帝即位后，于一七三五年（雍正十三年）九月，诏宗人府依圣祖康熙帝处置宗室例，将宗室、觉罗中有因罪革退名号，并其子孙除去玉牒，不准载入者逐一查明，分赐红带、紫带，附载玉牒。十月，谕将雍正帝拘禁的允䄉、允禵宽宥。已死的允祉收入谱牒。又命廷臣重议允禩、允禟子孙事。十一月，诏依圣祖处置莽古尔泰等例，将允禩、允禟之子孙，给与红带，收入玉牒，即重新承认他们的宗籍，仍为皇族。乾隆帝此举，旨在争取皇族宗室的支持，用意是明显的。雍正帝处置年羹尧案，涉及依附他的汉人文士汪景祺、查嗣庭，家属子孙均被流放。一七三六年（乾隆元年）三月，下谕说，"汪景祺狂乱悖逆……，其兄弟族属南北远隔，皆不知情。今事已十载有余，著将伊兄弟及兄弟之子……开恩赦回。"（同上，卷十四）族人牵连革禁者，也予宽宥。查嗣庭子侄拘系配所者，也从宽赦回。

乾隆帝在宽赦前朝满汉罪臣族属的同时，又严厉处置了曾静、张熙。湖南靖州人曾静及弟子张熙，因雍正时传播吕留良反满思想，劝说岳钟琪反清案被拘。雍正帝赦其死罪，命往江浙各地宣讲，自陈悔悟。乾隆帝即位后，随即加重处置，说："在皇考当日或可姑容，而在朕今日断难曲宥。"（同上，卷九）一七三五年（雍正十三年）十二月，将曾静、张熙凌迟处死。乾隆帝初即位，即处置曾、张，旨在镇压汉人的反抗，用意也是明显的。

二、减免赋税

清王朝建立起封建制的统治后，征收赋税是对广大农民的主要的剥削方式，也是向地主索取钱粮的主要手段。因而减免赋税便成为朝廷争取各阶级民众的最便当的方法。乾隆帝即位时，前朝建树的富盛的国力，为他准备了减免赋税的物质条件。父祖因减免赋税而博得赞誉的事实，又为他提供了借鉴。乾隆帝初即位下诏颁布合行事宜，恩赏各级官员，即令查明"各省民欠钱粮，系十年以上者"，"候旨豁免。"（《高宗实录》卷二）甘肃省因连年负担军需，雍正帝在世时已有旨，将本年地丁钱粮全行捐免。此后十年间，乾隆帝不断减免各地赋税。全省通免及一次减十州县以上者，屡见于清《高宗实录》及乾隆《会典》。一七三六年（乾隆元年）二月，在豁免甘肃应征钱粮的同时，又谕"陕西只征一半,以昭格外之恩。"(同上,卷十二)又免贵州通省钱粮一年。二年,免顺天直隶额赋,免山东正项钱粮一百万两。三年,免江南松江府额赋。四年,免陕西榆林等十一州县通(欠)赋。六年,免福建台湾通赋,江苏苏州等府属通赋。七年,免直隶、江苏、安徽、福建、甘肃、广东等省雍正十三年通赋,并免江南、浙江未完雍正十三年漕项。十年六月,又命普免全国次年钱粮,下诏说:"朕临御天下……,躬行节俭,薄赋轻徭。……是以左藏尚有余积。数年以来,直省偶有水旱,朕加恩赈济,多在常格之外。如前年江南被水,抚绥安插,计费帑金千余万两。""朕思海宇乂安,民气和乐,持盈保泰,莫先于足民","将丙寅年(乾隆十一年,一七四六年)直省应征钱粮,通行豁免。"(同上,卷二四二)廷议三年之内轮免一周。乾隆十年下诏普免钱粮,一时颂为盛事,也说明当时确是财力充裕,左藏有余。乾隆帝即位后的十多年间,如他自己所说,各地遇有水旱雹灾地震等害,也都加赈济和减免额赋,并一再废止各地的多项杂税,史不绝书。乾隆帝以减少税收的办法,安定人心,防止动乱,取得了一定的效果。

三、汉人文士的选用

清王朝经过康、雍两朝采用汉制统治广大汉人地区,汉人文臣已在统治集团中逐渐占有重要地位。乾隆帝即位后,在处置曾、张以镇压汉人反抗思想的同时，又以多种方式，选擢文士，开拓仕途，以争取汉人文士的臣服。康熙时曾于科举定例之外，特设博学鸿儒科，擢选文士。一七三三年（雍正十一年），曾诏举博学鸿词。一七三五年（雍正十三年）八月乾隆帝即位后，随即于十一月下诏说："皇考乐育群材，特降谕旨，令直省及在朝大臣，各保举博学鸿词之士，以备制馆之选。乃直省奉诏已及二年，而所举人数寥寥。……朕因再为申谕，凡在内大臣及各直省督抚，务宜悉心延访，速行保荐，定于一年之内，齐集京师。"（《高宗实录》卷六）次年二月，各省所举文士即有一百余人到京。九月，在保和殿御试一百七十六人，命大学士鄂尔泰、张廷玉及吏部侍郎邵基阅卷。考取一等五名，二等十名。乾隆帝亲自召见，授一等刘纶、潘安礼、诸锦、于振、杭世骏为翰林院编修。二等中由科甲出身的陈兆仑、刘玉麟、夏之蓉、周长发、程恂授为翰林院检讨，未经中举的杨度汪、沈廷芳、汪士锽、陈士璠、齐召南授为翰林院庶吉士。一七三七年（乾隆二年）七月，张廷玉等又考取续到博学鸿词之士一等万松龄、张汉为翰林院检讨，二等朱荃、洪世泽为翰林院庶吉士。博学鸿词科是皇帝特设的制科，考取者即可入官翰林院，一时被士林视为殊荣，贵于例行的科举。

一七三七年（乾隆二年）五月，举行定例的科举，考取于敏中等三百二十四人。赐进士及第三人，进士出身八十人，同进士出身三百四十一人。殿试进士，原由主考官阅卷。乾隆帝亲自阅定前十名,诏谕主考官说:"卿等所拟第四卷,策语字画俱佳,可置第一。所拟第一卷改置第二。所拟第七卷亦佳,可置第三。所拟第二卷改置第四,……。"乾隆帝亲自阅卷,决定名次,掌握了科举取士的权柄。同年,又亲自考试翰林、詹事等官,说:"非朕亲加考试,无以鼓励其读书向学之心。"(《高宗实录》卷四十)阅卷后,依文字优劣,定为四等,分别予以升降,以至休致。乾隆帝由此加强了对文士的选擢和控制。康熙以来,国子监生和知县官缺,可输钱米捐纳,是一项弊政。乾隆帝即位后宣布停止捐纳,也有利于科举取士制的实行。

一七三六年(乾隆元年)六月,乾隆帝命内阁学士方苞主持选颁四书文,将明朝及清初的科举应试文章,选集数百篇颁布,以为举业指南。六年正月,又谕各省督抚学政,采访近世研究经学的著述,不拘刻本抄本,随时进呈。十四年十一月,因翰林以文学侍从,多致力于词章,诏谕各省公举潜心经学之士,不拘进士、举人、诸生以及退休闲废人员,以应精选。由此访得顾栋高等名儒四人,于十六年并授国子监司业。乾隆帝通过多种途径察访文士儒生,也从而加强了对文化思想的统治。

四、统治核心的整顿

乾隆帝初即位,由庄亲王允禄、果亲王允礼与鄂尔泰、张廷玉受命辅政，组成最高的统治核心。乾隆帝亲政后的十多年间，对这个核心势力，逐步整顿，使权力更加集中于皇帝。

允禄、允礼是雍正帝的兄弟，也是宗室中最有威望的亲王。一七三六年（乾隆元年）三月，乾隆帝因祭堂子（祭天）时，允礼托病不到，削去亲王双俸和护卫。一七三八年（乾隆三年），允礼病死，允禄受命总理事务并任理藩院尚书。乾隆帝察知他与允祁子弘晳、允祺子弘昇、允祥子弘昌等来往，指为"私相交结，往来诡密"，于一七三九年（乾隆四年）十月交宗人府审处。弘晳革去亲王，弘昇永远圈禁，弘昌革去贝勒。允禄从宽免革亲王，仍管内务府事，革退议政大臣、理藩院尚书等职及亲王双俸。十二月，弘晳又被告发听信巫术，向妖人询问国事，指为"大逆不道"，永远禁锢。允禄也被罚俸五年，"以示惩儆"（《高宗实录》卷一○六）。辅政两亲王先后失去权势，宗室子孙不敢"私相结纳"了。

乾隆帝即位亲政，复设军机处后，鄂尔泰与张廷玉分任满、汉军机大臣，总理朝廷大政。鄂尔泰历仕三朝，能文能武，一七三五年（雍正十三年）七月，因办理贵州苗疆事务获罪，解大学士任，削去一等伯爵。乾隆帝即位，受命为总理事务大臣，授一等子爵。次年，为军机大臣，三等伯。一七三八年（乾隆三年）兼议政大臣。安徽桐城人张廷玉，康熙时曾以翰林院检讨入直南书房。雍正时，为翰林院掌院学士、国史馆总裁、会典总裁,晋为大学士,草拟皇帝谕旨,深得雍正帝倚信。乾隆帝即位,受命辅政为总理事务大臣。元年,复为大学士、军机大臣。二年,与鄂尔泰同进三等伯。汉人文臣爵至侯伯,为前此所未有。张廷玉以进士出身,得三朝倚任,在朝连膺重任,并一再充会试考官,成为汉人文臣和文坛的领袖。

乾隆帝即位,倚用鄂、张二老臣辅政,并将雍正帝生前的谕旨入于遗诏,说:"此二人者,朕可保其始终不渝。朕万年之后,二臣著配享太庙。"朝臣配享太庙,前此如费英东、额亦都等,都是满洲元勋。汉人文臣配享,是历来所不曾有。清朝一代,也只有张廷玉一人。鄂尔泰、张廷玉主持军机处后,权势尤盛。乾隆帝为防范满、汉朝臣结党,屡次申谕饬戒。一七四〇年(乾隆五年)四月,在一个谕旨中说:"而无知之辈,妄行揣摩,如满洲则思依附鄂尔泰,汉人则思依附张廷玉,不独微末之员,即侍郎、尚书中,亦所不免。""鄂尔泰、张廷玉乃皇考与朕久用之好大臣,众人当成全之,使之完名令节,永受国恩。""二臣当更仰体朕心,益加敬谨,以成我君臣际遇之美。"(同上,卷一一四)昭梿《啸亭杂录》说:"上习知其弊,故屡降明谕,引宪皇帝(雍正帝)朋党论戒之。"乾隆帝亲自处理朝政,大权独揽,又多次告诫臣工,预防朋党。

鄂尔泰是著名武将,又主持文坛为翰林院掌院学士,主考会试,门下满、汉臣僚甚众。受命辅政,位至尊显。子鄂容安也在一七三六年(乾隆元年)，授任翰林院编修、南书房行走。后转侍读，擢升詹事府詹事。鄂氏一门在朝中权势甚盛。左都御史仲永檀乾隆元年进士，是鄂尔泰主考的门生。乾隆七年十二月被揭发与鄂容安结党营私，将密奏留中事泄露(昭梿《啸亭杂录》以此事为刑部侍郎张照诬谮)。乾隆帝说他"依附师门，将密奏密参之事无不预先商酌，暗结党援，排挤不睦之人，情罪甚属重大。"(《清史列传》)审理此案的王大臣请将鄂尔泰革职拿问，乾隆帝特予宽容，"交部议处，以示薄罚"，仍留原任。鄂容安革职。仲永檀死于狱中。乾隆十年(一七四五年)正月，鄂尔泰因病请解任，有旨慰留。四月病死。

自鄂尔泰获罪后，张廷玉主持军机处，权势益重。早在一七四一年(乾隆六年)，左都御史刘统勋即上奏说："外间舆论，动曰桐城张、姚两姓，占却半部缙绅。""今张氏登仕版者，有张廷璐等十九人。姚氏与张氏世姻，仕宦者，有姚孔振等十三人。"一七四六年(乾隆十一年)，乾隆帝因廷玉年老，命其次子张若澄入直南书房，以便扶掖入朝。一七四八年(乾隆十三年)，张廷玉以老病乞休，乾隆帝不准。一七四九年(乾隆十四年)冬，再次乞休。乾隆帝不悦，乃许致仕。次日，张廷玉未入朝，只命若澄入谢。乾隆帝大怒，命发旨诘责。张廷玉随即于次日晨入朝谢恩。乾隆帝又怀疑草拟诏旨的汪由敦泄露内情，将汪由敦革职，削去张廷玉伯爵，

13

命以大学士衔休致留京。一七五〇年（乾隆十五年），张廷玉疏请南还，乾隆帝更怒，严加斥责。张廷玉疏请治罪。一七五五年（乾隆二十年）四月病死，年八十。仍命配享太庙。

张廷玉在乾隆朝，执政十余年。作为汉人文臣的领袖和代表，权位至于极盛。乾隆帝倚用汉人文臣而又时加控制，并一再宣告"满汉均为朕之臣工"，不得相互歧视。乾隆帝即位后约二十年间，满汉大臣之间并未出现严重的朋党纷争。

（二）边疆战事的发动

乾隆帝即位的二十年间，主要在稳定政局，巩固他的统治，并未发动大规模的战争。但初年曾出兵镇压贵州苗族的反抗，一七四六年（乾隆十一年）又开始了对四川西部大小金川的征剿。

一、苗疆战事

雍正帝时，张广泗等攻占贵州古州苗人地区，鄂尔泰在古州设镇，为总兵驻地。又在苗岭山脉及清水江、都江流域的清江（清水江）、丹江、八寨等城设立协营驻兵。后改清江为镇，与古州分辖。鄂尔泰因而晋封伯爵，入为武英殿大学士。一七三二年（雍正十年），清军在台拱驻兵，引起苗民反抗。次年，清军攻占台拱。一七三五年(雍正十三年)春,各地苗人因反抗征粮起义,接连攻陷数城。六月,雍正帝诏发云南、四川、湖北、广东等六省兵会剿,特授云南提督哈元生为扬威将军、湖广提督董芳为副将军,领兵作战。七月,又命刑部尚书张照为抚定苗疆大臣,总领其事。张照至苗疆,认为强行"改土归流"并非良策,与哈元生不和。清兵数月无功,苗人起义更加迅速发展。鄂尔泰也因此被免去大学士职。

乾隆帝即位后,十月间逮捕张照,治罪,命张广泗为七省经略,节制诸军。张广泗至军,劾哈元生徒事招抚。免官逮入京师论斩。乾隆帝命免死赴西路军效力。张广泗又劾董芳师集数月,剿抚无端。免官逮至京师,以副将发云南。张广泗调集贵州兵,集中于镇远府。分三路进攻苗寨。一七三六年(乾隆元年)春,又增加兵力,分八路进军。四、五月间,对起义苗民进行大规模的屠杀。六月间战事结束,共毁苗寨一千二百二十四所,斩杀一万七千余人,俘掳二万五千余。乾隆帝不惜发动大军大肆屠杀,为苗民带来惨重的灾祸。但迫于苗民的坚决反抗,战事过后,仍不得不宣诏免除苗疆的钱粮,永不征收。苗人之间的诉讼,也仍依苗人习俗处理,不拘清朝的律例。

二、对瞻对土司的镇压

四川打箭炉西北,有瞻对土司,居雅龙江畔岸山中，称为上瞻对、下瞻对。各有首领（土目），居民是土著的藏族。有人恃险劫货，掠及清台站士兵。官府捕治时，土司隐匿不交。一七四五年（乾隆十年），川陕总督庆复偕四川巡抚纪山、提督李质粹奏请发兵进剿。庆复、李质粹分兵数路围剿上瞻对，上瞻对土目四朗降。清兵合力进攻下瞻对诸寨，下瞻对首领班滚力战，不敌，请降。庆复不许，上疏报捷。乾隆帝授庆复文华殿大学士。一七四六年（乾隆十一年）春，庆复以明正土司汪结为向导，继续进军。四月，庆复、李质粹领兵进攻丫鲁地方，烧毁碉楼四十余座。碉内所居男妇老幼，俱被火烧。李质粹咨报班滚已自焚死。六月，庆复据以奏报朝廷。乾隆帝以为可疑，说：“惟班滚渠魁，断不可容其漏网。”传谕庆复继续查访，“留心踪迹，毋留遗孽。”（《高宗实录》卷二六八）清军暂且收兵。

三、第一次大小金川之战

四川西部金沙江上游，有两水，因山中产金，俗称为大小金川。藏族部落居两川附近地区，称大金川为促浸水，小金川为儹纳水。大金川首领嘉勒塔尔巴于一六六六年（康熙五年）由清廷授予嘉勒巴演化禅师印，统领部众。其庶孙莎罗奔曾随岳钟琪部进军西藏，有功于清廷。一七二三年（雍正元年）授予金川安抚使的封号。莎罗奔依靠清廷的支持，雄据一方，声势渐盛。又以己女阿扣嫁小金川首领泽旺，以图控制。一七

16

四五年(乾隆十年)，莎罗奔曾将泽旺捉拿，被清大学士管川陕总督事庆复制止。庆复在一七四六年（乾隆十一年）十一月奏报说："大金川土司色勒奔细（即莎罗奔)性更凶顽……，更欺压小金川。去年竟有将小金川土司拿去之信。经臣差弁严查……，方遣土目具禀军前，当即严加申饬。"(《高宗实录》卷二八三)乾隆十二年(一七四七年)正月，四川巡抚纪山奏报说，莎罗奔侵占邻近的革布什咱土司地方，彼此仇杀，并诱夺泽旺印信。乾隆帝认为是土司之间的"小小攻杀"，诏谕"即当任其自行消释，不必遽兴问罪之师"，"令其畏惮奉法，恩抚感怀，各得其道，先事所筹，无致轻有举动。"(同上，卷二八四)随后，庆复又奏报莎罗奔"近攻革布什咱之正地寨，又攻明正土司所属之鲁察景谷，番民望风畏避。坐汛把总李进廷抵敌不住，退保吕利。"乾隆帝得报大怒，说"看此情形，则贼首恃其巢穴险阻，侵蚀诸番，张大其势，并敢扰我汛地，猖獗太甚。"三月，调任镇压苗民有功的云贵总督张广泗为川陕总督，会同庆复相机进剿(同上，卷二八六)。

张广泗领兵三万进攻金川。六月，小金川土司泽旺及弟良尔吉来降。张广泗即驻兵于泽旺的美诺寨，命良尔吉从征。庆复被召回京。张广泗分兵两路攻打大金川。莎罗奔阻山为石垒，清军无法前进。十月，纪山及张广泗先后奏报莎罗奔乞降。乾隆帝谕军机大臣等："此番官兵云集……，断无以纳款受降，草草了局之理。著传谕张广泗,务将莎罗奔擒获。"(同上,卷三〇一)十一月,张广泗又奏报莎罗奔遣使乞降,"臣复面加晓谕……,此番用兵,务期剿除凶逆,不灭不已。"乾隆帝旨复:"甚是! 甚是! 是慰朕怀。"又批:"好! 明告之,甚是。"(同上,卷三〇五)年底,清军仍不能前进。

在此期间,张广泗察知下瞻对首领班滚隐藏未死,庆复奏报班滚自焚事不实。乾隆帝命他继续查访核实,将庆复免官,与李质粹同下刑部狱。审讯,以贻误军机论斩。乾隆十三年(一七四八年)正月,张广泗又奏请增兵一万进攻,但至三月,仍无进展。四月,乾隆帝命大学士兼吏部尚书讷亲为经略大臣,到四川督师,并起用削职的岳钟琪以总兵衔到军中听用,起用董芳为四川重庆总兵从征。大金川以勒乌围与噶尔厓两寨为主要据点。莎罗奔自驻勒乌围,其侄郎卡驻噶尔厓。六月间,讷亲至军,急于求功,限令三日攻下噶尔厓。清军发起猛攻,总兵任举、参将买国良战死,无功而退。张广泗蔑视讷亲,临阵推诿困扰。讷、张不和,军心瓦解。讷亲上疏劾奏张广泗"糜饷老师"。岳钟琪至军,升为四川提督。雍正时,岳钟琪遭张广泗弹劾罢官。这时,他也密奏张广泗玩兵养寇,信用良尔吉,泄露军机。九月,乾隆帝将张广泗革职,交刑部治罪。十二月逮捕入京处死。讷亲也被召回京,以贻误军机革职治罪。次年正月,被处死。

乾隆帝召回讷亲、张广泗后,九月间,晋升协办大学士傅恒（满洲镶黄旗人）为保和殿大学士，暂管川陕总督，经略军务。十月，傅恒奉旨出发，十二月入川。傅恒至军，在卡撒驻营。察知张广泗信用的良尔吉，与莎罗奔女阿扣私通，向莎罗奔密报军情。随即将良尔吉、阿扣及引荐良尔吉的汉人王秋斩首，军中震动。傅恒奏报作战方略、当地险要形势及期以四月间取胜，并称"此番必期成功，若不能殄灭丑类，臣实无颜以见众人。"乾隆帝得报"深不以为然。"这时，边疆战事已经并非必要地拖延经年，损兵折将，虚耗资财。乾隆帝已渐有悔悟，谕军机大臣传谕傅恒，说他"辗转思之，竟至夜不成寐。""现在酌拨帑项千万有奇，至动及各省留备银两，已属拮据。""乘此机会，因而抚纳，亦足以振军威而全国体。"（同上，卷三三一）几天后，又以"恭奉皇太后懿旨"名义，传谕傅恒，限令四月初旬以前结束战事。次年正月，乾隆帝决意撤兵，诏谕说："朕思用兵一事，总系从前不知其难，错误办理。今已洞悉实在形势，定计撤兵。另有谕旨寄发，召经略大学士傅恒还朝。"（同上，卷三三二）傅恒接谕后，交还原旨，请求继续攻打噶尔厓。说："攻克贼巢，旦夕可必。一篑之亏，诚为可惜。"（《清史列传·傅恒传》）乾隆帝得报，不允。再次下谕，召傅恒还朝，并赐诗三章，有句云："武岂黩兵应戒彼，绩惟和众孰同斯；功成万骨枯何益，壮志无须效贰师。"（同上）傅恒得旨，适莎罗奔遣使来降。傅恒谕令莎罗奔、郎卡亲到清营来降，当赦免不杀。为取信于莎罗奔，提督岳钟琪只率十三骑亲自到勒乌围开谕。莎罗奔率领郎卡随岳钟琪到清军大营投降，誓遵六事：不侵犯邻封、归土司侵地、献出凶手、资送内地人、纳军械、供徭役。傅恒宣诏赦免莎罗奔，领兵还朝。乾隆帝褒赏傅恒，后封岳钟琪三等公，赐号威信。董芳赴镇料理善后，以功加左都督。

　　乾隆帝先后发动对瞻对和大小金川的征剿，战事经年，为当地居民带来极大的灾祸，清廷也遭受了重大的损失。战争的发动，并非由于藏族居民反抗清廷，而只是因为边地出现的某些纠纷。这些纠纷本来并不是不可以妥善处理。乾隆帝轻率出动大兵，又一再拒不接受当地土司首领的投降，务期"尽灭"以维护所谓的军威国体，实际上也就是树立乾隆帝的声威。乾隆帝的横暴的镇压，遭到边地居民的顽强抵抗。清廷先后处死大学士、总督等满汉重臣三人，将官多员战死，伤亡兵士数千。战争耗费军需银七百七十五万两（实销六百五十八万，移驳一百十七万。见赵翼《檐曝杂记》卷二），以致不得不动用各地的后备，使"财用枯窘"。清廷在付出巨大代价后，仍然不得不收兵纳降，继续承认当地土司的统治。军事上的表面的胜利，并不能掩盖事实上的失败。不必要的连年战争冲击了乾隆初年保持的承平局面，也为此后的黩武邀功开了端绪。

（三） 帝后巡游与究治朋党

一七四五年（乾隆十年），乾隆帝在捐免直省赋税的诏谕中曾自称："朕临御天下，十年于兹，抚育蒸黎，民依切念。躬行节俭，薄赋轻徭。""今寰宇敉宁，既鲜靡费之端，亦无兵役之耗。"（《高宗实录》卷二四二）如果说，大小金川之役是开始了并非不可避免的"兵役之耗"，那么帝后的巡游和皇室的豪侈，又开了"靡费之端"。

一、帝后巡游

一六八五年（康熙二十四年）在承德府修建行宫，称避暑山庄。夏秋间皇帝在木兰狩猎，称为"秋狝"。驻跸避暑山庄听政。秋狝驻跸实际上是继承了契丹、女真、蒙古等北方民族纳钵制的传统，以保持骑射的武风。但山庄的修建，模仿江南园林，日益豪侈。乾隆帝于一七四一年（乾隆六年）开始举行秋狝，奉母钮祜禄氏皇太后（嘉庆时谥孝圣宪皇后）同行，驻山庄避暑。此后隔年一至。一七五一年（乾隆十六年）以后，每年夏秋必至，均奉皇太后同行。乾隆帝上效康熙帝，又连年巡游南北各省，号为东巡、西巡和南巡。康熙帝的出巡，旨在考察形势、巩固统治和视察黄河的治理。乾隆帝的巡游，主要以游乐为目的，上下虚耗，所经之处竟尚侈丽,带来巨大的靡费。

谒陵与东巡 乾隆帝生长京师,不知满洲故乡风土。一七四三年(乾隆八年)八月,奉皇太后自北京启行,前往盛京祭谒祖陵。临行前下谕说:"朕奉皇太后前往盛京,恭谒祖陵,所有经过州县,不令丝毫扰累。但安营除道,未免有资民力",将各地本年应征钱粮捐免。所谓"不令丝毫扰累",自是空文。"有资民力",则是事实。启行之前,各地即忙于修筑桥梁道路,铺设驻跸宫幄等所谓"应办差使"。孝圣太后与乾隆帝途中驻跸避暑山庄,在木兰行围。蒙古王公台吉随行。行围后赐宴并颁赏腰刀缎疋,随行兵士亦各有赏银。行经召乌达盟,盟长贡献牛羊驼马。乾隆帝以经过地方"蒙古人等修理桥道,备办一切用项,俱属整齐妥协",下谕褒奖,对各级官员、兵丁颁赏大批缎布等物。九月,至盛京,先赏赐盛京将军银五千两、副都统银二千五百两。随即举行大宴,盛京文武官员、三陵官员及自京随来的王公大臣、官员、蒙古王公、额驸等均入宴,规模盛大。皇太后与乾隆帝先祭谒永陵(景祖觉昌安、显祖塔克世陵。原称兴京陵,顺治十六年尊称永陵),然后祭福陵(太祖陵)及昭陵(太宗陵)。三陵祭仪,均依康熙时定例。祭后又盛宴诸王及文武大臣,庆贺礼成。乾隆帝受贺并亲制《盛京延宴世德舞辞》,以汉高帝过沛而歌大风自比。随即以礼成颁诏全国,赏赐文武大臣及奉天旗民。乾隆帝此次东巡谒陵,朝廷耗费了大批的赏赐,盛京及所经各地为接送帝后,更耗费了无数的人力与财力。

一七五四年(乾隆十九年)七月,乾隆帝再次奉皇太后谒陵。八月,途经吉林,驻跸,渡松花江,游龙潭。因"途次迎銮者,踊跃趋事",奖谕吉林将军、副都统以下各级执事官员、兵丁,赏给缎疋、银两。抵盛京谒陵礼成,又依例颁赏盛京官兵,较一七四三年(乾隆八年)更为丰厚。盛京礼部侍郎世臣,因备办祭典"并不竭尽诚敬,草草办理",被革职发往黑龙江。乾隆帝赏罚分明,更加助长了地方官员迎銮的靡侈。

一七四八年(乾隆十三年)二月,乾隆帝奉皇太后去曲阜谒孔子陵庙,游泰山,是为东巡。沿途迎銮竞尚侈丽,过于盛京谒陵。乾隆帝在一七五一年(乾隆十六年)的一个诏书中说:"自十三年东巡,该抚等于省会城市,稍从观美,后乃踵事增华。虽谓巷舞衢歌,舆情共乐,而以旬日经营,仅供逐次一览,实觉过于劳费。且耳目之娱,徒增喧聒,朕心深所不取"。事过之后,乾隆帝以"深所不取"为言,以求限止。当年的奢费,不难想见。

西巡五台 一七四六年(乾隆十一年),乾隆帝又奉皇太后往易州谒祭泰陵,然后西游五台山,号为西巡。自顺治帝定都北京后,顺治、康熙两帝都葬在遵化。雍正帝生前,即把自己的葬地定在易州泰宁山下,并修建了陵园。一七三七年(乾隆二年),葬雍正帝于此,称为泰陵。一七四六年(乾隆十一年)九月,乾隆帝与皇太后到泰陵行祭礼,王以下文武大臣官员随行。谒泰陵后,自易州去山西五台游赏。乾隆帝下谕说,他"临幸五台,观风问俗",是为了"周知闾阎疾苦"。事实上,主要是巡游览胜。去五台前,借口山西巡抚阿里衮患病,特命兵部尚书班第署理山西巡抚,即日前往,办理巡幸五台之事。帝后抵五台后,赐宴随从王大臣。因"安营除道,未免有资民力",免五台县明年额赋十分之三。乾隆帝在五台行围。留驻五日后启程。十月,经滹沱河,驻正定府,查阅堤工。经石家庄,驻保定府,游莲池书院,在太平庄行围,由涿州回京。

一七五〇年(乾隆十五年),乾隆帝再次奉皇太后西巡。二月自京师出发,由王公大臣扈从,经涿州、保定府至五台,在菩萨顶驻跸三日后,循原道回銮。临行,在五台下谕说:"朕巡幸五台,所有各处道路,该抚多已预备。其中朕所未到之处,向例不准开销。……赏银一万两,交该抚阿里衮通融办理,以补前项诸费之用。"(《高宗实录》卷二五八)山西境内,乾隆帝未到之处,赏银一万两补用,实际筹办费用,当不止此数。直隶境内及山西已到各处,虚耗费用,当然还要超出数倍至数十倍。据说,一九〇〇年慈禧后逃到太原,见到乾隆帝巡幸五台时所供用的物品,叹为宫中所未有。其豪侈奢靡,可想而知。

一七五〇年(乾隆十五年)秋八月,乾隆帝又奉皇太后巡幸中岳嵩山。一切供顿,俱由正项开销。依西

24

巡之例，也与赏银一万两交督抚通融筹酌。八月初七日自京启程，先向京东遵化祭谒孝陵、景陵，然后西行去易州谒泰陵。经正定府、彰德府、孟县、洛阳县，十月初至嵩山。祭中岳庙，赐扈从王公大臣及河南巡抚等官宴，在嵩山两日回銮。经中牟县至开封府，留住四日，赐宴阅兵。经卫辉府北返，十一月初回京。下谕将河南一七四九年（乾隆十四年）以前积欠钱粮三十五万两捐免。

南巡江南 乾隆帝连年奉皇太后东西巡游，王公大臣随从，转辗各地，贡献赏赐，耗费是巨大的。但最大的靡费还是南巡江南。江浙一带历来是生产最为发展的地区，也是景物繁盛，商业贸易最为发达的地区。康熙帝曾六次南巡，以巩固对汉地的统治，乾隆帝自称效法皇祖，也先后六次到江南巡游。一七五○年（乾隆十五年）十一月，乾隆帝奉皇太后还京。一七五一年（乾隆十六年）正月，又奉皇太后启銮初次南巡。大学士傅恒等王公大臣随行，规模浩大。启程一年前，经行各地即已在忙于准备御舟，修筑道路，布设行营行宫，筹备迎驾。乾隆帝出发前下谕说："朕巡行江浙，问俗省方，广沛恩膏，聿昭庆典"，将江苏自乾隆元年至十三年（一七三六至一七四八年）积欠地丁银二百二十八万余两、安徽积欠三十万五千余两捐免。浙江无积欠，将来年应征地丁钱粮三十万两捐免。随从人等各有帮银路费俸饷，但因沿途诸物昂贵，另加恩赏，傅恒赏银六百两，以次各有赏银。二月间，经山东泰安入江苏，渡黄河至直隶厂，阅洪泽湖高家堰堤工。过淮安，经扬州平山堂高旻寺渡江至金山寺，经镇江府，由水路至苏州府驻跸二日。三月初，经嘉兴至杭州。月中自杭州回苏州驻跸。往江宁府，祭明太祖陵。四月，经泰安府，游泰山。五月初回京（《高宗实录》，参《南巡盛典·程途》）。

乾隆帝奉皇太后驻跸的城邑，对当地各级官员以致兵丁，屡有赏赐。二月初，在途中下谕说："朕问俗观风，南巡江浙，清跸所至，广沛恩膏。更念三吴两浙为人文所萃，皇祖圣祖仁皇帝屡经巡幸，素悉膠庠，试额频加，罩敷教泽。朕法祖省方，銮舆所莅，式循式典，用示渥恩。"（《高宗实录》卷三八二）江苏、安徽、浙江三省，本年岁试文童，府学及州县大学增取五名，中学增取四名，小学增取三名。乾隆帝到杭州后，又颁赐江浙各书院新刊武英殿版十三经、二十二史各一部，又召试呈献诗诸生，**谢墉、陈鸿宝、王又曾**等三人特赐举人。在江宁，也准此例，特赐蒋雍植、钱大昕等五人举人。

乾隆帝巡游之地，当地设备接送，竞尚豪华。据说每处供设，所费不只二、三十万两，超过康熙帝南巡时十倍。帝后的大量赏赐和地方的豪华供设，耗费巨大。所谓"动用正项"和减免额赋，自然远不足用。乾隆帝在山西和山东巡游时，曾准当地商人捐输。游嵩山时，河南巡抚鄂容安奏称："恭遇驾幸河南，通省绅民咸沐皇仁，无由仰报，情愿捐输，共输银五十八万七千余两，以充公用。"(《高宗实录》卷三七四)乾隆帝饬令给还绅民。南巡江南时，因费用浩大，深虑"办理拮据"，明谕嘉奖"两淮商人，踊跃急公，捐输报效。地方官一应公务，于此取给。"(同上，卷三八二)两淮商人中，以盐商为最富。乾隆帝将两淮纲盐、食盐于定额外，每引赏加十斤，"不在原定成束之内，俾得永远沾受实惠。"(同上)乾隆帝用赏加盐引的办法，换取盐商捐输，以供巡游。盐商自炫富有，官员互竞豪华，侈靡之习，愈演愈烈。袁枚记扬州情形说："自辛未岁(一七五一年，乾隆十六年)天子南巡，官吏因商民子来之意，赋工属役，增荣饰观，奢而张之。水则洋洋然回渊九折矣，山则峨峨然磴约横斜矣，树则焚槎发等，桃梅铺纷矣，苑落则鳞罗布列、阗然阴闭而霅然阳开矣。"(《扬州画舫录·序》)乾隆帝游苏州时，曾说这里"纷华靡丽之意多，而朴茂之风，转有未逮"，"凡兹士庶，更宜力敦本业，力戒浮华。"(《高宗实录》卷三八三)游杭州后也说："闾阎趋尚，较吴稍朴。但浮竞之习，举所不免。"(同上，卷三八四)乾隆帝指苏、杭二府趋尚浮华，其实他的南巡，就正是在倡导浮华的风气。

康熙帝南巡时，视察黄河河工是主要目的之一。乾隆帝后来自称："南巡之事，莫大于河工，而辛未(一七五一年)、丁丑(一七五七年)两度，不过敕河臣慎守修防，无多指示。"(《南巡记》)乾隆帝初次南巡，本不以视察河工为目的，"无多指示"是必然的。不过，他经淮南时，曾往视高家堰。自江宁往祭禹陵途中，也至蒋家坝阅视堤工。并曾诏谕河臣尽心修治洪泽湖水坝，对黄河的治理，也还多少有所推动。乾隆帝在巡游各地时，仍在各地批阅奏章，处理军国大政，与荒废政事的单纯的游玩，也还有所不同。不过，南巡的目的，既在于"观风问俗"，游赏胜景，沿途的靡费，不仅耗费了前代积聚的大量资财，也助长了地方官员竞尚华侈，贪贿敲索的颓风，影响是巨大的。

二、宫廷的侈靡

乾隆帝即位日久，宫廷生活也日益侈靡，任情挥霍。典型的事例，是一七五一年（乾隆十六年）冬，为孝圣皇太后举行六十寿辰的庆典。康熙帝曾为孝惠皇太后祝贺六十寿辰，贡献各色珍贵礼物，备极豪侈。但孝惠太后仍令停止筵宴，以为限止。乾隆帝效法乃祖，也为生母皇太后祝寿，但其豪华远远超过康熙时的庆典。

京师城西有圆明园，原为雍正帝即位前藩邸赐园。圆明园之南，有畅春园。康熙时，以明人别墅改建。乾隆时，孝圣太后常居此园。十一月二十五日为皇太后生日。十九日，皇太后自畅春园去万寿山游幸。次日，自畅春园启銮，入城，入居皇城的寿康宫（在慈宁宫西，后改名寿安宫）受贺。

皇太后的庆寿活动虽在京师举行，但成为全国各省都要鼎力筹办的大事。早在本年春初，即由在京王大臣奏准，于万寿山至京一路，"分段预备，公祝圣寿。"乾隆帝诏谕各省督抚，先期遣人进京，按分派地段，预备经坛、戏台之类，"以展臣子祝嘏之诚，而玉辂经过，亦可仰承圣母欢心。"(《高宗实录》卷三八四)各省督抚自然竞相贡献，争奇斗艳。城外自万寿山至西直门，城内自西直门至皇宫西华门，沿路十余里遍设万寿彩棚、戏台、灯彩楼阁之类。城内道路两旁房屋均被遮挡不见。广东省搭设的"翡翠亭"，宽约两、三丈，亭瓦全用孔雀尾翎毛，不下万眼。湖北省搭建"黄鹤楼"，重檐三层，用玻璃作墙壁，高七、八尺。浙江省献"出湖镜"，在广榭中用大圆镜嵌入藻井，小镜数万堆砌四旁，构成镜壁。人入其中，即可照影千百。各省搭设的祝寿棚，互竞豪侈，翦彩为花，铺锦为屋。每数十步，设一戏台。南北戏曲及四方乐舞，在台上演出祝寿。不仅在京王公大臣及各省督抚各自搭设华侈的坛台，博取"圣母欢心"。在京及各省非现任职官的在籍人员，也有一百八十五员设立经坛庆祝，因而获得晋级和赏给职衔的"恩施"。十一月初，西直门一路祝寿彩棚就已铺设，并特派步兵昼夜看守。大约自初十日起，即开始乐舞庆祝。许居民观赏，以示"普天同庆"。史学家赵翼当时正在京师，说他曾到长街游览两次，"如入蓬莱仙岛，在琼楼玉宇中听霓裳曲、观羽衣舞"，"此等胜会，千百年不可一遇。"(《檐曝杂记》卷一)不仅各省督抚以下的各级官员，都来京祝寿，地方绅民也相继来京，因人数过多而被制止。但直隶和湖广的老民老妇，因起程较早而陆续到京，受到恩赏。皇太后启銮回宫之日，在京文武官员、大臣命妇、八旗男妇、京师士女及各省来京官民，都端服盛妆，跪伏在道路两旁，为太后祝嘏。二十二日（乙酉），乾隆帝为皇太后加上徽号，举行庆典。二十五日，举行祝寿大典，乾隆帝亲制《慈圣万寿九如颂》九章，书在屏风上进献。随后颁诏天下，说："盛典特隆，洪恩用溥"，王妃、公主、满汉大臣命妇、外藩王妃以下，俱加恩赐。在京满汉文武大小官员，俱晋一级。内外官员，俱加封赠。太监，八旗满洲、蒙古、汉军兵丁，均给赏银。

乾隆帝为皇太后祝寿之年，虽然国库仍尚充裕，但连年水旱，各省已多有灾荒。十一月初，两江总督尹继善就奏报说："上下江节年偏灾，赈贷平粜，动用不赀。统计缺额米，上江五十余万石，下江一百余万石。"（《高宗实录》卷四〇二）两江是最为高产的地区，这时也受灾缺粮。但这年春夏，帝后巡游江南，冬季又大办祝寿庆典。各地的负担是沉重的。督抚向帝后的贡献，自是来自州县，州县又攫括于民间。皇室奢靡，上行下效，不仅助长了浮华之风，也促使官吏的贪贿勒索，随之日益加剧，难以遏止。

三、究治朋党

乾隆帝即位后，倚用老臣鄂尔泰、张廷玉掌管朝政。鄂氏与张氏家族，多居官位。外姓臣僚也争相依附。乾隆帝曾一再告诫，防止朋党的形成。鄂尔泰于一七四二年（乾隆七年）获罪，一七四五年（乾隆十年）病死。张廷玉也于一七五〇年（乾隆十五年）遭到乾隆帝贬斥后休致。但朝臣中相互攻讦和相互援依之风已渐形成。乾隆帝也对满汉臣僚渐多疑忌，时加防范。鄂尔泰死后次年，其侄鄂昌任广西巡抚，奏请将鄂尔泰列为广西名宦入祀，遭到乾隆帝的驳斥。一七四七年（乾隆十二年），乾隆帝令督抚大臣举贤自代。鄂昌举荐广西布政使李锡泰，说他"堪膺封疆之寄"。乾隆帝说，他曾召见过李锡泰。李锡泰痛贬前任广西巡抚托庸的坏处，极力称赞鄂昌居官的好处。现在鄂昌又来举荐李锡泰，这怎能避免党同朋比之嫌？一七五五年（乾隆二十年）初，乾隆帝还在诏谕中说起，张廷玉当年乞休时，曾奏称史贻直曾说他不宜配享太庙，请求保证。史贻直是在单独奏对时说过这样话的。张廷玉怎么会知道？这能说没有揣摩朋党之风么！又说，南巡时准令兵部尚书梁诗正解职归乡，奉养老父，就有人怀疑，说是因汪由敦排挤而去。倘使汪由敦能在朕前排挤梁诗正，何以不能救护张廷玉？这不是很明白么！又下谕说："徇情曲庇，即是党援门户之渐。昔皇考洞悉此等陋习，大加振刷。如查嗣庭、吕留良诸案，实足以挽颓风而励名教"。"倘以日久渐弛，复萌故智，将来如有似查嗣庭、吕留良不法之案，朕亦非不能执国宪以警奸顽者。诸臣其苦均之。"(《高宗实录》卷四八一)乾隆帝此谕,向诸臣发出警告,表明他也将惩治查嗣庭案一类的事件。果然,这年二月,便有胡中藻、鄂昌狱兴起。

江西新建人胡中藻,一七三六年(乾隆元年)殿试考取进士,鄂尔泰为会试正考官,因而自称为鄂尔泰门人,入为内阁学士。得到鄂尔泰的赏识,被视为"昌黎(韩愈)再世"(《履园丛话》一)。他在诗中也说是"记出西林(鄂氏出西林觉罗氏)第一门"。鄂尔泰死后,胡中藻出为陕西学政。一七四八年至一七四九年(乾隆十三年至十四年),出为广西学政。奉调回京,后解任归江西。鄂昌于一七四八年(乾隆十三年)调任江西巡抚,旋调四川巡抚、甘肃巡抚。一七五〇年(乾隆十五年)署陕甘总督,一七五一年(乾隆十六年)调江西巡抚。一七五二年(乾隆十七年)冬,因申奏不实,被解任。一七五四年(乾隆十九年),再授甘肃巡抚。胡中藻平居吟诗,与鄂昌相唱和。汇集所作诗稿题为《坚磨生诗钞》,礼部侍郎张泰开曾为作序刊刻。乾隆帝因而怀疑鄂昌与胡中藻等结党怨望。一七五五年(乾隆二十年)二月,密谕广西巡抚卫哲治:"将胡中藻任广西学政时所出试题及与人唱和诗文并一切恶迹,严行察出速奏。"(《清代文字狱档》)卫哲治查出胡中藻曾出试题及唱和诗三十六首与在陕西时诗文一本奏呈。三月初二日,乾隆帝又密谕协办陕甘总督刘统勋,乘鄂昌去安西之际,亲往兰州鄂昌抚署,"将其与胡中藻往来应酬之诗文、书信，严行搜查，并其与别人往来字迹中有涉讥刺嘱托者，一并搜查封固，差妥人驰驿送来"，并严示"不可预露风声"。三月十三日，乾隆帝召谕大学士九卿等朝臣，痛斥胡中藻"诋讪怨望"，"非人类中所应有"。指斥胡中藻集内诗句"又降一世夏秋冬"，是隐喻清朝传三世以后至乾隆时"又降一世"。"一把心肠论浊清"，是"加浊字于国号之上"。呈南巡诗有"三才生后生今日"，是詈骂乾隆帝在三才（天、地、人）之后。又所出经义试题有"乾三爻不象龙说"，"乾隆乃朕年号，龙与隆同音，其诋毁之意可见。"等等。乾隆帝还说："伊在鄂尔泰门下，依草附木，而诗中乃有'记出西林第一门'之句，攀援门户，恬不知耻。"乾隆帝认定："胡中藻之诗，措词用意，实非语言文字之罪可比。夫谤及朕躬犹可，谤及本朝，则叛逆耳。""鄂昌身为满洲世仆，历任巡抚，见此悖逆之作，不但不知愤恨，且丧心与之唱和，引为同调，其罪实不容诛。"最后说："朕不得不申我国法，正尔嚣风，效皇考之诛查嗣庭矣。"（《清代文字狱档·军机处档》）随即将鄂昌、胡中藻拿解来京审讯，并将张泰开革职。

江西巡抚胡宝瑔奉谕，多次查抄胡中藻家中文稿书信，送呈审查。大学士九卿翰詹科道奏称："胡中藻违天逆道，覆载不容，合依大逆，凌迟处死。"乾隆帝谕"免其凌迟，著即行处斩，为天下后世炯戒"，而将此案追究到鄂尔泰。说："胡中藻系鄂尔泰门生，文辞险怪，人所共知，而鄂尔泰独加赞赏，以致肆无忌惮，悖慢涛张。且与其侄鄂昌叙门谊，论杯酒，则鄂尔泰从前标榜之私，适以酿成恶逆耳。"又说："胡中藻依附师门，甘为鹰犬，其诗中谗舌青蝇，据供实指张廷玉、张照二人。可见其门户之见，牢不可破。"著将鄂尔泰祭牌从贤良祠撤出。鄂昌被押来京后，经大学士九卿严审，"低首无辞，惟称万死"。乾隆帝"从宽赐令自尽。"（《高宗实录》卷四八六）

乾隆帝亲自铸成此案，旨在打击权势显赫的鄂尔泰家族，消除大臣间的朋党积习，用意是明显的。但以胡中藻狱为引线，任意指斥诗句为诽谤，则又继承了前朝以语言文字之过处置大臣的恶例。一七五五年（乾隆二十年）的胡中藻狱以后，乾隆帝加强了对满汉臣僚的控制，朝臣间的相互攻陷也愈加频繁了。

第二节　边疆战事的发展与思想统治的加强

乾隆帝即位之初，曾标榜"既鲜靡费之端，亦无兵役之耗"，在朝臣中则力倡消除畛域，以巩固其统治。但一七五五年（乾隆二十年）以后的三十年间，逐渐向相反的方面转化，边疆战事频繁兴起，皇室贵族奢靡无度，在夸耀武功，竞尚浮华的背后，日益消耗着前朝积聚的国力。清王朝走上由盛而衰，外盛内衰的历程。政治上和思想上的控制也随之日益强化了。

（一）西北和西南的战事

一、准噶尔部战争的继续

雍正帝击败准噶尔部噶尔丹策零，定界游牧，十年间不再有大的战事。一七四五年（乾隆十年）噶尔丹策零死，次子多尔济那木扎尔继承汗位。一七五〇年（乾隆十五年），被众台吉攻杀。大策零敦多布之孙达瓦齐、小策零敦多布之子达什达瓦和辉特部台吉阿睦尔撒纳，策划拥立那木扎尔弟策妄达什为汗。其兄剌麻达尔扎乘机夺取汗位，将策妄达什与达什达瓦除灭。达瓦齐和阿睦尔撒纳逃往哈萨克，剌麻达尔扎派兵三万人，跟踪追捕。阿睦尔撒纳潜回故地，组织精兵一千五百人，从闼勒奇山路突入伊犁，袭杀剌麻达尔扎，推戴达瓦奇为汗。阿睦尔撒纳原在雅尔（塔尔巴哈台）游牧，娶杜尔伯特台吉达什女，后杀害达什，控制了达什子纳默库所属的杜尔伯特部，并移居额尔齐斯河。在库什乌苏游牧的和硕特台吉班珠尔是他的同母兄，与他联为一体。阿睦尔撒纳调动辉特、杜尔伯特、和硕特等三部兵力，威胁伊犁。达瓦齐亲自率兵三万进攻额尔齐斯河，并派勇将玛木特率乌梁海兵八千，东西夹击。达瓦齐与阿睦尔撒纳交攻经年。一七五四年（乾隆十九年），阿睦尔撒纳兵败，遂与纳默库、班珠尔率所部二万人降清朝，在扎卜堪游牧。乾隆帝在热河行宫召见阿睦尔撒纳，封为亲王，纳默库、班珠尔为郡王。在此之前，准噶尔部宰桑萨赖尔（台吉达什达瓦部属）、杜尔伯特部台吉策凌也各率所部先后降清。达瓦齐汗的大将玛木特，见诸台吉相继降清，也脱身来投。

阿睦尔撒纳、玛木特向清廷建策进攻达瓦齐，说：到秋天，我军马肥，敌人（指达瓦奇）马也肥。不如在春天，乘敌人没有防备，不能远遁，可一战成功，永除后患。一七五五年（乾隆二十年）二月，清朝分兵两路向伊犁进军：命班第为定北将军，统北路军，阿睦尔撒纳为副将军，玛木特为参赞，从乌里雅苏台出发；又命永常为定西将军，统西路军，萨赖尔为副将军，班珠尔为参赞，从巴里坤出发。两路军约定在博洛塔拉河会师。清军所到之处，额鲁特各部大者数千户、小者数百户，相继降清。准噶尔部大台吉噶尔藏多尔济和维吾尔族的和卓，也先后迎降。清兵不战而进军数千里。五月五日，两路清军到达伊犁，达瓦齐率领万人，退守伊犁西北一百八十里的格登山。清侍卫阿玉锡率骑兵二十二人，乘夜直捣大营，准噶尔兵溃散，黎明收降七千余人。达瓦齐率二千人南逃，沿途兵丁逃散，到乌什城时仅有百余人，被维吾尔族的阿奇木伯克霍吉斯擒献清军。清朝顺利地控制了天山南北两路。

清朝释放了被准噶尔拘留在伊犁的维吾尔族的大

和卓波罗泥都，让他返回天山南路统辖旧部；又示意额鲁特各部台吉，将分封四汗统辖四卫拉特。阿睦尔撒纳企图专制西域，做四部之汗，不穿戴清朝赏给他的袍褂顶翎，不用清朝颁发的定北副将军印，仍用准噶尔旧传小红钤记调兵，扬言："不立阿睦尔撒纳为汗，终不得宁帖。"清廷命阿睦尔撒纳入朝，拟封他为辉特汗。八月十九日，阿睦尔撒纳从伊犁行至乌隆古河，诡称回扎卜堪旧游牧地治装，策划起兵。这时，清军已撤，只留班第、鄂容安率兵五百人，处理善后事宜。阿睦尔撒纳袭杀班第、鄂容安。永常率兵数千，从乌鲁木齐退回巴里坤，天山北路又被阿睦尔撒纳军攻占。一七五六年（乾隆二十一年）正月，清军反攻，二月至伊犁，阿睦尔撒纳逃往哈萨克。六月，蒙古喀尔喀郡王青滚杂布也起兵反清，尽撤北路军台。西路军中清朝册封的绰罗斯（准噶尔）部汗噶尔藏多尔济、辉特部汗巴雅尔等，也参加战乱。驻防伊犁的定边右副将军兆惠，率兵一千五百人，由济尔哈朗河转战而南，几次冲破包围，退回巴里坤。准噶尔贵族扎那噶尔布袭杀噶尔藏多尔济，尼玛又图谋杀害扎那噶尔布，准噶尔贵族之间争夺汗位的斗争非常激烈。阿睦尔撒纳从哈萨克回到博罗塔拉河，大会诸部，欲自立为汗，闻清军将至，慌忙逃走。一七五七年（乾隆二十二年）三月，定边左副将军成衮扎布出北路，兆惠出西路，夹击准噶尔部。当时额鲁特各部正在痘疫流行，已无抵抗能力，巴雅尔等被俘，扎那噶尔布病死。六月，兆惠、富德进军哈萨克，追击阿睦尔撒纳。哈萨克汗阿布赍布署逮捕阿睦尔撒纳，阿睦尔撒纳逃往俄罗斯界内，不久病死。

次年，兆惠、富德分兵数路，搜捕山谷间的准噶尔残部。连年进兵，对准噶尔部众进行了残酷的镇压。

二、对回部霍集占的镇压
与天山南北路的统治

对霍集占的镇压　聚居在天山南路的维吾尔族，清廷沿袭古译，称为回部。回部伊斯兰教长者尊称为和卓。准噶尔部噶尔丹攻占天山南路，回部和卓阿布都什特被拘于伊犁。噶尔丹败后，阿布都什特降清。康熙帝命他返回叶尔羌故地。阿布都什特子玛罕木特和卓，又被准部噶尔丹策零俘掳，囚禁在伊犁病死。一七五五年（乾隆二十年），清军攻占伊犁，命玛罕木特子波罗泥都（布拉呢敦）回叶尔羌，统领旧部，被尊称为大和卓木（意为我的大和卓）。波罗泥都弟霍集占仍留伊犁，被称为小和卓木（我的小和卓）。阿睦尔撒纳起兵反清时，霍集占逃回叶尔羌。一七五七年（乾隆二十二年）五月，杀清副都统阿敏道，唆使其兄乘机起兵。

一七五八年（乾隆二十三年）正月，清廷调任兆惠部下的雅尔哈善率领索伦兵一千，绿旗兵五千往征和卓，加号靖逆将军。雅尔哈善自吐鲁番进军库车，七月，在库车击败霍集占军。雅尔哈善失误战机，致使霍集占兄弟突围逃走。清廷命兆惠领兵南下追击。两和卓逃至阿克苏，阿克苏城的伯克（管城官）霍集斯已降清受封，闭城不纳。小和卓霍集占逃往乌什，又被拒绝，遂逃回叶尔羌。大和卓波罗泥都逃往喀什噶尔。十月，兆惠率先行的步骑四千至叶尔羌，命霍集斯随行。兆惠的先行军在叶尔羌城外的黑水河畔驻营，以待南下的大军。霍集占有步、骑兵万余，屡出兵攻击。兆惠军被围困三月，伤亡日众。

天山北路的富德军奉命南援兆惠。一七五九年（乾隆二十四年）正月进至黑水。驻巴里坤大臣阿里衮也奉命领兵来援。二月，霍集占兵败，退守叶尔羌城。清廷斩雅尔哈善，晋封富德一等伯。兆惠、富德两军会师后，返回阿克苏，命霍集斯驻和阗，断霍集占退路。六月，兆惠进兵喀什噶尔，富德进兵叶尔羌，分道追击两和卓。闰六月，霍集占弃叶尔羌城逃跑，并通告大和卓波罗泥都弃喀什噶尔，同往巴达克山（今阿富汗境）。七月，兆惠军由乌什进驻喀什噶尔城，富德军由和阗进驻叶尔羌城。两路各有兵一万五千余人。八月，富德部明瑞率军追击霍集占，至阿勒楚尔，大败其军。回部一万二千余人投降，霍集占兄弟逃入巴达克山。霍集占受伤身死，波罗泥都被当地部落首领素勒坦沙擒捕。素勒坦沙奉乾隆帝谕，将霍集占首级呈献，由兆惠送至清廷，在京师示众（《高宗实录》卷五九八——五九九）。三年后，波罗泥都的尸首也被寻获（《圣武记·平定回疆记》)。天山南路诸城的回部伯克和部众相继降清，西布鲁特十五部（柯尔克孜人）也致书兆惠，归附于清朝。

对天山南北路的统治 乾隆帝在战胜阿睦尔撒纳和霍集占后，先后攻战了准噶尔部和回部地区，在天山南北路建立起清朝的军事统治。南路回部西有喀什噶尔、叶尔羌、英吉沙、和阗，称西四城；东有乌什、阿克苏、库车、拜城，称东四城。天山东路哈密城回部早在康熙帝时降清，依蒙古旗制编旗。吐鲁番城回部曾受准噶尔部侵迫东迁，准噶尔败后，又返回吐鲁番。一七五四年（乾隆十九年），依哈密旗制编旗。此外，哈刺沙尔城也为回部驻地。南路与东路合共十一城。各城又分领若干大小城堡。管城长官称伯克。管领数城的大城长官称阿奇木伯克。回部旧制，例由贵族世袭。乾隆帝镇压大小和卓木后，改革旧制，各城阿奇木伯克均由清廷任免，废除世袭，依清官制，分定为三品至六品的品级。吐鲁番、哈密和较早降清并在对大小和卓木作战中立有军功的回部伯克，多被任为阿齐木伯克。

清廷在各大城也直接派驻官员，统辖地方事务，称为办事大臣或领队大臣。南路在喀什噶尔城设参赞大臣统领诸臣，北路在伊犁和塔尔巴哈台两城各设参赞大臣统领。一七六二年（乾隆二十七年），在伊犁设总管伊犁等处将军，统管天山南北路军兵。参赞大臣受其节制。下设都统一人，驻乌鲁木齐，统辖乌鲁木齐至巴里坤等地军兵。乾隆帝又在伊犁北、东建固勒札、乌哈尔里克两城,赐名绥定、宁远。乌鲁木齐城赐名迪化。

清廷在连年作战中,先后调满、蒙、索伦、达呼尔、锡伯及绿营等各族兵士一万六千余人,分驻天山北路各地,此后即长期在当地驻扎,受伊犁将军调遣。南路各族兵约五、六千人,每隔三至五年换防一次,成为定制。

蒙古四卫拉特的迁徙　在清廷对准噶尔部的长期作战中,原被称为四卫拉特的蒙古诸部,屡经迁徙,部众分散各地。清廷即分别在各地编旗统治,不相统属。

杜尔伯特部——杜尔伯特部台吉车稜在达瓦齐称汗时,率部众万余人降清。一七五四年(乾隆十九年),设盟编旗。左翼盟十一旗,右翼盟六旗。在科布多北境游牧,由科布多参赞大臣统辖。

辉特部——迁往青海的部众,一七二五年(雍正三年)独立设旗,由西宁办事大臣统辖。迁往外蒙古的部众,于一七五五年(乾隆二十年)降清编为一旗。另有二旗依附杜尔伯特部,在伊犁降清编旗,也由科布多参赞大臣统辖。

准噶尔部——在长期战乱中,四处逃散,不再沿用准噶尔部名。逃往青海者称绰罗斯部,编为二旗,分别在青海东南岸和西北岸游牧,由西宁办事大臣统辖。迁往外蒙古二旗,称为额鲁特。一七六一年(乾隆二十六年),清廷指定在乌兰乌苏游牧。移驻伊犁三旗,称额鲁特上三旗。逃往哈萨克、布鲁特又迁回伊犁的五旗,称额鲁特下五旗。共八旗编为二十佐领，由伊犁将军统辖。

土尔扈特部——康熙时（一七〇四年）降清的部众，被安置在色尔腾游牧，编为额济纳旗，由陕甘总督节制。迁往青海的部众，曾依附于青海和硕特部。雍正时（一七二五年），清廷编为四旗，由西宁办事大臣统辖。早在清太宗皇太极时，土尔扈特部曾有五万余帐西越乌拉尔山，迁徙到伏尔加河下游游牧，自成部落，首领称汗。此后，仍不时向清廷遣使进贡。康熙帝曾派遣内阁侍读图理琛前往该部驻地探问，受到土尔扈特部阿玉奇汗的款待。一七五六年（乾隆二十一年），土尔扈特部渥巴锡汗（阿玉奇后裔）遣使者来京朝见。乾隆帝在承德和北京，先后接见了使臣。在这一时期里，俄国沙皇政府日益加强了对土尔扈特部的控制，多方限制汗的权力，并不断向土尔扈特部征调兵役。一七七一年（乾隆三十六年）春，渥巴锡汗率领所部三万三千余户十六万九千余人脱离俄国，返回天山。沿途不断抗击俄军的追击，沿巴勒喀什湖南下，六月到达天山北路本原。清伊犁将军伊勒图在伊犁会见渥巴锡汗，并奏报乾隆帝。乾隆帝命土尔扈特部众暂驻博罗博拉，渥巴锡汗来避暑山庄朝见。九月，乾隆帝在热河接见渥巴锡，封他为旧土尔扈特部卓哩克图汗。以下贵族首领加封亲王、郡王，各有赏赐。土尔扈特部众被分别安置在天山南北游牧，北路在塔尔巴哈台附近，编为三旗；南路在珠勒都斯河一带，编为四旗。另外安置在东路库尔哈剌乌苏一带游牧的部众，编为两旗。西路精河一带另编一旗。四路共十旗，均归伊犁将军统辖。随同渥巴锡汗回归的和硕特部众，也被安置在珠勒都斯河游牧，编为三旗，由伊犁将军节制。同归的台吉舍楞部众，被称为新土尔扈特部，编为二旗，在阿尔泰游牧。舍楞加封为新土尔扈特部弼哩克图郡王，所部由科布多参赞大臣兼辖。乾隆帝亲撰《土尔扈特全部归顺记》，在承德刻石纪功。

三、第二次大小金川之战

一七四九年（乾隆十四年），乾隆帝在作战经年后，结束了大小金川的战事。藏族土司之间的争斗并未因而终止。大金川首领莎罗奔老病，侄郎卡主持土司事务。小金川首领泽旺也因年老不理事，子僧格桑主事。郎卡不断侵掠小金川及革布什咱土司。一七六六年（乾隆三十一年），四川总督阿尔泰从中调解。郎卡以女嫁僧格桑。大小金川结姻后，又联合向邻近土司攻掠。郎卡病死，子索诺木于一七七一年（乾隆三十六年）诱杀革布什扎土官。僧格桑也于同年进攻鄂克什、明正两土司，清朝派兵救援，遂与小金川开战。阿尔泰进军延缓，乾隆帝以大学士兼兵部尚书温福赴四川，另任桂林为四川总督会同进兵。冬十二月，清军分兵攻打大小金川。一七七二年（乾隆三十七年）二月，泽旺代子请罪，索诺木请求交还僧格桑侵地。乾隆帝不准。四月，温福、桂林进攻小金川，兵败。五月，乾隆帝罢桂林，仍以阿尔泰署四川总督。六月，又罢阿尔泰（以贪赃罪，于次年赐死），以陕甘总督文绶为四川总督。大小金川各寨坚持抵抗，清军连克数寨。原云贵总督阿桂署四川提督，随军效力，以皮船夜渡河，攻小金川。十二月，乾隆帝以温福为定边将军，阿桂、丰升额为副将军，福康安为领队大臣，分路进攻，夺取小金川的根据地美诺寨，俘泽旺。僧格桑逃往大金川。一七七三年（乾隆三十八年）正月，清朝命令大金川索诺木献出僧格桑，索诺木不听，清兵进攻大金川。温福仍采用张广泗、纳亲的战法，以碉逼碉，以卡逼卡，致使两万官兵，分散四处。六月，索诺木派遣小金川诸首领收集部众，攻陷提督董天弼营，劫夺粮台，攻袭木果木温福大营。温福战死，清军大败，伤亡将官多人，兵士三千人，军营被劫银五万六千余两。金川军乘势夺回美诺，乾隆帝急谕阿桂、丰升额等退师。八月，以阿桂为定西将军，增派健锐营、火器营、索伦以及各省兵数千人，再次出兵。九月，索诺木与僧格桑返回大金川。十月，阿桂乘机进军，攻占小金川的美诺，随即进攻大金川。大金川增垒设险，比小金川严密十倍，据点在勒乌围与噶尔崖两地。清军分路进攻，一七七四年（乾隆三十九年）七月攻克萨斯甲岭，围攻勒乌围外的逊克尔宗垒。索诺木部下毒死僧格桑，献尸清军。清军继续进攻，索诺木率部死

44

守。清军分道攻下附近诸寨。至一七七五年（乾隆四十年）八月，清军攻克勒乌围，莎罗奔及其亲属事先逃走。十二月，清军直进噶尔崖，用大炮轰击。索诺木之母及姑、姐、妹等与部众二千余人出降。一七七六年（乾隆四十一年）正月，索诺木与其祖莎罗奔等被迫出降。四月，阿桂押解索诺木、莎罗奔等及僧格桑尸首，回京献于朝廷。乾隆帝亲审俘囚，将索诺木等以磔刑处死，并悬僧格桑首示众。

乾隆帝再次镇压大小金川之战，仍由当地土司间的相互攻掠而引起。战争先后延续五年之久，调动兵士数万人，损失温福等将官多人，耗费军帑银至七千万两（与准部、回部作战，耗银三千万余两）。清廷付出的兵力、财力是巨大的。清军连年扫荡各寨堡，大小金川部落流散，人民遭到惨重的伤亡。战争之后，部落统治不能继续，清廷实行所谓"改土归流"，在大金川设阿尔古厅，小金川设美诺厅，依内地制度，设官统治。

（二） 侵缅战争的失败

缅甸原与明朝为邻。清顺治时，李定国转战滇缅边境抗清，南明桂王（永历帝）逃入缅甸。一六六一年（顺治十八年），清军攻入缅甸境内，追索桂王。缅甸国王莽白将桂王献给清军。吴三桂在昆明杀桂王。吴三桂据守云南，随后又掀起所谓"三藩之乱"。在此期间，缅甸与清廷不曾有更多的联系。直到一七五六年（乾隆二十一年），由于云南茂隆银场商人吴尚贤的联络，曾有缅甸使者来北京贡献商品。

缅甸在莽白后王的统治时期，各地的小邦相继叛离。下缅甸的孟族攻占了国都阿瓦。上缅甸木疏村首领雍籍牙联合各村寨，击败孟族，于一七五三年攻占了阿瓦。雍籍牙进而南下追击，于次年攻占大光（今仰光）。一七五六年，攻下孟族都城白古，从而占领了整个下缅甸。但是，上缅甸北部的木邦和桂家人都并不服从雍籍牙的统治。桂家是随从桂王入缅的云贵军兵和家属。他们在缅甸各地掳掠为生，后被安置在者梗（实阶）地区。桂王被杀后，仍留居缅甸，被称为桂家，即桂族。一七六四年，桂家首领宫里雁（一作古利宴）被雍籍牙兵打败，逃入云南界内，被云贵总督吴达善诱骗处死。木邦首领也兵败逃亡。宫里雁妻囊占嗉使缅甸孟艮（今景栋）首领攻打车里，清兵屡次战败。雍籍牙军也进入云南境内，追索木邦首领。乾隆帝调吴达善为湖广总督，另命刘藻代为总督。一七六六年（乾隆三十一年）正月，以刘藻无功，调为湖广总督。又降为湖北巡抚，褫职，留滇效力。刘藻畏罪自杀。大学士、陕甘总督杨应琚调任为云贵总督，领绿营兵进剿。

杨应琚二月至军，恢复车里，进占孟艮等地，遣人至缅甸北境各部招降。杨应琚见进军顺利，企图侥幸邀功，亲自带兵三千移驻永昌，向缅甸发布檄文，虚称领兵五十万，大炮千门大举进讨。杨部腾越副将赵宏榜领兵五百出铁壁关，乘隙占领缅甸边境的互市地新街。缅军大举反攻，赵宏榜退回铁壁关，缅军入境追击。九月，杨应琚至永昌，木邦等地也又被雍籍牙军占领。杨应琚见势不利，十一月急向乾隆帝奏报各部首领已相继被招降。奏胜不奏败。又奏原有心神惊悸风痰流注之疾，"今因自省前赴永昌，旧疾复作"，"仰恳简员来滇接买"。（《高宗实录》卷七七二）乾隆帝命两广总督杨廷璋前往永昌接办，传谕"若该督至永昌而杨应琚已痊愈能办事，则该督即行回粤。"（同上）并遣侍卫福灵安带领御医赴滇。十二月，杨应琚命云南提督李时升调兵一万四千，总兵乌尔登额率领攻取木邦，总兵朱崙出铁壁关取新街。缅甸军绕道入云南境，围攻永昌。朱崙由铜壁关退军。缅军乘间攻云南猛卯城，不胜。乌尔登额不来策应。缅军退走。一七六七年（乾隆三十二年）正月，两广总督杨廷璋至云南，见局势混乱，奏称杨应琚已病愈办事，随即返回广东。杨应琚谎报得胜，奏称"若欲直捣巢穴，恐旷日持久，得不偿失"，"似即可宥其前愆，酌与自新之路。"（《高宗实录》卷七七六）乾隆帝览奏，怀疑"所报剿杀克捷之处，俱未尽可信"，命福灵安"就近驰往军前，详悉体察。"（同上）福灵安查实奏报赵宏榜、朱崙失地退军等情。三月，乾隆帝将赵宏榜、朱崙、李时升、乌尔登额等逮治处死。斥责杨应琚"前后所奏，种种乖谬"，"执迷不悟"，"病愦无能"，命其罢任回京,随即赐死(勒令自尽)。乾隆帝在谕中说:"且我国家正当全盛之时,准夷、回部悉皆底定,何有此区区缅甸而不加薙灭乎?"(《高宗实录》卷七八〇)调任伊犁将军明瑞为云贵总督,接办军务,再次发动对缅甸的战争。

三月间,明瑞到永昌,陆续调集满兵三千人、云贵和四川绿旗兵二万余人,于九月间分兵两路进攻。明瑞统率清军主力,出宛顶,经木邦,向缅甸首都阿瓦(今曼德勒附近)进军;命参赞大臣额尔登额率兵趋蛮莫(今八莫),沿伊洛瓦底江而下,在阿瓦会师。额尔登额在老官屯顿兵坚城之下,贻误战机。十二月,明瑞军攻破蛮结,屡遭缅军袭击,供应困难,却向朝廷报捷。次年正月,乾隆帝封授明瑞一等诚嘉义勇公,赏给黄带子。明瑞军转向勐笼就食,以待额尔登额军。缅军跟踪追击,明瑞率领清军取道大山土司、木邦土司回师,在木邦被缅军围困。额尔登额拥兵不救。云南巡抚鄂宁奏闻,乾隆帝命将额尔登额押解来京,并传谕明瑞突围退兵。明瑞在蛮化设伏击败缅甸军,间道出波竜铜厂,急向云南境内撤退。缅甸军不断增援,二月初十日在小勐育结集四、五万人,包围清军。明瑞命诸将在夜间带兵突围,自领亲兵数百名断后。两军激战,清领队大臣扎拉丰阿阵亡,领队大臣观音保自刎,明瑞身负重伤,在军中自缢死。清军损失惨重。

乾隆帝任命大学士傅恒为经略,阿桂、阿里衮为副将军，增调索伦、吉林兵四千人，健锐、火器营兵一千人，荆州、成都驻防八旗兵五千人，以及各省绿旗兵数万人去云南，又在云南赶造船只枪炮，准备再次进军。一七六九年（乾隆三十四年），清军分三路进兵：傅恒率主力部队渡戛鸠江（又名槟榔江，即大盈江）西行，经孟拱、孟养土司地方，由陆路攻阿瓦；阿桂率兵万人出虎踞关，进取孟密，到阿瓦会师；提督哈国兴率兵三千及湖广造船工匠，出铜壁关，在蛮莫造船，编成水师，作为策应。十月，清军合为一路，在依洛瓦底江口打败缅军主力，进而攻打老官屯。缅军防守严密，清军用炮击，用火攻，埋火药轰，都不能攻破。

十一月，阿里衮死于军中。傅恒患病，退居铜壁关。奏报老官屯久不下，本年瘴疠过甚，领队大臣也多患病。乾隆帝得报，谕令傅恒撤兵。傅恒派提督哈国兴去缅甸军营，与缅甸将领眇旺模议和。商定：缅甸交还侵占的云南土司地，双方交还俘虏。十二月，清军焚毁舟船大炮，退出缅甸。傅恒奉旨回京，不久病死。

清廷自一七六五年（乾隆三十年）发动对缅战争，前后将近五年。调兵数万人，损失总督以下将领多人，耗费饷银一千三百万两。此次战争原来只是由于边界土司的纠纷而引起，乾隆帝以所谓"张国威"为名，连年兴兵。清军两度侵入缅甸，最后仍不得不撤回，实际上是以失败而告终。此后，两国之间不再有战事。英国殖民势力日益侵入缅甸。一七八八年（乾隆五十三年），缅甸国王孟云（雍籍牙子）遣使与清朝通商，并交还俘虏杨重英（杨应琚子）。一七九〇年（乾隆五十五年），遣使为乾隆帝祝寿。乾隆帝敕封他为缅甸国王，每十年入贡一次。

（三）巡游的继续与皇家园囿的修建

自一七五五年（乾隆二十年）以来的三十年间，乾隆帝在频繁发动战争，消耗国力的同时，仍然连年去各地巡游，玩赏山水，并在京师和承德等地不断扩建园林，以供帝后游赏消闲。朝廷有限的财赋，日益虚溃。

一、巡游的继续

乾隆帝在连年的战争中，从未亲临战场，却依然每年去各地游玩。其中耗费最大的，是几次"南巡"。

乾隆帝自一七五一年（乾隆十六年）奉皇太后去江南巡游，耽乐于苏杭山水。一七五七年（乾隆二十二年）、一七六二年（乾隆二十七年）、一七六五年（乾隆三十年），又连续三次奉皇太后南巡。所谓南巡，只是在苏州、杭州和江宁府一带留连观赏，并未远涉南方的广大地区。一七七七年（乾隆四十二年）正月，孝圣皇太后崩。一七八〇年（乾隆四十五年），乾隆帝年届七十，又举行第五次南巡。一七八四年（乾隆四十九年），最后一次即第六次南巡。为观赏江南春色，孝圣后与乾隆帝的每次南巡，大都于正月间自京师出发，四、五月间返回。南巡之年，前后约有五个月的时间在外地游玩，兼理公务。

帝后南巡途中，曾视察高家堰堤工和海宁石塘的改筑，并曾在江宁阅兵，但这些都只是便道举行，并没有什么重要的意义。主要目的还在于游赏春景。沿途官商接驾，布置繁盛即得到奖掖，接驾不周，便受到惩处。各地争奇斗巧，以博取帝后的欢心。巡游的规模和耗费越来越大。沿途所经之地，一处供设即耗银二、三十万两，超过康熙帝南巡时的十倍。苏州、杭州、江宁和扬州等地是游赏的胜地，陈设更为侈靡。帝后所到之处，必先铺修道路，码头铺棕毯，御道用文砖，水路特制龙舟，彩绘雕镂，陆路两旁结彩棚，搭戏台，布列花石，陈设文玩。帝后所居的行营营帐，备设各种豪侈的家具用品。游览的寺观，也即为修饰，以供瞻仰。沿途官民商贾还要供献各种珍宝、器物、文玩、字画等等，不一而足。乾隆帝有《驻跸姑苏》诗云："牙樯春日驻姑苏，为问民风岂自娱？艳歌新舞翻觉闹，老扶幼挈喜相趋。周谘岁计云秋有，旋察官方通弊无。入耳信疑还各半，可诚万众庆恬愉。"（《南巡盛典》卷八）乾隆帝幼居深宫，南巡经行各地，得与官民接触，自可略知世情。但六次南巡，均在苏杭山水之间，"为问民风"显然不足以为"自娱"作辩解。他所体察的民情，也只是"有秋无弊"一类的谀词。乾隆帝为粉饰的升平而陶醉，而自炫，直到晚年退位后才多少有所醒悟，说他在位六十年，"惟六次南巡，劳民伤财，作无益，害有益。"（《清史稿·吴熊光传》）为"南巡"作出了恰当的评语。

江南赋税是清朝廷财政收入的主要来源之一。乾隆帝先后六次南巡，都不得不减免江浙以及经行的山东等地的赋税，以至逋赋。这种减免使朝廷的收入大为减少，江南百姓的负担却并未因而减轻。相反，每次南巡都使沿途人民增加了繁重的劳役和各种额外加派的负担。各地铺治道路、搬运花石、修建行宫殿宇以及一切供设，均征用大批民夫服役。朝廷使臣报道说："治道则编茅筛土、转砲磨坚，数百里内丁夫裹粮赴役，最为民弊。"又说，南巡时"供亿浩繁，州县凋弊，农民举未息肩，商船或不通津。虽值丰登，无异歉荒。"（朝鲜《李朝正宗实录》一）朝鲜使臣的客观报道，比起那些为迎合乾隆帝夸耀的心理而极力讴歌"盛典"的记述，当更为接近实际。南巡中的大量耗费，均由地方官员承办。各级官府又向民间征索。乾隆帝初次南巡，已要各地盐商供给需费。此后五次南巡，也多取自盐商。盐商不足，又向其他商人富户征取。正赋以外，于是又添出多种名目的"加派"（参见下节）。加之官吏从中侵渔中饱，以迎驾为名多方敲榨勒索。巨大的耗费，最后都还是落到了广大民众的肩上。六次南巡，为江南经济的发展带来了多方面的损害。

南巡而外，乾隆帝还曾先后五次游幸五台山，四次东巡谒陵。至于热河避暑、木兰行围，更是每年的常例。乾隆帝在位之年，几乎每年都有数月时间在外游幸，可称为历史上最能游乐的皇帝。隋炀帝以游乐而致亡国，乾隆帝在连年欢庆"盛典"的一片颂声中，使清朝的国力日益虚耗了。

二、皇家园囿的修建

乾隆帝几次南巡，对江南的楼阁园林，爱羡不止。经行之处，赋诗刻石，以志其盛。巡游不足，又在避暑山庄和京城内外，广建园囿。南巡时所见苏杭等地的楼台景物，依样重建于园中，以便及时游赏。乾隆帝有诗云："因教规写闉城趣，为便寻常御苑临。"自乾隆帝初次南巡以来，京城内外园囿的修建，连年不断。其规模之大与持续时间之久，为历史上所罕见。乾隆帝是历史上最善游乐的皇帝，也是修建园囿最多最频的一位皇帝。把江南景观移建于北方，自然有助于园林建筑艺术的交流，但也和南巡一样，不能不严重地"劳民伤财"。

避暑山庄的扩建　历史上的北方民族，如契丹、女真、蒙古等族，在建立国家后，为保持骑射的传统，皇帝和大臣例于不同季节，在不同地点从事骑射渔猎等活动，并在当地处理政事。驻地称为纳钵（参见本书第五册）。清康熙帝于夏秋间去木兰行围，在热河驻夏，处理政务，正是继承了北方民族的这一传统。一七〇三年（康熙四十二年）在热河驻地，依仿汉族建筑，营造宫室，一七〇九年（康熙四十八年）称热河行宫。一七一一年（康熙五十年），改名为避暑山庄，使传统的满汉文化得到自然的融合。乾隆帝即位，历年奉皇太后在避暑山庄驻夏、木兰行围。又依仿江南园林山水，对山庄多次扩建，形成为一座瑰丽的行宫离苑。

一七四三年（乾隆八年），在湖中造大型御舟青花舫。一七四九年（乾隆十四年），修筑了松鹤斋，接着又翻修了正宫，新建了东宫。一七五五年（乾隆二十年）以后，乾隆帝连年南巡，又在避暑山庄的平原区修建春好轩；湖区建筑烟雨楼、文园、文津阁、戒得堂、继德堂；在山区增建绿云楼等十三处景区。这些建筑和园林，多依仿江浙景观。如金山岛仿镇江的金山寺，千尺雪和笠云亭仿苏州寒山寺的千尺雪与笠云亭，文园狮子林和沧浪屿仿苏州狮子林和沧浪亭，一片云仿杭州万松岭上的一片云，文津阁仿宁波范氏天一阁，烟雨楼仿嘉兴南湖鸳鸯岛上的烟雨楼，永佑寺舍利塔仿杭州六和塔与江宁报恩寺塔。此外，广元宫仿泰山碧霞元君祠，清音阁仿北京皇宫内的畅音阁。避暑山庄经过历年的陆续扩建，到一七九二年（乾隆五十七年）才最后完工。山庄占地八千四百余亩，宫墙周长近二十华里。墙内由宫殿区与苑景区两大区域组成。苑景区山水园林辉映，构成七十二景，各有名目（康熙时有三十六景）。满族传统的骑射理政的纳钵行宫布满了江南凤貌的楼阁园林，显示着满族皇帝已是多么沉溺于汉族的文明。

乾隆帝在避暑山庄驻夏理政，也在这里接见蒙古和西藏的官员。蒙古杜尔伯特部策凌、辉特部阿睦尔撒纳、准噶尔部达瓦齐、土尔扈特部渥巴锡和喀尔喀蒙古喇嘛教领袖哲布尊丹巴三世、西藏班禅六世，都曾来这里朝觐。乾隆帝在山庄宫墙外的山林中，依仿西藏的桑鸢寺、布达拉宫和札什伦布寺，先后建造了普宁寺、普陀宗乘之庙和须弥福寿之庙，以便蒙藏喇嘛教僧俗前来朝拜并接待来觐的贵族、首领。乾隆帝曾自认是文殊菩萨的化身，在山庄外又依仿五台山殊象寺的模式，建殊象寺，以暗示他在佛教中的地位的尊崇。又建普乐寺、安远庙、溥仁寺、溥善寺。俗称外八庙。如果说，山庄内楼阁园林的建造，主要是为了游赏，那么，喇嘛教寺庙的修建，则显示了对蒙藏民族和宗教信仰的尊重。对于维护各民族间的联系和巩固清朝对边疆地区的统治，起过积极的作用。

圆明园的扩建 一七〇九年（康熙四十八年），康熙帝将圆明园赐给皇子胤禛（雍正帝）。雍正帝即位后，在圆明园内建立殿署，接见臣僚，处理政务。据称园内"或辟田庐，或营蔬圃"，"校文于墀，观射于圃。"（《世宗宪皇帝御制圆明园记》）乾隆帝也说当时是"不尚其华而尚其朴，不称其高而称其幽。"（乾隆帝《御制圆明园后记》）乾隆帝即位后，自一七四〇年（乾隆五年）即开始在园中建筑楼阁园林，陆续建成四十景（雍正时有二十八景）。一七五一年（乾隆十六年），孝圣皇太后六十寿辰时，在圆明园旁建长春园，作为附园。一七七〇年（乾隆三十五年），乾隆帝六十寿辰，又建成附园绮春园（后名万春园）。合称圆明三园。圆明园内的楼阁和园林风景，多至三百余处。宫殿十九座。占地五千余亩，周回二十里。成为京郊最大的一座皇家园囿。

圆明园中布列的楼阁和小型园林，也多依江南景物仿建。乾隆帝几次南巡，都到苏州狮子林游赏，赋诗纪盛。在圆明园的长春园中，依狮子林图仿建，仍名狮子林。清漪园中仿无锡惠山的寄畅园建惠山园，仿海宁陈氏安澜园建安澜园。杭州的西湖苏堤风景和宁波范氏天一阁藏书楼，也在园中依样仿建。仿建的楼台风景，不能不依傍当地形势，又不能不融入北方的建筑技巧和风格，使再建的江南园林，各具特色，布满圆明园及其附园，号为"万园之园"。乾隆帝又命来华的意大利画家郎世宁与法国建筑师蒋友仁、王致诚等，依仿西方建筑，设计楼台群，名为西洋楼，在园中别具特色。

雍正帝时，即在圆明园内建置官署理政。乾隆时，各类官署更为齐备。据《日下旧闻考·园囿》记载，圆明园南门大宫门内，东西两厢，宗人府、内阁、南书房、军机处、六部以至都察院、理藩院、翰林院、内务府等朝中机构，均在此建有房署。入贤良门内为正大光明殿，东为勤政殿。在园内形成为一个小朝廷。乾隆帝每年夏季去避暑山庄，春秋二季在南苑、西郊行围，在圆明园与大臣理政。圆明园实际上成为园林化的春纳钵与秋纳钵。

京师园囿　乾隆帝在京城内外，还陆续修建多处园囿，蔚为大观。京城内的皇宫西苑，包括南海、中海、北海等处，增建楼阁寺院和各种景物。南海建宝月楼，中海建紫光阁，北海建阅古楼、阐福寺。城南二十里的南苑，为顺治以来的围猎之所，旧有行宫，附近有德寿寺。一七五五年（乾隆二十年）毁于火，一七五七年（乾隆二十二年）重修，规模更加宏伟。城西三十里有瓮山，山前有湖，原称西海。一七五〇年（乾隆十五年）引玉泉山水疏浚，赐名昆明湖。次年皇太后六十寿辰，赐瓮山名万寿山，山前建延寿寺。寺西有罗汉堂，塑五百罗汉。玉泉山下有湖名西湖，山下修建十六景，称静明园。西郊香山旧有香山寺，为金世宗时所建。乾隆时修建楼阁景物，成二十八景，赐名静宜园。自香山静宜园至圆明园十余里间，三山五园相联，形成为浩大的园囿区，为前代所未有。

乾隆帝连年修建园囿，以资"游目赏心"，虽然客观上促进了园林建造艺术的发展，但财力物力的耗费也是巨大的。臣僚中不断有人对此提出诤谏。一七八一年（乾隆四十六年），乾隆帝在避暑山庄自撰《知过论》，说他在京师和热河修建园囿、行宫、寺庙等等，"是皆弗用正帑，惟以关税盈余及内帑节省者，物给价、工给值,更弗兴徭役、加赋税。"又说:他不敢因"游目赏心"的小事荒废"敬天勤民"的大事。但也不得不承认,各处行宫争奇较胜,"究其致如此者,过应归于予。谓之无过,实自欺也。"乾隆帝引过自咎,以搪塞臣下,但园囿的修建,此后仍在继续,直到他退位时,迄未终止。

三、皇室庆典的靡费

一七五一年(乾隆十六年),乾隆帝为皇太后庆祝六十寿辰,举国上下,造成极大的靡费。由此开端,此后几十年间,皇室各种喜庆典礼,竞尚豪侈,愈演愈烈。一七六一年(乾隆二十六年),皇太后七十寿辰;一七七一年(乾隆三十六年)八十寿辰,都举行盛大的庆祝。《清史稿·后妃列传》描述说:"庆典以次加隆。先期,日进寿礼九九。先以亲制诗文、书画,次则如意、佛像、冠服、簪饰、金玉、犀象、玛瑙、水晶、玻璃、珐琅、彝鼎、瓷器、书画、绮绣、币帛、花果,诸外国珍品,靡不具备。"皇太后自西直门去畅春园,途经万寿寺,为明万历时所建。皇太后六十寿辰时,曾加修葺,乾隆帝撰有碑记。皇太后七十寿辰时,重加修建,在此颂经祝寿。寺外并建苏州街,以供太后游赏。昭梿《啸亭杂录·苏州街》条说是因皇太后"素喜江南风景,以年迈不宜远行,因于万寿寺旁造屋,仿江南式样。市廛坊巷,无不毕具,长至数里,以奉銮舆往来游行。"庆祝活动的靡费,难以计数。

一七八〇年（乾隆四十五年），乾隆帝在避暑山庄度过他自己的七十岁生日，庆典更为隆盛。朝鲜使节朴趾源记载当时各地向乾隆帝祝寿进贡的情况说："余从使者出长城，昼夜兼行，道见四方贡献，车可万辆，又人担、驼负、轿架而去，势如风雨。其杠而担者，物之尤精软云。每车引骡马六、七头，轿或联杠驾四骡。上插小黄旗，皆书'进贡'二字。进贡物皆外裹猩猩毡、诸色氆氇。……日既黄昏，益见车乘争道催赶，篝灯相照，铃铎动地，鞭声震野。"（朝鲜朴趾源《燕岩集》卷十四，《山庄杂记》）朝鲜使臣亲见"有进贡复黄帕架子，盛以金佛一座，舁入阙中，闻是户部尚书和珅所献。"（朝鲜《李朝正宗实录》二）另据记载，王公大臣等仅造佛像一项，就用银三十二万一千多两（《庆典章程》）。金银、玉器、古玩和人参、珍珠等山珍海宝，不计其数。

八月十三日庆祝寿辰时，乾隆帝先在避暑山庄内的澹泊敬诚殿接受满、蒙、汉、藏、回（维吾尔族）等族贵族的朝贺，然后在东西配殿举行宴会，宴后看戏。剧场除清音阁外，"另立戏台于行宫东。楼阁皆重檐，高可达五丈许，广可容数万人。设、撤之际不相挂碍。台左右木假山高与阁齐，而琼树瑶林，蒙络其上，剪彩为花，缀珠为果。"（《燕岩集》卷十三，《热河日记》，千余人提灯表演名为"万年春"的歌舞祝蝦。

一七九〇年（乾隆五十五年），乾隆帝过八十岁生日，庆典由热河避暑山庄延续到北京。参加祝寿的除亲王、郡王、各部院大臣和各省督抚、将军外，还有蒙古、维吾尔等少数民族首领及安南国王阮光平与朝鲜、南掌、缅甸等国使臣。阮光平的臣僚傔从，凡一百八十四人（柳得恭《滦阳录》卷一），庆典规模之大，可想而知。内务府原拟经费一百七十一万八千两，嗣减定一百十四万四千二百九十七两五钱（吴振棫《养吉斋丛录》卷十一）。"各省督抚献结彩银屡钜万两，……两淮商贾献银二百万两"（《滦阳录》卷一）。自一七八九年（乾隆五十四年）起，从皇宫到圆明园，都加修饰。自京城至西山四十里，复道亭台寺刹，也都重葺。经大学士阿桂、和珅等奏请，令户部计其容入之数，多至一百四十万两（朝鲜《李朝正宗实录》二）。自热河至京城四百里，处处结彩。自西华门至圆明园三十里，左右排比起假楼，覆黄琉璃瓦。由各省、各部以至举人，立牌分掌。又立牌书某戏、某曲，自某处起到某处止。八月十二日乾隆帝自圆明园入京城，左右彩楼中，一齐唱曲。内而军机处、内务府大臣，外而各省督抚、将军，竞献珍玩。据说，玉如意最多，陈列殿陛，触目琳琅。小金佛一辇数十，覆黄帕舁入宫门，络绎不绝，无虑万躯。官员们的奉献，自然都是搜括百姓得来。

皇室侈靡之风日炽，皇子、公主自幼即习于豪侈，婚嫁尤为奢费。惇妃汪氏所生和孝公主，一周岁时，乾隆帝即赏给她汉玉撇口钟、汉玉娃娃戏狮、青玉匙、红白玛瑙仙鹤、油珀圆盒、玉扇器等珍宝。六岁时，指配

60

和珅子丰绅殷德；十三岁，封"固伦和孝公主"，赐乘金顶轿。姚元之《竹叶亭杂记》卷二记载，乾隆帝携和孝公主游买卖街（圆明园中仿民间交易而设的商业街），见有大红夹衣一领，即让和珅"以二十八金买而进之"。一衣之费如此，其它用度可以想见。一七八九年（乾隆五十四年）下嫁时，乾隆帝依亲王例赏给大量土地和奴仆，并赏赐数量惊人的妆奁。现存妆奁清单档分头饰、朝珠、皮衣、衣料、各种用具、梳妆用品、陈设品等七大类。头饰及各类用品多用金银珠宝装嵌。碎小正朝珠一盘，即有珍珠一百零八颗。珊瑚佛头塔、银镶珠背云等，均极华贵。另赐帑银三十万两。此外，礼部还要备办珍贵礼品，各级官员也要送上大宗贺礼。这些礼品，据说价值数百万两。和孝公主婚礼的奢靡，是一个典型事例。宗室王公生活的豪华挥霍，也于此可见一斑。

（四）　满洲贵族与八旗兵丁

自顺治帝建都北京以来的一百多年间，满族在政治上巩固了统治地位，在社会生活和文化生活等方面也在不断的演变。乾隆时期，更加速了演变的过程。康熙、雍正、乾隆诸帝，都酷嗜汉文化，亲自撰写诗文。乾隆帝"御制诗集"多达四百三十四卷，收入诗作四万一千八百首。巡游各地，题字刻石，更是到处可见。在皇帝提倡下，满族贵族子弟自幼习读汉文诗书，甚至已不再通习满语、满文。乾隆帝炫耀盛业，帝后皇室侈靡逾度，上行下效，王公贵族也竞尚浮华。任职的官员贪贿公行。不任职的王公贵族依然享有优厚的殊遇，终日嬉游享乐，日趋腐惰。八旗兵丁享有其他民族所没有的特殊的优遇，不事生产，闲散嬉游，日益丧失骑射善战的武风。广大八旗人户则由于生计无着，日益陷于贫困。所谓"八旗生计"，已成为乾隆朝难以解决的严重问题。作为统治民族的满族，在"渐染汉化"的同时，又在加剧分化。

一、王公贵族的游惰

乾隆帝以生长深宫的太子继承帝位。乾隆时期的王公贵族，也大都依父祖的世职承袭爵位。他们中间的大多数人，并不像他们的父祖那样，为建立清国而驰骋沙场，而是以"天潢贵胄"深居府第，惯于优游。

清初定宗室封爵为十等。亲王一子封亲王，余子为郡王；郡王一子封郡王，余子为贝勒；贝勒之子封贝子，贝子之子封镇国公，镇国公之子封辅国公，辅国公之子授三等镇国将军，镇国将军之子授三等辅国将军，辅国将军之子授三等奉国将军，奉国将军之子授奉恩将军。一七四八年（乾隆十三年），增定为十二等，即和硕亲王、多罗郡王、多罗贝勒、固山贝子、奉恩镇国公、奉恩辅国公、不入八分镇国公、不入八分辅国公、镇国将军、辅国将军、奉国将军、奉恩将军十二个等次，其中镇国、辅国、奉国、奉恩将军又分一二三等，并有兼与不兼云骑尉之分。亲王的世子（候袭亲王）和郡王的长子（候袭郡王）也受封食禄（《清朝文献通考》卷二四六）。

宗室王公中的礼（初封代善）、郑（济尔哈朗）、睿（多尔衮）、豫（多铎）、肃（豪格）、庄（硕塞，初封承泽亲王，其子博果铎袭封时，改号庄亲王）六亲王和克勤（岳托）、顺承（勒克德浑）二郡王世袭罔替，号称"铁帽王"。雍正年间又封怡亲王允祥亦世袭罔替。

受封食禄的八旗王公，在朝中任职者多位居显要。由于清初几代皇帝不断采取措施削弱诸王的权力，他们的子弟中也有相当多的人不再任职，但仍享受种种优厚的特殊待遇。不仅占有大量庄园人丁，而且仍领有数量可观的俸银。亲王岁给一万两，世子六千两；郡王五千两，长子三千两；贝勒二千五百两；贝子一千三百两。各级公爵、将军，也都以次领有多少不等的俸银（参《清朝文献通考》卷四十一，《国用·俸饷》）。

清初功臣、外戚，也多封有世爵。世爵分公、侯、伯、子（精奇尼哈番）、男（阿思哈尼哈番）、轻车都尉（阿达哈哈番）、骑都尉（拜他喇布勒哈番）、云骑尉（拖沙喇哈番）、恩骑尉九等，又有实任与闲散之分。其中公、侯、伯为"超品"，即在正一品之上，各分为三等。子爵为正一品，男爵为正二品，轻车都尉为正三品，也都分一二三等。骑都尉为正四品，云骑尉为正五品，恩骑尉为正六品，不分等。他们的俸禄是公一等七百两，二等

63

六百八十五两，三等六百六十两，闲散二百五十五两。侯一等兼云骑尉者六百三十五两，不兼者六百一十两；二等五百八十五两，三等五百六十两，闲散二百三十两。以下递减。

受有封爵的王公和功臣的后裔，俸银之外还有禄米，每银一两，给米一斛。遇有婚嫁丧葬，另由皇帝给予赏赐。《中枢政考》载有赏银的规定数额。但事实上，往往由皇帝任意颁赏，赏银可超过定额的数十倍以至百倍。

王公既为世袭，他们的子孙往往在幼小时即可袭封，为王为公。如敬谨亲王尼堪第二子尼思哈袭封亲王时只有三岁，十岁时便病死。肃亲王豪格之子富绶袭封亲王时，也只有九岁。乾隆时袭封多罗顺承郡王的恒昌（勒克德浑六世孙），四岁时封王，二十六岁病死。世袭的王公自幼即高爵厚禄，养尊处优，日以游乐为事。雍正帝曾在一个敕谕中对八旗贵族子弟指斥说："平居积习，尤以奢侈相尚。居家器用、衣服饮馔，无不备极纷华，争夸靡丽。甚至沉湎梨园，遨游博肆，饮酒赌博于歌场戏馆。……不念从前积累之维艰，不顾向后日用之难继，任意靡费，取乐目前，彼此效尤。"（《八旗通志》卷首九，敕谕）雍正帝指出的这些现象，到乾隆时更加发展。

乾隆帝连年广建园囿，京师王公竞相效尤，营建豪侈的宅第和江南式的园林。简亲王德沛（费扬武曾孙）

64

用银数万两建造别墅,据称"亭榭轩然",在诸王邸中为最优(《啸亭杂录》卷六)。定亲王绵恩(乾隆帝孙)令护卫"点缀园庭","任其通下吏苞苴(贿赂),动辄巨万。"(《啸亭续录》卷五)两江总督尹继善说他曾到忠勇公、大学士傅恒的府第,"不是前途频指引,回廊曲槛路常迷。参差画栋接飞霞,翠阁凝香护绛纱",有如蓬莱岛境(《尹文端公诗集》)。大学士和珅以聚敛著称,据说"园寓点缀,与圆明园蓬岛、瑶台无异。"(《清史列传·和珅传》)以廉明著称的宗室长麟,出任江苏巡抚时,置私宅数千厦,毗连街巷,说是为了"使此巷人知有长制府之名。"(《啸亭续录》卷三)宗室王公大臣,纷纷营建宅第园囿,说明满洲贵族的崇尚浮华,已成为风气。大量的花费,自然是来自下吏的苞苴。

八旗王公及其子弟,平居优闲无事,耽于游乐。标榜高雅者,或赏玩花鸟珍奇,或唱曲演戏。等而下者,聚赌宿娼,无所不为。乾隆帝第八子永璇"沉湎酒色","做事颠倒"(朝鲜《李朝正宗实录》二)。十七子永璘"不甚读书,喜音乐,好游嬉。少时尝微服出游,间为狭巷之乐(嫖妓)。"(《啸亭续录》卷五)京师东城某寺院中,经常聚集王公贵族和富室子弟,设局赌博,又私蓄女伎,日夜淫纵(前引书卷八)。乾隆朝领兵作战的名将福康安(傅恒子),享用豪奢,又喜唱曲,军中往往通宵弹奏。据说:"虽前敌开仗,血肉交飞,而袅袅之声犹未绝。"(《清稗类钞》第七册)金德纯《旗军志》说:"八旗将佐居家，皆弹筝击筑，衣文绣，策肥（马），日从宾客子弟饮。"从家居的八旗贵族子弟到外出领兵的将佐，都日益沉溺于豪奢游乐之中。

八旗贵族依仗权势，恣为不法。昭梿《啸亭续录·宗室积习》说："近日宗室蕃衍，入仕者少，饱食终日，毫无所事。……每有淫佚干上之事，有司以其天潢，故为屈法。市井之良善者又多畏其权势，不敢与抗，适足以长其凶焰，其俗日渐卑恶也。"这种情形，在乾隆朝已经习见。《啸亭杂录·权贵之淫虐》记："乾隆中，某驸马家巨富，尝淫其婢不从，命裸置雪中僵死。其家挞死女婢无算，皆自墙穴弃尸出。"朝廷的大臣，如大学士和珅、福长安等"擅弄威福，大开贿门，豪奢富丽，拟于王室。"（朝鲜《李朝正宗实录》二）外省的官员，"奉差收税，即不守本分，恣意花消，亏竭国帑。"（《八旗通志》卷首十一，敕谕）领兵的将军"凡有征讨，军饷一边用，一边奏，十万尅减五万。"（柳得恭《燕台再游录》）从京师到外省，从相臣到将军，耽于享乐，贪贿不法，满族贵族统治集团日益腐败了。

满洲贵族原以骑射善战而建立起统治，百余年间，久居汉地，在沉溺游乐的同时，也逐渐废弃了习练弓马的旧俗。满洲贵族要统治广大汉族人民，就不能不通晓汉族的语文和文化。王公子弟幼读汉文诗书，以应科举考试，甚至逐渐不习满文满语。这在乾隆时已成为普遍的现象。乾隆帝曾有诗一首，概括地说明了当时的情景:"八旗读书人,假藉词林授。然以染汉习,率多忘世旧。问以弓马事,曰我读书秀。及至问文章,曰我旗人胄。两歧失进退,故鲜大成就。"(乾隆《御制诗四集》卷五十九)早自清太宗皇太极以来,历代皇帝都已提出过保持满洲文化传统的告诫。乾隆帝更提出"骑射国语"的口号,说是"满洲之根本"。乾隆帝每年在避暑山庄驻夏,在木兰行围,象征着纳赤骑射的传统。但京师宗室多不善射猎,盛京地区甚至还不如京师。乾隆帝酷嗜汉文化,每年都要亲自撰写诗文。宗室王公大臣也多习作诗词,与汉族文人相唱和,甚至不能用满文奏对。乾隆帝虽然一再把提倡"骑射国语"作为根本大计,但并不能改变满洲贵族"渐染汉习"的趋势,以至在他晚年,不得不下谕允准满族地方官员的某些章奏,可用汉文缮写,不再用满文。满族在统治汉地后不能不采用汉族的制度、文化,以至汉族的语文。这是由客观的历史条件而决定的。从某些方面说,也是历史的进步。但满族王公贵族子弟依恃特权,弃武习文,优游享乐,则不能不日益削弱。震钧《天咫偶闻》评论说:"习于汉人者,多得其流弊而非其精华。所存旧俗,又多失其精华而存其流弊。"八旗贵族在"渐染汉习"的同时,渐趋腐化。作为统治民族的统治集团,日益削弱了它的统治能力和作战能力。

二、满洲军兵的衰落

满洲自建立八旗制度以来，各旗兵丁地位高于平民。初期作战获胜，俘掠生口财物，即可上升到贵族行列。在北京立国后，八旗成员也通过各种途径，成为大小官员。旗丁除服兵役外，不再有汉人平民所有的各种赋役负担，并享有各种特权。旗人犯法，不由地方官审理，统归步军统领衙门或慎刑司减等量刑。八旗人丁依旧制，每丁拨给田地五垧（三十亩）。旗兵依职位不同，每月分别发给一至四两的饷银，三至四斛的粮米。较高的粮饷约略相当一个七品县令的俸禄。外出作战，另有"行粮"。

八旗兵丁多常驻京师，驻防外地者不到总额的一半。属于京旗的兵丁，只准在京居住。分授给他们的旗地，也在近京五百里内各县。这些旗地原系圈占汉人民众的耕地。"虽将民地圈给旗人，但仍系民人输租自种。民人自种其地，旗人坐取其租。"（《清朝经世文编》卷三十五，《八旗公产疏》）旗兵占有民地，并不是"亦兵亦农"，而是坐取地租和粮饷，不战不耕。京师八旗兵丁久居城中，疏于训练，甚至不能骑射。乾隆帝曾率领他们行围，学习技勇，给予赏赐，但兵丁希图安逸，并不乐从。乾隆帝曾慨叹说："不肖之徒，不识朕教养满洲之志，反以行围为劳众，不无怨望。"（《八旗通志》卷首十一，敕谕）又曾说："升平日久，八旗子弟如鹰居笼；日饱肉，不能奋击。"（柳得恭《滦阳录》卷一）乾隆帝把八旗子弟比喻做不能奋击的鹰，饱食终日，无所事事。八旗兵坐享优厚的待遇，在京城中四处流荡。或三五成群，臂鹰架雀，在街上闲游。或结帮聚伙，在茶坊酒馆里消磨日子。或斗鹌鹑、斗蟋蟀。乃至嫖妓聚赌，变卖房地挥霍。震钧《天咫偶闻》评论说："后生小子，既不知征役之劳，又不习击刺之法，下至束伍安营，全忘旧制，更安望其杀敌致果乎？"八旗兵丁逐渐变成浮荡子弟，骁勇善战的满洲传统日益丢失了。

驻防外地的八旗兵也是养尊处优，久不操练。一七四五年（乾隆十年），御史和其衷上疏，劾奏驻防旅顺口和天津的八旗兵海防水师营说："该管各员，既不勤加操练，兵丁巡哨，不过掩饰虚文。即军营器械，半皆朽坏。似此怠玩成风，何以固疆圉而资弹压！"（《清朝经世文编》卷三十五，和其衷《根本四计疏》）一七五一年（乾隆十六年），乾隆帝南巡至镇江（京口），较射而有弓箭落地者。一七八四年（乾隆四十九年），乾隆帝至杭州阅兵，八旗兵射箭箭虚发，驰马人堕地，当时人以为笑谈（《清仁宗实录》卷三十八）。盛京八旗兵丁在行围演武猎兽时，上缴的鹿多于吉林、黑龙江兵丁，但并非自行射猎，而是从汉民那里买来。乾隆帝大怒，训斥说："盛京为我朝根本之地，兵丁技艺宜较各处加优，乃至不能杀兽，由汉人买取交纳，满洲旧习竟至荒废，伊等岂不可耻！……传谕福康安留心训练骑射，行围时将军亲自督率射猎，务令技艺精强，以复满洲旧习。"（《清高宗圣训》卷三〇〇）事实上，旗兵长期不事生产，荒废骑射，"恢复满洲旧习"，是不可能的。

八旗兵丁，如此荒嬉。各级军官，更加腐败。他们平日克扣军饷，优游享乐。遇有战事，沿途勒索，乘机中饱。作战时则拥兵自卫，不敢向前。不仅下级军官如此，朝廷钦命的领兵将军，也很少知兵善战者。大金川之战，经略大臣讷亲（清初名将额亦都后人），临战躲在帐内指挥，传为笑柄。三千兵士攻碉，遇敌即作鸟兽散。大学士温福领兵出征大小金川，只知在军中置酒高会，挞辱士卒。同行的四川提督马铨讥笑他是"空摇羽扇，无计请缨。"乾隆朝官至领侍卫内大臣的索伦人海兰察曾说："近日大臣中知兵者，惟阿公（阿桂）一人而已，某安敢不为其下？其余皆畏懦之夫，使其登坛秉钺，适足为殃民耳。某安能为其送死也。"（《啸亭杂录》卷九）

满洲贵族将领多不知兵，八旗兵丁多不能战。乾隆帝在连年发动的边疆战事中，不能不调遣绿营兵和索伦、锡伯、达斡尔等各族兵，组成作战的中坚力量。清朝发展到乾隆时期，绿营兵额经常在六十万左右。据魏源《圣武记》统计，中外禁旅即驻防的八旗兵，共有二十万余人，其中一半在京师。八旗兵包括满洲、蒙古、汉军在内，按照乾隆朝编制的比例，八旗满洲兵不过十二万左右。满洲兵虽仍保持着优越的地位，但已基本上丧失了战斗能力。汉人组成的绿营兵，这时已逐渐代替八旗兵，成为国家军队中的事实上的主力军。

三、八旗生计问题

满洲八旗兵丁不加训练，又不事生产，如此世代相传，不仅无力作战，而且家口生活也日益困窘。于是出现了所谓"八旗生计"问题，京师尤为严重。

乾隆一朝对这一问题的产生，曾有过种种议论。归纳起来，主要是源于两个方面。

一方面是不事生产，收入减少。八旗兵丁久居京城，不事耕种，按照清朝规定，又不得经营工商，只靠朝廷发给粮饷和出租旗地为生。如果擅自外出谋生，即被视为"逃旗"，从重治罪。旗人长期游惰，靡费无节，粮饷不足即向佐领等官员借债（放印子）。再不足，便变卖朝廷地产和住房抵用。借贷放印子钱，钱粮即被扣还。土地变卖后不能再收取地租。房产卖后还要再出银租房。这样下去，收入越来越少。一年不如一年，一代不如一代，不能不陷于困窘。

另一方面是满洲八旗人口不断增加。满洲八旗只有旗兵本人领取粮饷，旗丁分授耕地。百余年来，旗人生活安闲，家口不断增殖，生活负担也不能不随之增长。户部尚书梁诗正在奏疏中说："而百年休养，户口众多，无农工商贾之业可执，类皆仰食于官"，是旗人穷乏的原因。（《清朝经世文编》卷三十五）御史赫泰说，顺治初年到京的一人，现在已成为一族，"以彼时所给之房地，养现今之人口，是一分之产而养数倍之人。"（《皇清名臣奏议汇编》初集卷一四五）

满洲八旗人户生齿日繁，收入日绌，在乾隆朝已成为急待解决的社会问题。乾隆帝的处置办法是：（一）增发赏银。以恩赏名义，发给贫困户赏银，以为赈济。又动用国帑，赎回旗人典卖给汉人的旗地，由官府收租，将租金分赏给八旗兵丁。据一七七一年（乾隆三十六年）清查，赎回旗地一万四千余顷，岁征租银三十一万五千余两（《石渠余记》卷四）。这些赏银，对于贫困的旗户，虽然可缓解一时，并不能解决长久的生计。（二）增加养育兵额，"出旗为民"。雍正时设养育兵额四千八百人，乾隆帝扩大到二万五千人。八旗兵原有满洲、蒙古、汉军之分，乾隆帝准令八旗汉军"出旗为民"，即脱离八旗兵籍，另谋生理。由此空出的兵额，改由满洲旗丁补充。如广州、杭州驻防汉军和福州水师汉军，各出旗一千余人，由京师满洲旗丁往补。驻防福州的八旗汉军步兵改设为绿营兵，另派京师八旗满洲兵丁二千余人驻防。

此外，一七五六年（乾隆二十一年），乾隆帝还曾迁移京师满洲八旗三千户去东北拉林等地开垦荒地，建房屯种。说是"但念现在京中满洲，生齿日繁，额缺有定，恃一人钱粮，供赡多口，终恐拮据"。"欲我满洲世仆，仍归故土，生计充裕。"前往人等，每户赏给治装银

72

两，沿途给与车辆草束，到达后又赏给立产银并官房田地、牛犋籽种，每户约需银百余两。乾隆帝告诫说："伊等至彼，各宜感戴朕恩，撙节用度，以垦屯为务。稍有余暇，勤习骑射技勇。"（《高宗实录》卷五〇四）但是满洲"故土"的旗人，也并非"生计充裕"，典卖旗地，生计困乏的现象也在发展。据一七四一年（乾隆六年），宁古塔将军鄂弥达的奏报，吉林乌拉满洲兵丁三千，其中可称富户者仅二十一户。贫户一千一百八十五户，八千九百三十五口。赤贫户六百七十八户，两千八百九十四口。两者合计一千八百六十三户，一万一千八百二十九口。其余为中户，共八百四十八户，八千八百二十九口（《军机处满文月折档》，乾隆六年十一月二十七日）。这个典型材料反映出，当地八旗满洲兵丁中，可以温饱的中户还不足半数，绝大多数是贫困户以至赤贫户。乾隆帝迁往拉林的三千满洲户，实际上只有二千户前去。其中老幼约十分之一，壮年而不会耕作者有十之六、七，能耕作者不过十之二、三。因此，去拉林等地不久，便又相继逃回京师。留在拉林等地者，也多雇用关内流民代耕。所领旗地又通过典卖，渐归汉民所有。

广大八旗满洲人户从不耕不战到难以存活，显示着满族的统治危机，也表明满洲贵族与旗户的分化，日益加剧了。

（五）思想统治的加强

乾隆时期的清王朝,已经经过了一百多年的统治。作为统治民族的满族,渐染汉习,渐趋腐化,也日益加深着本民族内部的分化。表面的繁华掩盖不了统治集团的腐朽,武功的炫耀也不能掩盖八旗兵力的衰弱。满洲民族和清王朝一样,经历着由盛而衰的过程。

大抵一个王朝,越是处在强盛的时期,在政治上越能包容大度,具有较强的自信心。相反,一个王朝处在日趋衰朽的时刻,越是难以自保,越加偏狭疑忌,强化暴力统治。乾隆帝初即位,继承父祖盛业,力矫前期严政,宣示宽仁,标榜满汉一体,显示出有信心建立功业。大约自一七五五年(乾隆二十年)以后,满族上下日趋衰弱,对汉人的疑虑也日益加深。由此采取了一系列措施,以加强对汉人的统治。

一、文字狱的迭起

康熙朝曾严厉镇压反清复明思想的传播,雍正朝先后兴起汪景祺、钱名世、查嗣庭等大狱及吕留良、曾静案,指责语言文字之过,以镇压汉人反满思想,被称为“文字狱”。乾隆帝初即位,力图消除满汉朋党畛域,曾收到一定的成效。一七五五年(乾隆二十年)处置胡中藻狱,又恢复了以文字之过惩治大臣的恶例。

74

一七五五年（乾隆二十年）以后的二十余年间，文字狱连年兴起，形成严厉的思想统治。与前朝不同，镇压的对象，既不是"复明"的志士，也不是结党的权臣，而是一般的汉人文士。见于记载的约七十余起文字狱中，六十六狱都是惩治举人、贡生以下的生员以至塾师、术士。兴起这些案狱，目的不在限制臣僚的结党擅权，而在于控制民间的反满思想，用意是明显的。下面是一些影响较大的文字狱的概况。

彭家屏案 一七五七年（乾隆二十二年）正月，乾隆帝南巡。曾任江苏布政使的河南夏邑乡绅彭家屏在迎驾时面奏，去年河南数处被灾，河南巡抚图尔炳阿匿而不报。乾隆帝查询河东河道总督张师载，得知夏邑被灾甚重。二月，命图尔炳阿亲往查勘，并下谕申斥他"玩视民瘼"，"存心回护"。四月间，乾隆帝南巡回京途中，又先后有夏邑居民张钦、刘元德陈诉，被灾散赈不实。乾隆帝以为"有刁徒从中主使"，刘元德供出生员段昌绪曾商同具词。图尔炳阿命夏邑知县孙默查拿段昌绪，在段家卧室中搜出吴三桂反乱檄文一纸，"浓圈密点，加评赞赏"。乾隆帝命图尔炳阿继续搜查，并召彭家屏至京师面询。彭家屏奏称并未见过吴檄，只是家中藏明末野史，未尝检阅。乾隆帝命侍卫三泰去夏邑彭家，搜出记载李自成事的刻本《豫变纪略》一书（彭家屏有序）。图尔炳阿又奏称彭氏族谱题署"大彭统纪"，"甚属狂妄"，查取进呈。乾隆帝指责彭氏族谱称

75

彭氏得姓本于黄帝，是"自居帝王苗裔"。又指责谱中万历年号"历"字不避讳缺笔（乾隆帝名弘历），"足见目无君上，为人类中所不容。"（俱见《高宗实录》卷五三七至五四二）赐彭家屏自尽，将段昌绪斩决，彭家屏子传笏斩监候，没收家产入官。图尔炳阿和孙默查办此案"缉邪之功大，讳灾之罪小"，俱免革职，仍留原任。此案源起于河南百姓被灾，满官匿而不报，经查核属实。乾隆帝虽然不得不下谕斥责，却又以文字之罪转而严惩了揭发此事的乡绅和文士。讳言疾患，粉饰升平，乃是乾隆朝习见的现象。但乡民控告封疆大吏，却被乾隆帝认为是"此风不可长"。乾隆帝亲自处置此案，意在回护满洲大员，镇压汉人士民的反抗，目的十分清楚。

蔡显案 江苏华亭举人蔡显，字景真，号闲渔，平生所作诗文，自编为《闲渔闲闲录》，刊印行世。书中对邑绅及知府、御史等官员，多有指责。乡绅因而嫉恨，一七六七年（乾隆三十二年）指书中引古人咏紫牡丹诗句"夺朱非正色，异种尽称王"，是对清朝"怨望讪谤"，向松江府检举。蔡显已七十一岁，自信无罪，向松江府出首。松江知府钟光豫呈报两江总督高晋、江苏巡抚明德。检阅《闲渔闲闲录》及蔡显的其它著述，指为"语含诽谤，意多悖逆"，逐条粘签标出，进呈乾隆帝。乾隆帝亲自查阅蔡书，指书中称"戴名世以南山集弃市，钱名世以年案得罪"及"风雨从所好，南北杳难分"等诗句，是"甘与恶逆之人为伍，实为该犯罪案所系。"乾隆帝并且严厉斥责督抚于此等处"转不签出","签出各条，多属侘傺无聊"，所拟有关案犯治罪等节，是"意存姑息"，"苟且完事"。（《高宗实录》卷七八六）传谕严加惩处。蔡显斩决，十七岁的儿子蔡必照发往黑龙江为奴。为《闲渔闲闲录》作序的闻人倬及蔡显门人刘朝栋等二十四人被株连，遣戍伊犁等处。

蔡显所称戴、钱得罪事，是人所共知的事实。只是因为隐含同情语气，便被指为"甘与恶逆之人为伍"，铸成此狱，罪及家属门生，在江南文士中引起极大的震动。

齐周华案　浙江天台县生员齐周华，早在雍正帝时，曾撰拟"独抒己见疏"为吕留良案申辩，赴刑部具呈，被解押回浙江，永远监禁。乾隆帝即位，遇赦出狱，游历各省，卒居湖广武当山道观。一七五六年（乾隆二十一年），其子齐式昕接他回籍。一七六七年（乾隆三十二年），浙江巡抚熊学鹏至天台巡查，齐周华将已刊及未刊的历年所撰文稿《名山藏初集》等书奉呈，请求熊学鹏作序，并将当年的"独抒己见疏"稿附呈。熊学鹏将齐周华押解至杭州，与闽浙总督苏昌会同审讯，随即向乾隆帝奏报说，书中《祭吕留良》一文，"将逆贼吕留良极力推崇，……希图煽惑人心，其存心党逆，牢不可破"。"其已刻、未刻诸书，牢骚狂悖之言，不一而足；庙讳御名，公然不避。"（《清代文字狱档》）经乾隆帝钦准，将齐周华依大逆律，凌迟处死。子孙四人从宽斩监候，秋后处决。齐周华堂兄齐召南，原任礼部侍郎，为当代名儒。齐周华书中《天台山游记》一文，有齐召南跋。熊学鹏召齐召南至省讯问，供称雍正二年曾"为跋数语"，"今所刻者，系齐周华自行添改。"乾隆帝命召齐召南进京候审。军机大臣会同刑部拟处杖流。乾隆帝谕令宽免，递回原籍，传谕他"闭户安分"。浙江巡抚觉罗永德将齐召南交原籍地方官，向乾隆帝奏报说："奴才仍随时查察，如再不知感恩警惕，稍有掉弄笔头怨诽情事，即行严参，从重治罪。"（同上书）齐召南四月回籍，五月间即病死。此案因涉及名士齐召南而轰动士林。

王锡侯案 江西新昌人王锡侯，三十八岁才考中举人，会试落第，仕途无望，便在家编书，刻印发卖谋利。所编书如《国朝试帖详解》、《唐人试帖详解》等，都只是供考试举子参阅，并没有什么政治见解可言。另编有《字贯》一书，是就《康熙字典》摘编，使散字联贯，以便检索。一七七七年（乾隆四十二年），他的仇家王泷南乘文字狱迭起的时机，告发他删改《康熙字典》，"与叛逆无异"。江西巡抚海成（满人）亲理此案，查阅《字贯》序中有议论《康熙字典》"穿贯之难"，"学者查此遗彼，举一漏十"等语，指为"虽无悖逆之词，隐寓轩轾之意，实为狂妄不法"，请旨革去举人，并将《字贯》粘签进呈。乾隆帝亲阅《字贯》，在书前凡例中发现康熙、雍正及乾隆三帝的名字，开列不讳，大为震怒。说："此实大逆不法，为从来未有之事，罪不容诛！即应照大逆律问拟。"(《高宗实录》卷一〇四三)并严厉申斥海成"茫然不见"，"漫不经意"，命海成亲往王锡侯家继续搜查并将王锡侯领押来京。十一月，海成查出王锡侯编纂书十种进呈，并奏称"检阅各书，俱有悖谬不法之处。"乾隆帝又申斥海成"身为巡抚，乃于初次条奏王锡侯《字贯》时，并不将伊书内大逆不法之处据实核出，转称尚无悖逆之词。实属昧尽天良，罔知大义，不可不重加惩处。"(同上书，卷一〇四四)随将海成革职，交刑部治罪。命两江总督高晋前往，暂管巡抚事，继续收缴江宁等地流传的《字贯》等书。王锡侯斩决，子、孙五人斩监候，所著书概行销毁。

王锡侯原是科场失意、编书求活的乡曲文士，在政治上、学术上并无建树，对清廷也未必有谤言。乾隆帝由此兴起大狱，株连甚广。《字贯》另本前有工部侍郎李友棠题诗一首，乾隆帝斥责李友棠"身为卿贰，乃见此等悖逆之书，尚敢作诗赞美，实属天良已昧。"李友棠即著革职。江西布政使赣南道周克开、按察使冯廷丞因未能检出《字贯》"悖逆重情"，俱被革职，交刑部治罪。大学士管两江总督高晋以"失察妄著书籍"，降一级留任。江西吉安、南昌二处历任知县、知府，从宽免于治罪，交部分别议处。乾隆帝严惩王锡侯，旨在表明不准许汉人文士对满族皇帝有任何不忠不敬；严惩地方官员，则在激励所属，加强统治。他传谕说："各省地方官当共加感惕，务须时刻留心查察，倘所属内或有不法书籍刊布流传，即行禀报督抚，严拿重治"，倘若"漫不知儆"，"嗣后别经发觉，必当从重办理。"（《高宗实录》卷一〇四九）此案之后，各省先后设立"书局"，专门负责查缴不法违碍书籍，对诗文著述的控制，大为加强了。

徐述夔案 一七七八年（乾隆四十三年）春，江苏东台县民徐食田与蔡嘉树发生田亩纠纷。东台县出示收缴违碍书籍，蔡嘉树即指控徐食田祖父徐述夔（已故）所著《一柱楼诗》中多有违碍。徐食田将已刻书及书板向知县涂跃龙呈交。涂跃龙将田亩纠纷事结案，见徐述夔所著书中有引吕留良语句，送呈江宁书局查处。书局局员因原书未粘签指出违碍，退还东台县。蔡嘉树又径赴江宁布政使衙门控告，并将《一柱楼诗》中"明朝期振翮，一举去清都"等句粘签摘出。布政使陶易命幕友陆炎批交扬州府，批语中有"若有违碍，俱应收解奏缴；若只字句失检，将举首之人以所诬反坐"等语。扬州知府谢启昆签出"悖逆"诗句，送呈督抚。署两江总督萨载、江苏巡抚杨魁将书稿及有关案卷解京。这时，江苏学政刘墉也得到民间告发，将《一柱楼诗》及原礼部侍郎沈德潜（已故）所撰《徐述夔传》呈送乾隆帝。徐述夔先世世代为官。一七三八年（乾隆三年）考中举人。进京会试时，勘磨官指他试卷中有"不敬"字句，停止考试，永不叙用。徐述夔家居吟诗，不无怨望。

一七六三年（乾隆二十八年）病死。一七六八年（乾隆三十三年），子徐怀祖将其遗作《一柱楼诗》、《和陶诗》等诗集刻板流传。一七七七年（乾隆四十二年），徐怀祖病死。乾隆帝审阅送呈诗集，传谕说："《一柱楼诗》各种妄肆诋讥，狂诞悖逆。""伊子徐怀祖并敢将伊父逆词公然刊刻，均属罪大恶极。""沈德潜敢为逆犯徐述夔作传，……实为丧尽天良，负恩无耻。"（《高宗实录》卷一〇六八）将此案交军机大臣等议处。军机大臣阿桂等遵谕锁拿徐食田等人，会同刑部严加审讯，奏称徐述夔引据逆犯吕留良邪说，是"悖逆不法"；《一柱楼诗》"犴肆谬妄"；"明朝期振翮，一举去清都"之句，是"借朝夕之朝作朝代之朝，且不用上、到等字而用去清都，显寓欲复兴明朝之意，大逆不道至此已极。"徐怀祖刊刻流传，是"父子相继为逆"，"照大逆凌迟律剉碎其尸，枭首示众。"（《掌故丛编》第九辑）布政使陶易以"故纵大逆"之罪处斩，扬州知府、东台知县也以惩治迟延不力，分处流刑和徒刑。徐食田及弟食书，参与校刻的徐首发、沈成濯及陶易幕僚陆炎等俱从宽定为斩监候，秋后处决。已故沈德潜曾为徐述夔作传，内有"品行文章皆可法"等语，廷臣请旨将官爵谥典尽行革去，御赐祭葬碑文一并扑毁。碑不移置他处。长洲人沈德潜自乾隆初年以进士入为翰林院编修，以诗名一时，在上书房行走，与乾隆帝作诗唱和。一七四九年（乾隆十四年）以礼部侍郎休致归籍。曾进呈所著《归愚集》，乾隆帝亲为作序。乾隆帝历次南巡，沈德潜均被召见。一七五七年（乾隆二十二年），加礼部尚书衔。一七六一年（乾隆二十六年），入朝祝皇太后七十寿辰。入朝赐杖，为致仕九老之首。一七六五年（乾隆三十年），在常州迎驾，加太子太傅。一七六九年（乾隆三十四年），在家死去，年九十七。赠太子太师，谥文悫。沈德潜晚年入仕，备受乾隆帝眷遇，为一代名士。死后遭此恶谥，使士林再次震动了。

尹嘉铨案 一七八一年（乾隆四十六年）二月，乾隆帝西巡五台，三月中回銮至保定。原大理寺卿，在博野县休致家居的尹嘉铨，连上两折，命其子尹绍淳至保定奏呈。一折请求乾隆帝对其故父尹会一赐予谥法，一折请将清初汉人大臣汤斌、范文程、李光地、顾八代、张伯行诸人从祀孔庙。尹会一曾任巡抚，休致时，请返籍终养老母，乾隆帝曾赐诗褒奖孝行。尹嘉铨在奏折中说："既蒙御制诗章，褒嘉称孝，已在德行之科，自可从祀。"乾隆帝览奏甚怒，在第一折批："与谥乃国家定典，岂可妄求！"要他"安分家居"。第二折批："竟大肆狂吠，不可恕矣。"命将尹嘉铨革去顶戴，交刑部治罪。又命直隶总督袁守侗查抄尹氏在博野的家产，大学士英廉查抄尹嘉铨在京的房舍。谕令"至伊家如果有狂妄字迹诗册及书信等件，务必留心搜检。"（《清代文字狱档》）英廉与大学士三宝详查搜获的书册，有尹嘉铨编《近思录》书稿，将汤斌、陆陇其、张伯行与尹会一合称为"孔门四子"。又所著《随五草》，内有《朋党说》，与雍正帝所著《朋党论》相背。又编有《本朝名臣言行录》，列入高士奇、张廷玉、鄂尔泰等多人。廷臣会审，尹嘉铨不得不自认"狂悖糊涂，罪应万死。"乾隆帝览奏，指斥尹嘉铨文中"朋党之说起，而父师之教衰，君亦安能独尊于上哉"等语，是"反以朋党为是，颠倒是非，显悖圣制，诚不知是何肺肠？"又指斥所编《本朝名臣言行录》是"以本朝之人，标榜当代人物"，"将来伊等子孙恩怨即从此起"，关系"朝常世教"，其他狂悖诞妄，不一而足。命将尹嘉铨以绞刑处死，立决。

乾隆帝处死尹嘉铨后，特发布"明辟尹嘉铨标榜之罪谕"。说："朕以为本朝纪纲整肃，无名臣亦无奸臣"，"乾纲在上，不致朝廷有名臣、奸臣，亦社稷之福耳。"乾隆帝提出的这个新论点，是说清朝的统治，一切决定于皇帝，如果"社稷待名臣而安之，已非国家之福。"皇帝英明，就不需仰赖"名臣"，也不会容纳"奸臣"。臣下都不过是效忠于他的奴仆。尹嘉铨要求崇列这些奴仆，自是乾隆帝所不能容许的。

以上文字狱，是一七五七年（乾隆二十二年）至一七八一年（乾隆四十六年）二十余年间几桩影响较大的案件。其中大多数是乡里文士的语言文字的疏失被加以悖逆不法的罪名，并非确有反满的思想和行动。尹嘉铨身列九卿而遭显戮，也只是由于请求表彰他的父祖和名臣，更没有什么反清思想可言。但崇显名臣，却触犯了乾隆帝的忌讳。乾隆帝不断处置文字狱，是要以暴力镇压的手段，强制汉人臣民文士对满洲皇帝绝对效忠和安分，而绝不容许任何不忠或不敬。但文字狱兴起，却又带来了难以预料的后果：（一）仇家告讦。乾隆帝严治文字之罪，不逞之徒因而摘引文字告讦仇冤之家，借以报复私仇，夺取私利。随着文字狱的迭兴，社会上到处出现了诬告之风。（二）官员严处。乾隆帝查处文字狱，经办的各级官员往往以失察得罪，遭到严厉的处治，轻者革职，重者流放或处死。官员们畏罪，不得自安，遇有告讦，即从重审理，以求免祸。此类冤案从而更为泛滥。（三）师友株连。文字狱起，例需查抄家藏书稿、诗文、书信。一人在案，曾为撰写序跋、碑传、唱和诗词以至书信往来的师友，往往横被株连，祸从天降。文字狱迭起，广大文士惴惴不能自保，造成社会上人心动荡。以上这些现象日益严重，势将反转来摇撼清朝的统治。面对这一形势，乾隆帝不得不多方收敛，以稳定人心。一七八一年（乾隆四十六年），福建海成县人周锂声挟嫌诬告在籍知县叶廷推纂辑县志"载入碑传诗句，词语狂悖。"巡抚杨魁上奏。乾隆帝查阅，认为"俱系剿用腐烂旧句，原无悖逆之处"，命依诬告律，将周锂声"严示惩创"。一七八二年（乾隆四十七年），湖南龙阳县监生高治清刊行《沧浪乡志》，被告"语句狂悖"。署巡抚李世杰奏请究治。乾隆帝传谕：乡志"不过无识乡愚杂凑成编"，"若俱如此吹毛求疵，谬加指摘，将使人何所措手足耶？"同年，安徽巡抚谭尚忠奏报已故贡生方芬诗集中有"蒹葭欲白露华清，梦里哀鸿听转明"句，请将其孙依大逆律治罪。乾隆帝认为，诗句"虽隐跃其词，有厌清思明之意"，但还不是"公然毁谤本朝"，"若必一一吹求，绳以法律，则诗以言志，反使人人自危。"谕令"毋庸办理"。（以上俱见《清代文字狱档》）乾隆帝亲自连驳数案，使官员严处、仇家告讦之风有所遏止。风靡一时的文字狱，渐趋平息。但就在此前后，又兴起了禁毁书籍的浪潮。

二、禁毁书籍的浪潮

乾隆朝在迭兴文字狱的同时，又在全国范围内大规模地查禁时人著述与藏书，先后延续了十余年之久。

早在一七六九年（乾隆三十四年），乾隆帝阅钱谦益所著《初学集》、《有学集》等书后，说"其中诋谤本朝之处不一而足"，传谕各督抚在各地查缴销毁。钱谦益是明末清初文坛巨擘。叛明降清后，因病乞归，死于家中。所著文集在各地流传甚广。乾隆帝怒斥他"大节有亏"，"不足齿于人类"，令各地不得再遗留片简。销毁钱书，是焚毁书籍的开始。大规模禁毁书籍，大体上是和《四库全书》的编纂同时进行。一七七二年（乾隆三十七年）正月，乾隆帝即曾传谕直省督抚学政，广泛搜访民间书籍，汇送京师。"在坊肆者或量为给价，家藏者或官为装印，其有未经镌刻只系钞本存留者，不妨缮录副本，仍将原书给还。"（《高宗实录》卷九〇〇）次年初，安徽学政朱筠上疏，请将《永乐大典》中分在各卷的佚书，分别辑录校阅。乾隆帝诏谕依经、史、子、集四库分类辑出，流传已少者先撮要旨进呈。随即开设四库全书馆，以大学士刘统勋、于敏中等人为总裁官，在全国范围内，搜采遗书，编纂以四库分类的图书总集《四库全书》（参见另章）。乾隆帝诏谕各地督抚，以半年之限，采进民间藏书，若因循搪塞，惟该督抚是问。又诏谕两江总督与江、浙巡抚，就江浙著名藏书家和坊间书贾中搜访进呈。私人进献藏书，将来仍与发还并给予奖励。进书五百种以上者，赏内府所藏《古今图书集成》一部，百种以上者赏给内府刊印《佩文韵府》一部。各地进呈私献书籍不下万余种。

乾隆帝广泛征求已刻未刻书籍，包含着查检"违碍"的目的，即所谓"寓禁于征"。但文字狱迭起，各地官民多有顾虑，不敢将稍涉违碍者进呈。一七七三年（乾隆三十八年）八月，乾隆帝降旨明确规定收缴禁毁。传谕各地督抚，"其或文字触碍者，亦当分别查出奏明，或封固进呈，请旨销毁；或在外焚弃，将书名奏闻。"明末野史"必有诋毁本朝之语，正当及此一番查办，尽行销毁。"稗官私载、诗文专集，有诋毁者，也不准隐匿流传。各省已经进到之书，交四库全书处检查，有关碍者，撤出销毁。并令派员传谕藏书家，如有不应存留之书，即速交出。此后若再有存留、有心藏匿，罪在不赦。（《高宗实录》卷九六四）同年十一月，再次降旨，收缴销毁"明末国初悖谬之书"。禁毁书籍，逐渐形成浪潮。一七七五年（乾隆四十年）闰十月，一七七六年（乾隆四十一年）十一月，乾隆帝一再谕令严厉查缴"违碍"书籍，查禁的范围也越来越扩大。

一七七八年（乾隆四十三年），乾隆帝谕令四库全书馆拟定"查办违碍书籍条款"颁布，规定了查禁的范围和处理办法。

全毁——全部销毁的书籍，称为全毁。所谓"诋毁本朝"、"语涉狂悖"的清人著作、文集，原在全毁之列。条款规定的销毁范围，还扩大到前代的著述。明万历以前各书，涉及辽东、女真，语有违碍者，销毁。明代各书载及西北边外部落，语涉偏谬者，销毁。为了扼制汉人反满思想，甚至对宋人关于辽、金，明人关于元代的记述，"议论偏谬尤甚者"，也拟销毁。书籍内容并无违碍，但作者在清朝得罪者，如钱谦益、吕留良、金堡、屈大均等人的著作，也一律销毁。一七七六年（乾隆四十一年），乾隆帝在上谕中说："其人实不足齿，其书岂可复存！ 自应逐细查明，概行毁弃。"历朝文字狱之起，是因诗文著述中有狂悖字句而罪及其人，又因其人得罪，而焚毁其所有的文字著述。因书罪人，因人毁书，加以彼此株累，禁毁数量极大。

抽毁——即抽出违碍字句，部分销毁。门各为目，

87

人各为传的著述，将其中有违碍的门、传抽毁。选编的奏议、科举对策之类，如明经世文编、明状元策等书，将其中有违碍者抽毁。钱谦益、吕留良等获罪者的诗文被录入他书或被人援引者，摘出抽毁，从原版内铲除。如此等等。历年被列入抽毁之书，多达四百余种。

删改——在上引乾隆帝历年谕旨和“条款”中，还有对原作删改的规定。一七七六年（乾隆四十一年）的上谕中提到明人所刻类书边塞、兵防等门，可删去数卷或数篇，或改定字句。“他若南宋人书之斥金，明初人书之斥元，且悖于义理者，自当从删；涉于诋詈者，自当从改。”一七七八年（乾隆四十三年）颁布的“条款”中，也提到“凡宋人之于辽、金，元明人之于元，其书内记载语句乖戾者，酌量改正。”（《办理四库全书档案》）删改的范围也极广泛。甚至被认为“非斯文正轨”、“词意媟狎”、“有乖雅正”以及所谓“乖触字句”等，都可酌改。被收入《四库全书》而又经过删改的书籍，不计其数。往往面目全非，与原义乖违。

除以上这些专制而愚蠢的规定外，乾隆帝还先后实行了两项虐政。

改译古史——和乾隆帝下谕搜访遗书约略同时，一七七一年（乾隆三十六年）十二月，乾隆帝又命改译辽、金、元三史中的音译专名。一七八二年（乾隆四十七年），改译完成。乾隆帝亲自作序，说：“辽、金、元三国之译汉文，则出于秦越人视肥瘠者之手，性情各别，语言不通，而又有谬寓嗤斥之意存焉。"三朝"汉人之为臣仆者，心意终未浃洽"，所以"必当及此时而改译其讹误者。"（乾隆帝《御制文集》二集卷十七）所谓"改译"，即将三史中契丹语、女真语和蒙古语的人名、地名、部名、制度专名等，都依照清代满语汉译的方法，修改译字，换成新的译名。结果造成极大的混乱。乾隆帝却认为这是他的一大功绩，在序中说："是则吾于辽、金、元三代，实厚有造而慰焉。"查禁书籍和编修《四库全书》时，又将改译的办法加以推广。大抵自宋人以至明清人著述中有关契丹、女真、蒙古的译名，也都按三史的办法予以改译。改译中又因断句错误、缺少知识和漫无准则，而错上加错，给读者带来极大的干扰。如果说乾隆帝删改"违碍"字句是为了箝制反满思想，用满语译名改译其他民族的古史，则全属无知且愚昧了。

查禁戏曲——乾隆帝在大规模查禁史籍、诗文等书籍后，又进而对民间戏曲予以查禁。一七八〇年（乾隆四十五年）十一月谕旨中说："因思演戏曲本内，亦未必无违碍之处。如明季国初之事，有关涉本朝字句，自当一体饬查。至南宋与金朝关涉词曲，外间剧本往往有扮演过当，以致失实者。……亦当一体饬查。"（《高宗实录》卷一一一八）乾隆帝因苏州、扬州为戏曲盛行之地，传谕当地官员将"应删改及抽撤者，务为斟酌妥办，并将查出原本暨删改、抽撤之篇，一并粘签，解京呈览。"苏、扬等地以昆腔（昆山腔）最为流行。苏、扬查禁后,又传谕江苏、广东、福建、浙江、四川、云南、贵州各省督巡,对当地流行的石牌腔、秦腔、弋阳腔、楚腔等,也分别饬查。地方戏曲是民间的文艺创作。乾隆帝为压制民间反满思想,对关涉本朝以至宋金间事的曲文,也严加饬查,删改、抽撤,这自然又是极端专制的暴行。

乾隆帝自一七七二年(乾隆三十七年)下谕搜访民间书籍,结合编纂《四库全书》实行了大规模的查禁。《四库全书》完成后,直到一七八五年(乾隆五十年)仍在严谕江西、江苏、浙江等省继续查禁民间书籍。据近人考证,先后被销毁的书籍约三千种,七万卷以上,与《四库全书》所收三千五百余种,七万九千余卷,数目大体相近。(孙殿起:《清代禁书知见录·自序》)收入《四库全书》的书籍中,经抽毁者四百余种,删改者不计其数。乾隆帝编纂《四库全书》,保存了大量文化典籍,又由于广泛禁毁书籍,造成了一次文化浩劫。有人认为这是秦始皇焚书后的又一次焚书劫难,并非苛论。不过,遭到禁毁的某些有价值的著述,此后仍然长期在民间秘密流传。这又再一次证明,应用严刑峻法的暴力手段去加强文化思想的统治,虽可震动于一时,并不能阻止文化著述的传播。

三、《贰臣传》的编修

乾隆帝大批焚毁"讪谤"书籍,以加强所谓"奖忠惩逆"的思想统治。但在处置明清之际的某些著述和人物时，却遇到了难以解决的矛盾。明朝末年，特别是南明时期，不少忠臣义士坚持抗清斗争，也有不少文臣武将叛明降清。如果以清朝本位判忠奸，明朝的忠臣将是清朝的奸逆，降清的叛臣，反而成为忠臣。这将使大批明末文献难于处置，而且从根本上违背了乾隆帝所倡导的"忠君"的思想原则和道德标准。

一七七五年（乾隆四十年）闰十月，乾隆帝在一道谕旨中，正式提出承认南明王统和褒奖抗清死难的南明忠臣。浙江巡抚因见朱璘之所著《明纪辑略》一书附记南明福王、唐王、桂王事，奏请销毁。乾隆帝在这道谕旨中指为"不宜在概禁之例"，并指示四库馆臣在编纂《通鉴辑览》时，应载入南明三王事迹，因福王承继江山半壁，唐王、桂王也是"明室宗支"，不应称"伪"。当时"各为其主，始终不屈"而死节者，与宋末之文天祥、陆秀夫"实相仿佛"，虽然清初"不得不行抗命之诛"，但他们"有死无二，洵无愧人臣忠于所事之义。"对这些"仗义死节之人"的事迹，也都应该写入《通鉴辑览》，说是"崇奖忠贞，亦足以为世道人心之劝。"十一月，又发出谕旨，重申"崇奖忠贞"，"风励臣节"。谕中说世祖（顺治帝）时，曾对崇祯末年殉难的明朝大学士范景文等二十人"特恩赐谥"。至于史可法"支撑残局"，刘宗周、黄道周"临危授命"，都足为一代完人。其他死守城池、战死行阵或被俘后视死如归者，无愧于"疾风劲草"。舍生取义，忠于所事者，也"一体旌谥"。萨尔浒之战时的明将刘綎、杜松"冒镝撄锋,竭忠效命";孙承宗、卢象昇等"抵拒王师,身膏原野"。凡明季尽节诸臣,为国尽忠,都应优奖。慷慨轻生的诸生韦布,由乡里供祭。(《高宗实录》卷九九五至九九六)次年,在扬州为史可法建立祠堂,乾隆帝亲自为史可法札稿题诗说:"经文已识一篇笃,予谥仍留两字芳(谥忠正);凡此无非励臣节,监兹可不慎君纲!"(同上,卷一○三五)乾隆帝表彰明末死难臣民,旨在倡导"忠君",诗句说得很清楚。

　乾隆帝在连年文字狱后,陆续发出这些谕旨,实际上是把"忠君"视为超乎本朝或本族狭隘范围的最高道德标准,这不能不在汉人臣僚文士中引起震动。一些汉臣称颂说:"圣人至公无我之思,教孝教忠,万世瞻仰。"(龚炜:《巢林笔谈续编》卷下)其实,乾隆帝并非是"无我",恰恰是把"我"即皇帝置于至高无上的地位,告诫人们在任何情况下,都要绝对向皇帝效忠。但这一原则确立后,如何处置清初归降的汉人和他们的著述,又使乾隆帝面临另一个难题。一七七六年(乾隆四十一年)十二月,乾隆帝提出了编写《贰臣传》的办法,把历事两朝的臣僚称为"贰臣"。这年,江苏呈缴拟毁书籍中有《明末诸臣奏疏》、《同时尚论录》等书。乾隆帝阅后传谕说,刘宗周、黄道周等人的奏疏,只需修改"不当"字句,原奏保存。王永吉、龚鼎孳、吴伟业等人,"在明已登仕版,又复身仕本朝",其人不足齿,作品也不应保存。在这道谕旨中,乾隆帝进一步指出,洪承畴因

92

兵败被俘归顺，祖大寿因惧祸投诚，冯铨、王铎等人在明朝是显宦，在本朝又"忝为阁臣"。左梦庚等人是在清朝大军到后，才解甲乞降。当时，对这些人不得不加录用，以安人心。事后平情而论，他们都是遭逢时难，畏死偷生。"至于既降复叛，或又暗中诋毁者，更不能比之人类"。乾隆帝指令把这些"大节有亏之人"，在国史内另立《贰臣传》一门，据实直书，送呈裁定。

乾隆帝力倡忠君，不惜奖谥明末忠臣，贬抑降清的贰臣。但据此实行，忠于明者得到表彰，降清后忠于清者又遭到贬斥。而且降清者或忠或叛，不加区别，一律对待，也显然难以服人。一七七八年（乾隆四十三年），乾隆帝又下谕说，列入《贰臣传》的诸人，事迹不同，邪正各异，不可不分。洪承畴、李永芳等屡立战功，"虽不克终于胜国（明），实能效忠于本朝。"钱谦益等降清后又在诗文中对朝廷诋毁，"进退无据，非复人类。"命国史馆考核各人行事，分编为甲、乙二编，以示区别。一七八九年（乾隆五十四年），馆臣将乙编进呈，乾隆帝又命将行为卑劣者从中撤出，不予立传。吴三桂、李建泰等降清后又行叛逆者，也从《贰臣传》撤出，另编《逆臣传》。一七九一年（乾隆五十六年），最后编定的《贰臣传》，甲、乙两编共收一百二十五人。又依其行事之不同，在甲、乙编各分为上中下三等。

乾隆帝褒奖明末忠臣，又将历仕两朝的汉臣分别列等编传，可谓用心良苦。他自称这是出于"大中至正之心"，"为万世子孙植纲常"。实际目的，还是要控制广大汉人臣僚效忠于满洲皇帝，以巩固清朝的统治。他的这些举动，虽然在汉人官员中不无成效，但并不能弭止广大人民的反抗。

（六）人民的反抗斗争

一七五五年（乾隆二十年）至一七八五年（乾隆五十年）这三十年间，清王朝沿着由盛而衰，外盛内衰的道路演变。社会各阶级的矛盾日益激化。广大农民、手工业工人、商人陆续掀起了各种形式的反抗斗争。清王朝不断受到多方面的冲击。

一、佃农抗租斗争

乾隆初，江西、福建的佃农，即不断发动抗租斗争，抵抗地主收租，声势浩大。一七四五年（乾隆十年），上杭罗日光曾领导佃农千人抗租，殴打地主，抗拒官兵。江西、福建佃农中有佃长、长关令、会馆等，逐渐形成自己的斗争组织，提出均田（佃）、永佃、田骨田皮等口号，以争取耕种田地的权利。

江苏佃农，往往联合抗租。吴县人黄中坚说："今乡曲细民，无不醵金演戏，诅盟歃结，以抗田主者。虽屡蒙各宪晓谕，而略不知惧。间有一二良佃愿输租者，则众且群起攻之，甚至沉其舟，散其米，毁其屋，盖比比然。"(《蓄斋集》卷四)一七四一年(乾隆六年),靖江县徐永祥等率领佃农进城报荒,要求免租;崇明佃户,"捏灾为名,结党鼓众,不许还租",并聚集在一起,要求该县县丞出示减租。(《高宗实录》卷一五一、一五三)一七五八年(乾隆二十三年),崇明佃农再次抗租,烧毁草房,殴伤差役兵丁,围攻县丞、守备。一七六五年(乾隆三十年),浙江永嘉胡挺三领导佃农抗租,殴打典史,并把他拘留。

直隶省经管旗地的满族地主、庄头以及州县官吏,对壮丁、佃户的剥削和压迫非常严重,农民的反抗斗争也十分激烈。一七四〇年(乾隆五年),丰润县庄头蔡怀碧承领十五顷多庄地,王公显等串连佃户拒不交租。蔡怀碧要收地自种,遭到佃农群众的坚决抵制。王公显等率领佃农二百余人,打伤蔡怀碧"壮丁"二人,"并将农具犁铧打碎,凶猛异常。"(中国第一历史档案馆:《乾隆六年内务府来文》)从这一年起,清朝禁止增租夺佃。可是佃农的"抗租霸佃"斗争,仍在继续发展。一七八二年(乾隆四十七年),直隶总督英廉统计,全省经理旗地的共七十七州县,积欠旗租的有四十二州县,达二十年之久,数至二十四万余两之多。其中一部分是被官侵吏蚀,大部分是佃农抗欠。

清王朝要求各地官府对佃户抗租严厉镇压。一七四五年(乾隆十年),礼部侍郎秦惠田说:"顽佃抗租,欺慢田主,有司听其刁脱",应依法严惩。(《高宗实录》

卷二四八）现存《昆山县奉宪永禁顽佃积弊碑》中记述说："乃日见城厢内外之以抗租枷示者，相望于途。"

地主向佃户勒索租米。佃户迫于饥馑，往往抢米求生，是斗争的另一形式。一七四四年（乾隆九年），左副都御史范灿说："查乾隆七年之冬，八年之春，湖广、江西、江南等处抢米之案，俱未能免；而江西尤甚，一邑中竟有抢至百案者。"（《高宗实录》卷二三〇）此后，浙江、福建、直隶、陕甘等地都发生过饥民抢米斗争。

二、农民反封禁斗争

清初，八旗满洲人户大批进关，关外呈现出一片荒凉景象。一六六一年（顺治十八年），奉天府尹张尚贤报告说："合河东、河西腹里以观之，荒城废堡，败瓦颓垣，沃野千里，有土无人。"（《圣祖实录》卷二）康熙时，直隶、山东无地农民多逃往奉天耕垦。一六八〇年（康熙十九年），清朝划定旗民开垦界限，民界地亩约等于旗界地亩的五分之一。一六八九年（康熙二十八年），康熙帝明确地指出："奉天田土旗民疆界，早已丈量明白。以旗下余地付之庄头，俟满洲蕃衍之时，渐次给与耕种。"（《圣祖实录》卷一四一）这是保护满族地主占有土地，限制汉族人民开垦的政策。但直隶、山东农民继续出关求活，并未因而终止。一七四〇年（乾隆五年），乾隆帝又规定，奉天流民要取保入籍，否则必须在十年之内返回原籍。此后，在山海关严厉查禁携眷农民出关,并在山东登、莱、青和奉天复、海、盖、宁等处海口,查禁运载流民的船只,对东北地区严格封禁。但出关流民依然有增无减。一七四六年（乾隆十一年）查明,从一七四○年（乾隆五年）以后,出关人数续添四万七千余口。一七五○年（乾隆十五年）,在宁古塔和船厂的工商佣作人等,不下三、四万人。清朝又于一七六二年（乾隆二十七年）制定《宁古塔禁止流民例》,一七七六年（乾隆四十一年）宣布吉林是"永禁流民,毋许入境"。实际上,流民出关的洪流已无法制止。据《盛京通志》记载的数字统计,一七八○年（乾隆四十五年）在东北的汉族人口有十六万五千四百九十五户,九十六万一千三百二十八人,民赋田有三百七十九万八千零六十亩,比一六五七年（顺治十四年）增加了六十二倍,占当时全部垦田四百二十六万九千七百一十八日（二千五百六十一万八千三百零八亩）的百分之十四点八。

清初,蒙古地方不准汉人居住,户部发票八百张,许汉人领票春去秋回。一七○七年（康熙四十六年）,康熙帝巡行边外,"见各处皆有山东人,或行商,或力田,至数十万人之多。"（《圣祖实录》卷二三○）一七四九年（乾隆十四年）,发现喀喇沁等旗种地汉人已达数万,清朝认为蒙古人"渐将地亩贱价出典,因而游牧地窄,至失本业"。遂规定喀喇沁、土默特、敖汉、翁牛特以及察哈尔八旗,"嗣后将容留民人居住,增垦地亩者,严行禁止。"（《高宗实录》卷三四八）一七七二年（乾隆三十七年），更制定一项律例："口内居住旗民人等，不准出边在蒙古地方开垦地亩，违者照例治罪。"(《理藩院则例》卷十）这如同奉天的封禁政策一样，并不能阻止流民出边。一七六〇年（乾隆二十五年），在古北口外蒙古地方种地的汉人，即不下数十万户。

汉族农民反封禁的斗争，是在中原地区阶级矛盾日益尖锐，贫困无告的情况下进行的。一七四八年（乾隆十三年），山东人民"南走江淮，北出口外。揆其所由，实缘有身家者，不能赡养佃户，以致众生无策，动辄流移。"(《高宗实录》卷三〇九）遇到荒年，清朝也不得不暂弛关禁，放流民出口觅食。过后虽然仍劝流民回籍，并重申禁令，但是关口一开，再想封闭就更加困难了。满族地主、蒙古王公都招佃收租，"巧为庇护"。在这种情况下，封禁政策更成为具文。

清廷在一六八三年（康熙二十二年）设立台湾府后，只准闽、粤人民春去秋回，不准携眷居住。从一七三二年（雍正十年）起，这项禁令几次暂停执行，又几次恢复。人们有时冒着生命危险偷渡，有时贿赂官兵私渡，据一八一一年（嘉庆十六年）统计，台湾汉族人口已达二百万零三千八百六十一人，比一六八三年（康熙二十二年）增加了将近十倍。

三、手工业工人和商民的反抗

清初，手工业工人就进行有组织的罢工斗争。据苏州现存石刻（见《江苏省明清以来碑刻资料选辑》）记载：一六七〇年（康熙九年）踹匠窦桂甫，"倡言年荒米贵，传单约会众匠停踹。"处罚了不参加罢工的王明浩，所有工匠都停止工作。一六九三年（康熙三十二年），踹匠罗贵又齐行增价，"聚众殴抢，复毁官示"。一七〇〇年（康熙三十九年），刘如珍等凑钱演戏，号召工匠参加反抗斗争。一七一五年（康熙五十四年），王德等倡议创立踹匠会馆，正式成立自己的组织。布商非常恐慌，说"倘会馆一成，则无籍之徒，结党群来，害将叵测。"因此，屡次请求地方官查拿"流棍"，管束工匠。一七二〇年（康熙五十九年）建立的《长吴二县踹匠条约碑》规定八条，就是要把踹匠置于包头、坊长、巡役的严密控制下，制止罢工斗争。这表明工匠的罢工斗争，已经十分激烈。乾隆时，斗争在继续发展。

苏州的机户，多数雇用织工。织工常因机户无故解雇，或要求增加工资，发动罢工斗争。据一七三四年（雍正十二年）建立的碑文记载："倡为帮行各色，挟众叫歇，勒加银口，使机户停织。"一七三九年（乾隆四年），王言享等反对布商扣克工价罢工。一七七九年（乾隆四十四年），李宏林等要求增加工价罢工。一七九五年（乾隆六十年），又有蔡士谨领导的罢工斗争。

江西景德镇官民窑户，每窑一座，需工数十人。"一有所拂，辄然停工。"（《道光浮梁县志》卷二）他们罢工也是知会同行共同行动，"甚至合党成群，恣行抄殴。"

(凌焞:《西江视臬纪事》卷四)。

北京户部宝泉局在一七四一年(乾隆六年)发放工价时,铸钱工匠声称不敷应用,四厂同时罢工。经署侍郎三和出面"晓谕",在童光荣领导下,东厂工匠仍然拒不开工。

陕西周至县南山木工,在一七四六年（乾隆十一年)聚众殴差,反抗县官。

贵州威宁州妈姑铅厂,一七五一年（乾隆十六年)因厂官殴打厂丁,遂聚众拥入官房,拴殴厂官。

各地手工业工人的各种形式的斗争,此伏彼起,汇成巨大的力量。

商人罢市,清初已见记载。一六六〇年(顺治十七年),潞安织绸机户不堪官府勒派,焚机罢市。一六八一年(康熙二十年),芜湖钞关额外征税,芜湖商民罢市三天。乾隆时,各地时有罢市斗争。一七四七年(乾隆十二年),乾隆帝指出:"近据各省奏报奸民聚众之案,如江南宿迁、山东兰山皆因求赈,浙江临海则因求雨,福建上杭则因抗租,山西安邑、万泉则因丁粮豁免,遂至聚众多人,抗官塞署,放火罢市,肆为不法。"(《高宗实录》卷二八九)事件发生的原因各有不同,参加斗争的民众也不只是商人。

四、王伦领导的农民起义

一七七四年(乾隆三十九年),山东爆发了王伦领导的农民起义。

王伦,山东寿张人,于一七五一年(乾隆十六年)从张既成学道,一七七一年(乾隆三十六年)开始收徒传教。运气治病,学习拳棒,名为清水教,实是白莲教的一支。

一七七四年(乾隆三十九年),山东年岁歉收,地方官额外加征,农民无法生活。大路上常有饥民围住行旅乞食,车辆不能通行。王伦在民众中传布:"八月之后,有四十五天大劫,从我都可得免。于二十五日,差孟灿到王经隆处,传人起事。"(《剿扑临清逆匪纪略》卷十四)党家庄有数百人参加,张四孤庄有五、六百人参加。二十八日夜,攻破寿张县城,捕杀官吏,大开监狱,释放犯人。九月初四日,连克堂邑、阳谷,都弃城不守,奔袭东昌、临清。初七日,占领临清旧城,并控制了三十里以内的地区,起义军发展到五、六千人。清军在堂邑和柳林两次被起义军打败,巡抚徐绩在临清的梁家浅被起义军包围。据徐绩说:"初七日领兵交战时,见其领众之人,两手持刀,疾走如飞,宛如猕猴;其余亦俱悆不畏死,不避枪炮。"(同上书,卷二)王伦在临清旧城宣布拥立明朝后裔朱兆龙(实无其人)为帝,加封王朴为王,又封国公、元帅多人。于初七日、十三日、十九日三次进攻临清新城,招集南下的粮船短纤参战。但是,兵临坚城之下,未能扩大战果。

清廷命大学士舒赫德佩钦差大臣关防,赶赴山东督师；派额驸那旺多尔济、左都御史阿思哈率领健锐营、火器营兵千人，以及吉林、索伦射手五十人，赴山东增援；并命令直隶总督周元理防守广平、大名一带，河道总督姚立德防守东昌。二十三日，舒赫德率领清军进攻临清旧城，起义军出兵千人北去，牵制敌军；挑选精锐部队五、六百人，在东门迎击清军。舒赫德亲自指挥清军攻击东门，二十九日突入城内，巷战甚为激烈。起义军中的“无生娘”（即入教妇女）数十人，参加战斗，都壮烈牺牲。王伦登楼自焚死，王朴、孟灿、王经隆等被俘，临清旧城落入清军手中。北去起义军千人，在塔湾与清军作战失败。总计起义军阵亡一、二千人，被俘近二千人。

这次起义虽然由白莲教徒秘密组织，主要还是由农民饥馑无告而被迫反抗。御史李漱芳在奏报中也不得不承认：“虽曰奸民，其实大半皆无告之饥民，激而成之也。”（《剿扑临清逆匪纪略》卷四）。

第三节　对外战争的继续与吏治的腐败

乾隆帝在位六十年，是康熙帝以后统治时期最长的皇帝。在他退位以前的二十多年间，统治机构由腐败而渐趋于腐朽，清王朝逐渐进入了衰败时期。

以武功自诩的乾隆帝,在侵缅战争失败后,又在一七八八年(乾隆五十三年)发兵侵入安南,镇压安南人民的起义。清军遭到失败,损失惨重。由于西藏内部的纠纷,又招致了清朝与廓尔喀的战争。乾隆帝在战胜廓尔喀后,在西藏地区确立了各项制度,使这一边境地区得以安谧,是他退位前对清王朝的最后一个贡献。

乾隆帝统治时期,清皇室挥霍无度,早已成为最大的贪婪集团。乾隆帝晚年信用大学士和珅秉政,形成了以和珅为首的官员贪污网。自朝臣至地方官员,竞相搜括,以贪贿为能事。各地自督抚以下的贪污大案不断发生。乾隆帝虽然陆续处置了大批触法的官吏,却无法遏止普遍形成的贪风。自省县至乡里,吏治腐败,贪赂公行,清政府自上而下,日益腐烂了。

不堪忍受严酷盘剥的各地民众,酝酿着推翻清王朝的斗争。甘肃和台湾相继爆发了人民起义,预示着更大的风暴就要来临。

(一) 对邻国的战争与英国使团的来使

一、对安南的战争

一四二八年,安南黎利建立黎氏王朝。一五二七年,权臣莫登庸篡位。一五九二年,贵族郑松从清化出兵攻占昇龙(今河内),立黎维潭为王,政权掌握在郑氏手中。郑氏派往镇守顺化的阮潢，逐步控制了南方，与郑氏对峙，形成了南北分裂割据的局面。从一六二七年至一六七二年，郑氏与阮氏先后进行了七次大战，在安南造成了严重的灾难。

一六六六年，郑氏用黎维禧的名义，把南明永历王朝颁发的敕印送缴清朝。次年，康熙帝封黎维禧为安南国王。一七七一年，阮文岳、阮文吕、阮文惠三兄弟在归仁府西山村领导农民起义，推翻了当地政权。一七八五年打退了暹罗侵略军，消灭了南方统治者阮福映的军队，控制了安南南方地区。一七八六年挥军北上，直捣昇龙。国王黎维祁于一七八七年潜逃。黎维祁母、妻及宗族二百人，逃往广西太平府龙州边界。清两广总督报告朝廷。乾隆帝认为，百余年来，黎氏王朝朝贡不绝，清朝有"兴灭继绝"的义务。遂派两广总督孙士毅率兵一万二千人，云南提督乌大经率兵八千人，并纠集黎氏王朝残余势力镇压安南农民起义。一七八八年（乾隆五十三年）十月末，孙士毅和提督许世亨的部队出广西镇南关，直奔北宁，渡过富良江（即红河），于十一月十九日占领昇龙，黎氏族人出迎。黎维祁也在夜半求见清军统帅，孙士毅传乾隆帝谕，封黎维祁为安南国王。

在清军侵入北宁时，安南农民起义军吴文楚部转移到宁平和清化交界的三迭山。十一月二十五日，阮文惠率领部队北上，反攻入侵清军。沿途农民纷纷参

104

军，到义安时，已经组成一支十万人的大军，配备大象一百头。阮文惠到达三迭山与吴文楚研究敌情后，断言："他们（清军）来到这里是自寻死路而已。这次我亲临指挥，攻守之计已定，不消十天功夫，就可以打退清军。"阮文惠部署军队，准备一举歼灭清军。孙士毅在昇龙毫无戒备，正在策划侵略南方，俘获阮文惠，向乾隆帝报功。清军官兵都忙着筹办筵席，饮酒作乐，欢度春节。除夕之夜，农民起义军秘密运动到昇龙前线，清军并未察觉。当阮文惠指挥军队突然进攻时，英勇的农民起义军战士冲锋陷阵，大象载炮投入战斗。清军惊慌失措，自相践踏。在混乱中，黎维祁首先携带家属逃窜。孙士毅在亲兵掩护下，慌忙撤退，渡过富良江后，便拆断浮桥逃命。在南岸的提督许世亨、总兵张朝龙等官兵夫役万余人，或被农民起义军击毙，或是落水淹死。孙士毅在镇南关，收容逃回的官兵，不到清军总额的一半，大量的粮械火药丢失殆尽。从云南开化厅马白关出兵，侵入安南宣化镇的乌大经部，遭到农民起义军反击后，也仓慌逃回国内。清朝侵略军损兵折将，狼狈不堪，受到了安南农民的惩罚。

阮文惠领导安南农民打退了清朝侵略军，保卫了农民起义的胜利果实和国家主权。但他并不愿继续与清朝为敌，因而派侄阮光显"赍表入贡"。阮文惠改名阮光平，于一七九〇年（乾隆五十五年）亲自到北京祝贺乾隆帝的八十寿辰，乾隆帝封他为安南国王。一七九二年(乾隆五十七年),阮文惠病死。一八〇二年(嘉庆七年),安南南方贵族阮福映攻陷昇龙,受清封为越南国王。

二、对尼泊尔的战争

尼泊尔自一四八二年以后,巴德冈王国、帕坦王国和加德满都王国并立。一七三一年分别向清朝贡献金叶表文。一七六八年廓尔喀族沙阿家族的普里维·纳拉扬攻占加德满都,登上尼泊尔王位,并统一了全国。因此,清朝称尼泊尔为廓尔喀。

一七八一年(乾隆四十六年),班禅额尔德尼在北京病死,其兄仲巴胡图克图独占他的大量财物,弟舍玛尔巴愤恨不平,逃往尼泊尔,挑拨廓尔喀与西藏的关系,阴谋夺取仲巴财产。一七九〇年(乾隆五十五年)三月,廓尔喀王朝借口西藏商税增额、食盐糅土,由巴哈杜尔·沙阿派达莫达尔潘德率领尼泊尔军队,从聂拉木侵入西藏,并围攻坚守协噶尔宗的西藏军队。清廷命四川总督鄂辉、成都将军成德增援,但他们都按兵不战。清驻藏查办官员、侍卫巴忠密令西藏堪布私自与廓尔喀议和,许岁币银五万两。达赖喇嘛反对,巴忠不理,遂与廓尔喀私订和约。廓尔喀退兵,巴忠向清朝谎报得胜,又劝说廓尔喀遣使朝贡,受封为国王。一七九一年(乾隆五十六年),廓尔喀因西藏没有缴纳岁币,派步兵数千人,从聂拉木大举进攻西藏地方。驻藏大臣保泰张慌失措,赶快把班禅转移到前藏,并奏请迁移达赖到西宁,班禅到泰宁暂住。仲巴早已闻风携带资财先逃,喇嘛济仲扎苍乘机造谣说,占卜不宜作战,动摇人心,藏军溃败。廓尔喀兵大掠扎什伦布寺,震动了西藏地方,达赖和班禅急速向清朝报告战争形势,请求增援。

这时,在热河扈驾的侍卫巴忠听到消息,畏罪自杀;驻藏大臣保泰被定罪,枷于军前。乾隆帝任命福康安为将军,海兰察为参赞,调索伦兵二千人、金川土屯兵五千人,进军西藏,反击廓尔喀侵略军。一七九二年(乾隆五十七年)二月,福康安等从青海草地进后藏,闰四月会合西藏官兵三千人进军,五月侵入西藏境内的廓尔喀兵败走,六月清军向廓尔喀境内进军。领队大臣成德、岱森保为左路,总兵诸神保为右路,中路为主力部队。海兰察率领三队前进,福康安带领二队跟进。海兰察在铁索桥(距济陇八十里)上游,结筏抢渡;福康安在铁索桥处造桥夺卡,合攻廓尔喀兵,追击一百六十里至协布鲁,又前进一百数十里至东党岭,两崖壁立,中隔横河,水深流急,清军分兵在上下游抢渡,才通过这一险要地方。六月初九日至雍雅山,廓尔喀王朝感到惊慌,遣使到清军营议和。福康安置之不理,继续进攻,六战六捷,侵入廓尔喀国境七百里,到达纳瓦科特,距国都阳布(加德满都)仅一日路程。廓尔喀派兵十营,固守山岭,坚决抵抗。八月初,清军冒雨上山二十里,在陡险地方，遭到廓尔喀军滚木雷石的冲击。廓尔喀兵乘势三路反击，清军且战且退，损失很大。海兰察、额勒登保等督师力战，才稳住阵脚。

廓尔喀虽挡住清军的进攻，但大军压境，国都仍处于危险地位，因此再次遣使与清军议和。清军遭到挫败后，感到进军国都非常艰难，并且到八月底大雪封山，全军则处于危险境地，便与廓尔喀议定和约：宣布巴忠私订的协议书作废；廓尔喀归还在西藏掠夺的财宝，包括金塔顶、金册印等，以及俘掳的人丁；并交出沙玛尔巴的尸体；还规定尼泊尔每五年向清朝朝贡一次。清军退出廓尔喀领土，战争结束。

中尼战争中，英属印度总督康沃利斯勋爵曾派遣柯克帕特里克使团赶到加德满都，名为援助，实际是要乘机控制尼泊尔，进而侵略西藏地方。中尼迅速达成和议，英国殖民者这个阴谋才未能实现。

三、英国使团来使

清初，英国商船主要在郑成功父子统治的厦门和台湾，与中国贸易。康熙帝开放海禁后，英商在广州设立商馆。乾隆时，英国商船主要在广州贸易。一七五五年（乾隆二十年），英国总商喀喇生与通事洪任辉，向宁绍台道申请在宁波贸易。一七五七年（乾隆二十二年），乾隆帝诏谕封闭各地口岸，只准外商在广州一处通商。一七五九年（乾隆二十四年），洪任辉到天津，向清廷告发粤海关勒索外商，并再要求在宁波贸易。乾隆帝派员查核，将粤海关监督李永标革职，又谕英商不准去宁波贸易。这时，英国经过产业革命，日益成为资本主义工业强国，以东印度公司为据点，不断侵入东方，扩展商品市场。据一七九〇年（乾隆五十五年）的统计，进入广州的西方商船共五十九只，其中英国船四十六只，居各国之首。

一七八七年（乾隆五十二年），英国国王曾应东印度公司的请求，派遣查尔兹·凯斯卡尔特为使臣，来中国交涉通商事务，使臣在途中病死。一七九二年（乾隆五十七年），英国派出以马戛尔尼（Gtorge Lord Macartney）为首的庞大使团，以祝贺乾隆帝八十三岁寿辰为名前来中国，以探听中国内部情况，谋取商务利益与各项特权。

全权特使马戛尔尼勋爵在英国统治集团中是个有声望的人物，他在印度担任过重要职务，曾任驻俄国彼得堡公使，签订英俄通商条约，后来又被推荐为孟加拉总督，辞不就任。在他出使中国的使团随员中，还有秘书乔治·斯当东爵士（兼代缺席时的全权特使）、使团卫队司令官本松上校以及医生、机械技师、测绘员、画家等；另有炮兵、步兵、工匠、仆役等，使团全体人员共一百三十五人。分乘装有六十四门大炮的"狮子"号兵船和"印度斯坦"号、"豺狼"号海船，配备水手、官兵六百五十人。使团带有精心选购的天文地理仪器、乐器、钟表、器用、图象、毯氍、车辆、军器、船只模型等礼品。使团的开支和礼品费用都由东印度公司负担。一七九二年（乾隆五十七年）九月二十六日使团从朴次茅斯港出发，绕过南美洲，于一七九三年（乾隆五十八年）七月二十五日到大沽口。清廷派长芦盐政瑞征接待，直隶总督梁肯堂亲自迎接。使团于八月二十一日到北京，九月二日去热河行宫，十四日乾隆帝在万树园御帷接见特使和秘书，并设宴招待。随后由大学士和珅、福康安等陪同游览万树园，为乾隆帝祝寿，观剧，二十一日起程回京。十月三日，清朝颁赐国书和礼品，示意使团回国。马戛尔尼匆忙开具说帖，提出六条要求："第一，请中国允许英国商船在珠山（舟山）、宁波、天津等处登岸，经营商业；第二，请中国按照从前俄国商人在中国通商之例，允许英国商人在北京设一洋行，买卖货物；第三，请于珠山附近划一未经设防之小岛，归英国商人使用，以便英国商船到彼即行收歇，存放一切货物，且可居住商人；第四，请于广州附近得一同样之权利，且听英国商人自由往来，不加禁止；第五，凡英国商货，自澳门运往广州者，请特别优待，赐予免税。如不能尽免，请依一七八二年（乾隆四十七年）之税律，从宽减税；第六，请允许英国商船，按照中国所定之税率切实上税，不在税率之外，另行征收。并请将中国所定税率录赐一份，以便遵行。"（马戛尔尼：《乾隆英使觐见记》中卷）乾隆帝颁发国书，对这些无理要求逐条驳斥，并对英国提出在舟（珠）山划一海岛及广州附近之地归英商使用等节，严肃指出："天朝尺土俱归版籍，疆址森然。即岛屿沙洲，亦必划界分疆，各有专属。况外夷向化天朝交易货物者，亦不仅尔英吉利一国，若别国纷纷效尤，恳请赏给地方居住买卖之人，岂能各应所求。且天朝亦无此体制，此事尤不便准行。"（《高宗实录》卷一四三五）乾隆帝看到英国有侵占领土的企图，随即通令沿海督抚戒备，说"今该国有欲拨给近海地方贸易之语，则海疆一带营汛，不特整饬军容，并宜预筹防备。即如宁波之珠山等处海岛，及附近澳门岛屿，皆当相度形势，先事图维，毋任英吉利夷人潜行占据。"（《广东海防汇览》卷二十二）又在给英王国书中警告说："若经此次详谕之后，尔国王或误听尔下人之言，任从夷商将货船驶至浙江、天津地方，欲求上岸交易。天朝法制森严，……当立时驱逐出洋。"

十月七日，马戛尔尼使团从北京出发，由军机大臣松筠伴送，沿运河南下，再经浙江、江西、广东等省，于一七九四年一月十日自广州回国。

马戛尔尼使团此行，虽然未能实现对清朝的各项要求，却由此探察了中国军事、政治和社会情况。他向英国政府提供了中国各方面的资料，并认为中国停滞不前，对世界民族知识贫乏，宽衣大袖的军队未受过军事教育，武器也还是刀枪弓箭。预言英国将能在中国未来的变化中获得利益。作为英国侵华先驱的使团，为英国以后武装侵略中国提供了依据。

马戛尔尼在热河觐见乾隆帝时，曾因朝见礼仪发生交涉。清廷坚持要英使行跪拜礼以维护"天朝尊严"，马戛尔尼作为英国特使，拒不跪拜。最后，许以单膝下跪的见英皇礼觐见。乾隆帝在接待英国使团和对英使无理要求的批驳中，表现了昧于世界形势，以"天朝"自居的保守性，也表现了对英国侵略企图的必要的警惕性。他已模糊地感到，力求侵入中国领土的这个海上之邦，已不同于他所谓的"蕞尔小夷"，而将是难于应付的对手。

（二）西藏制度的改订

一七二八年（雍正六年），雍正帝封颇罗鼐为郡王，兼管前后藏政务，留驻川陕兵两千人（后减为五百人）。颇罗鼐执政二十年间，西藏在清廷统治下，大体保持着稳定的局势。一七四七年（乾隆十二年）颇罗鼐去世，次子珠尔默特那木扎勒袭封郡王，与七世达赖不和，并反对驻藏大臣纪山，奏请撤出驻藏军队，又刺杀在阿里地区的长兄策布登，以防清廷倚任分权。一七五〇年（乾隆十五年），乾隆帝侦知珠尔默特与准噶尔部联络，任命傅清和拉布敦为驻藏大臣进藏，伺机除珠尔默特。傅清等召珠尔默特至驻藏大臣衙门，乘其不备，将他杀死。随侍珠尔默特的藏军焚烧衙门，傅清自杀，拉布敦被乱军打死。清廷派川督策楞与提督岳钟琪领兵进藏平乱，七世达赖与西藏僧俗官员已将叛乱平定。乾隆帝嘉奖七世达赖，并随即改革了西藏的政治体制。此后，不再封授郡王、贝勒、贝子、台吉等官爵。在西藏设立"噶厦"作为地方政府。噶厦设噶布伦四人，管理西藏事务。"遇有紧要事务，禀知达赖喇嘛与驻藏大臣，遵其指示而行。"清廷由此提高了达赖的政治权力，并确定了驻藏大臣的职权，派兵一千五百名长期驻藏，三年一换。此后约四十年间，七世、八世达赖和摄政第穆诺门（八世达赖年幼，设摄政代行），与驻藏大臣协同执政，西藏的政局又趋稳定。

一七九一年（乾隆五十六年），清王朝对廓尔喀的战争，以反击廓尔喀的入侵开始，以侵入廓尔喀的失败告终。战争暴露出西藏地方制度的许多弱点。一七九二年（乾隆五十七年），乾隆帝派工部侍郎和琳为钦命西藏办事大臣去藏，向达赖喇嘛、班禅额尔德尼查询西藏情势。又命吏部尚书摄四川总督孙士毅驻前藏，与大将军福康安等会商西藏善后事宜。一七九二年（乾隆五十七年）至一七九三年（乾隆五十八年）间，清王朝对西藏的各项制度，作了一系列的改订。

金瓶的颁授——达赖、班禅的转世，例由吹忠（护法巫师）作法，指示转世活佛呼毕勒罕所在之地。其间不免产生弊端，前辈达赖、班禅家族有如世袭。乾隆帝认为，廓尔喀之战，即由班禅家族兄弟之争所招致，是

"族属传袭之流弊"。一七九二年(乾隆五十七年),乾隆帝制作金瓶,颁发给西藏。此后达赖、班禅转世时,命四吹忠将所指灵童的姓名及生年月日,各以藏、满、汉文写在牙签上,置于瓶内。在驻藏大臣主持下,当众抽签决定。乾隆帝确定此项制度,以防止西藏贵族从中作弊,同时也是在保存西藏宗教传统的形式下,加强了清朝政府对达赖、班禅转世时的监督和任授的权力。达赖、班禅的坐床典礼,也由驻藏大臣主持。

藏军的建立——西藏原有藏兵,系作为居民的差役。平时很少训练。廓尔喀军侵入藏境时,藏兵并无防御能力,甚至"乘间即逃,遇敌即退"。战争之后,清廷在西藏建立正规的藏军,定额三千名,拉萨及日喀则各驻一千名,南部边地定日与江孜各驻五百名。藏兵每年给予粮饷青稞二石五斗,遇有征调,再增加支给。军官设戴琫五名,下设如琫十二名,各管兵二百五十名。如琫之下设甲琫、定琫。兵丁发给军器军火,认真操练,按时检阅。各级军官由驻藏大臣与达赖会同选任。驻藏大臣定期到各地巡视军防。

货币与贸易——廓尔喀与西藏贸易,购买食盐、酥油等物,例用廓尔喀所铸银钱,往往因折价不公,发生纠纷。战争之后,清廷在西藏铸造银币行用,正面铸"乾隆宝藏"字样,背面铸藏文。又对周邻各国商人到西藏贸易,规定了登记造册、纳税等制度。外国来往人员并须由驻藏大臣签发路证。

赋税差役——西藏民众负担繁重的赋税差役。富户及官员、活佛家属均领有执照免役。清廷规定,此后将执照一律收回,所有差役,平均负担。只有新建的藏军兵员,可予免役。经历战争的地区,分别免去一年至两年的差徭。前后藏所有人民以前积欠的税收,予以捐免。又规定僧俗官员向人民催收赋税,不得提前预收来年赋税及逃亡民税。达赖及班禅的收入支出,需报驻藏大臣审核。

以上各种改革,均由福康安等与达赖、班禅会商后,逐条开列实施细则,呈报乾隆帝核准。战后至一七九二年(乾隆五十七年)间,前后共奏报一百另二条,称为西藏"善后章程"。福康安等又将历次呈奏的主要内容合并为二十九条,奏报乾隆帝,并将藏文本存放于拉萨大昭寺和日喀则的扎什伦布寺,由西藏官民遵照执行。(原件现存两寺,汉译文见牙含章:《达赖喇嘛传》)由于章程经乾隆帝钦定,又称"钦定章程"。

廓尔喀战争之后,清廷对西藏实行的改革,加强了清廷和驻藏大臣对达赖、班禅转世的监督,也加强了驻藏大臣对西藏地区的军事、财政、经济的管理。"钦定章程"进而对驻藏大臣的地位和行政权力作了明确的规定, 主要内容是:

——驻藏大臣督办藏内事务,应与达赖喇嘛、班禅额尔德尼平等,自噶布伦以下番目及管事喇嘛,分系属员,事无大小,均应禀命驻藏大臣办理。至扎什伦布诸务，亦俱一体禀知驻藏大臣办理，仍于巡办之便，就近稽察管束。

——前后藏遇有噶布伦、戴琫、商卓特巴以下大小番目等缺，统归驻藏大臣会同达赖喇嘛拣选，分别奏补拣放，其达赖喇嘛、班禅额尔德尼之亲族人等，概不准干预公事。

——大寺坐床堪布喇嘛缺出，俱由驻藏大臣会同达赖喇嘛秉公拣选，给与会印执照，派往住持。

——达赖喇嘛所管大小庙宇喇嘛名数，开造清册，噶布伦所管卫藏地方各呼图克图所管寨落人户，一体造具花名清册，于驻藏大臣衙门及达赖喇嘛处各存一份，以备稽查。

——藏内喇嘛前往各外番地朝山礼塔者，由驻藏大臣给与照票，限以往还日期，回藏之日，仍将照票缴销，不得逗留边外，如有潜行私越者，即行究治。

——外番人等来藏布施瞻礼者，由边界营官查明人数，禀明驻藏大臣验放进口，事毕后查点人数，发给照票，再行遣回。

——廓尔喀、布鲁克巴、哲孟雄、宗木等外番部落，如有禀商地方事件，俱由驻藏大臣主持。其与达赖喇嘛、班禅额尔德尼通问布施书信，俱报明驻藏大臣译出查验，并代为酌定回书，方可发给。至噶布伦等，不得与外番私行发信。（《卫藏通志》卷十二）

清廷的这些规定，极大地加强了驻藏大臣的行政

116

权力和管理涉外事务的权力，使清廷对西藏地区的统治进一步强化，西藏内部的统治秩序，也因而进一步巩固。英国自建立东印度公司以来，蓄意插手西藏内部事务。西藏章程的制订和制度的改订，也抵制了英国的觊觎，巩固了边疆，是乾隆帝退位前对清王朝做出的最后的一个贡献。

（三）吏治的腐败与人民的反抗

乾隆三十年至四十年间，清王朝已经日益陷入了衰败的境地。连年的战争和皇室贵族的靡费，使朝廷财富日益虚耗。满族八旗兵丁生计日困，军力日弱。满汉官员的贪黩腐败，更发展到极其严重的程度。各省以督抚为首的贪污大案，不断被揭露。一七七五年（乾隆四十年）以后，朝廷上和珅专权聚敛，上下串通，贪贿公行。乾隆帝耽于游乐，朝臣弄权，朝政日益昏暗。自朝廷至地方的各级官员，贪污腐败，象蛀虫一样在腐蚀着清王朝的大厦。被压迫的各族人民的反抗斗争，已在兴起。

一、各地官员贪污案的迭起

两淮盐引案——早在一七六八年（乾隆三十三年），两淮盐引案的被揭露，震动了朝野。两淮盐政尤拔世向盐商索贿不果，上奏说："上年普福（前任两淮盐政）奏请预提戊子（乾隆三十三年）纲引，仍令各商每引缴银三两，以备公用，共缴贮运库银二十七万八千有奇。普福任内所办玉器、古玩等项，共动支银八万五千余两，其余见存十五万余两，请交内府查收。"（《清稗类钞》第三册，《两淮盐引案》）乾隆帝以历任盐政并未奏闻有此项收入，检阅户部档案，亦无造报派用文册，显系盐政私行支用。自一七四六年（乾隆十一年）提引以来，二十余年，数额巨大，密令江苏巡抚彰宝会同尤拔世详悉清查。彰宝、尤拔世清查后上奏说："历任盐政等，均有营私侵蚀等弊"（《高宗实录》卷八一三），"历年预行提引商人交纳余息银两，共有一千零九十余万两，均未归公。前任盐政高恒任内查出收受商人所缴银至十三万之多，普福任内收受丁亥（乾隆三十二年）纲银私行开销者又八万余两，其历次代购物件、借端开用者，尚未逐一查出。"（《清稗类钞》第三册，《两淮盐引案》）盐商藉称办公名色，以提引应交官帑冒称乐输报效，滥邀褒奖。又将支用所余应输运库之项亦乾没不交，纲引应交官帑，各商未交余利六百数十余万两。乾隆帝命将原任盐政普福、高恒，盐运使卢见曾革职，解赴扬州交彰宝等按款查究。

七月，彰宝等奏称：查出卢见曾令商人办买古玩，未给价银一万六千余两。又查出和前任监掣同知杨重英名下，"隐寄累累"，尚有余引无著银三百九十六万余两。乾隆帝以查抄高恒家产，"几值数十万，一应 精粗

118

什物俱存，且平昔费用奢侈，核其见存赀产，不甚相悬。"而"普福家当，查办时所存资财无几"(《高宗实录》卷八一五)，疑有寄顿。一面命彰宝等继续详查，一面命将高恒、普福交刑部会同军机大臣鞫讯。九月，鞫实"高恒、普福侵蚀盐引余息，高恒收受银三万二千两，普福私销银一万八千八百余两。"(《高宗实录》卷八一八)军机大臣傅恒等结案后上奏说："两淮商人迭荷恩赏卿衔，乃于历年提引一案，将官帑视为己资，除自行侵用银六百二十余万两外，或代购器物，结纳馈送，或借名差务，浪费浮开，又侵冒银至数百万两。"历年各商共应完纳银九百二十七万五百四十八两。各商代吉庆、高恒、普福购办器物作价银五十七万六千七百九十二两，又各商交付高恒仆人张文学、顾蓼怀经手各项银二十万七千八百八十七两，各商代高恒办檀、梨器物银八万六千五百四十两，"均该商等有心结纳，于中取利。"通共应向商人"追缴银一千零十四万一千七百六十九两六钱"。又有普福自向运库支用并无档册可查之丁亥纲银四万二千八百五十七两，因普福无力赔补，亦"在通河众商名下均摊"。"卢见曾婪得商人代办古玩银一万六千二百四十一两，例应在见曾名下勒追"，"如见曾家属名下不能全完，仍应在各商名下分赔。"(《清稗类钞》第三册，《两淮盐引案》)乾隆帝命将高恒、普福、卢见曾绞监候，秋后处决。此案涉及几任两淮盐政及众多盐商。官商勾结，侵吞税银千万两之多，连续舞弊达数年之久，上下相欺，贪利成风，已经到了多么严重的地步！

甘肃冒赈案——一七八一年（乾隆四十六年）揭露的甘肃冒赈案，是全省官员上下勾通，合伙贪污的大案。

早在一七七四年（乾隆三十九年）三月，陕甘总督勒尔谨以甘肃省地瘠民贫，储粮较少，而边地灾荒需赈事多为由，奏请按旧例收捐纳监生的本色粮，作为备荒赈恤之用。当时，大学士于敏中管理户部，即行议准，奏请乾隆帝允行。于敏中又奏调浙江布政使王亶望为甘肃布政使，协助办理。王亶望到任后，恃有于敏中庇护，改收捐监本色粮食为折色银两，并且倚任兰州知府蒋全迪"将通省各属灾赈，历年捏开分数"，"酌定轻重，令州县分报开销。"（《高宗实录》卷一一三七）于是各地连年虚报灾荒，具结申转，名为以捐粮赈灾，实际上是各级官员将捐纳银两私分。此后，王亶望调任浙江巡抚，王廷赞继任布政使，又将私收折色银一事专交兰州府承办，并公议每名监生捐银五十五两，此项捐银，由"首府分发各州县"。（《高宗实录》卷一一三二）这样，全省各地大小官员便联为一气，通同作弊，集体私分。"各州县亦视侵冒官项为故常，竟无一人洁己奉公。"（《高宗实录》卷一一四〇）直到一七八一年（乾隆四十六年），大学士阿桂去甘肃镇压苏四十三起义（见下节），奉命与陕甘总督李侍尧查办甘肃赈灾事，才发现"该省旱灾请赈，全属虚捏"，将该省官员冒赈私分捐银事上奏。乾隆帝惊叹为"从来未有之奇贪异事"，说"甘省上下勾通一气，竟以朕惠养黎元之政为若辈肥身利己之图，侵帑殃民，毫无忌惮。天下无不共知"，"而内外臣工无一人言及，思之实为寒心。"(《高宗实录》卷一一六七)勒尔谨、王亶望、王廷赞、蒋全迪等相继被刑部提讯处斩。府道州县官贪污二万两以上者拟斩决，以下者拟斩候。先后处死各级官员约六十人，另四十六人，发往伊犁、黑龙江等处充役，遇大赦不得援例宽释。贪污官员分别监禁者多人。

事后乾隆帝忆及甘肃捐监之事，最初是由已故大学士于敏中力言应开，说："是于敏中拥有厚资，亦必系王亶望等贿求赂谢。种种弊混，难逃朕之洞鉴。"(《高宗实录》卷一二四八)命将于敏中牌位撤出贤良祠，"以昭儆戒"。

浙江贪污案——甘肃冒赈案被揭露后，原甘肃布政使王亶望已调任浙江巡抚，乾隆帝命斩王亶望，查抄其家产。又发生了以闽浙总督兼浙江巡抚陈辉祖为首的浙江官员贪污查抄钱物的奇案。

一七八二年(乾隆四十七年)七月，乾隆帝阅看查抄王亶望任所资财呈览物件时，怀疑其中有抽换不实之弊，命现任藩司兼织造盛住"将查抄王亶望家产究系何人承办，及有无侵蚀抵换之弊，逐一确查密奏。"(《高宗实录》卷一一六一)九月，盛住查出升任河南粮道王站住首先随同抄籍，"有将金易银，那掩情弊。"(《高宗

121

实录》卷一一六四）校检解缴内务府入官物品进呈册，与底册开载不符。王站住底册有金叶、金条、金锭等共四千七百四十八两，查对解缴内务府进呈册内，并无此项金两。多列银七万三千五百九十三两，系将金换银。又底册内有玉山、玉瓶子等件，亦未载入进呈册内。乾隆帝派户部侍郎福长安取道河南，将王站住解任，押带赴浙质审。传谕闽浙总督兼浙江巡抚陈辉祖会同盛住查办，又命大学士阿桂从河南治河工次赶赴浙江按治。阿桂讯问王站住，王站住供称查抄王亶望资财，有金约四千数百余两，银约二三万两，玉器甚多。"我查办时，总督陈辉祖曾吊取备用物件阅看。"乾隆帝命将陈辉祖革职拿问，由河南巡抚富勒浑补授闽浙总督。陈辉祖供称："以金易银一款，查抄时据调任布政使国栋面禀商换。"乾隆帝认为国栋（时任安徽布政使）与陈辉祖"商同舞弊，是此项金项全系陈辉祖、国栋二人抽换抵兑，分肥入己，自属显然。此事大奇，为从来所未有。"（《高宗实录》卷一一六五）命将国栋革职拿问，交阿桂审办。

阿桂还未到浙江，浙江前任布政使李封、按察使陈淮、王杲俱至热河。乾隆帝面询他们办理王亶望资财事，并命据实书面自陈，李封才覆奏："陈辉祖接见司道时，言及查抄王亶望金两发与首县换银解缴，李封并曾向钱塘县换金五十两等语。"乾隆帝发现他们与陈辉祖"联为一气，突梯脂韦"，"俱各知而不言"，"此案竟系总督与司道商同作弊，实出情理之外。"(《高宗实录》卷一一六五)命将李、陈、王革职，又令在浙官员悉心查对。

在浙官员查对王站住原抄底册与咨送内务府、崇文门暨外估各册，"尚有底册开载之物而解京及外估各册内并未造入者计一百宗，底册本无而解京及外估各册内造入者八十九宗，名色不符者二宗。"奏称陈辉祖首先起意，以银易金，并抽换玉瓶、玉山子等件，而经手之各委员等遂而通同舞弊，肆行抵换隐匿。请将经手检查、造册之知府王士翰、杨仁誉，同知杨先仪，知县张蠢革职拿问。江南河道总督兼安徽巡抚萨载讯问国栋后也奏称，国栋曾目击陈辉祖委员购买朝珠，"将抄出朝珠之佳者私自藏匿，反将平常不堪之物当众人耳目挑选添入，以为抽换地步。"(《高宗实录》卷一一六六)乾隆帝命将这些奏折发交阿桂、福长安阅看，逐条严讯。

阿桂、福长安抵浙后，查出陈辉祖抽换玉器、字画等件，并换金八百两与"那移掩饰及倒提年月各情弊。"(《高宗实录》卷一一六七)乾隆帝命阿桂查勘办理山东运河河工，福长安押解陈辉祖、国栋及案内经手各犯来京，交大学士会同军机大臣、刑部堂官等审办。陈辉祖将以银换金、隐匿玉器、抽换朝珠等情供出，大学士九卿等拟立置重典。乾隆帝以陈辉祖为前协办大学士陈大受之子，命从宽改为斩监候，秋后处决。国栋、王士翰、杨仁誉亦定斩监候，杨先仪、张蠢发新疆充当苦差，李封、陈淮、王杲发豫省河工效力。次年二月，闽浙总督富勒浑奏,访查闽浙两省亏空,是陈辉祖因循贻误。福建水师提督黄仕简也劾奏,陈辉祖武备废弛。乾隆帝以陈辉祖在总督任内惟务营私牟利,于政务民事漠不关心,赐令自尽。浙江官员的这一贪污案,是在受命惩治贪犯、查抄犯官家产时,又从中贪货谋利,而且自督抚至司道,上下勾通舞弊。可见官场的贪污,早已习以为常,无所不至了。

山东库银案——一七八二年(乾隆四十七年)四月,御史钱沣参奏山东巡抚国泰"贪婪无厌","所属州县亏空累累。"(钱泳:《履园丛话》五,《书南园先生事》)又奏国泰与布政使于易简(于敏中弟)"贪纵营私,勒派所属州县,以致历城等处仓库多有亏空。"(《高宗实录》卷一一五四)乾隆帝览奏后,派军机大臣和珅偕左都御史刘墉与钱沣驰赴山东查办。未去之前,和珅先遣仆人送信给国泰,被钱沣截获,"搜得私书,中多隐语。"(《清稗类钞》第三册,《国泰以交通和珅伏法》)和珅授意钱沣为国泰弥缝,钱沣回答说:"且到山东再看。"待到山东历城盘库,和珅又提出不用全数弹对,只抽盘数十封,没有短绌就可以了。和珅回馆舍后,钱沣即命封库。次日彻底拆封,库中并无五十两一锭的帑银,多是圆丝杂色银,是借诸商铺户银临时充数的。钱沣诘问库吏,得实。出告示命诸商来领,"库藏为之一空"。(《履园丛话》五,《书南园先生事》)经查出,历城县知县郭德平一人,即亏空四万两。

再去查章丘、东平、益都三州县库，皆多有亏空。又查出"国泰任意婪索各属官盈千累万"，其中一案即"勒派通省属员婪索银八万两。"并查出国泰勒派婪索银两，皆济南知府吕尔昌与冯埏经手。而布政使于易简逢迎阿附国泰，"一任县库亏空，扶同弊混。"（《高宗实录》卷一一五四）

乾隆帝命将国泰、于易简、吕尔昌、冯埏、郭德平等革职拿问，任命直隶布政使明兴为山东巡抚，太常寺少卿孙士毅为布政使。明兴、孙士毅等通查诸州县仓库后，奏称"查办山东各属亏空，竟至二百万两之多，实堪骇异。"乾隆帝命于狱中讯问国泰、于易简，国泰等诡称因办理王伦"逆案"，"各州县因公挪移，致有亏空。"乾隆帝说："王伦滋事之案，办理不及一月，即使因公挪移，何至有二百万两之多？"（《高宗实录》卷一一六〇）命国泰、于易简狱中自裁。此贪污库银案，以巡抚为首，下与州县通同舞弊，上有和珅庇护支持，是一个很典型的案例。

江苏包庇贪吏案——一七八九年（乾隆五十四年），江苏高邮州巡检陈倚道揭报吏胥私雕印信，假冒重征，并查获私描印篆、假给串票，具禀高邮州和扬州府。知府刘炳和知州吴瑛"俱未批发"。次年正月，陈倚道又向巡抚和藩司衙门举告，巡抚闵鹗元和布政使康基田明知陈倚道所告属实，但也"置之不问"，"沈阁不办"，并将陈倚道派往他处采办硝斤，以图消弭此案。

125

（《高宗实录》卷一三五二）陈倚道不服，派家人张贵赴北京控告，将揭报文册投至户部侍郎韩鑅私宅，转呈乾隆帝。乾隆帝派兵部尚书庆桂和刑部侍郎王昶为钦差大臣，驰驿前往审办，并传谕两江总督书麟协同江苏巡抚闵鹗元查明复奏。书麟复奏知州吴琬"祖庇书役，沈阁不办"，奏请革职。闵鹗元在复奏中则"始终袒庇吴琬，曲为开脱"，对高邮州吏胥私雕印信，假冒重征案，"意欲弥缝"，"饰词回护"。（《高宗实录》卷一三五三）乾隆帝命将吴琬革职，闵鹗元解任，一并交钦差大臣庆桂归案质审。调任安徽巡抚福崧为江苏巡抚。

两江总督书麟见事态扩大，又奏称："扬州府知府刘炳于陈倚道具禀之后，即行提审，将林之佩假印伪票各情究出，尚无扶同徇庇情事"，企图为闵鹗元等开脱。乾隆帝览奏，说刘炳"藉称犯证未齐，不即通详办理，其为扶同徇隐，情弊尤属显然"，书麟"希图掩饰，并不将闵鹗元及该府刘炳严参，一味瞻徇，实属有负委任。"并说，"由此推之，外省官官相护恶习，牢不可破。督抚等皆如此连为一气，罔上行私，又何事不可为耶!"（《高宗实录》卷一三五三）命将书麟交部严加议处，"革去翎顶，暂留总督之任，以观后效。"又以江宁布政使康基田"于本任应办之事，经巡抚批令严查，转移交臬司办理，推诿迟延竟至三月之久"，"瞻徇推诿，非袒护属员，即系迎合闵鹗元之意。"（《高宗实录》卷一三五三）命革去顶戴，暂留藩司之任。又命庆桂、王昶将闵鹗元、刘炳、吴琠革职拿问，连同案内犯证、卷宗押解热河行在审办。康基田亦革职，解赴热河。又令军机大臣会同行在法司严审后，将案犯、质证等发往北京，命大学士九卿等定拟。并以江苏按察使王士棻见抚藩通同循隐而不据实参奏，"乃亦置若罔闻，延阁不办，非迎合上司即系袒护属员"（《高宗实录》卷一三五五），命将其革职，交书麟、福嵩严审。

在审讯过程中，福嵩又参奏闵鹗元巡抚任内，句容县粮书江嵩年等将花户完纳钱粮折封侵挪案发，闵鹗元不亲提严审，仅批饬江宁府提犯审讯，难保无瞻顾轻纵。乾隆帝命将句容县知县王光墅革职，交福嵩审讯。福嵩又查出句容书吏侵用钱粮三千七百两，漕米八百余石。乾隆帝以书麟驻扎江宁，距句容不过数十里，"亦竟漫无觉察"（《高宗实录》卷一三五六），又将书麟革职治罪。

大学士等审讯后，闵鹗元斩监候（后释回），康基田发往军台效力赎罪，书吏林之佩、夏琯等处斩，王士棻、刘炳等革职，书麟以头等侍卫职衔遣戍伊犁。

江苏巡抚包庇贪吏案，乾隆帝从严究治，对总督、巡抚以下官员重加惩处，并不是偶然的。当时的官场，官官相护，上下串通营私，办事因循拖延，彼此推诿，日趋腐败。乾隆帝也日益感到了吏治败坏的威胁。在处理此案过程中，一七九〇年（乾隆五十五年），乾隆帝曾巡视直隶、山东等地，目睹官府的腐败，慨叹说："身为督抚者，惟知养尊处优，不以民事为重，且遇刑名重案及城工等事，往往因循怠忽，展转迟延，阳藉详慎之名，阴遂诿玩之计。"一七八八年（乾隆五十三年）二月，直隶建昌县发生盗犯马十行劫一案，事悬两载，尚延宕未结；山东金乡县借帑修城，时过数年，尚未办理开工。乾隆帝说："可见外省废弛积习，大抵相同。""似此玩延悬宕之案，或更有甚焉者。"又说："至六部等衙门办理事务，虽有限期，由各道御史汇奏，但事有关涉两部者，亦每至彼此推诿，行查不以为要，吏胥等得以藉端沈阁，百弊丛生。其驳查外省事件，又每以一驳了事，或竟有驳至屡次，往返耽延，经年屡月，并不勒限严催。"（《高宗实录》卷一三五一）乾隆帝曾命大学士九卿科道等会议，酌定各级官员承办各类事件的期限，但懒宕废弛的颓风，依然不可遏止。乾隆帝重惩两江督抚，意在使官员知所儆戒，但官场腐败的积习，并不能因此而有所变改。

浙抚贪污案——查处苏抚闵鹗元案的新任江苏巡抚福嵩，于结案后调任浙江巡抚。不久，也因贪污被揭露，成为江南的又一大案。

满洲正黄旗乌雅氏福嵩，原曾接任陈辉祖为浙抚，因办理弥补前任亏空事不力，被召还京。后署理山西巡抚。一七九〇年（乾隆五十五年），自安徽调任江苏，改任浙江。乾隆五十七年十二月，两淮盐政全德参奏盐运使柴桢"将商人王履泰等应纳钱粮在外截留，作为

128

己收,私自移用共二十二万两。"又讯柴桢家人柏顺,柏顺供称柴桢前在浙江盐道任内"交代未清,恐浙省参奏,是以私那十七万两前往补填,其余五万系自己侵用。"(《高宗实录》卷一四一八)柴桢被革职拿问。乾隆帝因福嵩身为巡抚,兼管盐政,于柴桢亏空库项至十七万之多,竟毫无闻见,怀疑他也染指分肥,通同作弊。命将福嵩革职拿问,另派兵部尚书庆桂往浙江与新任浙江巡抚长麟审办此案。庆桂、长麟审讯柴桢,柴桢供出他在浙江盐道任内,"福嵩曾向婪索金银及派办物件,不发价银,通共用去银十一万五千余两。"(《高宗实录》卷一四二〇)又供出侵用掣规、值月、差费等项共银六万六千余两。后又查出福嵩奉母游玩西湖,每次派令盐道柴桢"豫备食用、灯彩、船只等项,共用银二千余两。"(《高宗实录》卷一四二三)乾隆帝命将柴桢及其家人柏顺于浙江处决,令庆桂押解福嵩来京亲讯。大学士和珅深恐福嵩至京师廷讯,会涉及他的阴私,劝乾隆帝尽快将他处死。乾隆帝下谕说:"福嵩系硕色(原湖广总督)之孙,伊家世受国恩,历任封圻,自应廉隅谨饬,免力图报。乃辄向盐道婪索多赃,以致柴桢亏缺库项。营私玩法,莫此为甚。此而不严办示惩,何以肃官方而儆贪黩!"(《高宗实录》卷一四二二)命毋庸解京,即由庆桂于押带福嵩所到地方正法。福嵩饮鸩死。涉及此案的浙江司道多人,被革职。

福建贪污案——一七九五年(乾隆六十年),闽浙总督觉罗伍拉纳察知福建将军正黄旗完颜氏魁伦夜宿娼家，欲上书弹劾。魁伦知伍拉纳贪贿不法，遂先发制人，向乾隆帝弹劾伍拉纳纵容盗匪。上奏说福建"各海口地方盗匪仍复肆行出没，甚至五虎门近在省会，而盗船即在彼停泊迭劫，毫无忌惮，以致商贩闻风裹足。皆由该督抚等平日漫无整顿所致。"（《高宗实录》卷一四七七）又疏劾伍拉纳和福建巡抚浦霖说："闽省近年洋盗增多，由于漳泉被水后粮价昂贵，浦霖等办理不善，以致贫民流为匪党。伍拉纳现驻泉州，饥民围绕乞食。"（《高宗实录》卷一四七八）乾隆帝怒，革伍拉纳、浦霖及按察使钱受椿、布政使伊辙布职，命两广总督长麟署理闽浙总督，偕同魁伦质审。魁伦又奏新任福建巡抚姚棻"前在漳州道任内，所属三县亏空库项二万余两。"（《高宗实录》卷一四八一）乾隆帝又命解姚棻任，由魁伦署理巡抚。

　　魁伦偕同长麟审出伍拉纳自福建藩司升任闽浙总督，向新任藩司伊辙布交代时，"尚有四万两无从措缴"，"即将办赈余存项下银四万两代为措垫"。又审出他属下库吏周经"在外开张银店，常有领出倾销之项"。乾隆帝以"周经为伍拉纳私人，有通同侵用情弊"，命令长麟、魁伦严讯周经，"所短四万两在何处用去？"（《高宗实录》卷一四八二）魁伦劾奏伍拉纳原不过是泄愤护己，不意乾隆帝认真追查。他和长麟都惧怕得罪伍拉纳的姻戚和支持者大学士和珅。魁伦明知伍拉纳"尝纳属员贿，动辄千万，有不纳者，锁铟逼勒。""受洋盗贿，任其劫掠"等情（《啸亭杂录》卷九），在复奏中却"代为掩饰"，长麟也"意存将就完事"（乾隆帝语）。乾隆帝严斥魁伦、长麟，降旨续审，并将伍拉纳、浦霖解京审讯。

长麟、魁伦续奏："查出伍拉纳、浦霖两次各得受厦门同知黄奠邦银九千二百两"。又审出漳州府属长泰县械斗一案，按察使钱受椿以所拿凶手未确，饬令提案至省审办，因馈送财物"不满欲壑"，"乃不即时审结，致拖弊十命"等情。浙江布政使汪志伊奉命查抄浦霖原籍赀财，"查出现存银钱及埋藏银共二十八万四千三百余两，房屋、地契共值银六万余两，金七百余两，其余朝珠、衣服、玉器等物尚不在此数。"（《高宗实录》卷一四八八）京中查抄伍拉纳家，"得银四十万有奇，如意至一百余柄。"（《清史稿》卷三三九，《伍拉纳传》）乾隆帝说："此与唐元载查籍家财，胡椒至八百石何异？伊二人贪黩营私，殊出情理之外。"（《高宗实录》卷一四八八）命军机大臣会同刑部从重定拟，立斩决。又命长麟、魁伦将钱受椿锁拿解京，交部治罪，随即送还福建，处以"夹刑二次，重责四十板，再传在省官员监同正法，俾触目儆心，以为玩法营私，谬妄贪黩者戒。"（《高宗实录》卷一四八八）布政使伊辙布在押解进京途中病死。伍拉纳、浦霖、伊辙布、钱受椿之子嗣，如系职官、监生，概行斥革，俱著照王亶望之子例，发往伊犁充当苦差。

长麟因审理此案"始终回护"被革职。魁伦因首发此案，免于治罪，暂行署理闽浙总督印务，清查各州县亏空。魁伦查出亏缺数逾一万两以上之州县官李堂等十名，奏拟斩监候；另有秦为干、李廷采二人亏缺虽未逾万，但平日声名狼藉，亦拟从重处以斩监候；其余各员依次递减。乾隆帝以"福建地方近年以来，自督抚司道以及各州县，通同一气，分肥饱橐，玩法营私，以致通省仓库钱粮亏空累累，盗风日炽"（《高宗实录》卷一四九一），命加重处分，诛李堂等十人，其余谴黜有差。

上举诸案都是震动一时的大案。自西北之甘肃至东南之福建，遍及各大省。案犯自总督、巡抚以下，涉及司道诸大员。督抚下通州县，上接朝臣，上下通同作弊。督抚大案如此，各地区各级官府的次案和小案，不难推知。已被处治的如此，未被处治的贪污腐败现象，更是随处可见。乾隆帝虽然严厉惩处了这些大案的贪官，但依然不能制止遍及各地的贪风，因为朝廷中还有掌握大权的更大的贪官。

二、和珅擅权贪恣

乾隆帝退位前约二十年间，任用满洲正红旗钮祜禄氏和珅为军机大臣，晋授议政大臣、领侍卫内大臣、文华殿大学士。乾隆帝晚年依然耽于悠游享乐，朝政日益被和珅所操纵。和珅以宰辅兼领户部、吏部两尚书，朝廷财赋之收支，官员之升黜，均操其手。和珅由此无厌地向各级官员索取财货，各级官员也竞向和珅纳贿输财。上下相通，层层效尤，自朝廷到地方，形成了以和珅为首的庞大的官员贪污网。清朝政府被这个密网所笼络，吏治日益腐败，难以收拾了。

侍卫出身的和珅，赖祖先的军功，以生员承袭三等轻车都尉世职。一七七二年（乾隆三十七年），授三等侍卫，任近御差使。为人聪颖博闻，得乾隆帝的赏识。一七七五年（乾隆四十年），擢任御前侍卫，授正蓝旗满洲副都统。次年，升任户部侍郎，为军机大臣、总管内务府大臣。一七八〇年（乾隆四十五年），乾隆帝查知武英殿大学士、云贵总督李侍尧贪赃不法，命和珅与刑部侍郎喀宁阿往云南查办。和珅等查实李侍尧“贪黩营私，婪索财物，盈千累万，甚至将珠子卖与属员，勒令交价，复将珠子收回。又厂（铜厂）员调回本任，勒索银两至八千两之多。”（《高宗实录》卷一一〇六）李侍尧也自认得道府以下馈赂，被革职逮治。和珅又劾奏云南巡抚孙士毅亲见李侍尧受贿，“置若罔闻，隐匿不奏”及云南吏治败坏，府县多亏空等事。乾隆帝大为赞赏，因是往审之员，不能留任总督，擢任和珅为户部尚书、议政大臣、御前大臣兼镶蓝旗满洲都统。和珅之子被乾隆帝赐名丰绅殷德，指为和孝公主（十公主）额驸，待年完婚。和珅又晋授领侍卫内大臣、四库全书馆总裁、理藩院尚书等要职。和珅以惩办贪污得乾隆帝的殊遇，位居显要又结皇亲，权势之显赫，不可一世了。

专擅中枢——一七七六年（乾隆四十一年），和珅以户部侍郎入值军机。大学士于敏中为军机领袖。一七七九年（乾隆四十四年），于敏中卒。和珅授御前大臣，次年晋户部尚书。大学士阿桂领军机。阿桂为大学士阿克敦之子，系出满洲望族，屡受命参予对准部、回部战事，迭授内大臣、工部尚书、伊犁将军，历任四川及云贵总督，又为副将军领兵对缅甸及金川作战，是朝中军功卓著的重臣。一七八一年（乾隆四十六年），阿桂奉命视师，镇压甘肃苏四十三起义。和珅为钦差大臣，先往督师作战，大败。阿桂至军，责问和珅。和珅归咎于诸将不听指挥。阿桂召诸将至，指挥军事，均奉命响应。阿桂对和珅说："诸将并不怠慢，败阵应当杀谁？"乾隆帝知和珅与阿桂不和，调和珅回京，兼署兵部尚书。一七八三年（乾隆四十八年），调吏部尚书，仍兼户部。一七八六年（乾隆五十一年），和珅授为文华殿大学士，与阿桂、嵇璜同列宰辅。阿桂始终蔑视和珅，不与来往，入朝时也相距十数步，以示耻与同列。但阿桂连年奉命去河南等地治理黄河水患，在朝日短。嵇璜年迈不理事。和珅得以专擅中枢。此后数年，状元出身的王杰补大学士。一日在朝房，和珅执王杰手，开玩笑说，你的手怎么这么绵软？王杰正色回答说，王杰手虽好，但是不会弄钱！意在讥讽和珅贪婪。王杰虽然洁身自好，不与和珅合作，但只管礼部，并无实权。军机大臣名义上仍然以阿桂为首，位列仅次于阿桂的和

134

珅，得乾隆帝倚信，兼管吏、户两部，逐渐成为军机的实际的执政者。和珅通知各省奏事，均须抄送摺稿一份投送军机处，称为"投递军机处另封事件"（梁章钜：《枢垣纪略》卷一）。由此控制了全部章奏。

贪赂公行——和珅专擅中枢并兼管吏、户二部，凭借掌管财赋与官员升黜之权，公开向各级官员索取重贿，纳贿多者升迁，少者贬黜，使官场上下，贪赂公行，风气日坏。

昭梿《啸亭杂录》记载说："自和相秉权后，政以贿成，人无远志"，"故时风为之一变"。朝中自亲王以下，多向和珅纳贿求庇护。肃亲王永锡，恐不能袭王爵，向和珅行贿，赠给京都前门外铺面房两所。以学问优长著称的窦光鼐任翰林院侍讲、上书房总师傅、经筵讲官，也"拜和相为师，往谒其门，至琢姓名于玉器献之，以博其欢。"（同上，卷九）皇亲金简（妹为乾隆帝嘉贵妃）以勤慎受乾隆帝知遇，命为工部尚书、镶黄旗汉军都统，仍"日馈美食，结和相欢。"（《啸亭续录》卷四）受到和珅排挤的将军福康安、海兰察等都曾向和珅馈赠贵重珠宝求容。被和珅惩治的李侍尧也送过和珅珍珠手串。大臣们贿银自数百两至千两，更是常事，不计其数。户部侍郎蒋赐棨"附和和相，因与其家人刘全等联为友谊。"（《啸亭杂录》卷九）官员们入都谒选，向和珅家人纳赂，以谒见和相为荣。治理黄河原是国家的大事。官员们都视为便于贪污的肥缺。任河帅者，须先向和珅纳贿巨万，然后才许到任视事。昭梿慨叹说："故皆利水患充斥"，"至竭天下府库之力，尚不足其用。"（同上，卷七）盐政也是公认的肥缺。两淮盐政徵瑞一人，即贿和珅银四十万两。地方官员自督抚以下，也多走和珅的门路，纳贿求官。人们议论说："内而部院群僚，外而督抚提镇，其不由和门者或寡矣。"（陈焯：《归云室见闻杂记》卷中）

督抚提镇等地方官既以行贿得官，到任后也向下级官员索贿求补偿。下级以送礼为名，向上级官员行贿，也成为公开的通例。督抚提镇以至道府官员出巡，下级要馈送"站规"、"门包"。平时有节礼、生日礼。每年还有"帮费"。州县官为向上司行贿而加倍向民间征收钱粮漕米。公然说："我之所以加倍或加数倍者，实层层衙门用度，日甚一日，年甚一年。"（洪亮吉：《卷葹阁文甲集》卷一）州县官任意刻剥民众，以一半送上司，一半归自己。据说起初还有所畏忌，年年如此，便成为所谓"旧例"。有人向上司控告，上司当然也不会处治。所谓"好缺"的州县官，未到任时，就需要先向上司行贿，名为"买缺"，依缺之高下，定价之多少，一般好缺都需银万两上下。州县官通过书吏、衙役敲剥百姓。钱粮经户书，漕米经粮书，仓谷、采买、军需等经仓书，上下交通，除本分利。遇有民间讼事，衙役们先向原告家去要钱，叫做"启发礼"，再到被告家去敲诈，不满意不出门。族保、词证等人，也都逐个勒索，要求"开发"。案件

136

不及时审结，索取各种费用，漫无限止。以至民间被盗都不敢报案，因为盗未必能缉获，又要白费银两输官。民间谚语说："被盗经官重被盗"。官府的敲索甚于盗贼的偷窃，民间难以为计了。

自朝廷至地方州县，自和珅至县衙书役，上下行贿营私，贪污公行。做官为了弄钱，已成为人们习见的常事。翰林院编修洪亮吉曾撰《守令篇》描述地方官的情形说：一个官员赴任前，亲戚朋友都公然来替他盘算，此缺出息若干，应酬若干，自己一年里可得若干。至于民生吏治，从不过问。官员到任后也是先问一年的陋规收入有多少，属员的馈赠有多少，钱粮税务的赢余（贪污）有多少。他的妻子、兄弟、亲戚、朋友以至奴仆、妪保也都得到任上，帮他谋利。离任时，往往要用十只船，百辆车来运送财物，比到任时多上十倍。又说，地方官员中稍知自爱，实心为民办事的人，十个里头也没有一、两个。而这一、两个人，常要被那八、九个讥笑，说是迂腐、笨拙，不会做官。上面的大官也认为这一、两个人是"不合时宜"，遇有过失，尽快赶走。结果是这一、两个人非得和那八、九个一起干不行。（《清朝经世文编》卷二十一）洪亮吉的描述，深刻揭露了地方基层官员的贪污腐败。贪污纳贿已成为公开的社会风气，不以为耻，反以为荣，根源在于和珅为首的各级权贵向下级官员层层勒索，也因为下级官员贪污"不容不结交权贵以作护身之符"（尹壮图语）。乾隆帝的奢靡无度纵容了和珅的贪婪无厌,各级官员"上下通同一气",清政府由腐败而日趋腐烂,难于医治了。

压抑异己——和珅擅权纳贿,吏治腐败,不能不引起清正朝臣的不满,但敢于弹劾和珅的官员,都遭到乾隆帝与和珅的压制或惩处。其中著名的事件,是曹锡宝和尹壮图案。

一七八六年(乾隆五十一年),江南上海人、监察御史曹锡宝欲论劾和珅家人刘全儿恃和珅之势营私舞弊,家资丰厚,服用奢侈,衣服、车马、居室逾制。和珅令刘全儿部署掩蔽,拆改居室,并将衣服、车马有逾制者藏匿,随后向乾隆帝奏报说:"家人全儿已到热河,曾面加诘问。伊供从不敢招摇滋事,交接官员。即所谓房屋宽敞,器具完善容或有之,亦非可挟以外出之物。我与曹御史素未闻知,彼又何从进宅目睹?"乾隆帝这时在热河行宫,得和珅奏报,以为近理,说:"曹锡宝身为言官,必不至下交奴仆,其车马、衣服尚可云遇诸途路,至房屋宽敞,器具完美,非身临其地何能知悉乎?至全儿代伊主办理崇文门税务有年,稍有积蓄,盖造房屋数十间居住,亦属情理之常。"并且指责曹锡宝是"徒托诸空言,或其意本欲参劾和珅,而又不敢明言,故以家人为由,隐约其词,旁敲侧击。"(《高宗实录》卷一二五七)命留京王大臣查办。

留京王大臣等传询曹锡宝,曹锡宝称:"我与和珅家人全儿,向来从不认识,即伊在崇文门管理税务,我亦并不知道。伊于额税之外有无擅自加增及别项情弊，亦未有人说过。我因闻全儿住屋服用甚是完美，于路过兴化寺街留心查看，见其房屋甚是高大。我想伊系家奴，焉有多资造此华屋，恐有借主名目招摇撞骗之事，是以具奏。"乾隆帝又命留京王大臣追问："究竟闻自何人？必有着落。若非有人说过，则曹锡宝何以知全儿住在兴化寺街，而经过时即留心察看？"（同上）命令王大臣等再加详询，并令步军统领衙门派司员带同曹锡宝至全儿家看视住屋。全儿接和珅通知，早已预作手脚，察看自然一无所得。曹锡宝只好自承冒昧。乾隆帝召曹锡宝至热河面诘，曹锡宝奏称："原要和珅先事约束，杜渐防微，庶将来不至受人之累。"（《高宗实录》卷一二五九）吏部逢迎和珅，请将曹锡宝降级调用。乾隆帝命改革职留任。曹锡宝从此郁郁，一七九二年（乾隆五十七年）病死。和珅此后更得乾隆帝宠信，权势有加无已。

云南昆明人、内阁学士尹壮图曾上疏揭露官场积弊，说："近年以来，风气日趋浮华，人心习成狡诈。属员以夤缘为能，上司以逢迎为喜，踵事增华，夸多斗奢，百弊丛生，科敛竟溢陋规之外。上下通同一气，势不容不交结权贵以作护身之符。此督抚所以竭力趋奉和珅，而官民受困之原委也。"（姚元之：《竹叶亭杂记》卷二）一七九〇年（乾隆五十五年）十一月，又上疏揭露吏治废弛，督抚有过不加革职，罚银赎罪等流弊，说："近有严罚示惩，而反邻宽纵者。如督抚自蹈愆尤，不即罢斥，罚银数万以充公用，因有督抚等自认应罚银若干万两者。在桀骜之督抚，借口以快饕餮之私；即清廉自矢者，不得不望属员佽助。日后遇有亏空营私重案，不容不曲为庇护。是罚银虽严，不惟无以动其愧惧之心，且潜生玩易之念。请永停罚银之例，改记大过若干次。如才具平常者，或即罢斥，或量予京职，毋许再膺外任。"乾隆帝虽然说尹壮图"不为无见"，但又说他"止系空言，并无左证。"（《高宗实录》卷一三六七）要他指实参奏，"何人勒派，何处亏缺？"尹壮图复奏："各督抚声名狼藉，吏治废弛。臣经过各省地方，体察官吏贤否，商民半皆蹙额兴叹。各省风气，大体皆然。若问勒派、逢迎之人，彼上司、属员授受时，外人岂能得见？"又奏称"亏空各省皆有，请简派满洲大臣，同伊密往各省盘查。"（同上）乾隆帝责斥说："密查亏空一语，所见尤谬"。"岂简用之封疆大吏以及监司方面尽可疑，独视尹壮图之一、二人可寄之心膂乎？"（《高宗实录》卷一三六八）和珅等奏请将尹壮图革职治罪，乾隆帝派户部侍郎庆成偕尹壮图前往各省盘查。但各省督抚早已得到消息，多系设法挪移款项，弥缝掩饰。庆成所到之处，先游宴数日，再发仓校核。尹壮图去山西、直隶、山东、江南诸省盘查，皆无亏短实证，只好自承虚诳，奏请治罪。

和珅等大学士九卿奏拟斩决。乾隆帝以尹壮图

"逞臆妄言",加恩免予治罪,降授内阁侍读。素喜粉饰升平的乾隆帝却由此宣称:"至现在纲纪整肃,内外大臣实无敢有营私玩法者。"(《高宗实录》卷一三七〇)以和珅为首的贪官污吏,得乾隆帝的庇护,更加肆无忌惮。

乾隆帝退位前,似对和珅的擅权不法,已有所觉察。一七九五年(乾隆六十年)九月朝审,和珅以管理理藩院失职,降三级留任。十月,又以和珅谎奏"文武试策总载实录",斥为"护过饰非",革职留任。但这时和珅权势已固,而乾隆帝也已宣布即将归政于皇太子了(见下节)。

三、甘肃与台湾的人民起义

乾隆帝退位前的二十年间,民间秘密结社遍布各地,各地人民反抗斗争在不断兴起。甘肃苏四十三和台湾林爽文领导的人民起义,形成为两次规模巨大的反抗运动。

甘肃苏四十三起义

一七八一年(乾隆四十六年),甘肃苏四十三领导的人民起义,是由于清政府对回族人民的宗教纠纷进行镇压而引起的。

在甘肃从事农业生产的回民,根据伊斯兰教的"天课制度",需按一定比例向"天库"缴纳"天课",由阿訇收存,形成为称为"阁的木"的教坊制。阿訇动用"天课"购买土地,租给农民耕种,成为宗教地主。又由此形成所谓"门宦制度"(花寺),把分散的教坊集中起来,并确定门宦教长管辖各教坊。据《甘宁青史略》记载,回民马明心"自西域回,慨然欲革除门宦制度,意谓道者公也,岂为一家私有?教规者,随时变通者也,不宜胶柱鼓瑟。"狄道、河州各门宦教长,群起而攻。马明心组织新教,编纂《卯路经》,比原有经典简明扼要,教徒不需要再付出费用请阿訇念经。一七六一年(乾隆二十六年)以来,马明心与贺麻六乎在循化厅撒拉族聚居区传教,声势日盛。旧教总掌教韩哈济向地方官控告,清政府将贺麻六乎发配新疆,给兵丁为奴;驱逐马明心出循化地方。一七八一年(乾隆四十六年)三月,旧教又向总督衙门控告,教民苏四十三请来安定(马明心原籍,今定西)教师马明心、韩二个另立新教,与旧教冲突,杀死旧教四十余人。陕甘总督勒尔谨即派兰州知府杨士玑、河州协副将新柱,前往查拿。新柱向苏四十三等宣布:官府为旧教作主,新教如不遵守法令,就斩尽杀绝。苏四十三等十分愤慨,当夜(三月十九日)袭杀新柱等人,连夜赶到起台堡,第二天清晨杀死杨士玑等文武官员,夺取武器,乘胜进袭河州。从此,回族和撒拉族人民反对门宦制度的斗争,发展成为反对清朝统治的农民起义了。

清陕甘总督勒尔谨获得起义消息,立即派兵扼守狄道、河州，抽调各镇官兵前往镇压，并派人到安定逮捕马明心，关押在兰州监狱。三月二十一日，苏四十三率领起义军二千人攻克河州，杀死文武官员，在当地回民的支持下，夜渡洮河，由小路直捣兰州。起义军进攻西关，击毙官兵三百余人。截断黄河浮桥，阻止清军的增援部队，包围兰州城，要求释放马明心。布政使王廷赞组织地主武装顽抗，并将马明心押上城头，强迫他劝说苏四十三退兵。马明心当众宣传对清朝统治者的愤恨，并把头巾掷下城去，表达自己反抗到底的决心，鼓励起义军勇敢战斗。王廷赞将马明心处死。

清朝廷得到兰州被围的消息，慌忙派遣领侍卫内大臣海兰察前往援救。并任命大学士阿桂、和珅为钦差大臣，统率先后调集的健锐营、火器营和各省满、汉官兵一万多人，到兰州作战。和珅部署军队时，第一排为旧教兵，第二排是绿旗官兵，第三排为驻防旗兵。清朝的政策是："此案用旧教而除新教，最为吃紧关键。盖旧教相沿已久，回人等耳濡目染，习惯成性。今欲去之，势有不可。譬如僧道，未尝非异端，亦不能尽使之为民也。而新教则如白莲等邪教，平日虽亦拜佛念经，而惑众滋事，其名目断不可留。"（《高宗实录》卷一一三一）清廷逮捕勒尔谨治罪，派李侍尧接任总督。增调四川藏兵一千、阿拉善蒙古兵七百，会同各地援军，把起义军包围在华林山。起义军几次突围没有成功。六月初苏四十三战死，清军攻入华林山，火烧华林寺，起义军

143

全部壮烈牺牲，无一人投降。清廷在回族、撒拉族人民起义地区，增加驻防军队，陕西提督由西安移驻固原，固原总兵移驻河州，以加强对回族、撒拉族人民的统治。

苏四十三起义失败后不久，马明心的弟子田五又组织武装起义，在通渭修筑石峰堡，制造兵器、旗帜，提出为"马明心复仇"的口号，号召回族人民参加反抗清朝"剿洗回民"的斗争。乾隆帝事后把责任推托给地方官，"皆因李侍尧于查办新教一事，地方官奉行不善，胥役从中勒索滋扰，致逆回诓称剿洗回民，借词煽诱，到处勾结。"（《石峰堡纪略》卷十五）一七八四年（乾隆四十九年）四月，田五把起义队伍隐蔽在伏羌县（今甘谷）的鹿卢山和静宁州的底店山、潘陇山，并与靖远城内回民约定五月五日攻城。但是，由于旧教乡约李应德告密，遂于四月十五日在盐茶厅的小山地方举行武装起义，攻破西安州土堡。清地方官惊慌地报告说："日聚日众，毋论新教回民相率成群，即旧教亦多有听从入党。而其中守法良回，不肯从贼，并协同民人守御者，亦复不少。"（同上，卷十四）起义军在伏羌城外与清军作战，田五阵亡。张文庆、马四圭（娃）领导起义军继续战斗，迅速发展到数千人，攻克通渭县城，控制了盐茶、靖远、秦安、隆德、会宁等州县的村堡。伏羌县城回族监生马应龙出首内应的回民，盐茶厅官川地回族监生马如仁和马良才、马良能，首报或引拿起义回民，使起

144

义军遇到了困难。

清廷又逮治总督李侍尧、提督刚塔，命福康安和海兰察到甘肃镇压起义军，并命大学士阿桂带领健锐营、火器营兵二千人增援，陆续调遣宁夏满兵一千人、阿拉善蒙古兵一千人、四川藏兵二千人、旧教撒拉回兵一千人、凉州和延绥镇兵三千人参战。六月十一日，起义军与清军在底店山决战后，便退守石峰堡。清军层层包围，堵塞水源，起义军和家属饮食发生困难。七月初，马四圭率领起义军突围，遭到清军伏击，损失惨重。清军乘机攻陷石峰堡，残酷镇压起义，回族人民遭到失败。

台湾林爽文领导的农民起义

一七八六年（乾隆五十一年），台湾彰化县爆发了林爽文领导的农民起义。

林爽文原籍福建漳州平和，一七七三年（乾隆三十八年）随父渡台，居住在彰化县的大里杙庄。一七八三年（乾隆四十八年），他的同乡严烟到台湾传布天地会，林爽文应邀入会。此后，便以大里杙为中心，发展会员。一七八五年（乾隆五十年）林爽文被推为主，形成一支反抗官府的强大势力。一七八六年（乾隆五十一年）七月，天地会会员杨光勋、张烈等被逮捕，乘机逃出，至大里杙。台湾知府孙景燧于十月二十七日到彰化，命知县俞峻、副将赫生额、游击耿世文率领兵役四百人，前往镇压。他们行至离大里杙五里的大墩，强迫村民擒献，又焚烧数小村房屋，进行恐吓，当地人民万分愤慨。林爽文遂领导天地会员和当地人民发动武装起义，袭击大墩清营，杀死俞峻、赫生额、耿世文，全歼清军。次日（十一月二十八日）乘胜攻克彰化县城，杀死孙景燧、同知长庚、前同知刘亨基及都司王宗武等清朝官员，出榜安民，称"顺天元年大盟主林，为出榜安民事：本盟主为众兄弟所推，今统雄兵猛士，诛杀贪官，以安百姓。贪官已死，其百姓各自安业，惟藏留官府者死不赦。"（《平台记》）林爽文称盟主大元帅，封杨振国为副元帅，刘怀清为彰化知县，刘志贤为北路海防同知，王作为征北大将军，王芬为平海大将军。农民起义军获得人民群众的热烈支持，迅速发展。十二月六日以后，起义军先后攻克了诸罗、淡水、斗六门、南投、猫雾栋等地，杀死诸

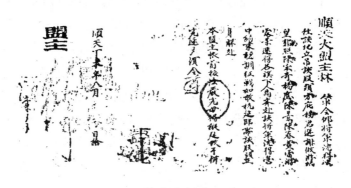

林爽文军令

146

罗知县董启埏、淡水同知程峻等,并进攻台湾府城。

林爽文起义后,凤山竹仔港农民庄大田即制造军器,树立南路辅国大元帅旗,领导数千群众起义。十二月十三日,攻克凤山,杀死知县汤大绅及清军官兵多人。当时,林爽文、庄大田两部号称十万之众,控制了台湾西部的大部分地区。

清廷调遣水师提督、海澄公黄仕简率兵入鹿耳门,陆路提督任承恩统兵进鹿港,副将徐鼎士领兵入北淡水,兵分三路,前往镇压。次年正月初,黄仕简到台湾后,派总兵柴大纪北上反攻诸罗,总兵郝壮猷南下夺取凤山。起义军退出诸罗,阻击郝壮猷的南下。郝军向南走二十里,即遭到起义军的抵抗,屯兵五十日才到凤山。一部分起义军作好埋伏,其余队伍撤出凤山,诱敌进入空城,然后于三月十日里应外合,歼灭清军大半。清游击郑嵩被杀,郝壮猷狼狈窜回府城。任承恩率兵至鹿港,距大里杙仅四十里,以"兵单难于远捕"为借口,株守鹿港,不敢前进。

清廷下令将黄仕简、任承恩"革职拿问",调闽浙总督常青为将军,亲往台湾督办军务,以李侍尧署闽浙总督,驻札厦门。又调广东兵四千人、浙江兵三千人、满洲兵一千人,命江南提督蓝元枚和福州将军恒瑞为参赞,分别赴台,协助常青。常青抵台后,在离府城十里的地方遇到起义军,刚一交战,就战栗不能举鞭,大呼"贼砍老子头矣!"策马逃遁。主帅如此,官兵更是望风落胆，退入城中，向朝廷请求增兵。

诸罗位于台西中部，是台湾府城的屏障和台湾的财赋之区，沟通南北的枢纽。对于起义军和清军来说，诸罗都是必争之地。一七八七年（乾隆五十二年）六月，林爽文率领起义军昼夜围攻诸罗，击退了常青从府城派来的三次援军，又攻盐水港、鹿仔港，断绝了诸罗的饷道，粒米不能入城，清军只能抢夺老百姓的地瓜、野菜、油粮充饥。起义军用火箭、火炮猛攻，发布告示，只拿贪官柴大纪、地主头子黄奠邦，对被胁迫的官兵和"义民"（地主武装）一律采取宽大政策。清兵心慌意乱。总兵柴大纪顽固死守，开决河水以阻挡起义军的前进。

乾隆帝将常青、恒瑞撤职，任命协办大学士福康安为将军，领侍卫内大臣海兰察为参赞，率领从湖南、广西、贵州、四川等省征调的十余万清兵前往台湾。增援清军于十月底在鹿港登岸，十一月八日在岑仔顶、牛稠山两次作战，解诸罗之围。

起义军从诸罗撤退之后，又败于斗六门（今云林县）。林爽文一面在大里杙筑土城高垒，排列巨炮，建栅设卡，和清军对垒；一面派其弟林勇向庄大田求援。林爽文、庄大田两支义军虽曾联合作战，但南北分立，互不统辖。在这紧要关头，庄大田没有给林爽文以必要的援助，使林爽文陷于孤军无援的境地。而敌人方面，福康安一面调官兵移驻水沙连山口，防备义军转入山内高山族地区；一面指挥官兵向大里杙层层围逼。

148

十一月二十四日，起义军与清军决战。赵翼《皇朝武功纪盛》卷四记此战说："官兵至，贼（起义军）犹数万出拒，退而复集者数次。既夕，我兵（清军）伏沟坎间，贼万炬来索战，我兵在暗中贼不能见，而我兵视贼则历历可数，发枪箭无不中。贼自知失计，遽灭火复击鼓来攻，我兵又从鼓声处击之，杀死无数。黎明，遂克其城。"起义军在顽强抵抗后，遭到失败。

林爽文在大里杙失利后，得到水里社高山族人民的掩护，率领起义军二千余人据守集集埔。十二月五日，被清军攻陷，林爽文率数十人逃往深山老林，被福康安拣派的"义兵"、"灶丁"于一七八八年（乾隆五十三年）正月初四日捕获。在清军的追迫下，庄大田也节节败退，退到台湾南端的琅峤。福康安派侍卫乌什哈达率水师由水道绕而阻截，海兰察、鄂辉率清兵由山路逼进，层层围逼。起义军大都壮烈牺牲。一七八八年二月初五日，庄大田被俘。

林爽文领导的农民起义，发展到十余万人，控制了台湾的大部分地区，与清军战斗达十四个月之久，斗志是顽强的。发动起义时，以天地会做号召，但未能克服台湾的闽粤居民，以及漳泉居民之间的对立情绪。起义领袖多为漳州人，清军则利用泉州地主武装，以制造起义军内部的不和。农民起义军南北两路，始终没有建立起一个统一的领导机构，也削弱了战斗力量。这次起义，震撼了台湾，也震撼了全国。它进一步表明清王朝与各地人民间的矛盾，越来越激化了。

（四）乾隆帝退位

乾隆帝即位之初，即焚香告天，说若得位六十年，即当传位嗣子，归政退闲，不敢有逾康熙帝六十一年纪年之数。一七九五年，乾隆帝在位已届六十年，他本人也已有八十五岁的高龄。据朝鲜使臣次年的报告说，乾隆帝容貌气力，虽然还不甚衰老，但已很善忘。昨天的事，今天就忘记。早上办的事，晚间就记不清楚。（朝鲜《李朝正宗实录》三）一七九五年（乾隆六十年）九月，乾隆帝正式宣布，他将于明年归政，传位给皇太子。

乾隆帝初即位，即遵照雍正帝的旧制，册立皇太子。但到他传位时，皇太子已几经更迭，经历了曲折的过程。一七三六年（乾隆元年）七月，乾隆帝即立年仅七岁的皇次子永琏（孝贤皇后富察氏所出）为皇太子，遵照雍正帝的"家法"，密书其名，藏于乾清宫"正大光明"匾额之后。两年后，一七三八年（乾隆三年）十月，永琏病死。一七四六年（乾隆十一年），孝贤后生子永琮，乾隆帝曾有意立为皇太子。次年十二月，永琮病痘死。乾隆帝又属意于哲悯皇贵妃富察氏所生的皇长子永璜，一七五〇年（乾隆十五年），永璜未及立而病死。皇五子永琪（愉贵妃珂里叶特氏出）也于一七六六年（乾隆三十一年）病死。一七七三年（乾隆三十八年），

150

乾隆帝以"国储四殒",遂决意手书应立皇子之名密藏，并以其事谕知军机大臣，但不明示所定何人。是年冬，乾隆帝至南郊大祀时，默祷上帝说："以所定之子若贤，能承大清基业，则祈昊苍眷祐，俾得有成；若其人弗克负荷，则速夺其算，毋误国家重大之任，予亦可另行选择。"（《高宗实录》卷一○六六）。

一七七八年（乾隆四十三年）九月，乾隆帝东巡，自盛京回銮途中，锦县生员金从善于御道旁进递呈词，条陈四事，首先是请立皇太子，说"立太子可杜分门别户之嫌"。乾隆帝大怒，驳斥说："有太子然后有门户。盖众人见神器有属，其庸碌者必豫为献媚逢迎，桀黠者且隐图设机构陷，往牒昭然可鉴。若不立储则同系皇子，并无分别，即有憸邪之辈，又孰从而依附觊觎乎？"（同上）将金从善以"狂诞悖逆"罪斩决。自此以后，再无人敢于议论立储问题。

一七九五年（乾隆六十年）九月，乾隆帝御勤政殿，召皇子、皇孙、王公、大臣入见，共同阅看所定密缄嗣位皇子之名，宣示立皇十五子嘉亲王永琰为皇太子，以明年为嗣皇帝嘉庆元年，皇太子移居毓庆宫，其名上一字"永"改为"颙"。同时宣称："朕仰承昊眷，康强逢吉，一日不至倦勤，即一日不敢懈弛。归政后凡遇军国大事及用人行政诸大端，岂能置之不问！仍当躬亲指教，嗣皇帝朝夕敬聆训谕，将来知所禀承，不至错失。""部院衙门并各省具题章疏及引见文武官员寻常事件，俱由

嗣皇帝批阅，奏知朕办理。"(《高宗实录》卷一四八六）
同年十二月，乾隆帝又发出谕旨说："朕于明年归政后，
凡有缮奏事件，俱著书太上皇帝，其奏对著称太上皇。"
(《高宗实录》卷一四九二）。

乾隆帝二十五岁即位做皇帝，至八十六岁退位，统
治清朝六十年。虽然退位之后，仍以太上皇继续干预
朝政，但由此结束了作为一代皇帝的政治生涯。

乾隆帝以皇子即帝位，自幼生长深宫，不谙世事，
不同于康熙、雍正二帝。即位后，为要巩固他的统治，
又力求建立功业，比美于乃父乃祖。乾隆帝的这种特
殊的境遇和特有的性格，为六十年间的统治带来了两
个方面的影响。一方面是，他在位期间力图有所作为，
继述祖业，因而使这时的清朝大体上仍能保持前朝的
国势，并以"盛世"自诩。另一方面，又由于好大喜功而
崇尚浮华，不同于雍正帝的倡导实心实政。连年用兵
邀功，巡游宴乐，造成巨大的靡费。自皇室贵族至地方
官员贪婪无厌，吏治日坏，国力日损。清王朝由盛而
衰，表面的强盛掩盖着内在的虚弱，歌颂升平的背后酝
酿着衰乱的危机。

一七九二年(乾隆五十七年)，清军战胜廓尔喀后，
乾隆帝曾撰《十全记》，自赞其五十七年间的"十全武
功"，说："十功者，平准噶尔为二，定回部为一，扫金川
为二，靖台湾为一，降缅甸、安南各一，即今二次受廓尔
喀降，合为十。"(《御制文三集》卷八)这十次战争，对于

152

乾隆《十全武功图》题记

巩固前朝确立的版图，强化边疆的统治，客观上起过一定的作用。臣僚们也因此颂为"鼎盛"。但是，边疆战争中，大小金川之战，如果处置得宜，并非不可避免。金川首领停战乞降，乾隆帝仍然"必欲诛灭"，最后还是以事实上的失败而告终。准、回之战，对于稳定天山南北路的局势，有其积极的意义，但清军获胜后，对当地各族民众肆行残酷屠杀，则只能加剧民族间的矛盾。台湾林爽文领导的农民起义，给予清王朝以沉重的打击，清军损失惨重。清廷发重兵镇压起义，并无功绩可说。至于对藩国缅甸和安南的侵略战争，清王朝事实上都遭到失败。廓尔喀之战，清军获胜后，并非必要地深入廓尔喀境内，最后仍不得不退军言和。综观清廷这十次战争，有功有过，而过大于功，败多于胜。乾隆帝不去

153

正视经验教训，而一味自诩"十全武功"，并自称"十全老人"，说明他直到晚年仍未改变不惜穷兵黩武，自炫功业的心理。

乾隆帝在传位皇子的诏书中说："朕缵绍洪业，六十年间，景运庞洪，版图式廓，十全纪绩，五代同堂，和庆骈蕃，实为史册所罕觏。"（《御制文三集》卷六）在驳斥尹壮图关于官吏贪婪，民间"蹙额兴叹"的奏报时也说："朕自缵绪以来，益隆继述。凡泽民之事，敷锡愈多，恩施愈溥。此不特胜国所无，即上溯三代，下讫宋元，亦复罕有伦比。"又说："夫以朕之爱养斯民，如此其厚，天下万民无不身被酿膏共知感戴。尹壮图于朕爱民勤政之意，懵然无觉，忍为此蹙额兴叹之语，几于摇惑人心。"（《高宗实录》卷一三六七）乾隆帝晚年陶醉于臣僚的一片颂声，又陷于"于外事总未经历"的境地，对于臣下的谏诤和民间的怨叹，不免厌听。实际状况是：乾隆帝退位前，清王朝的统治已然日益腐败，危机四伏。民间不只"兴叹"，而且在秘密酝酿着起义风暴的兴起。乾隆帝无视这一切，自称为"归政全人"，而把业已形成的种种危难，留给了他的继承者嘉庆帝。

第四节　农民起义与英国在海上的侵扰

嘉庆帝在位二十四年，继承前代形成的衰朽之局，有心兴革而无力兴革。长期积累的种种社会矛盾，不断爆发为人民群众的武装反抗。嘉庆元年，川、楚、陕等省即爆发了规模浩大的白莲教农民起义。起义以反清复明为号召，参加者多至数十万人。武装斗争遍及三省边界和河南南部地区，延续了九年之久。清王朝为镇压起义，动用兵力十余万人，耗费军费二万万两。东南沿海人民的海上武装斗争，随之兴起，先后历时八年，波及浙江、福建、广东三省。直隶、河南、山东地区的天理会起义，威胁京畿，起义者曾打入皇宫，震动了宫廷。全国各地接连不断的人民起义，此仆彼起。以嘉庆帝为首的统治集团终日皇皇，不能自安。清朝的统治日益动摇。

乾隆帝为求立功耀武，连年在边疆地区和周邻诸国发动战争的局面，到嘉庆帝即位时已经终结。历史的发展，使清王朝转而面临着外国侵略的威胁。向东方寻求殖民利益的英国，不断在中国的东南沿海侵扰，堵截他国的商船。鸦片大量输入，使清朝的白银外流，也为社会经济的发展带来多方面的危害。日益衰弱的清朝面对着日渐强盛的英国的来侵，斗争不可免了。

（一）川陕楚地区的农民起义

一、起义的发动

嘉庆元年（一七九六年）正月，嘉庆帝刚刚宣告即位，湖北枝江、宜都等地即爆发了白莲教徒发动的农民起义。

乾隆帝镇压了王伦领导的农民起义后，白莲教仍在民间秘密流传。陕、楚交界处的南山和川、楚间的巴山，距省城遥远，山区的农民和山民，遭受着地方官吏和地主豪霸的残酷剥夺。乾隆时期，两湖、安徽、江西、四川、河南等地的饥民陆续进入山区，开垦荒地谋生，在山林间，搭棚居住，因而又被称为"棚民"。耕地不足，又在盐井和铁厂、纸厂、煤厂等处充当雇工或背运为生。数年之间，聚集数十万人。棚民遭受多方欺凌，最为艰苦。经过白莲教徒的发动，三省交界的山区，成为起义的爆发点。

乾隆帝退位前，曾对这些省区的白莲教徒严厉镇压。白莲教以其他名义，秘密传布。一七七五年（乾隆四十年），号为混元教的首领河南鹿邑县人樊明德被清朝逮捕处死。弟子刘松被发遣甘肃隆德县。一七八八年（乾隆五十三年），刘松又与弟子刘之协继续传教，改名三阳教，称刘松之子刘四儿为弥勒佛转世，辅助牛八（即"朱"，隐喻明室后裔）。次年，转往湖北襄阳，与号为收元教的教首宋之清联合，仍称三阳教。一七九二年（乾隆五十七年），宋之清与刘之协不合，另立西天大乘教，在川、楚、陕、豫等省区广泛传布，宣传辅佐牛八，反清复明。一七九四年（乾隆五十九年）夏，清朝在陕西兴安府破获西天大乘教，逮捕首领多人。又在四川

156

大宁县，破获收元教。九月，宋之清、齐林等首领在湖北被逮捕。十月，收元教首王应琥也在湖北被捕。刘松及刘四儿等在陕西境内被捕。刘之协脱逃。乾隆帝处死刘松、宋之清、王应琥及各地教首数十人，随即诏谕各地，对白莲教徒严加搜捕。白莲教及改换名义的各教派，是起义农民秘密联络、策划反清的组织，也是贫苦无告的民众互助自卫团体，各地入教者不下数万人。地方官吏乘机以搜捕为名，对入教者严刑逼供，多方勒索，甚至"不论习教不习教，只论给钱不给钱"。习教和不习教的民众都被逼得无路可走。一场"官逼民反"的战争不能不爆发了。

一七九五年（乾隆六十年）冬，三阳教首刘之协与各路教首王聪儿（齐林妻）、姚之富、刘起荣、张汉潮等在襄阳集会，议定以"官逼民反"作号召，分东、中、西三线，于辰年辰月辰日（嘉庆元年三月初十）同时起义，派出传教师到各地组织筹划。

在湖北枝江、宜都、长乐、长阳等地传教的张正谟，于一七九五年十一月间邀同聂杰人、刘盛鸣、黄庭柱、向瑶明等在山洞打造刀枪等物，为辰年辰月辰日起义进行准备，被地方官发现。黄庭柱、刘光先等在长乐、长阳等地被捕，起义不得不提前发动。嘉庆元年（一七九六年）正月十一日，起义者聚集在宜都聂家河聂杰人家，首举义旗，武装占据灌脑湾，发展到一万人，内有白莲教徒二千人。二月，长阳林之华、覃士辉在九州河等地起义，张训龙策动弟子覃佳耀等在风火山起义。两支起义军联合，攻占榔平，发展到一万五六千人。二月十五日，来凤胡正中领导起义，三日内就发展到三四万人，攻下来凤城，占据旗鼓寨。附近教徒及农民群众起而响应。陈得本、刘秀石等聚众千人，由东湖进入当阳县境，得到县役杨起元、熊道成等接应，于二月十七日攻入县城，惩办贪官，擒捕县令黄仁出署，"以钱一串置令左手，银一锭置其右手中，拉杀之。"（石香村居士：《勘靖教匪述编》卷九）王聪儿、姚之富等于襄阳会后，在襄阳附近地区组织起义。二月二十日，姚之富之子姚文学率众围攻房县，另一首领曾世兴攻下保康。二十二日，吴明山攻下竹山，联络王全礼兄弟攻郧阳，约于三月十八日合兵攻白河、洵阳。三月间，聂杰人降清被杀。白莲教主要领导人刘之协、王聪儿、姚之富、刘起荣、樊人杰、张汉潮、张天伦等，率领一万人，在襄阳黄龙垱正式宣告起义反清，随即进攻枣阳、樊城、襄阳等地，发展到四五万人。湖北境内的农民起义军在一七九六年夏，迅速发展壮大。

四川达州白莲教领导人徐天德，与王登廷等于九月十五日起义，响应湖北，旬日间，发展到一万多人；东乡王三槐、冷天禄也聚众万人在丰城起义，响应徐天德；徐天德又派遣弟弟徐天富到太平鼓动黄富才、卿有才起义，占据城口、鞍子坪互为声援。起义军随即攻下东乡县城，控制了周围一百数十里的地区。十二月，巴州罗其清和苟文明等在方山坪起义；通江冉文俦和冉天元等在王家寨起义；太平龙绍周和徐万富等在南津关起义。四川几支起义军，都有一定的联系，并和湖北起义军互相声援，声势益盛。

十一月间，陕西安康冯得仕起义于将军山；翁禄玉、林开泰起义于大小米溪；王可秀、成自智起义于安岭；胡知和、廖明万、李九万起义于汝、洞二河，相继遭到清军镇压而失败。但陕西的白莲教徒和棚民，已然点起燎原的烈火，清军难以扑灭了。

起义爆发后，嘉庆帝命湖广总督毕沅镇压湖北荆州起义，西安将军恒瑞进攻当阳起义，都统永保率兵增援；陕甘总督宜绵镇压陕西起义军；四川地区先后由总督福宁、英善镇压起义。又陆续调遣八旗兵和各省绿旗兵参战。嘉庆二年（一七九七年）正月因领侍卫内大臣额勒登保之奏请，命荆州将军兴肇撤出镇压苗族的清军，带兵四千回襄阳，总兵张廷彦带兵二千赴长阳，都统德楞泰、将军明亮带兵六千赴达州，集中兵力镇压三省起义。

湖北农民起义军面对清兵的强大攻势，据守的城寨相继被攻破，一七九七年初，便改用流动作战方式，向陕西转移。三月初，起义军在王聪儿、姚之富、王廷诏、李全率领下，分兵三路，经过河南向陕西进军。进军途中，湖北、河南等地习教的农民"千百成群，一呼而至"（《剿平三省邪匪方略》卷二十六）。入陕西后，南部

159

山区参加起义的农民有数千人。李全的弟子陈子明说:"三股原只四五千人,自到陕以来,陆续入伙及裹来者,现在两万有余。"(同上,卷三十八)农民起义军行军不整队,不迎战,不走平原,数百人一伙,忽分忽合,忽南忽北,使清兵无可奈何。六月,起义军集结于紫阳,渡过汉水,分路入川,和四川的起义军在东乡会合,商定编组办法和作战方略。起义军的编制是以青、黄、蓝、白等号为记,设掌柜、元帅、先锋、总兵、千总等。次年,王聪儿、姚之富等被郧西地主武装包围,三月初六日坠崖自杀;起义军首领王三槐轻信知县刘清,被诱骗到清军大营,解送北京处死;首领罗其书、冉文俦、覃佳耀等也先后牺牲。

农民起义军在三年的战斗中,已经形成二十万人的大军,活动地区湖北有三十九州县,四川有三十六州县,陕西有三十五州县(厅),河南有二十州县。虽然在一些战役中,遭到清军的镇压而陷于失败,但清朝仍然难以制止农民起义军的继续发展。

二、嘉庆帝的对策

嘉庆帝初即位,即面对波及数省的农民起义风暴,为数十年来所未有。嘉庆帝在四年(一七九九年)正月,传谕川、鄂、陕将军督抚说,乾隆帝在位六十年,从未有数年之久,靡饷至数千万两之多,而尚未蒇功者(指镇压起义)。乾隆帝虽已退位,仍主持军国大事,不能不参予镇压起义。陕西巡抚永保追剿张汉潮兵败，以罪当死。乾隆帝亲自处治，免死降职留用。嘉庆帝在谕中说："皇考焦劳军务，寝膳靡宁，即大渐之前，犹频问捷报。"（《仁宗实录》卷三十七）乾隆帝于嘉庆四年（一七九九年）正月初二日病死。嘉庆帝随即采取几项重大措施，以图消灭起义。

诛和珅 乾隆帝退位为太上皇后，仍信用和珅为心腹。大臣向太上皇奏事，均须通过和珅。嘉庆帝也不得不对他心存戒备。乾隆帝死后五日，嘉庆帝即将和珅革职拿问。依附和珅的户部尚书福长安（傅恒之子），也被革职监禁。随即命臣下举发和珅罪恶。正月十五日，条列大罪二十款颁谕天下。仪亲王永璇、成亲王永瑆奉旨审讯，和珅伏罪。嘉庆帝援引康熙帝诛鳌拜之例，命和珅自尽，福长安斩监候，秋后处决。和珅为相二十年，是贪官污吏的总首领。成亲王永瑆奉旨查抄和珅家产。据流传的查抄清单，在和珅家中抄出古玩玉器、珠宝器、金银器等各种珍贵用具三万余件。金、银元宝各一千个，赤金五百八十万两，生沙金二百余万两，元宝银九百四十万两，洋钱（银圆）五万八千圆。玉器、绸缎、洋货、皮张、瓷器、紫檀器、玻璃器等各有库房贮存。另开设当铺七十五座、银号四十二座、古玩铺十三座。私有田产八千余顷，内外住宅一百八十余间。查抄家产编号登录，共编一百另九号。据正月十七日对其中二十六件（号）的估价，即值银两亿二千余万两，相当国库数年的收入。和珅攫取财富之巨，使朝野为之震惊，也正是王朝上下竞相贪污掠夺的典型写照。和珅只是贪污官员的一个总代表。和珅以下的各级官员，攫取民财、侵吞官款虽不如和珅之巨，但贪污腐败之风，已然上行下效，弥漫全国，迫使广大农民不得不起而反抗。嘉庆帝诛和珅后下谕说："教匪聚众滋事，皆以官逼民反为词"，"百姓幸际昌期，安土乐业，若非迫于万不得已，焉肯不顾身家，铤而走险！总缘亲民之吏，不能奉宣朝廷德意，多方婪索，竭其脂膏，因而激变至此。然州县之所以剥削小民者，不尽自肥己橐，大半趋奉上司。而督抚大吏之所以勒索属员者，不尽安心贪黩，无非交结和珅。是层层剥削，皆为和珅一人。而无穷之苦累，则我百姓当之。言念及此，能不痛心？现在大憝已去，纲纪肃清，下情无不上达。各省官吏自当大法小廉，湔除积习，民间无所扰累，亦可各遂其生。"（《仁宗实录》卷三十八）嘉庆帝不能不承认各级官吏"多方婪索"，但又把层层剥削归罪于和珅一人，企图以此来缓和人民的反抗，说："庶被胁之人，闻知贪墨屏退，吏尽循良，自必幡然来归。"（同上，卷四十九）但诛和珅后，大小官员既不能"湔除积习"，减少扰累，"吏尽循良"也只是一句空话，人民反抗的浪潮仍然汹涌澎湃地向前发展。

用团练　乾隆时，满洲八旗兵已经日益腐惰。吏治的腐败，也不能不直接影响到八旗官兵。嘉庆帝在乾隆帝死后，即传谕军机大臣，指责带兵大臣及将领等"全不以军务为事，惟思玩兵养寇，藉以冒功升赏，寡廉鲜耻，营私肥橐。"（《仁宗实录》卷三十七）并说，在京的谙达（教皇子骑射者）、侍卫、章京等，遇有军务，无不营求前往。平日穷乏的人，自军营回来，便突然致富，请假回家购置田产。嘉庆帝进而指出："试思肥橐之资皆婪索地方而得，而地方官吏又必取之百姓。小民脂膏有几，岂能供无厌之求？""是原有之贼未平，转驱民以益其党。"（同上）嘉庆帝的诏书，大体上指出了八旗官兵临阵贪婪腐败的实状。军官的贪婪必然导致军兵的虚弱。经略大臣勒保奏称满洲健锐营、火器营兵丁俱"技艺平常，不耐劳苦"。嘉庆帝传谕说，这次两营的二千名兵丁，并非选充，而是以名帖求该管大臣出派。只想往返途中向地方驿站勒索钱文，坐食军饷。还没有启程，就已是居心卑鄙，临到阵前还能指望他们听命效力么！嘉庆帝严令该管大臣加强操练，以复满洲旧习。谕中还说："今满洲兵丁，不但远逊当年，且不及绿营，以致人皆不愿带领。"（《仁宗实录》卷四十七）

清初建立的绿营，由汉人兵丁组成，用以镇压汉族人民的反抗。清军入关后，满洲八旗兵丁即因有优越地位而逐渐失去战斗能力。绿营兵一度成为数量多于八旗，战斗力也优于八旗的一支劲旅。但到乾隆末年，绿营兵也逐渐趋于腐化。勒索送礼、尅扣军粮、借端摊派等等陋习，被视为常事。将官贪贿享乐，兵丁疏于训练。嘉庆帝在一七九九年（嘉庆四年）正月的上谕中说:"近闻各省营务,如提、镇大员,一味养尊处优,全不习劳","所谓训练操防,全属有名无实。"在另一上谕中并举出乾隆时随驾南巡,亲见杭州绿营兵丁骑射:"射箭,箭虚发;驰马,人堕地。当时以为笑谈。"(《仁宗实录》卷三十七、三十八)同年五月又说,绿营兵丁"或在外兼习手艺,训练生疏,营伍废弛,所关非细。"(同上,卷四十四)绿营兵日益削弱了作战能力,也已不再是清王朝镇压农民起义的得力工具了。

面对着白莲教农民起义军的进军,嘉庆帝逐渐倚用汉人地主武装,配合官军镇压起义。一七九八年(嘉庆三年),四川招募武装乡勇达三十七万人,湖北也有三十六万六千余人。清军都统德楞泰、副都统明亮率领主力军在湖北襄阳镇压王聪儿、姚之富起义军,当地乡勇配合作战。王、姚军在郧西三岔河被知县孔继檊率领的乡勇堵截。起义军战败,王聪儿、姚之富投崖自杀。清军获得少有的胜利。湖北随州地主武装筑寨自保,也曾阻遏了襄阳起义军的进军。一七九九年(嘉庆四年)初,嘉庆帝遂命勒保会同各督抚,晓谕州县居民"扼要团练",与官军配合作战。嘉庆帝又因黑龙江等地调遣一兵的费用,可以招募几十个乡勇,正式诏令以乡勇替代。各路官军在各地招募乡勇随军作战,临阵命乡勇居前,绿营兵在后,满洲兵在最后。乡勇有伤亡,不在军额之内,可以匿而不报,甚至也可以败为胜,谎报战功。有的官军则招募他乡游民充役,号为乡勇,实为散勇。针对这些流弊,嘉庆帝又下诏说:"至乡勇原为保护乡里而设,若仅募他乡游民,无田庐家室之恋,既去其乡,安望其勇? ……何如省此养疲兵、募散勇之资,以团练本地之乡勇。""总之,他省未练之新兵,不如本地之乡勇,而本省隔属招募之乡勇,又不如本乡守堡之团勇。自后各县练勇,各守堡寨,不许调往军营,致村庄反遭荼毒。其乡勇固守卡寨,以堵为剿。"(《圣武记》卷九)川北一带的地主武装团练,筑堡寨抗御起义军取得成效。嘉庆帝命陕西、湖北等地依仿实行。

清初建国,以八旗兵为主,绿营为辅,对汉人地主武装限制极严。嘉庆帝因镇压白莲教起义的需要,倡导汉人地主实行团练,武装自卫,是一项因时制宜的新措施。这一措施的实行,在以后的历史上,产生了深远的影响。

三、起义的失败

清军出剿 嘉庆四年(一七九九年)正月,嘉庆帝命勒保为经略大臣驻军四川,各路军兵受其节制。明亮、额勒登保实授副都统,为参赞大臣。起义军徐天德、冷天禄、王光祖、张天伦、李全、樊人杰等率领主力军进攻湖北;川北杨开甲、王廷诏在三月中远征甘肃巩昌、宕昌,五月间又回军四川。起义军不断获得补充,各自独立作战。清军顾此失彼,几至束手无策。会理四川军饷的福宁奏称："据川东北各府州县禀报，多者万余，少者数千，其不知逆首姓名者，尚不知凡几。新起之贼，实多于剿除之数。地方之伤残更甚，黎庶之疾苦更深。贼愈剿而愈炽，饷徒糜而罔益。"（《圣武记》卷九）嘉庆帝将勒保逮问治罪，先后任命明亮、额勒登保为经略大臣，工部尚书那彦成、副都统德楞泰为参赞大臣。十月，湖北、陕西各路起义军又集中四川，十二月离川北去，留冉天元在大竹整顿队伍。嘉庆五年（一八○○年）正月十五日，冉天元率领三四千人，在定远石板沱渡过嘉陵江，进攻西充、蓬溪等县，起义军迅速发展到万人。二月南攻南部、盐亭、射洪，北攻梓潼、江油，在马蹄岗与清军决战。起义军三路会合，多至三万人。德楞泰身陷重围，激战三昼夜，无法逃脱。守备罗思举率领乡勇四千助清军作战，德楞泰据险自守，冉天元登山督战，受伤被俘。徐万富、张子聪等遂统率起义军在太河镇抢渡潼河，南攻遂宁、安岳、乐至等县，北攻中江。四月，回军川东。

陕西起义军在张汉潮率领下，一七九九年（嘉庆四年）初活动在南山地区，几次远征甘肃。九月，张汉潮在五郎与清军明亮部作战，败死。明亮与勒保弟永保互相攻讦，嘉庆帝命将二人逮捕入京，那彦成代明亮领兵。起义军冉学胜在甘肃继续作战，依恃老林，配合行动，那彦成军被困数月，无法前进。十二月，嘉庆帝下诏斥责那彦成，命即领兵赴陕守御。又赦明亮，命以领

166

队大臣去湖北镇压起义。一八○○年春，那彦成与德楞泰、额勒登保兵分三路，堵截起义军北上的去路。那彦成在文县与起义军高天升、马学礼部作战。高、马部败入四川。那彦成领兵回陕。嘉庆帝斥责那彦成"剿贼不尽"。闰四月，那彦成被召晋京奏对，嘉庆帝将那彦成革职，降为翰林院侍读学士。

三阳教首刘之协在湖北起义军战败后，逃往河南。一八○○年（嘉庆五年）六月，在河南峡县与李岳、孙继元、王哲等千余人再度起义，树立大旗称天王刘之协。清布政使马慧裕乘起义军初起，发兵镇压。起义军战败，刘之协欲逃往湖北，途经叶县时，被清兵逮捕。

七月，嘉庆帝命将刘之协押送京师处死，并由此展开对起义军招抚的宣传。嘉庆帝指刘之协为"教匪首逆"，传谕各路带兵将领及陕、甘、川、楚等省督抚，"将刘之协擒获一事广为宣播"，说"教匪本属良民"，已被镇压的白莲教诸首领也都是"听从刘之协倡教而起"，"被裹胁之人"，"如能翻然悔悟，不但免诛，并当妥为安置"。"实系同教"之人，如果"弃械归诚"，"亦必贷其一死"（《仁宗实录》卷七十一）。随后，嘉庆帝又自著《邪教说》，对信教与"叛逆"加以区别，说："苟能安静奉法，即烧香治病原有恻怛之心，在朝政之所不禁。若藉此聚众弄兵，渐成叛逆之大案，则王法之所不容。"又说："夫官军所诛者，叛逆也。未习教而抗拒者，杀无赦。习教而在家持诵者，原无罪也。""白莲教与叛逆不同之理

167

既明，则五年以来所办理者，一叛逆大案也，非欲除邪教也。"至于以白莲教"聚众敛钱"者，则应由地方官员"实心训导，宣扬正学"（《三省边防备览·策略续》）。白莲教起义原由官府查禁白莲教徒而起。嘉庆帝在擒获刘之协后，自撰此文发布，意在对白莲教起义军分化招抚，以求速胜。但从另一方面说，这又等于事实上解除了教禁，承认信奉"邪教"为合法，民间宗教的秘密结社也由此得以公开活动。开放教禁，是嘉庆帝为镇压白莲教起义而采取的又一项新措施。如果说，前此采取的倚用团练的新措施，加强了清王朝和汉族地主镇压农民起义的力量，开放教禁则为此后农民反抗活动的组织和发动，提供了可以利用的条件。这两项措施的实行，在以后的长时期里从不同方面影响了阶级斗争的发展和历史的运动。

起义的失败 一八〇〇年以来，起义军面对着清朝的重兵围剿，日益陷于困境，但起义军仍然是分散各地，流动作战，缺少统一的指挥，使清朝易于各个击破。流动作战，原来便于夺取地主富豪的粮食，扩大起义农民的队伍，但自清朝倚用团练乡勇以来，各地豪强倚险结寨或挖濠筑堡，起义军到来时，在寨堡中聚集农民贮藏粮米，坚壁清野。义军驻营时，团练乡勇又可乘势出击。《三省边防备览·策略》卷说："无人可裹，无粮可掠，贼势自衰矣。"一八〇〇年秋季以后，起义军在全局上日益陷于被动的地位，在有胜有败的作战过程中，逐渐走向失败。

　　起义军高天升、马学礼部进入四川后，曾攻下龙安，转战川西，后又北上甘肃，一八〇〇年六月间，至秦州，与起义军冉学胜、张士龙等部在秦州会合，有众二万人。追击起义军的清额勒登保军杨遇春部，与右翼总兵率领的吉林、黑龙江兵的长麟部也在秦州会合。起义军在甘肃徽县夜袭长麟军，获得胜利，清军前四川将军富成败死。七月，高、马部转向东南，攻打略阳、沔县、西乡。清固原提督王文雄败死。冉、张等部自阶州折回，被杨遇春军击败，损失三千余人。八月，转赴沔县。高、马部欲南渡汉水，遭到乡勇的截击。高部转入小巴山。马部与教首徐天德等至安康，遭到清军邀击。十月间，额勒登保向清廷奏报当时起义军的形势是，曾芝秀、徐天德、樊人杰等部已先后被逼入川境，冉学胜、张士龙、龙绍周等在川、陕边界，王廷诏、高、马部在陕、楚边界。额勒登保率大军入四川，各部起义军则先后转入湖北。王廷诏与马学礼部自安康渡汉水，遇额勒登保追击，损失惨重。樊人杰及冉学胜部也相继在途中败于清军。

　　一八〇一年（嘉庆六年）初，嘉庆帝下诏，明指白莲教起义首领徐天德、王廷诏为"起事首犯"，高天升及弟天得、马学礼是屡戕清军大员的"元恶大憝"，擒获者给赏升官。樊人杰、冉学胜、龙绍周、苟文明等首领许降免死，缉获者也给予赏银。嘉庆帝指列起义首领姓氏，以激励将士集中作战目标，并进一步分化起义军。德楞泰驰军汉北，分兵追击高天升部，至山阳。高天升兵败，战死。

高天得、马学礼与王廷诏被额勒登保军追击，转而北上甘肃，与杨遇春军遇，折回四川。又被寨堡团练堵截，再折回两河口入陕。王廷诏在川、陕边界蔽子沟被杨遇春军俘掳，押送京师。高天得、马学礼领兵出斜谷，至大宁二郎坝龙洞溪遇杨军伏兵，也被清军擒获。嘉庆帝晋额勒登保二等子爵，杨遇春世袭骑都尉。

起义军冉学胜部乘清长麟军南下，在川、陕边界之留坝，大败清军杨奎猷部，擒斩清总兵、副都统以下将士数百人，获得粮米牲畜，由秦州渡渭水。四月，额勒登保亲率大军追击，冉部渡汉南，入巴山，五月，与曾芝秀、张天伦等部会合，有兵五、六千人。额勒登保调杨遇春军来战。张天伦军遭清军突击，大部牺牲。曾芝秀、冉学胜部分兵败逃。

转战在湖北的徐天德部，五月间曾与苟文明、樊人杰等及曾芝秀部会合东进，遭地方团练堵击，不得不再分兵转战。徐天德率部入陕西，在西乡两河口渡河时，被德楞泰军追及，舟船翻沉，溺死。龙绍周、苟文明部转至陕西平利。曾芝秀等部在洵阳、竹山，冉学胜部向白土关转移。各路起义军都被压制于川、陕、楚边界。

清廷继续利用团练乡勇，加筑寨堡，以制止起义军

170

流动作战。湖北提督长麟上奏说："湖北边界与川、陕犬牙相错二千七百余里，出川、陕即入楚，出楚即入川、陕，层峦迭嶂，四路可通"，"但当并力守我有粮有民之区，逼贼归入无食无人之地，党孤食尽，自然窜出，以逸兵待困贼，不难一举扑灭。"（《圣武记》卷十）他建策推广郧西、竹山一带的"筑堡团乡之法"，使"层层俱有堡寨坚守"。秦陇以西，兴工筑堡。陕西境内西安、同州、凤翔三府及汉南平利、安康、紫阳一带邻近四川地区，各邑遍设寨堡，自百余至数百，以阻止起义军入陕。六月间，清经略大臣额勒登保与参赞大臣德楞泰在平利集议，察知边界起义军不过二万四千余人。清兵八万，分三路围剿三省边界。额勒登保自东北出兵，德楞泰与提督七十五（人名）由西南进攻，勒保一路居中。七月，勒保军在川北之南江击败起义军冉学胜部，冉学胜被擒处死。八月，德楞泰军追击大宁山中的龙绍周、苟文明部起义军。龙绍周转至平利，被清军追及，战死。苟文明部在大宁被七十五军战败，损失过半。十月，额勒登保部杨芳、杨遇春军分东西两路围攻川北起义军，起义军冉天瑛部与李彬部分南北两路转移，在川北之东乡和陕南之西乡，先后被杨芳、杨遇春军击败。

额勒登保奏报，清军连续获胜，各路起义军总计只余一万余人。嘉庆帝以胜利在望，晋封额勒登保三等伯，德楞泰复一等子爵。诏谕二人通盘筹画，"所有官兵应撤应留之处，统俟额勒登保、德楞泰酌办"（《仁宗实录》卷八十八）。

十一月，额勒登保与德楞泰移军川北，勒保赴川东。起义军苟文明部有众二千余，乘七十五就饷太平厅，抢渡嘉陵江，奔赴甘肃阶州。额勒登保命杨遇春助七十五出击。苟文明部折返东南，至广元，发展到三千余人。十二月，转至开县、大宁之老林，与李彬余部会合。嘉庆七年（一八〇二年）正月，在开县被德楞泰军战败，复归老林。嘉庆帝得报，大怒。将七十五革职，留营自赎；额勒登保免去伯爵，降为一等男。苟文明部西行，与宋应伏部数百名起义军会合，战败清副将韩自昌军。嘉庆帝又诏命德楞泰以参赞为成都将军，专攻川、楚；额勒登保以经略为西安将军，专剿陕西。二月，南山中之起义军刘永受部被清杨遇春军战败，在华阳与苟文明、宋应伏会合，越秦岭北上。四月，嘉庆帝切责额勒登保，革职留任，限令在六月间剿灭起义军，又谕令悬重赏购募起义首领。额勒登保请宽限一月。七月间，苟文明部分三路散居老林。清军以百、十人编为小队，深入林中搜捕，苟文明被杀。嘉庆帝诏复额勒登保三等伯爵，移军湖北。

湖北境内，一八〇二年初起义军首领樊人杰、戴仕杰聚集曾芝秀等部，仍有数千人，转战于楚、陕边界。德楞泰率清军追击，五月间，战于房县、竹豀界之官渡河。起义军战败，在白铁峡陷入峡谷。时值大雨，起义军五百余人宁死不降，樊人杰、曾芝秀等率众投河自尽。戴

172

仕杰部得以转移。九月,额勒登保至竹谿,与德楞泰等会议,分兵追剿。十月,德楞泰部与起义军战于兴山,戴仕杰战死。清军继续搜捕川、楚边界山林中的起义军余部。南山苟文明余部在苟朝九率领下,避过杨芳的追军,转赴宁羌,与先来宁羌的宋应伏部会合,有众二百余,转至汉南。

十二月,额勒登保、德楞泰会同川、陕、楚总督驰奏"三省荡平"。嘉庆帝随即传谕说:"兹幸三省余匪,一律殄除,著定大功,飞章奏捷。从此海宇敉宁,昇平永庆。"(《仁宗实录》卷一○六)将士论功行赏。额勒登保晋一等侯,世袭,授御前大臣加太子太保衔,赏用紫缰。德楞泰晋一等侯,加太子太保衔,赏用紫缰。勒保、明亮、杨遇春等,以次封赏。

起义的延续 嘉庆帝在宣谕祝捷的同时,命额勒登保、德楞泰等不必来京,继续领兵追捕山林边界的起义军余部。额勒登保领兵扼川北,德楞泰扼川东,勒保居中往来,堵截南路,分兵清剿。

白莲教起义军遭到惨重失败后,各地余部或数百人或数十人,拒不投降,坚持抗清。起义的余波仍然不时形成轩然大波。一八○二年间,起义首领李彬、张天伦等也相继战死。苟朝九与宋应伏合兵后,成为起义军的中坚。苟朝九率部攻入通江,宋应伏部与活动在南江的姚馨佐(姚之富之子)部联合。巴东一带,则有刘学礼部联合他部活动,有众六、七百人。额勒登保领兵去通江进剿苟朝九部,命左翼长、甘肃提督穆克登布去南江。姚部起义军冯天保等数十人埋伏林中,阻击清兵,穆克登布率兵勇一千五百余人入林,中矛身死。穆克登布在军中与杨遇春齐名,分任左右翼长,长期随从额勒登保作战,是清军的著名将领。穆克登布死,震动了清廷。三月,额勒登保部罗声皋追击苟朝九部。四月,苟部兵分两路,一路走太平,另一路北行入陕,遭到额勒登保邀击,溃败。额勒登保移军太平。川东一带,德楞泰于闰二月间战败刘学礼部。刘学礼余部二百人,逃往竹山,被清军追及,溃败。六月,德楞泰与勒保会师开县,分兵二十路在老林内排搜,起义军被擒斩二百余人。七月,额勒登保与德楞泰、勒保会奏"三省肃清,官兵凯旋"。嘉庆帝诏德楞泰进京,留额勒登保继续搜捕。

清廷为镇压白莲教起义,倚用团练乡勇。四川一省应募乡勇曾多达三十余万。后经裁汰,至嘉庆七年(一八〇二年)时,川、陕、楚本地乡勇共计约二万人,外地流民编为随征乡勇者又有一万七千余人。清廷镇压白莲教起义后,额勒登保建策编入清官军。但清军额数粮饷有限,一八〇三年(嘉庆八年),清廷先将各营随征乡勇遣散,各人缴出刀矛武器给银五钱,另给银二两回籍。被遣散的乡勇为清廷死战多年,战后无家可归,愤怨不平,或流居山林间,与起义军余部结合,抗清图存。一八〇三年八月间,陕西被遣散的乡勇一百六

174

十人入洋县山中，投奔起义军苟文润部。九月，杨遇春率领的清军自洋县入山，苟文润部转赴汉南，至西乡，与巴山老林中的起义军余部会合，又有通江遣散的乡勇五百人加入起义军队伍，斩清副将朱槐。原来被清廷用以镇压起义的乡勇转而起义抗清，起义军的队伍又不断扩大了。

十月，嘉庆帝诏额勒登保还朝，再命德楞泰出都。苟文润等活跃于川、陕边界山林中。十一月，德楞泰领兵入山剿捕，以乡勇为清军前队。两军交战，前队乡勇与起义军中的乡勇在阵前按兵不动，互诉委屈。清军自副将以下数十名军官，被起义军杀死。德楞泰派遣清军中的乡勇军官魏中才去起义军营劝降，被苟文润处死。

一八〇四年（嘉庆九年）二月，嘉庆帝复命额勒登保带钦差大臣关防出都，查阅陕、楚等省军营，扫荡川、陕边界大山老林，"搜捕净尽，永靖闾阎"（《仁宗实录》卷一二六），并处理裁撤兵勇等事。当时的形势是，起义军余部"具悉官军号令及老林径路，忽陕忽川，忽聚忽散，屡被围，复乘雾溜崖突窜，有中数矢犹力战者。"清军"分军遇之则不利，大队趋之则兔脱，仅余二三百贼而三省不得解严"（《圣武记》卷十）。兵士在山林中展转作战，备极艰苦，且已从战八年，师老兵疲，人无斗志，都想解役归乡。四月，额勒登保由兴安渡江督师，裁汰疲病兵勇，又下令："凡士卒擒一贼者，即优遣回籍"(同上),分兵五路,人自为战。苟文润率部出山林,自大宁入四川,又有清军遣散兵勇二百人参加起义军。五月,嘉庆帝得报,下诏切责额勒登保、德楞泰等,说"所叙连日分兵探剿情节,不过杀贼一名"。"贼匪除二百三四十人外,又新掳百姓一、二百人,贼数竟添至一倍"。"此等败残零匪,不但不能歼除,又复展转奔逃,致增裹胁,均由伊等办理延误所致"。斥责额勒登保"今自与德楞泰会合以来,又阅月余,老师糜饷,一筹莫展"(《仁宗实录》卷一二九)。额勒登保、德楞泰降戴单眼花翎(原戴双眼花翎),并革去原赏用紫缰。德楞泰并由一等侯降为二等侯,"以示薄惩"。这时,川北大雨,军不能进,额勒登保、德楞泰均卧病不起。六月,起义军于夜间偷袭清营后逃脱。额勒登保冒雨扶病入山,马匹陷入泥中,跌死,被众官兵扯引下山。嘉庆帝指责额勒登保、德楞泰等,不知天时地利,不得人和,传旨严行申斥。

德楞泰等于上年冬招降起义乡勇失败,即悬重赏购捕苟文润。一八〇四年(嘉庆九年)夏,苟文润部在川、陕边界之凤凰寨被德楞泰军击败,亡失一百六十余人。余部二百人转赴平利受阻,折回化龙山。八月,起义军中之乡勇赵洪周叛斩苟文润降清受赏,余众散去。同月,苟朝九也在南郑被当地寨堡兵勇擒斩。九月,额勒登保奉诏班师回京,德楞泰回任成都将军。嘉庆帝诏令新任陕甘总督那彦成于边界山林"留心防范",对山中潜伏的白莲教徒众，勿再搜查滋事，"日久自可潜消"（《仁宗实录》卷一三四）。

波及川、楚、陕、甘、豫五省的白莲教农民起义，自一七九六年初发动至一八〇四年秋败灭，前后延续了九年之久。起义军民被杀数十万。清廷出动官兵十余万，各地乡勇先后不下数十万。消耗军费银二万万两。嘉庆帝自即位以来，即全力镇压起义，于朝政无多兴革。起义震动了全国，给予清朝统治以沉重的打击，也鼓舞了被压迫的各地农民。川、楚、陕等地白莲教起义失败后，其他地区的农民起义又随之兴起。

（二）英国在海疆的侵扰与鸦片的输入

一、英国在海疆的侵扰

乾隆时期，英国已不断在海外殖民，向东方扩展势力。护送货船的英国兵船，经常在中国东南沿海侵扰，截掠他国船只。一七四二年（乾隆七年），英舰在澳门劫夺西班牙商船一只，并带入省河。清两广总督派东莞知县印光任前往质问，英舰被迫将二百九十九名俘虏释放。一七四四年（乾隆九年），又有英舰四艘在广东洋面截捕法国商船。一七八一年（乾隆四十六年），英舰在黄埔擅捕荷兰船只。广东巡抚李湖曾警告说："倘仍冥顽不灵，不守天朝规矩，此后敢有一天在我天朝地方犯我法度，扰我客商，骚动一草一木，不论公班、港脚夷船，本部院总要按照大皇帝功令，连大班人等同本犯一并严拿，分别从重究治，不稍宽贷。"(《达衷集》一三三页)

嘉庆帝即位后，一七九九年（嘉庆四年）有英舰三艘从印度驶来，闯入中国境内，在穿鼻附近停泊。两广总督谕令，在半月之内移往潭仔洋面湾泊，并提出停止与英国贸易的严正警告。一八〇二年（嘉庆七年），英国兵船开到零丁洋，准备进驻澳门。早在明嘉靖时，即有葡萄牙商人获准在澳门居住，明官府向他们征收租税，审理他们的案件。一六五一年（顺治八年），清廷派兵驻守澳门。一七四四年（乾隆九年），增设广州府海防同知（即澳门同知）驻前山寨，香山县丞移驻澳门统治。一八〇二年，清朝接到住在澳门的葡萄牙人的报告，随即饬谕英舰不准登陆。一八〇八年（嘉庆十三年），英国又以防备法国侵占澳门为由，由海军少将度路利（Drury）率军三百人，于七月二十一日到达澳门洋面，八月初二日径行登岸，占据澳门炮台三处。两广总督吴熊光派员晓谕撤出，并于十六日下令封舱，停止贸易。九月初一、二日，度路利带兵船三只，驶进虎门，停泊黄埔地方。二十天后，他又率领官兵五十余名，水手二百余人，到省城外十三行停留，求见总督。这时，英船陆续开到，连前共十三只；陆续登岸英人，连前共七百六十名。十月，吴熊光檄调督抚提镇各标官兵二

178

千六百名，派令参将张绍绪等率领，札黄埔、澳门，并派员向英军宣示嘉庆帝谕旨，警告英军："若再有延挨，不遵法度，则不但目前停止开舱，一面即当封禁进澳水路，绝尔粮食，并当调集大兵，前来围捕，尔等后悔无及。"(《仁宗实录》卷二〇一)度路利见清廷调集水师，准备作战，遂于十月二十五、六日率兵退出虎门，十一月初二、三日退出澳门。英兵退后，吴熊光宣布开舱，恢复正常贸易。

嘉庆帝采取果断的态度，斥退英国兵船，随即查究此事，下谕斥责两广总督吴熊光说："前此吴熊光在两广总督任内，英吉利国商船带兵入澳，占据东望洋、娘妈阁、加斯兰三处炮台，虽向系西洋商人防守所设，但究在中国地面，即与闯入内境无异。"吴熊光迟至月余始行具奏，既未亲往查办，度路利求见，又只派员晓谕，并未当面斥逐。"虽开舱在夷兵既退之后，而许其开舱，究在夷兵未退之先。是奏报既属迟延，办理又形畏蒽。"(《清代外交史料》嘉庆朝二、三)将吴熊光革职拿问，充军伊犁。巡抚孙玉庭革职。

一八一四年(嘉庆十九年)四月，英国"脱里斯"号兵船在老万山群岛附近劫夺美国商船一只，五月又追逐一只美国商船，赶到黄埔截留。清廷为此向英属东印度公司提出强烈抗议，并准备停止英国商人贸易。东印度公司请求英王遣使来中国交涉。一八一五年，英国派出以阿美士德(William Pitt Lord Amherst)为首的使团出使中国,商谈解决纠纷,并再次带来马戛尔尼所提出过的各项要求,向清廷交涉。

阿美士德使团于一八一六年七月二十八日(嘉庆二十一年闰六月初六日)到达天津口外。清廷派长芦盐政广惠、工部尚书苏楞额接待,又派理藩院尚书和世泰、总管内务府大臣穆克登额前往通州迎候。进京途中双方讨论,清方要求英使觐见皇帝行三跪九叩礼,并令演习跪叩如式,方能进京;英使坚持不肯。和世泰等谎报:"谕以天朝礼节,该贡使等肃恭诚敬,具见顺从",于七月初六日(八月二十八日)带领进京。次日清晨,嘉庆帝在圆明园正大光明殿接见使臣,阿美士德借口国书和制服未到,拒绝晋见行礼。和世泰等诡称正使患病,不能行动。嘉庆帝召见副使,又说副使也称病不至。嘉庆帝察觉真实情况,立即命英使回国,并将和世泰等人革职议处。阿美士德一行由清朝官员伴送,从通州沿运河至瓜州,溯江西上至南昌,沿赣江至大庚,过梅岭至广州,于一八一七年初离广州回国。嘉庆帝随即传谕直隶、山东、江苏、浙江、福建、广东各督抚,饬知沿海各地官员:"各将水师炮械,勤加训练,并留心察探。此后如有英吉利国夷船驶近海口,即行驱逐,并不许寄椗停泊,亦不准其一人上岸。倘该夷船不遵约束,竟有抢掠情事,即痛加剿杀,或用炮击,不可稍存姑息。"(《清代外交史料》六·五)嘉庆帝对于英国兵船在沿海的侵扰,坚决制止,是完全必要的。但由于礼仪上的纠葛而斥退阿美士德使团，则使清王朝失去了一次与英国商谈正常贸易的时机。

二、鸦片的输入

早在明朝万历年间，荷兰、葡萄牙商人即曾把少量鸦片作为药材贩运到中国。鸦片是从罂粟中提炼出的含有刺激性和麻醉性的毒品，清人或称为阿芙蓉。提炼的烟膏又称烟土或大烟。抽吸后即不易戒绝。清朝初年，英国在和清朝的贸易中，从中国购买大批丝、茶、瓷器等商品，造成贸易逆差，每年需要支付大量白银。雍正时，英国开始经营鸦片交易。一七二七年（雍正五年），向中国输入鸦片二百箱（每箱重一百三十余磅），中国吸鸦片者逐渐增加。广州等地出现了供吸食鸦片的烟馆。一七二九年（雍正七年），雍正帝曾下谕严厉禁烟，“兴贩鸦片者，照收买违禁货物例，枷号一月，发近边充军；私开烟馆引诱良家子弟者，照邪教惑众律，拟绞监候”（李圭：《鸦片事略》卷上）；失察的地方文武官员及海关人员，也都要严加议处。但此后吸鸦片者并未敛迹，英国鸦片商人通过向清朝官员行贿，鸦片作为药材纳税后，仍然不断输入中国，有加无已。乾隆时期，英国的东印度公司控制了孟加拉等鸦片产地，从而取得向中国贩卖鸦片的垄断，经由私商，大量贩运鸦片，牟取暴利。鸦片的售价，高出成本数倍。

嘉庆帝即位后，英国东印度公司每年向中国输入的鸦片，已经多达四千箱左右。各地吸食鸦片者也日渐增多，成为流毒全国的一大祸害。一八○○年（嘉庆五年），清廷再次禁止鸦片输入，停征鸦片税，并规定外国商船来广东，必须由广东行商具结担保不夹带鸦片，才准驶入黄埔。英国商船遂将鸦片由广州内河移到澳门，加以伪装，分船装运。再行贿行商具保，买通当地官员，走私运入黄埔。行商明知运入鸦片，受贿后继续具保。当地商贩代英商销烟，按箱收取佣金。官员和行商因走私鸦片而收取的贿赂，每年多达十万元左右。英人格林堡记载说："贪污风气已经达到如此程度，以致运送鸦片的走私船常常就是那些负责缉私职务的官船。同样，每年由广州到北京装着呈献皇帝贡品的贡船，也成了运送鸦片到北方各省的一个得力工具。"（格林堡：《鸦片战争前中英通商史》页100—102）中国官员和行商、商贩因走私鸦片而获得巨额贿赂和佣金，不惜千方百计输入鸦片。英国商人和东印度公司因贩运鸦片而获得高额利润，英印政府每年由此取得大量税收，不遗余力地向中国输入鸦片。嘉庆帝禁烟的诏令不能不成为一纸空文。

　　嘉庆帝在位二十五年间，每年输入的鸦片始终在四千箱左右，并未因清廷的禁令而有所减少。鸦片不仅在广东、福建等地贩卖，而且逐渐行销于内地各省，直到京城。一八一○年（嘉庆十五年）三月，嘉庆帝在一个诏书中说："鸦片烟性最酷烈，食此者能骤长精神，恣其所欲，久之遂戕贼躯命，大为风俗人心之害。""近闻购食者颇多，奸商牟利贩卖，接踵而来。……仍著步军统领、五城御史于各门禁严密查访，一有缉获，即当按律惩治，并将其烟物毁弃。"（《仁宗实录》卷二二七）鸦片大量输入，吸食者日众，官吏、将士以至满洲贵族因吸食鸦片而更加昏怠腐败。清王朝的对外贸易也由出超渐变为入超，白银内流变为外流。鸦片贸易也使正常的商业的发展受到重大的影响。英国政府和商人由经营鸦片而获得巨大利益。清王朝的社会经济却面临着日益严重的威胁。

（三）浙闽粤沿海人民的斗争与 豫鲁直三省的农民起义

嘉庆帝面对乾隆时期所形成的吏治腐败、军兵虚溃、社会矛盾加剧的局面，曾经企图在诛和珅后，有所兴革，但事实上积重难返的局势并不能有所扭转。一七九九年，翰林院编修洪亮吉上书，大致说出了当时的情势。他说，"今天子求治之心急矣，天下望治之心孔迫矣"，但"机局未转"，言路似通而未通，吏治欲肃而未肃。一是处事太缓，二是集思广益之法未备，三是进贤退不肖尚在游移。他指出，"官场以摸棱为晓事，以软弱为良图，以钻营为取进之阶，以苟且为服官之计。"朝内诸臣，事本不多，还说多一事不如少一事。在外督抚，

"贤者斤斤自守，不肖者孜孜营私"。"国计民生，非所计也，救目前而已。官方吏治，非所急也，保本任而已。虑久远者，以为过忧；事兴革者，以为生事。"赏罚不明，风俗日下，贪欺害政，比比皆是。(《卷葹阁文甲集》卷一)洪亮吉上书成亲王永瑆，奏呈嘉庆帝。嘉庆帝大怒，交廷臣会审，当以"大不敬"罪处斩，从宽免死，革职遣戍伊犁。洪亮吉上书得罪，说明嘉庆帝虽然求治心急，却无意集思广益，励精图治。官府与民众的阶级矛盾日益尖锐了。

延续九年的川、楚、陕白莲教起义后，东南沿海随即爆发了蔡牵领导的武装斗争。此后又爆发了林清、李文成领导的农民起义，摇撼着清朝的统治。

一、蔡牵等领导的海上斗争

浙江、福建、广东沿海地区无地或少地的农民，多依海谋生，或作水手，或捕鱼虾，乘船在海上往来。他们不堪官府的敲索压迫，往往结为帮伙自卫互助。清廷把他们和劫掠海上的盗匪不加区别，统称为"海盗"或"洋盗"。两广总督百龄向嘉庆帝奏称："洋盗本系内地民人，不过因糊口缺乏，无计谋生，遂相率下洋，往来掠食。伊等愚蠢无知，但知趁此营生，不知干犯王法。岁月既久，愈聚愈多，甚至不服擒拿，冒死抗拒。"(《仁宗实录》卷二二七)百龄的陈述，大体反映了历来所谓洋盗的实状。清廷的擒拿，迫使他们冒死抗拒，自乾隆时，即已形成自己的帮伙武装。

东南沿海的帮伙有水澳、凤尾等帮。各帮又相互联合。广东沿海以自称海南王的走私商人朱濆为首。浙江、福建海域以弹棉花出身的福建同安县贫民蔡牵为首。各有船数十艘。蔡牵得渔民船户拥戴，势力日渐扩展。一八○二年（嘉庆七年）五月，曾率部攻下厦门海口大担、小担等岛的清军炮台。清军原来雇商船剿捕渔船，不能与敌。浙江巡抚阮元捐资，命定海总兵李长庚在福建造大船三十艘，名为"霆船"，配铸大炮四百余尊。李长庚擢任浙江水师提督，统领兵船。

蔡牵雄踞闽海，有船五十余艘。嘉庆八年（一八○三年）正月，驶入定海登岸，至普陀山进香。李长庚率部来袭。蔡牵败走福建海面，向闽浙总督玉德伪降。玉德纳降，命浙师停止追击。蔡牵乘势扬帆遁去。

蔡牵原居陆上，得岸上商民支持。用重金托闽商购造较清军霆船更为高大的战船，闽商载货出海，送船接济，伪报被劫。蔡牵得大船，声势又振。一八○四年（嘉庆九年）夏，驶近台湾，夺取台湾粮米数千石，接济朱濆领导的广东海上武装，联合战船八十余只，进入福建海面，清官兵不能抵御。八月，进入浙江海面，结连战船百艘为一阵，声势浩大。李长庚率兵船直贯其中，分割蔡牵、朱濆战阵，命令镇兵对付朱濆，亲自带兵追击蔡牵，遇风雨退回。蔡牵责备朱濆没有配合作战，朱濆遂脱离蔡牵而去。一八○五年（嘉庆十年）十月，蔡牵率船百艘攻台湾,得台湾起义军民的支持,二十三日攻克凤山县,沉舟塞鹿耳门,阻止清军登岸。联合台湾起义民众万余人,围攻府城,自称镇海王。建立年号,树起反清旗帜,有众二万余人。嘉庆帝得报蔡牵称王台湾,特命广州将军赛冲阿佩钦差大臣关防,赴闽剿办,节制诸军。

嘉庆十一年(一八〇六年)正月,李长庚率兵三千增援台湾,派小船封锁南北二汕。蔡牵围攻府城不克,又在南汕战败,兵船被焚,退守北汕。二月初七日,大风,鹿耳门沉舟被风浪漂起。蔡牵率兵船夺门而去,退出台湾。李长庚部仅有三千余人,不得闽师援助,不敢追击。嘉庆帝诏责闽督玉德,降职示惩。随后又将玉德革职,调湖南巡抚阿林保接代。

蔡牵率领的反清兵船得到沿岸居民的广泛支持。嘉庆帝在斥责玉德的诏书中指出:"洋匪帮船所用水米,自必藉各口岸私行接济"。"至火药一项,必非洋匪所能自行配造"。"官贮火药较少,而盗匪转多有积存,若非内地奸民私运接济,即系营汛弁兵牟利营私,暗中售卖。可见沿海一带,非特视诘奸为具文,竟以通盗济匪为常事。"(《仁宗实录》卷一六一)蔡牵自鹿耳门退出后,迅速在沿岸得到补济。五月间,李长庚奏报说:"蔡逆此次在鹿耳门窜出时,篷索破烂,火药缺乏,一回内地,在水澳、大金装篷燖洗。现在盗船无一非系新篷,火药无不充足。"(同上)蔡牵率领的队伍,不仅有沿岸

186

商民和弁兵不断接济水米火药，而且还有不少官兵暗中传送消息，官船的动静，事先便可得知。闽商代造的大船，高过清军艇船五、六尺。嘉庆帝也已察知"蔡逆贼船较大，驾驶便捷。官兵乘船低小，每致落后。即追及时，仰攻亦不能制胜。"（同上）英国和葡萄牙停驻澳门的兵船，要求出师助剿，被广东官员拒绝。

阿林保到任后，见势难取胜，与李长庚密商，斩一假蔡牵首级报功了事。李长庚不从。阿林保即上密疏，弹劾李长庚逗留不进。嘉庆帝命浙江巡抚清安泰察访。清安泰奏称李长庚熟悉海岛形势，倾其家资造船，奋勇作战，"实水师诸将之冠"。嘉庆帝怒责阿林保"忌功掣肘"，将追剿蔡牵事责成李长庚一人专办。赛冲阿调任福州将军。八月间，李长庚曾追击蔡牵于渔山，身受重伤，清军伤一百四十人。十月，在广东海域，击灭蔡牵侄蔡天来的兵船。

一八〇七年（嘉庆十二年）春，李长庚军在广东海上之大星屿与蔡牵军作战，蔡牵败走。清军奉旨加造大船，并严防沿岸兵民与海上的联系。夏、秋间，蔡牵率领的反清兵船远流海外，无大战事。嘉庆帝命赛冲阿还任广州将军本官。冬十一月，李长庚在福建海上之浮鹰岛败蔡牵军。十二月，与福建水师提督张见升追击蔡牵至黑水外洋。蔡牵统领大兵船三艘被李长庚追及。李长庚以火攻船挂蔡船后艄，企图登船生擒邀功。蔡牵船尾猛发一炮，李长庚中炮身死。张见升仓

187

皇退走，清军大乱。蔡牵亦率部远去。李长庚战死，清廷震动。嘉庆帝说："览奏，为之心摇手战，震悼之至。"（《仁宗实录》卷一九一）追封李长庚伯爵，在原籍同安县建祠祭祀，命李长庚部将王得禄、邱良功继续领兵追剿。次年，王得禄调任福建提督，邱良功为浙江提督。

清军失主帅，损失惨重。蔡牵军也多次战败受损。由于与岸上兵民的联系被割断，补济困难。一八〇八年（嘉庆十三年），蔡牵军在安南海面休整后，返回广东海域，得到朱渍部的接济。蔡、朱再度联合，进入浙江沿海，与海上张阿治部的反清船队联络。复任浙江巡抚的阮元（前以丁忧离任，由清安泰代）用计离间朱、蔡。朱渍再度离去，率部去福建，至东涌外洋。金门总兵许松年奉命追击，至长山尾。朱渍率兵船四十余艘，与清军激战，中炮死。张阿治率众五百人，献炮八十余尊降清。

蔡牵率部自浙江驶入福建沿海。一八〇九年（嘉庆十四年），各帮反清兵船均活动于福建海域。七月，嘉庆帝调阿林保为两江总督，擢任陕西巡抚方维甸为闽浙总督。八月，蔡牵率部再入浙海。福建提督王得禄与浙江提督邱良功联合，在定海县属渔山岛乘顺风攻蔡牵。蔡牵率兵船驶向东南，至绿水洋。次日，浙、闽清军围攻蔡牵。浙船在蔡船之东，并船激战。邱良功中枪矛负伤。闽船继续在浙船之东阻截。蔡牵兵船三十余艘，被清浙、闽诸船从中隔断，不能相救。炮弹

188

用尽，以刀矛拼斗。王得禄受伤，冲击蔡牵兵船，兼用火攻。蔡牵兵败被围，沉船自杀。朱渍弟朱渥率众三千余人向福建清军投降，交出船四十二艘、炮八百余门。次年，蔡牵余部一千三百余人也在福建海上降清。浙、闽、粤三省的海上反清斗争，遭到失败。

海上船民的武装反清斗争，自蔡牵发动，先后延续九年，波及三省。在白莲教起义失败后，又一次震撼了清朝。

二、林清、李文成领导的天理会起义

川、陕、楚白莲教起义和浙、闽、粤海上斗争失败后，紧接着，又在直隶、河南、山东地区爆发了天理会起义。起义者直接攻打了首都的皇宫。

天理会又名白阳教龙华会，是白莲教遭到禁止后形成的一个支派。天理会的秘密组织以乾、坎、艮、震、巽、离、坤、兑八卦为号，因而又称八卦教。坎卦教首林清原籍浙江绍兴，出生于京畿大兴县黄村宋家庄。青年时期，在北京药店学徒，以后当过商店伙计、衙门书吏。后在苏州做粮道的长随。失业后，为粮船拉纤，返回通州，在北京开店卖鸟为生。一八〇六年（嘉庆十一年）加入天理会，被推举掌管直隶坎卦组织，自称是弥勒佛转世。河南震卦教首李文成，滑县谢家庄人，木匠出身，人称"李四木匠"。其师梁健忠，与李文成争做卦首。一八一一年（嘉庆十六年），自春至冬，林清三次去滑县扶立李文成,宣称李文成是原震卦王教主转世。梁健忠交出经卷底簿及钱粮号簿,不再争位。此后,河南震卦教徒日增。山东定陶人张廷举为首的乾卦、山西岳阳人邱玉为首的坤卦、山东武城人程百岳、张景文分领的巽卦、离卦、河南虞城人郭泗湖统领的艮卦、山西岳阳人侯国龙统领的兑卦等组织,都隶属于震卦,李文成成为八卦教的教首。署名兰移外史(盛大士)所撰《靖逆记》说:"震为七卦之首,取帝出震宫之意,习教者共听约束。文成兼长九宫,统管八卦,众至数万。"李文成统管教众,扶立他的林清在教内拥有崇高的地位。李文成向他跪拜,尊称为"当家的"。

一八一二年(嘉庆十七年)春,林清至滑县与各卦首领集会,密谋起义。十一月及次年正月,李文成与接管离卦的河南滑县人冯克善先后到黄村宋家庄,会见林清,商议起义的组织和计划。林、李二人共掌教事,林清称天皇,李文成称人皇,冯克善称地皇。林清曾于一八〇八年(嘉庆十三年)在保定结识滑县革职库书牛亮臣,并经牛的联系,得与李文成、冯克善相识。林、李商定,以牛亮臣为起义军的丞相。以次各卦首领,各有分职。起义沿用民间熟知的反清复明口号,新创的王朝称为"大明天顺"。起义者以小白旗为标志,定于酉之年戌之月寅之日午之时即嘉庆十八年九月十五日午时举事,林清攻直隶保定,李文成攻河南彰德,冯克善攻山东德州。

一八一三年（嘉庆十八年）七月，林清去滑县与李文成会商，修订起义计划。九月十五日，趁嘉庆帝去热河驻夏，由林清指挥京城教徒攻打皇宫，李文成选派精兵一千名化装进京协助。同日，李文成在滑县率众起义响应。

八月，林清回到黄村宋家庄，组成陈爽、刘呈祥、陈文奎、刘永泰等率领的一百四十人攻打皇宫的小队。随后进京与皇宫中的天理会教徒太监刘得财等六人会商，联络正蓝旗豫亲王府的包衣陈爽、祝现，正黄旗汉军独石口都司曹纶及其子曹福昌，宗室子弟海康、庆遥等八旗会众，参加起义，分头接应。

李文成、牛亮臣也在滑县大坏山东坡，打造军器，树起"大明天顺李真主"大旗。被老岸司巡检刘斌侦知，报告滑县知县强克捷，李文成被捕受刑，足胫被夹断。九月七日，牛亮臣、于克敬、刘成章等率领三千人，攻占滑县县城，杀死强克捷（一说潜逃，后在封丘自杀）、刘斌等官吏，救出李文成，提前宣布武装起义。直隶长垣、东明，山东曹县、定陶等地天理会教徒和农民群众纷起响应，十日攻下定陶，十一日攻下曹县。河南、直隶、山东三省交界地带，起义军东西相联，声势浩大。直隶总督温承惠、河南巡抚高杞、山东巡抚同兴等派兵加强设防，不敢出战。起义军因而也无法按计划北上，支援京城。

九月十四日，林清仍按原计划攻打皇宫，命小队潜入京城，分散于饭铺、酒楼等处。十五日，或头裹白布，身藏小刀；或扮作卖柿子的小贩，在柿筐中藏刀，分东西两路进入内城。东队由陈爽、刘呈祥带队，太监刘得财、刘金领入东华门；西路由陈文奎、刘永泰带队，太监张泰、高广福领入西华门。太监王福禄、阎进喜等专为内应。东队接近东华门，被护军察觉，闭门拒守，起义军小队进入宫门者只有五、六人。西队七十多人进入西华门后，击毙护军，冲入尚衣监水颖馆，攻打隆宗门，被清护卫军击败，向南撤退，在宫城树起"大明天顺"、"顺天保明"的白旗。皇次子绵宁、总管太监常永贵指挥侍卫、太监进行镇压，仪亲王永璇、成亲王永瑆、庄亲王绵课等率领健锐营、火器营官兵千余人从神武门进宫。起义军小队激战一昼夜，至十六日午，战死三十余人，被俘四十余人，攻打皇宫的战斗遭到失败。

林清坐镇黄村宋家庄，等候滑县援军。十五日夜，在东华门被阻不能进宫的小队十余人返回黄村报告。十六日，不得消息。十七日晨，县衙差官伪装起义军，来迎林清入京。林清中计被捕。十九日，嘉庆帝自热河返回北京，处死林清及响应起义的太监。命陕甘总督那彦成为钦差大臣，与提督杨遇春、副都统富僧德、总兵杨芳等领兵去河南，镇压起义。又派兵分赴直隶开州及山东曹县，镇压当地的起义军。

李文成占领滑县后，树立"大明天顺李真主"大旗，以牛亮臣为军师，宋元成为大元帅，以县北道口镇为军事据点，北攻浚县。九月二十二日和二十六日，起义军两度大举攻城，清兵增援三千人，起义军两次战败，损失惨重。李文成得知清廷派大兵来攻，命浚县退兵，集结于道口以待。又命曹县起义军三千人由徐安国率领向道口结集。九月二十七日，清军进攻定陶，起义军在髳山战败，退入曹县崑家集。十月初四日，清军来攻，定陶、曹县起义军战败，全部覆灭。十月初，清杨遇春军与直隶总督温承惠军合攻道口，遭到起义军袭击，大败而退。那彦成至河南卫辉府，部署重兵，围困道口。起义军面临大敌，处境艰难了。

　　面对严峻的形势，李文成与牛亮臣、宋元成等集议，命曹县来此的徐安国率二千人突围渡河去太行山，与山西起义会众联系，作转移的准备。徐安国遭到清军堵截，不能渡河。十月二十七日，清军万余名分七路围攻道口。道口起义军也有万余人之众，两军激战，互有胜负。清军以大炮轰击，攻入镇上，纵火烧镇，起义军大败。徐安国率众数百人，败归滑县。道口重镇，陷于清军。

　　十月末，李文成与牛亮臣、宋元成、徐安国等计议，牛、宋、徐等留滑县坚守，由驻守滑县东北桃源镇的兑卦首领刘国明护送李文成向太行山转移，扩充兵力，再反攻清军，救援滑县。由于清重兵在滑县以西，李文成东走直隶南部的开州、东明、长垣，再向西南绕道赴辉县，去太行。当时直隶南部的形势是，开州、东明、长垣一带都有天理会起义军活动,十月初以来,清军曾先后三次进攻。起义军坚持抵抗,并曾于十月二十三日在开州获得胜利。李文成、刘国明率领军士一千名,顺利经过直隶南部,西行至辉县。沿途扩充队伍,至四千余人,驻于辉县西北山中,在司寨扎营。

十一月中,那彦成得报,命杨芳领兵追击李文成。司寨依山背河,易守难攻。清军计诱义军出寨,设伏兵围攻,义军损失二千余人。十一月二十日,清军大举攻寨。自晨至午,司寨被攻破,起义军退据民房抵抗,枪炮齐发,清军死伤甚众。杨芳又用火攻,在寨内纵火。刘国明跃出碉楼,击杀清兵数人,战死。杨芳向李文成喊话诱降。楼内大呼"李文成在此,欲杀即杀,断不肯降!"(《靖逆记》卷三)李文成与战友数十人,自焚而死。

这时,直隶南部开州以南的各地起义军也相继遭到清军的镇压而失败。起义军的主力据守滑县,仍有众二万余人,由牛亮臣、宋元成等统领。在杨芳部攻陷司寨的同时,那彦成于十一月十九日调集重兵,发起对滑县的围攻。清军约两万人分路攻打滑县四城的城门,都不能攻下。清军挖掘地道,也被起义军发现捣毁。起义军坚守滑县的战斗,持续二十日。清军久攻不下,架云梯登城,被起义军击退。十二月十日,清军暗中在城墙角下埋置炸药,炸开西南城墙,乘势攻入县城,展开巷战。义军奋勇抗击,伤亡惨重。次日,清军又施火攻的故技,纵火焚烧城内房舍。起义军被困。李

194

文成妻张氏挥刀杀敌，在家中自缢殉难。突围军士约四、五千人，遭清军阻截，战死。二千余人被俘。宋元成战死。牛亮臣、徐安国等被俘不屈，被押送京城处死。起义军将领及军士数千人遭到清军的残酷屠杀，壮烈地结束了战斗。

林清、李文成领导的天理会起义，前后持续了三个月。起义发动时，即揭出推翻清朝重建新朝的目标，建立"大明天顺"旗号。起义者联合满汉人民，深入皇宫，更为前此起义所罕见，极大地震动了清朝。以滑县为中心的三省边界的起义军，邻近京畿，给予清王朝以严重的威胁。嘉庆帝调动数万重兵镇压了起义，随即命刑部酌议传习白阳等教分别治罪条例，搜查各地教徒。白阳、白莲、八卦等教，传徒为首者处以绞刑。奉教的"愚民"，"许以自赎"，由地方官"详为化导"（《仁宗实录》卷二八一）。

此仆彼起的各地农民起义，不断冲击着腐朽的清王朝。清朝的统治日益动摇了。

（四）嘉庆帝病死

当林清起义军在一八一三年（嘉庆十八年）九月攻入皇宫养心殿附近时，嘉庆帝第二子、三十一岁的旻宁曾击毙起义兵士二人。嘉庆帝得报大喜，称赞他"忠孝兼备"，加封为智亲王。嘉庆帝晚年，面对重重矛盾，难于有所作为。一八二〇年（嘉庆二十五年）七月，去木兰狩猎，旻宁随行，驻于热河避暑山庄。一日，嘉庆帝登山骑射，突然发病。次日，立旻宁为皇太子，随即病死，年六十一岁。旻宁（宣宗）奉梓宫回京，即皇帝位。改明年年号为道光。

第五节　清朝统治下的各民族

清朝到乾隆时期已经完全确立了自己的版图。生活在今天中国境内的五十几个民族，都已处于清朝的统治范围之内。不过，史书记载的某些民族的称谓，与现在确定的名称或有不同。一些民族或分或合，也经历了逐步演变的过程。本节所述，主要是满、汉以外一些人数较多、记载较详的民族的概况，对其他少数民族，也尽可能依据现有记载作简略的介绍，借以表明清代的中国是各民族共同的祖国。

（一）蒙　古　族

明代蒙古族分布在漠北、漠南和漠西广大地区。早在清太祖努尔哈赤建国前，满洲诸部即与漠南蒙古的一些部落密切往来。清太祖、太宗时期，满洲贵族娶蒙古贵族女为妻，倚用蒙古将领、文士，采用蒙古制度，蒙

196

古文明对满洲的发展和国家制度的建立，产生了多方面的影响。但漠西准噶尔等部在康熙、雍正时期，连年对清作战，直到乾隆时才完全臣服于清朝。在清代历史的发展中，蒙古族始终处于重要的地位。

一、清朝对蒙古的统治

清太祖、太宗时期，曾将征服的蒙古与汉人，依照满洲八旗制分别编为八旗蒙古与八旗汉军。以后，随着汉地占领区的扩大，不得不逐渐采用汉人习用的明朝统治制度。在蒙古地区，也随着蒙古诸部的相继被征服和降附，而在蒙古原有的部落制度的基础上逐步建立起旗制和会盟的制度。由于征服先后的不同和各地区情况的差异，清朝在各地先后建立的统治制度，也各有自己的特点。至乾隆时期，大体上确定了对蒙古的统治制度。

八旗蒙古 八旗蒙古主要是来自五部喀尔喀和察哈尔部的降附的流散部众。他们大都在太祖努尔哈赤时被俘掠或降附，而并非整个部落归属。起初，被编入满洲牛录，隶属于八旗满洲。其后，人数渐多，编为独立的蒙古牛录，仍隶满洲八旗。一六三五年（天聪九年），清太宗皇太极以蒙古部众增多，遂依八旗满洲制度，编组八旗蒙古。俗称蒙古八旗或蒙军旗。八旗蒙古在满洲贵族指挥下对明作战，屡建战功，成为清国倚用的一支重要的军事力量。八旗蒙古的编组制度大体依仿八旗满洲。统领旗务的都统、副都统，由朝廷任命，满、蒙、汉八旗人均可充任。但旗属左、右二参领（札兰），则必由蒙古人充当。八旗蒙古的地位低于八旗满洲，但略高于八旗汉军。八旗蒙古贵族可在朝中身侪高位，成为满洲皇帝倚用的重臣。嘉庆帝时的总督长龄、大学士松筠，就都是出身于八旗蒙古。编入八旗蒙古的旗丁，或守卫京师或驻防外地，也和满洲旗丁一样，陷于贫困的境地。

察哈尔八旗　蒙古察哈尔部，明末曾一度称雄漠南。林丹汗败后，其子额哲降清（详见本书第九册第三章）。清廷以其部众编为八旗。依八旗满洲和八旗蒙古制度，旗分黄白蓝红，又各分为正旗镶旗，称正黄旗察哈尔、镶黄旗察哈尔等等。各旗设总管。康熙时，命部众迁至大同边外。乾隆时设都统，驻张家口统领。察哈尔八旗驻地东与蒙古苏尼特部为邻，西界归化城，南界直隶独石口、山西大同，北界蒙古苏尼特部，成为清朝统治下的一个特殊的区域。归化城土默特部在皇太极时降清，编为左、右二旗，各设都统一人管领。

内札萨克旗　清朝在其统治下的蒙古各部，建立旗制统治。旗的长官称札萨克（执政）。有内外札萨克旗之分。内札萨克旗蒙古大体相当于明代所谓漠南蒙古诸部。旗制建立后，原有的部落继续存在。新建的旗不同于部，也不同于八旗制度的旗，而是依地理划分的一级军事行政组织。一部之地可设数旗，以部名冠于旗名。旗的长官札萨克，官级相当都统。下设管旗章京（梅楞）、参领、佐领。

蒙古各部原有会盟制度。建旗后，邻近地区的各旗定期会盟，从而形成旗以上的盟。盟也不同于部，会盟的各旗可以是原属于一部，也可以是分属数部。盟不是一级军事或行政机构，而只是协调各旗事务，并对旗札萨克进行督察。盟设盟长一人，副盟长一人，不设衙署。

各札萨克旗均有户籍，人户依制负担各种差役和兵役。由旗属佐领管理。佐领是各佐（苏木）的官员。一旗设若干佐领，视旗之大小而各有规定。乾隆时，旗属各佐领额定兵员为一百五十人，现役五十人。

内札萨克蒙古在漠南蒙古二十四部的基础上，先后建立四十九旗。科尔沁部自明初被厄鲁特部攻击，迁至嫩江流域游牧，曾助叶赫部、乌拉部与建州交战。后投依努尔哈赤，对明作战，并曾派兵随多尔衮入关，直抵江南。满洲皇室与科尔沁部世代联姻，清太宗孝端后、孝庄后，顺治帝孝惠后均出此部。科尔沁部以勋臣世戚，位居内札萨克诸部之首。太宗时设五札萨克，顺治时又设一札萨克，共建六旗。原科尔沁部分为左、右两翼。两翼又各设前旗、中旗、后旗三旗。邻近游牧的札赉特部、杜尔伯特部各设一旗，附于科尔沁部右翼。郭尔罗斯部设前、后两旗附于左翼。十旗会盟，为哲里木盟。科尔沁以东游牧的喀喇沁部，皇太极时，因不堪察哈尔林丹汗的控制，投依金国，助满洲攻打察哈尔。顺治时，随清兵入关。康熙时，从征准噶尔部，增设一旗，共两旗。雍正时，又增设一旗，合为三旗。与东南界之土默特部左、右翼两旗会盟，为卓索图盟。原来服属于察哈尔的敖汉、奈曼、阿鲁科尔沁、翁牛特、克什克腾等部，在天聪年间先后投依皇太极。遭到察哈尔林丹汗侵掠而投依科尔沁部的巴林部和札鲁特部，也在天聪时附金。翁牛特部与札鲁特部各设左、右二旗。其余各部均只一旗。此外，康熙时自喀尔喀西路南下投附清廷的喀尔喀左翼部，在喜峰口外放牧，自为一旗。以上十一旗会盟，称昭乌达盟。原属察哈尔的乌珠穆沁、浩齐特、苏尼特、阿巴噶等部，在林丹汗时越瀚海，北依喀尔喀蒙古，随后相继投附皇太极。原属喀尔喀车臣汗的阿巴哈纳尔部，在康熙时南牧附清。以上来自喀尔喀的五部，各设左、右二旗，合共十旗，为锡林郭勒盟。以上哲里木盟、卓索图盟、昭乌达盟、锡林郭勒盟合称东四盟。

西部二盟，一为乌兰察布盟，会盟者有归化城北的四子王部、茂明安部各一旗，四子王旗以西来自喀尔喀蒙古的喀尔喀右翼部一旗，归化城西北邻鄂尔多斯的乌喇特部前、中、后三旗，合共六旗。一为伊克昭盟，会盟七旗，均属鄂尔多斯部。此部原附于察哈尔，林丹汗败后降清。顺治时设为六旗，左、右翼各分前、中、后。乾隆时又增设一旗，称鄂尔多斯左翼前末旗，合共七旗。七旗各有自己的名称，左翼前旗称准噶尔旗，左翼中旗称郡王旗，左翼后旗称达拉特旗，左翼前末旗又名札萨克旗。右翼前旗为乌审旗，右翼中旗为鄂托克旗，右翼后旗为杭锦旗。东四盟与西二盟合为内札萨克蒙古六盟。康熙时，清廷在归化城屯兵驻防。乾隆时又扩建绥远城，设绥远将军统管内蒙古军务。

漠西蒙古旗 漠西阿拉善厄鲁特部，出于四卫拉特之一的和硕特部。康熙时，因遭准噶尔部噶尔丹压迫，固始汗后裔和罗理率部投清，命在贺兰山地区游牧，建阿拉善札萨克旗，又称阿拉善和硕特。乾隆时，札萨克由贝勒晋为和硕亲王。不设盟。阿拉善旗之西额济纳河地带，设额济纳旗。为旧土尔扈特部阿玉奇后裔牧地，雍正时内徙定牧，设札萨克旗，不设盟。青海蒙古诸部在雍正、乾隆时，陆续建旗。和硕特部二十一旗、绰罗斯部二旗、辉特部一旗、土尔扈特部四旗、青海喀尔喀部一旗，二十九旗会盟，但不设盟长，由清廷任命的西宁办事大臣统辖。

外札萨克旗 康熙时，漠北喀尔喀蒙古土谢图汗、札萨克图汗和车臣汗部在准噶尔噶尔丹败亡后，分别编旗，仍沿袭汗号。土谢图汗部贵族策棱率部众投依清朝，受封为定边左副将军、和硕亲王，称喀尔喀大札萨克。雍正时，所部自土谢图汗部分出，自为一部。因其曾祖图蒙肯曾被达赖喇嘛授予赛因诺颜（蒙古语：好官）称号，故名其部为赛因诺颜部，无汗号。此后，喀尔喀蒙古即有四部并立。乾隆时，土谢图汗部二十旗，盟于汗阿林。车臣汗部二十三旗，盟于克鲁伦巴尔河。赛因诺颜部二十二旗，附厄鲁特二旗，盟于齐齐尔里克。札萨克图汗十八旗，附厄鲁特一旗，盟于札克毕赖色钦。四部各设正、副盟长。清廷任命定边左副将军一人，驻在赛因诺颜部辖境的乌里雅苏台，另有参赞大臣二人，统管四部军政。四部各设领兵副将军一人、参赞一人，受乌里雅苏台将军节制。乾隆时，还在土谢图汗部辖境的库伦，设库伦办事大臣一人、帮办大臣一人，管理商民事务及对俄通商事宜。

科布多诸旗 乾隆时，在外札萨克蒙古以西的科布多城设参赞大臣、办事大臣各一人，管辖西至哈屯河（卡通河）流域放牧的蒙古各旗。四卫拉特之一的杜尔伯特部在乾隆时背准噶尔降清，编为十六旗，分左、右两翼，各设副将军一人。左翼十一旗；右翼二旗，附辉特部二旗。杜尔伯特部以西有阿勒坦乌梁海部。乌梁海即元、明史籍中之兀良哈，游牧于阿勒坦山（阿尔泰山）。乾隆时降清，编为七旗，左翼四旗，右翼三旗。再西，阿勒坦泊附近的阿勒坦淖尔（泊）乌梁海，编为二旗。科布多城以北有明阿特旗、额鲁特旗，城南有札哈沁旗、新和硕特旗，均各自编旗，不设盟。阿勒坦山以南布尔干河附近之新土尔扈特部编为二旗，称为青色特启勒图盟。

唐努乌梁海 外札萨克及科布多诸旗以北唐努山

至雍正时划定的俄国边界地带，称唐努乌梁海，原为准噶尔统辖。乾隆时编为五旗。不设札萨克，管旗官员为总管。一七六〇年（乾隆二十五年），清廷颁给各旗总管印。各旗军务由乌里雅苏台定边左副将军统领。

上述各部外，分散在各地称为"游牧内属"的蒙古族，就地编旗，与内外札萨克旗务，统由理藩院统管。康熙时曾将清太宗以来有关蒙古事务的法令、制度汇编成书。乾隆、嘉庆时先后两次增订，题为《理藩院则例》，以满、蒙、汉三种文字刊行。清朝对蒙古的统治制度逐渐完备。康熙帝曾说："柔远能迩之道，汉人全不理会。本朝不设边防，以蒙古部落为之屏藩耳。"（《圣祖实录》卷二七五）清廷经康、雍、乾三朝，建立起对蒙古族广大地区的统治，在清朝统治集团中，蒙古贵族的地位仅次于满洲贵族。

二、社会经济概况

内外札萨克和漠西蒙古贵族，由清廷封授亲王、郡王、贝勒、贝子、公、台吉等爵位。据乾隆《大清会典》统计，内蒙古共有王公八十四人、台吉四人；外蒙古汗三人、王公五十一人、台吉三十九人；漠西青海等地王公二十八人、台吉二十二人。蒙古王公依照清朝定制，在本旗建立王府，府属官制各依满族王、贝勒等级，设长史、司仪长、典仪、护卫等官。他们的仪从以及顶戴、服色、坐褥，都与满族王公大体相同。亲王年俸银二千两、缎二十五疋（科尔沁三亲王各二千五百两，缎四十疋），递减至掌管旗务台吉银百两、缎四疋。分班朝见皇帝时，赏赉也各有定例。

清代沿袭蒙古领主土地所有制。蒙古旗地名义上属于皇帝，实际上各部贵族的领地，清廷划定旗界，或依山川，或设鄂博（封堆），不准越界放牧。如有违犯，便被视为侵犯他人利益，王公罚马七至十匹，庶人罚牛一头。

盟长和旗札萨克由蒙古贵族充当，管旗章京、副章京、参领、佐领等旗官，从台吉或贡民（阿勒巴图）选任。旗官凭借特权，使用优良牧场，放牧牲畜，勒索属下。并按规定各有一名以上的随丁（哈木济勒噶）服役。

西藏的黄教传入蒙古后，在蒙古族聚居区内，建有很多喇嘛寺庙。驻西宁塔尔寺的察罕诺们罕在青海势力最大，驻多伦诺尔汇宗寺的章嘉胡图克图和驻库伦庆宁寺的哲卜尊丹巴是内外蒙古喇嘛的首领，都设有商卓特巴管理属下喇嘛。一七二九年（雍正七年）四月二十二日，哲卜尊丹巴二世举行坐床典礼，有二万五千喇嘛和十万牧民参加。喇嘛寺院都有自己的牧场、牲畜，主持寺院的大喇嘛役使下级喇嘛和庙丁（沙比那尔），并从蒙古人众中取得大量牲畜财富。大喇嘛按照清朝规定行使宗教管理权。内蒙古的锡呼图库伦札萨克喇嘛，喀尔喀的哲卜尊丹巴胡图克图、额尔德尼班第达胡图克图、扎牙班第达胡图克图、青苏珠克图诺们罕、那鲁班禅胡图克图，青海的察罕诺们罕等领地，建立七个喇嘛旗，行使如同各旗札萨克的职权。清朝还规定，凡蒙古胡图克图徒众超过八百名，寺院在所属旗五百里以外的，发给印信，行使政治权力。这些地方的寺庙大喇嘛，是政教合一的统治者。

蒙古平民（阿拉特）和王公贵族属下的贡民（箭丁）、随丁，寺院的庙丁是蒙古族的被统治阶级。

蒙古平民在各旗王公贵族的剥削下，极为艰苦，往往被迫逃离本旗，流亡四方。早在一六九一年（康熙三十年），清廷派遣官员分五路清查蒙古各旗穷人，即曾发现逃散人口甚多。一六九八年（康熙三十七年），康熙帝指出：蒙古王公，"俱各承袭父职，年在童稚，率皆不能教养所属，安辑民人，兼之族类性贪，见所属有马牛、器带诸物，亦必索取，遂至困苦难存，四散糊口，不能禁止，亦不能收集。"（《圣祖实录》卷一四一）一七一二年（康熙五十一年），清廷得知，鄂尔多斯部多将人口卖与内蒙各旗和喀尔喀各部；一七一八年（康熙五十七年），杜尔伯特部兵民逃亡黑龙江、郭尔罗斯等处，典身者六千余人；一七三五年（雍正十三年），延绥镇将弁和边民买得蒙古女子二千四百余口；一七三九年（乾隆四年），延安、榆林、鄜州、绥德四府州县，赎回鄂尔多斯部典卖的子女大小二一六一名。清廷严惩蒙古逃人、禁止将蒙古人卖予内地旗民人等，但事实上并不能制止。清廷不得不实行救济，以保障蒙古兵源。从一六八一年(康熙二十年)至一七四一年(乾隆六年),共赈济蒙古七十余次。一七一五年(康熙五十四年)苏尼特旗遇到灾荒,接受赈给的无牲畜的壮丁达六万四千九百人之多。但这种赈济往往不免被富户侵吞。雍正帝曾指出:"向者给产业买牲饣之事,皆委富户。富户苟且塞责,所给蒙古之物,浮报数倍,蒙古等并不得实惠。"(光绪《大清会典事例》卷九九一)

蒙古各旗属下的贡民或箭丁(阿勒巴图)人数众多,是社会生产的主要担当者,也是赋税、纳贡、兵役及各种差役的负担者,凡在六十岁以下、十八岁以上的人,都编入丁册。三年编审一次,如有隐匿壮丁,管旗的蒙古官员要受到处罚。逃人鞭一百,窝藏逃人者罚交牲畜十九。蒙古旗制:每佐领一百五十人,三丁出兵一人,共五十人为常备兵。战时出征,平时防守边地卡伦,负担内外蒙古境内二十二个驿站的差使。他们对主人的人身依附关系,比明代有所削弱,但主人仍然占有他们的劳动成果。《理藩院则例》规定:"蒙古王公台吉等,每年征收所属有五牛以上及有羊二十只者,并取一羊;羊四十只者,取二羊。虽有余畜,不得增取。有二羊者取米六锅,有一羊者取米三锅。其进贡、会盟、游牧、嫁娶等事,视所属至百户以上者,准于什长处取一牛一马之车;有三乳牛以上者,取乳油一腔;有五乳牛以上者,取乳酒一瓶;有百羊以上者,增取毯一条。"(《理藩院则例》卷十二)盟、旗衙门的开支、差役,无一不落在贡民身上。《理藩院则例》还规定，贡民不能离开封建主的领地，只有他们的主人犯罪时，出首人才准归附别旗。贡民诽谤主人，罚牲畜十九至三十九头。主人杀死属下人或家奴，只罚三十九至四十头；牧民、家奴杀死主人，则被凌迟处死。

蒙古王公贵族，自一六五七年（顺治十四年）起，可从所属贡民中拨出少数人作为他们的随丁（哈木济勒嘎），亲王六十人，递减至台吉四人。王公台吉的随丁，终身服役，世代相承，被称为"随人箭丁"。康熙时又规定，管旗章京、参领、佐领等官，在本旗或本佐领内，选一至四名壮丁作为随丁，到离职时退还，被称为"随缺箭丁"。随丁都不服兵役，不应公差，只在主人家服役，或是放牧牲畜。主人可以随意支配壮丁，出卖或赠送别人。随丁比贡民的地位更为低下。

寺院的庙丁（沙比那尔）是大寺院属下的属民或牧奴。他们或是作为奴仆被世俗贵族"布施"给寺院，或因天灾人祸被迫到寺院投依。在寺院里担当生产劳动和其他杂役，在身分上及生活境遇上，大体与随丁相似。

在蒙古族社会中，还有一些黑人（哈喇昆）。他们多是罪犯和俘虏以及他们的子女，不列入丁册，世世代代为主人服役，处境极为悲惨。随公主或格格（宗室之女）陪嫁而来的人户，包括庄丁、陵丁和侍女，专为王府和公主府服役。侍女的地位与家仆、家奴相同，所生子女，也世代为奴。

蒙古族社会经济中，占支配地位的仍是畜牧业。蒙古人民生活必需的奶制品、肉食以及毛毡、皮革制品等，都由畜牧业提供。马匹是主要的交通工具。但畜牧业多是自然放牧，打井、修圈、保护草场等工作都依靠手工劳作，抵抗天灾的能力非常薄弱。少数地区兼营农业生产，但极其粗放。山西、直隶等地无地少地的汉族农民陆续进入蒙古地区耕垦，从事农业生产的蒙古人也随之逐渐增加。嘉庆时，西起鄂尔多斯，东至郭尔罗斯前旗的狭长地带，基本上已成为农业或半农半牧的经济区，并还在不断扩展。蒙、汉人民一起提高了耕作技术，种植各种庄稼和蔬菜。但由此也使一些牧场遭到破坏，妨碍了牧业的发展。农田与牧场争地的矛盾，日益激化，成为难以解决的严重问题。

手工业是家庭副业和领主的手工作坊，主要经营畜牧业的加工生产，如制革、制毯、制车、制鞍和盐碱加工、伐木等项。王公贵族进京时，常带着牲畜、皮毛、药材、木材等土特产品在京师出售，买回京师的杂货、布正、绸缎、砖茶、纸张、瓷器、铁锅等物品。北京御河西岸之南设有里馆，安定门外设有外馆，专供蒙古人居住。山西和北京的汉族商人，也到蒙古地区贸易，收购畜产品和原料，贩卖日用品，进而在蒙古地区开设商店和手工业作坊。蒙古的市镇日益兴盛，如内蒙古的归化城、多伦诺尔、赤峰、经棚、小库伦、科尔沁左翼旗的郑家屯、外蒙古的库伦等地,都已发展成为著名的商业城镇。驼马运输业空前发达。张家口是内地和蒙古地区间货物的集散地和贸易要地,康熙初年只有商号店铺十家,到一八二〇年(嘉庆二十五年),已发展为二百三十家。大寺庙和兵营周围,也往往成为集市中心。如内蒙古的甘珠尔庙(在呼伦贝尔)、大板上(在巴林右旗),外蒙古的王呼勒、额尔德尼召等地,都有贸易额很大的定期集市。还有汉族大商人在蒙古地区放高利贷,盘剥蒙古人民。蒙古王公、台吉进京时,也向汉商借贷,利息三分,三年本利加倍。议定以牲畜和土地作抵押,到期不偿,辗转增息。王公、台吉无力偿还债务时,勒令属下牧民代还,由商人代替札萨克直接向他们征收赋税,并勾结清朝官吏严刑逼债,因而激化了蒙、汉民族间的矛盾。

三、学术文化的发展

清代蒙古族学术文化的发展,有两个明显的特色。一是各民族文化交流的加强。元朝亡后,蒙古族处于大漠南北,与明朝对峙,各民族间的文化交流不能不受到阻遏。清朝建立后,蒙古贵族厕于统治集团的行列,各族人民间也增多了来往。蒙古族汲取满、汉、藏等族的文化精华,而发展了自己民族的学术文化,对中华各民族作出了贡献。第二是文化领域的扩展。自喇嘛教传入后,蒙古族的学术文化依附于宗教的传播而得到发展。随着各民族文化交流的加强，清代蒙古族的文化日益突破了宗教的樊篱而扩展了领域。历史学以至自然科学都取得显著的成就。反映现实生活的民间文学也得到了发展。下面叙述的只是几项有代表性的成就。

语文与翻译　明代蒙古族不再使用元朝八思巴喇嘛创制的方体的蒙古国字。被元人称为蒙古畏兀字的字体，经过修改，而在大漠南北广泛通行，成为通行至今的蒙古字。清初漠西卫拉特蒙古依据自己的方言，对蒙古字体有所修改，称为托忒蒙古文，只在西部地区行用。

清代蒙古语文的研究，取得显著的成绩。这是因为：（一）分布在内外蒙广大地区的蒙古族形成多种方言，语音、词汇与语法都不尽一致。他们同处于清朝统治之下，迫切需要有共同的书面语和正字法，以利于文化的发展。（二）随着各民族文化交流的加强，蒙古族文士需要学习满、汉、藏等族的语文。满、汉、藏等族也需要学习蒙古语文。相互学习的需要促进了语文研究和词典编纂学的发展。

雍正时，拉布金巴·丹赞达格巴编成《蒙文启蒙诠释》一书，全面探讨了蒙古语音、词类、语法结构和文字源流，是蒙古语言文字学的重要著作。乾隆时，敬斋公编纂的《三合便览》，收集满、蒙、汉三种文字的词一万九千余，并对蒙文的正字法和语法有所编列，是供满、汉文士学习蒙古语文的词典。清廷集合满、蒙、汉、藏、维等族学者编纂《五体清文鉴》，以满文为主，五种文字对照互释，分类编纂，收词一万八千余，是一部综合辞典。它确立了蒙文正字的规范，也便利了蒙古族与兄弟民族相互学习语文。乾、嘉以来，编修字典、辞典成为风气，多种蒙文字书相继问世，翻译之学也随之兴起。早在元代，即已出现了蒙文翻译的《论语》、《孝经》、《资治通鉴》节要等汉文经史著作。清代以蒙文翻译的汉籍，已不再限于经史，而扩展到民间文学。明代以来广泛流行的《三国演义》、《水浒传》、《西游记》等名著，相继被译为蒙文，在蒙古族民间传播。蒙古文字的普及和文化交流加强，也促使蒙古族的民间文学趋向繁荣。原来以说书形式流行的许多美好的民间故事，以规范的蒙文记录成篇，在文学史上放出异彩。

历史学著作　清代蒙古族学者编纂了两部重要的蒙古史著作，《黄金史纲》和《蒙古源流》。

约在明清之际，蒙古族学者罗卜藏丹津依据前人所著《黄金史纲》（作者不详）加以修补扩充，编成此书，因而又被称为《大黄金史》。作者对蒙古古史的叙作，参据了《元朝秘史》，并糅进了藏族喇嘛教中关于蒙古起源的传说。这使本书蒙上了宗教色彩，却也把藏族文化介绍给了蒙古读者。关于明代蒙古的记述，则保留了许多可信的史实，具有一定的史学价值。与本书约略同时编写的《蒙古源流》，为鄂尔多斯部贵族萨囊（一

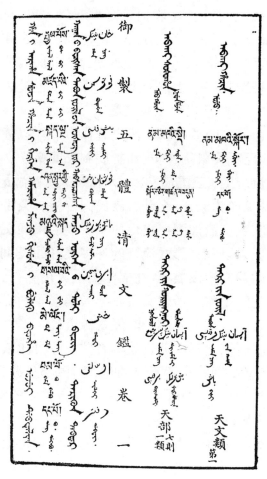

《五体清文鉴》

212

作萨冈)彻辰所撰。乾隆时,喀尔喀部亲王成衮扎布将本书抄本进呈,被收入《四库全书》史部。近世学者陈寅恪考订,本书的基本观念与编撰体裁,均取之于元代土蕃喇嘛八思巴所著《彰所知论》,自成系统。本书因而也融入了藏族佛教传说,但于明代蒙古史事记载详确,是研究明代蒙古史的重要著作。本书进呈后,曾由蒙文译为满文,又由满文译为汉文。

天文历算 清初设钦天监,以汤若望领监务。钦天监招收满洲、蒙古天文生,从而培养了一批兼通历算的蒙古天文学者。天文学、数学、历法等科学知识,逐渐在蒙古族中传播,打破了宗教观念的束缚。出身于天文生的蒙古正白旗人明安图,精于天文历算及测绘之学,乾隆时为钦天监时宪科的五官正(官名),掌译布蒙文宪书,并参与测算历日、编制时宪书等事。著有《历象考成》一书。晚年精研数学,论证求圆周率公式,著割圆密率捷法,死后由其子明新续编成书,在数学史上作出了贡献。明安图父子是清代蒙古族杰出的科学家。

(二) 东 北 诸 族

在东北地区黑龙江、松花江流域的山林中,居住着一些人数不多的从事狩猎的民族。早在清朝建国前,即被满洲所征服。他们生活在边疆地区, 各有自己的特点，也是清朝军队中的一支突击力量，占有特殊的位置。

锡伯族 居住在松花江、嫩江流域的锡伯族，从事狩猎，是清初泛称为打牲部落的诸族之一。明朝末年，为蒙古科尔沁部所统治，向科尔沁部纳贡服役。科尔沁部降清后，康熙帝给予赏赐，将锡伯人作为奴隶"赎出"，由清廷直接统治，编为牛录，分别安置在齐齐哈尔、伯都讷(扶余)和吉林乌拉等地。锡伯人长于骑射，康熙帝视为劲兵，命他们披甲效力。一六九九年(康熙三十八年)，吉林乌拉地方的锡伯人二十牛录，被调迁到京师，分编到满洲八旗和蒙古八旗服役。此后三年间，又陆续将齐齐哈尔和伯都讷的锡伯人调迁到盛京，分别派赴盛京附近各地披甲服役。乾隆帝削平准噶尔部和卓木战乱后，一七六四年(乾隆二十九年)四月，经军机大臣议准，于盛京锡伯官兵内，挑选一千名，携眷发往塔尔巴哈台驻防，"于伊犁满洲大员内拣派协领二员分翼管理。"(《高宗实录》卷七〇九)每二百户，设一佐领，共设六佐领。以后，户口日增，又增设二佐领，在伊犁河南屯田自给。这一部分人在此长期驻防，即在当地生息繁衍。驻在盛京地区的锡伯兵，遇有战事，常被调遣作战，成为清兵中的一支善战的劲旅。锡伯语与满语属于同一语族。清代锡伯人多习满语、满文。

达斡尔族 清初文献中，又有打虎儿、打呼儿、达呼儿、达瑚里等译名。原来生活于黑龙江中、上游地带，以射猎为业，部分居民兼营农耕。清初习用索伦部一名。此名大抵是这一地带射猎部落的泛称，而并非专用的部名或族名。因而又有索伦达呼尔或达呼尔索伦等称谓，以区别于从事农耕的达斡尔人。早在清太宗时，索伦达斡尔部首领即向满洲进贡貂皮求保护。一六四三年（崇德八年），达斡尔居民曾击退自俄罗斯来犯的哥萨克骑兵。一六五〇年（顺治七年），俄国哥萨克兵侵占务农达斡尔人的城堡雅克萨城。清军连年作战，击败俄国侵略军。达斡尔人南迁到嫩江流域。一六六五年（康熙四年），依旗制，设索伦部落二十九佐领。一六六七年，从事农耕的达斡尔另编十一佐领。一六六九年置总管。驻于齐齐哈尔西北一百六十里的布特哈地方，统领达斡尔等打牲部落。一六八四年（康熙二十三年），清军收复雅克萨城，布特哈达斡尔兵曾参加对俄作战。雍正时，依八旗制度编组布特哈诸部，达斡尔族编为三旗，即镶黄旗、正黄旗和正白旗。又抽调达斡尔兵，在呼伦贝尔至中俄交界处游牧，另编佐领。另挑选兵丁驻守齐齐哈尔城北三百四十里本尔得地方，与其他打牲部部落兵丁，共一千名编为八旗，设总管统辖，称为打牲处总管。其地即称打牲总管地方。（《高宗实录》卷一二六、《清朝文献通考》卷二七一）达斡尔兵还被征调去西北，与准噶尔部作战。乾隆时，先后调遣达斡尔兵数千人携眷驻防维吾尔族住区的所谓回部各城，编入索伦营，归伊犁将军统辖。

达斡尔族在清代东北诸族中,是作战能力较强,经济、文化水准也较高的一族。达斡尔族首领授为佐领,即升入清朝官员的行列,作战有功者并可擢任高官。达斡尔语应属蒙古语族,但也收入不少通古斯语支诸族的语汇。清代文士,则多兼通满语、满文。

鄂伦春族 原在黑龙江以北骑马射猎,使用驯鹿。鄂伦春一词,原义为使鹿(驯鹿)人或山中人。清初,满洲统治者对其情况似不甚了了,因而往往也泛称为索伦部落。康熙时,因沙俄哥萨克骑兵侵扰,南迁到兴安岭山林之中。清廷和他们接触渐多,史籍上频繁出现有关鄂伦春或鄂罗春的纪事。布特哈地方设总管后,在使马部鄂伦春和使鹿部鄂伦春分别设置佐领。所谓使马部鄂伦春(摩凌阿鄂伦春),是擅长骑射的鄂伦春骑士,雍正时被编入布特哈八旗,成为清朝兵丁的那部分人。此后,常和锡伯、索伦达斡尔等旗丁一起,被调遣到各地作战。使鹿部鄂伦春则留住于大兴安岭山林之中,从事狩猎。佐领由鄂伦春族的首领充任,依例向清廷贡献貂皮。山林中的鄂伦春人,长期保存原始的氏族和家族组织,同一氏族称为木昆,同一家族称乌力楞。共同生产,平均分配。现在仍然生活在大兴安岭山中的鄂伦春人,应是他们的后裔。鄂伦春人语言与锡伯、满洲属同一语族,无文字。

赫哲族 又有黑斤、黑津等译名。主要居民生活在松花江两岸,从事渔猎。清太祖时即被招服。一六五三年（顺治十年），清廷在宁古塔设按班（一译昂邦）章京及副都统镇守。赫哲人去宁古塔向清廷进贡貂皮。（《圣祖实录》卷八）一七一六年（康熙五十五年），康熙帝在宁古塔以北建三姓城，设兵驻防，置协领，统辖赫哲等部。雍正时，设副都统。赫哲族以捕鱼和狩猎为生，以鱼皮或鹿皮作衣装，因而又被称为鱼皮部。语言与满语同语族。

此外，现在生活在呼伦贝尔地区的鄂温克族，是近世确定的族名。清代文献中无此名，而把他们纳入泛称的索伦部落之内。他们的地位和经历，与索伦部的其他各族略同。

（三）维吾尔族与西北诸族

维吾尔族　元明史籍中的畏兀儿，清人泛称为回部。清初，蒙古察哈台汗后裔在喀什噶尔建国，后迁都叶尔羌，因而被称为叶尔羌汗国，向清廷纳贡，维吾尔族处于汗国统治之下。一六七八年（康熙十七年），蒙古准噶尔部噶尔丹汗灭叶尔羌汗国，统治天山南北。一六九六年（康熙三十五年），康熙帝战胜准噶尔部，噶尔丹败亡。维吾尔族贵族玛罕穆特建国自立。一七〇〇年（康熙三十九年），被准噶尔部策妄阿拉布坦攻灭，玛罕穆特一家被囚禁于伊犁。一七五五年（乾隆二十年），乾隆帝平准部，以玛罕穆特之子大和卓波罗尼都与小

217

和卓霍集占分别统治喀什噶尔与叶尔羌。一七五七年（乾隆二十二年），霍集占叛清自立，一七五九年（乾隆二十四年）败死。天山南北的维吾尔人从此均归于清朝统治。

乾隆帝讨平准部和霍集占后，在天山南北路逐步建立起统治制度。原乌哈尔里克城改名伊犁，设伊犁将军，总管天山南北两路，设参赞大臣为副。在乌鲁木齐筑土城，又在其北建新城，名迪化，设参赞大臣，后改都统。吐鲁番地建六城（鲁克沁、色更木、哈喇和卓、托克逊及吐鲁番两城），置办事大臣，后改设领队大臣，归乌鲁木齐都统节制。在额敏河北筑绥靖城，后改名塔尔巴哈台，设参赞大臣统领巴勒喀什湖以东地带。在喀喇沙尔建城，设办事大臣。又收降准噶尔所属图尔满城，改名乌什；霍集占部所据龟兹旧城，改名库车，各设办事大臣。在喀什噶尔道治所疏勒设参赞大臣，哈密、莎车、和阗等地各设办事大臣。各城参赞、办事大臣统归伊犁将军节制。南路八城，即喀什噶尔、英吉沙尔、叶尔羌、和阗、阿克苏、乌什、库车、喀喇沙尔等城，是维吾尔族人民最为集中的地区。

维吾尔族执政的贵族领主，仍沿旧制称伯克，综管地区政务者称阿奇木伯克。维吾尔人自明代渐奉伊斯兰教。宗教尊者和卓，也往往是实际执政的贵族。清廷对降附的伯克与和卓，依照满族封爵制度，分别授以贝子至王公的爵位，成为各据一方的官员和领主。

218

吐鲁番和卓授多罗郡王额敏占有土地十万余顷，吐鲁番六城居民都是他的贡民（阿勒巴图）。哈密大伯克授一等札萨克额贝都拉及其曾孙贝子玉素卜，占据哈密一带土地，役使维族贡民三千户。库车阿奇木伯克授多罗贝勒鄂对、拜城阿奇木伯克授辅国公噶岱默特、拜城伯克授公爵提卜阿勒底等，相继被清廷授任为南路诸城官员，统治当地维族居民。清廷规定，三品官级的阿奇木伯克给地一百五十巴特满（一巴特满约合汉地五石五斗），依附民户（燕齐回子）八十户。各级伯克，依官位递减。但各级官员，依恃权势，役使民户，可任意增至数百户。（《那文毅公奏议》卷七七）清廷曾谕令乌什阿奇木伯克授多罗郡王霍集斯、喀什噶尔阿奇木伯克授辅国公和什克及叶尔羌和卓额色尹等贵族，卖出当地田户，移居京师，以削弱他们在当地的权势。

　　维吾尔族被压迫的人民中，贵族的贡民、依附民（燕齐）以外，还有为数众多以劳役租种土地的全农、半农和帮农。全农从和卓领主处领取十亩至四十亩的一份土地耕种，从家中出一人全年为领主从事农作，领取一份约二百斤的口粮。半农领受半份土地，半份口粮，以十日为一单位，五日为领主耕作。帮农领取数量少于一份的土地，适量的口粮，为领主从事畜牧、园艺或其他手工服役。各类农民都要遵照领主管家的命令劳动，经常遭受毒打，极为艰苦。清廷派驻的官员，自办事大臣至章京等吏员，服食日用，都取给于维族的伯克。伯克以供官为名,敛派居民,多方需索。维族农民遭受着严重的敲剥。

一七六五年(乾隆三十年),不堪忍受重重压迫的乌什维族人民曾经举行武装起义。

哈密贵族玉素卜弟阿卜都拉,被清廷任命为乌什阿奇木伯克,暴虐异常,乌什人民经常遭到鞭打凌辱。一七六五年二月,金派维吾尔人二百四十名运送沙枣树,带队者向阿卜都拉询问送交地点,竟被重责数十鞭;再向印房章京询问,又被毒打三十大板。群情激忿,杀死阿卜都拉全家,举行起义。起义者处决了办事大臣素诚父子,占领乌什城,共推赖哈木图拉为阿奇木伯克。阿克苏、库车两地办事大臣领兵前来镇压,都被起义者击退。自四月至七月,乌什人民坚守阵地,阿克苏、叶尔羌、库车各城人民也酝酿起义响应,但被当地伯克破坏。清廷急调伊犁、喀什噶尔满汉官兵一万余人,围攻乌什城。起义人民进行了艰苦斗争,终因没有外援,弹尽粮绝,赖哈木图拉战败身死。清军残酷镇压了起义者。

维吾尔族自信奉伊斯兰教后,逐渐应用阿拉伯文字母拼写维语,形成新的维文,古代的回鹘字渐被废弃,不再行用。清朝统治确立后,上层文士多识汉字,研习汉人文化与历算之学。据《西域图志》记述,维文著述多至数百种,包括字书、史书、农书、占候书、医书等门类。维族的学术文化有显著的发展。

维吾尔族的一支今称裕固族。唐代自漠北迁至河西走廊，史称河西回鹘。元代称撒里（黄）畏兀儿，清人称为黄蕃。明代自河西迁入嘉峪关内，散居于甘州、肃州和酒泉境内。康熙时，七部落各有头领，总头领受封为"七族黄蕃总管"。向清廷贡奉马匹，换取茶叶。居民分别通用源于古回鹘语的裕固语、蒙语和汉语。

哈萨克族 哈萨克一词，原义为"逃离的人们"。此族原为蒙古钦察汗国和窝阔台汗国的属民。约在明成化时，因不堪乌孜别克汗的压迫，逃至巴勒克什湖周边与察哈台汗国的属民共建哈萨克汗国。居民约有一百万人，包括某些突厥部落即元代所谓色目人或西域人、蒙古人和克烈、乃蛮等族的后裔。疆域东起七河流域，西至乌拉河，南自塔什干，北达伊施姆河。哈萨克人按居住地区分为三个部分，称为三玉兹（部落联盟）：鄂图尔玉兹，即中玉兹，在伊施姆河、托波尔河中游一带，清人称为左部；乌拉玉兹，即大玉兹，在七河流域，清人称为右部或中部；奇齐克玉兹，即小玉兹，在今哈萨克斯坦，清人称为西部。

在准噶尔汗国兴起后，中玉兹和大玉兹被迫臣服准噶尔汗，一七三一年（雍正九年）小玉兹被沙俄控制。一七五七年（乾隆二十二年）清军追击准噶尔残部，深入到伊施姆河以西的中玉兹境内，中玉兹阿布赉汗归附清朝。随后，大玉兹阿布勒比斯汗向进抵塔什干附近的清军表示，愿接受清朝管辖。一七六三年（乾隆二十八年)，小玉兹努拉利汗也向清朝表示臣服。一七六七年(乾隆三十二年)，清廷通知阿布赍汗，哈萨克牧民可以到伊犁等地游牧，此后迁到伊犁、塔城、阿勒泰的哈萨克人，日益增多。

哈萨克族归附清朝以前，汗及算端(王)以下高级官员都是蒙古贵族，称为白骨头；原来处于蒙古汗国统治下的非蒙古贵族出身的人称为黑骨头。二者等级森严，不能通婚。白骨头和哈萨克头人共同构成哈萨克族的封建主阶级。他们占有牧场，强迫牧民交纳一定数量的牲畜，或为贵族官员服役、放牧。牧民没有牲畜，终年为封建主放牧、服役，仅能取得少量羊皮和奶子。

哈萨克族的大多数人过着逐水草而居的游牧生活，畜牧业发展缓慢，手工业仅是加工畜产品的家庭副业，商业也不发达，部落内部还保存着以物易物，或以羊只作为交换的媒介。清廷规定，伊犁、塔城、科布多、乌鲁木齐为互市地点，每年春秋两季，哈萨克人赶着牛羊马驼，携带畜产品来换取绸缎、布疋、茶叶、大黄和粮食。这种互市贸易，原来只是在哈萨克封建主与清朝官府之间进行的，以后才有哈萨克人与其他民族之间的民间贸易。哈萨克语与维语同属突厥语族，但吸收了不少蒙古词汇。因信奉伊斯兰教，也用阿拉伯文字母拼写哈语。

柯尔克孜族 唐代黠戛斯的后裔。元代史籍作乞儿吉思，明代作吉利吉斯，因遭瓦剌攻击，迁至天山游牧，直达阿克苏、乌什一带。清人沿用准噶尔部对他们的称谓，称布鲁特部（山民），游牧在伊犁西南天山特穆尔图湖一带者称东布鲁特，在喀什噶尔西北者称西布鲁特，曾处于准噶尔汗的控制之下。清廷平准部后，一七五八年（乾隆二十三年）将军兆惠领兵追剿准部余众，抵东布鲁特境。东布鲁特部落长老附清，遣使入朝进贡。次年，兆惠追捕和卓木余部至西布鲁特。布鲁特首领阿济比上书兆惠说"谨率所部，自布哈尔以东二十万人众尽为臣仆"，"谨遣使入朝京师"。布鲁特首领称"比"（匐），以下有阿哈拉克齐等大小首领，清廷依喀什噶尔参赞大臣奏请，分别授予二品至七品翎顶。一七六二年（乾隆二十七年），西布鲁特曾遭到中亚浩罕城伯克的侵扰。嘉庆时，清廷官员枉杀部落首领，西布鲁特部众逃往塞外。

乌孜别克族 原为蒙古钦察汗（金帐汗）国的部分属民。汗国第七世汗名乌孜别克，元代史籍作月即别，奉伊斯兰教，因而又称乌孜别克汗国。汗国瓦解后，从事游牧的部落南迁到中亚的布哈拉、撒马尔罕、安集延等地，被称为乌孜别克人。清初，乌孜别克人多经叶尔羌至天山南北诸城镇经商。清人依他们所从来的城市，分别称他们为安集延人、布哈拉人等等。从事商业贸易的乌孜别克人，逐渐定居于各城镇。同操突厥语族的乌孜别克语，形成乌孜别克族。

塔塔尔族 原为蒙古金帐汗国的属民，后属喀山汗国。因欧洲居民称蒙古为鞑靼,故自称为塔塔尔。约在嘉庆时期,因不堪沙皇俄国的统治,有千余人逃来天山地区,散居于塔尔巴哈台、伊犁、乌鲁木齐等城镇。以后,前来经商定居者日增,形成塔塔尔族,操突厥语。

(四) 回族及撒拉等族

回族 回族在中华各民族中,人数仅次于汉族和壮族。据近年统计,人口近六百五十万。清乾、嘉时期,无统计数字,但人口数显然也居于非汉族的各族的前列。元代,中亚地区信奉伊斯兰教的各族人,被调遣到中国,编为军兵,从事耕作。大批商人和手工业者也相继来到元朝,元人泛称他们为回回。其中一些人侪于统治集团的行列,成为显赫的官员和富有的贵族。元代回回散居各地,与奉伊斯兰教的诸民族通婚或娶汉族女为妻,日益繁衍,到明代逐渐形成为一个信奉伊斯兰教的独立的民族。奉教者仍以阿拉伯语诵经,习阿拉伯文,但在日常生活中,逐渐习用汉语,作为人们交际的共同语。

清代回族分布在全国的许多地区。各地的居民,往往在乡村中自成聚落,在城市中也多形成聚居的街坊。居住在河北、河南、山东等地的回民,多是小商贩和手工业工人,也出现了不少富商大贾和乡绅地主。在云南境内,以昆明、大理为中心,北自昭通、会泽、巧家,

224

南至开远、蒙自、石屏，东起曲靖，西达保山、剑川的广大地区里，逐渐形成了许多回族居民点。他们主要从事农业生产，也经营商业和矿冶业。在云南对四川和缅甸的贸易中，回族商人是重要的经营者。陕西、甘肃地区的回族，人数最多，西安城内回民数千家，有清真寺七座。长安、渭南、临潼、高陵、咸阳、大荔、华州、南郑等州县，回民聚堡而居，人口稠密。甘肃东部，从宁夏府至平凉府，布满"回庄"。天水、秦安、通渭、渭源、临洮、西宁，以至甘肃西部的张掖、酒泉等地，也都有回族聚居的村庄。他们主要从事农业生产，与当地汉族农民共同开垦荒地，兴修水利工程，对西北地区的开发作出了贡献。天山南北，所谓回疆（光绪时建省，始称新疆）地区的城镇中，也有不少回族居民，与当地伊斯兰教各族居民杂处，经商贸易。

甘肃省（包括今属宁夏的宁夏府和今属青海的西宁府）境内从事农业生产的回民，大都聚居在彼此孤立的村落中，大者数百户，小者十几户。各村镇的居民，自行聘请阿訇主持宗教事务，根据伊斯兰教的"天课制度"，凡有财产与收入的人，除生活开支外，如有余存财货，都要按照一定比例向"天库"缴纳"天课"。"天课"由阿訇负责接收保存，形成为叫做"阁的木"的教坊制度。随着经济的发展，回民向教坊缴纳的"天课"日益增加，阿訇除用以生活外，还可动用购买土地，租给缺少土地的农民耕种。一些以宗教为职业的阿訇，开始转化为宗教地主。尔后,教坊制度又演为"门宦制"(花寺),由门宦教长管辖各教坊。教长子孙世袭。

一七八一年,甘肃回族与撒拉族人民在苏四十三领导下举行了武装起义(见前节)。

撒拉族　清代居住于循化厅境。清人称为回民撒拉族或撒拉回。他们的祖先在元代来自中亚,定居于此。信奉伊斯兰教,语言属突厥语族。定居后,多习汉语。明代,实行土司制,部落首领受任为千户、百户。清雍正时,以聚居的若干村落组成一"工"。称外八工、内五工。和甘肃回族一样,在教内实行门宦制。一七八一年,与回族人民举行起义。起义领导者苏四十三即属撒拉族。起义失败后,清廷将十三工改编为上八工、下八工。

东乡族　居于甘肃河州东乡,又称东乡回。因其祖先出于蒙古,又称"蒙古回回"。奉伊斯兰教,通用蒙古语,但形成独立的方言,夹入不少阿拉伯语汇。从事农业耕作。清乾、嘉时,约有十余万人。

保安族　清人称为保安回,也是信伊斯兰教的蒙古人后裔。通用蒙古语,保留了元代蒙古语的某些成分。明代驻于陕西临洮府保安站。清乾隆时,改隶甘肃兰州府循化厅。人口仅数千人。今称保安族。

土族　自称蒙古或察罕(白)蒙古,自认是元代蒙古贵族的后裔。明代居西宁卫,清雍正时设甘肃西宁府,居地在府北威远堡一带。奉喇嘛教,操蒙古语,形成蒙古语的一种方言。与汉族杂居，多通汉语，用汉文。清初仍沿明制实行土司制度。泛称为番族。今称土族。

（五）藏　　族

藏族作为一个古老的民族，在清代各族中处于重要的地位。西藏地区分为卫、康、藏、阿里四个区域。卫即元明时代之乌斯藏，以拉萨布达拉宫为中心，又称前藏或中藏。康即喀木地区，以察木多（昌都）为中心，与四川邻界。藏即后藏，以日喀则的札什伦布寺为中心。阿里地处西北，即元明时代之纳里。早在一六五二年（顺治九年），五世达赖喇嘛即应邀前来北京，与顺治帝会见，接受清廷的封号。一七一三年（康熙五十二年），康熙帝封授五世班禅，命其管理札什伦布寺后藏地区。一七二〇年（康熙五十九年），又封授七世达赖主管前藏。乾隆帝击退喀尔喀后，制定善后章程，进而确立西藏地区的统治制度。

早在雍正时，清廷平阿尔布巴之乱后（见本书第九册），即规定留驻藏大臣正副二人，分驻前后藏，领兵镇抚。乾隆时，进而确定"凡卫藏事务，皆命驻藏大臣会同达赖喇嘛裁决。"（《高宗实录》卷三七八）善后章程更规定清廷驻藏大臣，与达赖、班禅地位平等，督办西藏事务，并依金奔巴瓶掣签制，监督达赖、班禅及大寺院活佛的转世。西藏地方执政机构称噶厦，设噶伦四人（内一人为喇嘛），在驻藏大臣及达赖喇嘛主持下，共同处理政务。军官称戴琫，一戴琫领兵五百。管理寺院仓储财务的僧官称仓储巴（商卓特巴）。清廷规定噶伦为三品，戴琫、仓储巴为四品，均由驻藏大臣会同达赖喇嘛奏请清廷授任。嘉庆时，噶伦策拔克与成林侵吞公产，相互攻讦。嘉庆帝曾将二人革职，发往回疆效力。

前后藏地区以外的藏族，分布于四川、云南和青海、甘肃等地，清廷封授当地土司，并分别设置官署统治。巴塘、里塘在康熙时附清，雍正时隶属于四川，分设宣抚司，正副各一人。里塘各部落置长官司、百户，巴塘置百户。德格雍正时设安抚司，后改宣慰司，是四川藏族地区最广的土司。瞻对分上、中、下，各设官一名。上瞻对、中瞻对为长官司，下瞻对为安抚司。明正设宣慰使司，乾隆时因征金川有功，授二品顶戴。大小金川在乾隆时被征服后，设懋功厅统治。其他部落也各设宣慰司或安抚司。云南中甸、维西两地，雍正时分别设厅，乾隆时隶丽江府。

青海蒙古和硕特部控制的藏族居民，在清廷征服准噶尔及和硕特部后，统由西宁办事大臣统辖。藏族聚居于黄河以南，凡四十一部，封授指挥使、同知、佥事，下授千户、百户。甘肃境内的藏族则由兰州府、凉州府及巩昌府属的岷州和洮州厅直接统辖，封授土司。

官家(官府)、寺院和世袭贵族,号为藏族的三大领主。耕地和牧场都集中在三大领主手中。管家是全部土地的名义上的所有者,并且直接占有大量庄园称为"雄豁",出租给农奴耕作,收取地租。寺院是宗教中心,也是掌握政治、经济的中心。乾隆时理藩院统计,前藏有寺院三千一百五十处,喇嘛三万余人。后藏有寺院三百二十七处,喇嘛一万三千余人。拉萨的哲蚌寺、甘丹寺、色拉寺,号为三大寺,各有喇嘛五千人左右。各地大小寺院都占有多少不等的庄园称为"却豁"。大喇嘛并占有私人的庄园。各地新老贵族约有二百余户,大贵族可占有几十处至百余处庄园,称为"该豁"。

从事农业生产的农奴差巴和堆穷,从事畜牧业的牧奴以及担当家务劳动的朗生,构成了藏族的被压迫阶级。

差巴,意为当差的人,是藏族中人口最多的阶层。他们领种领主的一份差岗地(份地),要自带口粮、农具、牲畜在领主自营的田地上耕作服役,称为服内差。从下种到入仓,都是在监工的皮鞭下集体劳动。还要负担各种杂役,如砍柴、割草、背水、磨糌粑、打酥酪、喂牲口、运货物、当随从等等。有手艺的人要为领主制造各种用品。除内差外,差巴还要应官府的外差,包括为官府兴建房屋、道路、沟洫等工程。

堆穷,意为烟火小户。他们领不到差岗地,不应外差,只能耕种极少量的耕食地。若是领种领主十克田

229

地，就得出三百天工，替领主耕种自营地，作为劳役地租。他们对领主有强烈的人身依附关系，生要登记，死要除名，婚嫁需要领主同意。领主可以随意转让、交换、买卖堆穷。

牧奴也和农奴一样依附于三大领主，在领主牧场上为领主放牧牲畜，或放牧自己的少量牲畜，向领主交纳牧租。凡是有牛一头，或绵羊十只、山羊二十只，每二年还向官府交纳税银。达赖官府每二年征收的税银达三万两之多。另外，还要按牲畜多少为官府服差。

朗生，意为"家中饲养的"，即家奴，主要担当领主的家务劳动。他们多半是从差巴和堆穷中破产而来，没有生产资料，没有人身权利，完全被农奴主占有，子女也继续为奴。

在清代藏族中，差巴和堆穷占总人口的百分之九十以上，朗生人数已很少。

藏族自唐代以来，即在本民族传统文化的基础上吸收汉文化和印度的佛教文化，逐渐形成具有本民族特色的藏文化。与宗教相结合的藏文化，包括天文、历算、医学、建筑学、语言文字学、历史学、地理学等许多领域，多能自成体系，独具风格。文学艺术包括音乐、舞蹈、戏剧、美术以及民间故事等等，更具有显著的特色，丰富的内容。在中华民族的文化发展史上，藏文化作出了独特的贡献。

在西藏南部门隅地区，住有人数不多的门巴族（现有四万人左右），通用藏语和藏文。自清初，即处于达赖喇嘛统治之下，向西藏官府交纳赋税，服差役。奉喇嘛教。

门隅以东的洛渝地区，有珞巴族（现有二十万人），清代文献称为洛渝人。藏人称他们为珞巴，义为南方人。语言与藏语同属藏缅语族，但与藏语不同，形成独立语种。无文字。五世达赖时，即声称洛渝人等"入我治下"。由西藏官府统治。从事狩猎。无佛教寺院，只有原始的宗教信仰。

在四川阿坝一带，汉藏两族之间，居住有羌族（今有八万余人）。语言同属藏缅语族。无独立的文字。多通汉语、汉文。与汉民杂居，从事农业。清代泛称他们为蕃族。今定名为羌族，确认为古代羌人的支裔。羌族多信巫术，只有少数人奉喇嘛教。

（六）彝族与云南诸族

彝族 即元代之罗罗，清人或作倮罗、倮倮。元代的罗罗斯宣慰司，明代改为建昌府，设五卫，与马湖路（府）同隶于四川。乌撒、乌蒙宣慰司，改设乌蒙、镇雄、乌撒、东川四府，也隶属于四川。亦奚不薛（水西）宣慰司，改为贵州宣慰司，隶属于贵州。云南境内滇东地区的云南、澄江、楚雄、临安、曲靖等府，改设流官，由明廷任命知府、知州，统辖当地彝族。广西府、寻甸府、武定府、蒙化府等，仍设土官，由当地彝人首领任知府、知州。

清初，进军西南，击败贵州彝族水西土司及乌撒土知府安氏，设黔西、大定、平远、威宁四府，改置流官。雍正初，东川府、乌蒙府、镇雄府改属云南，设流官。镇雄后降为州，与乌蒙同属昭通府。云贵总督鄂尔泰乘乌蒙彝族部落内部互攻，进兵乌蒙，遭到彝族抵抗。自一七二六年（雍正四年）至一七二八年（雍正六年）间，清军在乌蒙、东川、镇雄等地，严厉镇压，屠杀甚众。彝族一些奴隶主，渡金沙江逃往四川凉山地区。明万历时，凉山周围地区的建昌、马湖、越嶲、峨眉分置重兵防守。一七二八年，清兵镇压彝民后，将建昌卫改为西昌县，越嶲设厅，并隶于宁远府。原马湖府撤销，所属屏山县改隶于叙州府。乾隆时，又在叙州府设雷波厅与马边厅。嘉庆时，在峨眉县彝族居地设峨边厅，隶嘉定府。自雍正时凉山地区隶属于叙州府，清廷即自称为"改土归流"。实则原建昌卫地区仍设长官司、宣抚司，任命彝族土司土目。彝族各部首领仍各据一方，继续实行原来的奴隶制度。

在云、贵、川等设置府县流官的改土归流地区，封建地主经济得到发展，彝族土司统治彝民的政治权力受到限制。他们占有的土地需报粮入册。原来的庄奴、院奴向地方官交纳丁银，成为清朝的百姓。土司的子孙多为土目，《黔南识略》卷二十六说："大约田多而佃众者，即称土目，非官设也。夷民俱听土目管束，地方有命盗案及征粮等事，皆责成土目，协差分办，如乡约然。"土目占有祖上报垦或购置的私田，按亩收租，经常借口佃户欠租，夺田另佃。

乾隆以来，汉族商人、地主逐渐进入改土归流地区，向土目、头人购买田地。如兴义府典买全庄的汉族地主共一三一户，一三二庄，招收汉佃一二二八户。彝族农民纷纷控告土目，不认主佃之名，并对汉族地主纷起反抗。嘉庆初，白莲教起义期间，西南各地的汉族地主不断逃入彝族地区。云南永北厅属北胜土司所管土地，自一七五五年（乾隆二十年）至一八二一年（道光元年），典卖与汉人者，或十分之七八，或十分之三四。彝族农民无地可耕，生计艰难。彝族人民七、八千人，曾以"驱逐汉人"作号召，渡江进攻大姚一带地方，形成了大规模的武装斗争。

四川凉山彝族聚居区，以大凉山为中心，东自金沙江，西抵越巂、西昌，南起巧家、永善，北至马边、峨边，纵横千里，有十余万人。土司及其境内的黑彝家支，都占有众多的奴隶和大片土地。雍正时，土司与黑彝家支已经是："实各司其人，互相雄长"（《朱批谕旨》黄廷桂五年六月十九日折）。黑彝是凉山彝族的奴隶主阶级，白彝是奴隶。黑彝不与白彝通婚，依据血缘关系建立起家支制度。基本单位是房，联合许多有血缘关系的房为家，联合许多有血缘关系的家为支。支或家都可以成为一个独立的集团。在凉山就有几十个互不统属的家支，各自统治着辖区内的数百千家奴隶，开垦力所能及的田地，放牧着以千百计的羊、牛、马、猪等牲畜。黑彝不参加生产劳动，夏秋过着"晒太阳、捉虱子"的闲散生活，冬春则进袭汉族地区，掳掠人畜财物。彝族各家支之间，也因为争夺奴隶或其他事故，经常发生械斗——打冤家。胜利的一方要把战败的人，俘虏为奴，并夺取他们所有的财产作为战利品。所以，彝族有"不抢不偷不硬"的谚语，劫掠抢夺就是奴隶主的职业。在生活上，因为生产水平很低，奴隶主远不如汉族官僚地主那样豪华，但遇婚丧大事，一次也可消费猪数百头、牛数十头。

　　白彝通称娃子，是被黑彝掳来的汉人、苗人、藏人及其子孙后代。黑彝可以任意杀害所属白彝；白彝打主人，不论是非、轻重，一律处死。白彝包括：(一) 曲诺——彝语是依附主人之意，即一代、二代娃子，也称百姓。他们世代属于黑彝主人，不能迁出主人辖区。在主人土地上建房居住，耕种主人田地，或牧养牲畜，每年把生产品的一部分献给主人，过年或主人家娶妻嫁女，要送酒、猪等礼品。他们可以自置家产，有生产工具和牲畜，个别人还可购买奴隶。曲诺被黑彝主人挑选作管家娃子（彝语衣库署事），料理家务，经管奴隶、牲畜，便成为奴隶总管，在社会地位上高于奴隶一等。有十几代历史的曲诺，也形成了几百户的白彝家支。

（二）阿加——彝语为门坎，即安家娃子。经由主人婚配成家，住在主人家庭周围。大部分时间在主人田间劳动，或是领一份"耕食地"，替主人服无偿劳役。阿加是主人的财产，主人有权买卖。他们的子女要给主人当呷西或陪嫁丫头。（三）呷西——彝语义为锅庄旁的手脚，即锅庄娃子。他们都是阿加的子女和被掳上山不久的单身汉，不能独立门户。呷西从事家务劳动或生产劳动，生活极苦。彝族的谚语说："背桠桠柴，披羊皮子，吃萝卜菜。"他们与牛马一样被主人驱使或买卖，是凉山彝族奴隶社会的最下层。

雍正以来，汉人农民陆续进入彝族地区开垦荒地。一八一八年（嘉庆二十三年）树立的《昭觉开山碑》（碑在县城北乡汉人墓地）记载：河东土司安世裔于嘉庆二年（一七九七年）招民开垦交脚（昭觉）、三湾、四块一带地方，每斗籽种收租三斗。同年马边商人到金岩溪开办铜矿，一八〇〇年又有商人到象鼻子及盐井溪开办金矿，屡次与彝人发生冲突。彝族奴隶主越界掳掠人畜，也连年不断。一八〇八年（嘉庆十三年），峨边、马边彝族奴隶主纠邀凉山阿侯、阿奴等家支，骚扰峨边、马边、雷波境内九十余处，掳去大批人口、财物。大凉山恩扎、阿奴家支曾焚掠雷波银厂沟、马颈子、东林乡等地，被清兵镇压。此后，越界骚扰之事，仍不断发生。

彝族有自己的文字，汉文古籍中称为"爨文"。宗教巫师称"毕摩"，传授经典并主持裁决纠纷。

彝文经书

白族 即元代的白人，是大理国人的后裔。元世祖时，云南设行省，大理设路。大理国王段氏后裔受任为大理路总管。明军攻占大理，俘获大理路总管段世及其二子，在大理设府，改任流官统治。

清代的白族与当地汉族、回族同处，封建经济较为发达。地主阶级占有大量土地，招佃收租。据《大理县志稿》记载，租额占产量的百分之六十以上。白人往往合群结队，旅行四方，随地经营工商。白族聚居的下关，也逐渐发展成为一个著名的商业城市。

白族语言被认为属彝语支。但白族行用汉文，习汉文化。康熙《大理府志》上说：白人"理学名儒，项背相望"。佛教禅宗元代已在白族中传布，影响很大，白族居地，寺院林立。寺院占有土地财产，自成势力。

傣族　傣族即元代的白衣、金齿。清代统称为摆夷。元朝在傣族居住区车里和金齿设立宣慰司和宣抚司，明朝继续设车里宣慰司，又在元金齿地区设南甸、干崖、陇川等宣抚司及猛卯安抚司。清沿明制，并保留车里土司的思茅、普腾、整董、勐乌、六大茶山、橄榄坝等十七个土把总、土千总，统治傣族及当地其他民族人民。

傣族封建主阶级是大大小小的世袭土司以及村寨头人，他们领有辖区内的全部土地。傣语称宣慰使为"召片领"，汉译为广阔土地之主。土司委派的村寨头人，分配农民耕种的田地，称为门户田，可以世袭耕种，必要时进行抽补调整，但不准买卖。剩余的田地，称为寨公田，由村寨头人经管。土司分给头人的田地，指派村民耕种，农产品全归头人，这种田地，称为薪俸田，离职时必须退回土司。还有各种差役田（土司亲兵、挑水、煮饭）、客田（土司待客费用）、缅寺田等等。

傣族的农民阶级包括滚很召和傣勐。滚很召原是家内奴隶，后来多在土司私庄上从事农业生产。傣勐原意是建寨最早的人，他们按照耕种门户田的多少，每年向土司交纳定额的官租，有的地方种一担种子地交租三担。官租统由村寨头人收交土司衙门，"荒田不荒租"，不论收成好坏，官租不能缺额。农民还要服各种劳役，种差役田的人，每年至少要服役四五十天。土司的日常生活用品，如瓜果、烟茶、鸡鸭都向农民征派。农

237

民住着竹篱茅舍，有几件农具、一两头猪牛，过着艰苦生活。

傣族以农耕著称。傣的字义是犁（一说是自由），傣族中有一句成语"哈傣奴梅农"，汉译为"一个母亲生下来的犁田的儿子们"，即所有的傣族都是一家人。明隆庆时，车里宣慰使刁应勐依据征派赋税差役的需要，把辖区划分为十二"版纳"，意为十二"千田"，傣语称西双版纳。傣族开沟修渠，灌溉田地，大量种植水稻。不施肥，不除草，产量不高。同时种植棉花、茶树等经济作物。畜牧业和手工业都是农村的副业，纺织很普遍，刺绣的"织锦"很精美，制造的铁质农具有犁、锄等，用具有锅、刀等，"摆夷"刀较锋利，远近驰名。傣族定期在大寨子赶街子，交换产品，多是以有易无，仍然过着自给自足的经济生活。

西双版纳地区的傣族，经济发展水平较高，在文化上也取得了相当的成就。有医学、历法、数学、文学等方面的傣文书籍。史书《里克勐》，即地方史书，约二十万言，叙述傣族来源、部落形成、战争过程、土司世系等等，是研究傣族历史的重要文献资料。约在明代，傣族开始信奉邻国传来的小乘佛教，男幼童都要先进寺院为僧数年，然后还俗从事生计。傣族聚居的村落都有一寺庙，建寺、斋僧（供养和尚）、赕佛（敬佛集会）、做摆（走向佛处的宗教大典），是傣族经济生活中的大事。

和泥、傈僳、么些等族　云南境内同属于汉藏语系

238

彝语支的民族，还有和泥（哈尼）族、傈僳族、么些（纳西）族、倮黑（拉祜）族、攸乐（基诺）族。他们之间，语言接近，但各有自己的民族特点和历史渊源。

和泥（哈尼）族的先民，可能源于唐人所称的"和蛮"。先后处于南诏和大理国的统治之下。元代统属于元江路军民总管府。明代实行土司职，封授和泥族各部首领土职。清雍正以后，改设流官，隶属于元江州，同时也有若干地区继续保留土司制度。与傣族杂处的和泥人，则处于傣族官员的统治之下。

傈僳族聚居在云南西北部怒江流域。唐樊绰《蛮书》已有"栗粟"族名。元、明两代则视为罗罗的一支。元代属丽江路军民总管府。明初在山林中以射猎为生，后迁至怒江流域，与其他民族杂处，逐渐务农。清嘉庆时，属丽江府统治。但楚雄府、大理府也有傈僳人散居各地。

么些（纳西）族主要居住在丽江府地区。元代，设云南行省丽江路。明初，设府，以么些族头领木氏为土官知府。清雍正时，改设流官，任命知府，木氏家族改任通判。乾隆时，置丽江县，为丽江府治所，是么些族的主要居地。么些族早在宋代即已从事农业，开发田亩，并有了自己民族的文字东巴文（象形表意字）和哥巴文（音节字）。信奉崇拜自然的巫教。因巫师称"东巴"，故称东巴教。东巴文原为纪录宗教经文，后也用于书写文学作品和历史传说。哥巴文主要在宗教上使用,使用范围较小。

俫黑族,今名拉祜族,居住在澜沧、思茅等地的山区。清朝统治时期,由狩猎转营农耕,并且传入佛教,在居民中流行。部分居民处于傣族领主统治之下。语言同于彝语,无文字。

攸乐族居住在普洱府车里宣慰司以东攸乐一带的基诺山中。明代以来,称攸乐族,今称基诺族。无文字。经营原始的粗放农业。清雍正时设普洱府思茅厅,统辖攸乐,置同知。攸乐族居山中,仍处于氏族制阶段,自有首领,清人称为土目。

景颇、俅、巴苴、阿昌等族 云南境内属于汉藏语系藏缅语族的民族,景颇与俅接近,同属景颇语支。怒语近于俅语。巴苴属羌语支。阿昌多习汉语,用汉文。

景颇族,清人或称"山头"人。被认为是唐代寻传蛮的后裔。部分居民自怒山地区南迁至茶山。元代属

东巴文经书

240

金齿等处宣抚司。明设茶山长官司,隶永昌卫,改属腾冲府。后又南迁至大盈江(今太平江)地区山中,与他族杂居。清代属干崖、陇川、勐卯诸司统辖。嘉庆时,设腾越厅,统领诸司。清代景颇族多已从事农业,村寨土地共有,由山官、头人管理,但多受治于傣族领主。

俅族今称独龙族,清人称为俅人。人数不多,居丽江山岩中,以树皮为衣,无屋宇。由丽江么些木氏土知府统治,经常受傈僳族领主的侵掠。

巴苴族今称普米族。清代主要聚居于丽江府丽江县及维西厅辖境,从事农业。无文字,习用汉字。

阿昌族,清代又作峨昌或莪昌,主要居于陇川、户撒、腊撒等地及保山地区。嘉庆时设腾越厅后,陇川等地均隶属于厅。保山属永昌府。阿昌族多受傣族领主统治,向傣族土司交纳贡赋。由傣族传入小乘佛教,多通傣语。与汉族交往后,也习用汉族语文。

怒族,居于永昌府怒江内外。以射猎和采集为生,原由丽江府么些族木氏统治。信奉原始巫教。清代藏族的喇嘛教也在部分地区的怒族中传布。

哈瓦与崩龙、蒲人　清代文献中的哈瓦、崩龙与蒲人,即今佤族、德昂族与布朗族,同属于南亚语系的高棉语族。

哈瓦族又作卡瓦、卡喇瓦,今称佤族。元代居地属镇康路及孟定路。明代逐渐西迁,明廷设孟琏长官司,后改称孟脸。清沿旧制,设孟连长官司,隶属于永昌府。

部分哈瓦人仍居镇康土府及孟定土府。哈瓦人经营农业，与汉族、傣族杂居。自成村寨，仍保存氏族、部落组织，并有奴隶买卖。乾隆八年（一七四三年），云南石屏汉人吴尚贤与哈瓦葫芦王地班洪部落首领蜂筑合议开办茂隆银厂。在永昌府与顺宁府交界地区采矿炼银，各族矿工聚至二、三万人。哈瓦人始知用银。银矿事业发达，每年向清廷贡纳税银至一万余两。一七五一年（乾隆十六年），吴尚贤进京纳贡。返回云南后，被清廷制造罪名。嘉庆帝又以防范边民聚众滋事为由，于一八〇〇年（嘉庆五年）将银厂封闭。但哈瓦族因与汉族、傣族共同经营农业、手工业，社会经济生活有所发展。

崩龙族之名始见于清代。明代以前，曾与蒲人（布朗）同被泛称为蒲或濮，近年改称为德昂族。世代居住在贡山和怒山山区，以种植竹、茶为业。清代，多由傣族领主统治，但隶属于永昌府的贡山崩龙族也曾直接由清廷封授土官。

蒲族今称布朗。明代以前，古籍中所称蒲人或濮人、濮蛮、百濮，多泛指哈瓦、崩龙及蒲人等语言相近的各族。清代称今布朗族的蒲人，主要聚居在普洱府车里司勐海县一带山林中。部分居于思茅厅地区及顺宁府的云州、耿马州、永昌府的镇康州等地。顺宁、永昌境内的蒲人，明代以来，与汉人杂居，从事农耕，习汉语。统治机构也逐渐改土归流。勐海及思茅地区的蒲

242

人，也以经营农业为主，但仍实行父系氏族制度，父系血缘关系的数户至数十户组成一个氏族（戛滚），由氏族长管理。多为当地傣族土司所控制。

（七）苗、瑶、僮族及南方诸族

苗族　苗族是具有悠久历史的古老民族。语言属汉藏语系苗瑶语族。古代泛称长江中游南方诸族为蛮。宋代文献中已经分别出苗、瑶、僚、仡伶、仡佬等族，并指出他们"风俗气习，大体相似"（朱辅《溪蛮丛笑·叶钱序》)。清初主要聚居在贵州水西地区、四川南部和湖广西部。元代在苗族地区设长官司。明代在湖南开始实行改土归流。清康熙、雍正时期，苗族各居地先后设置流官，但土司仍继续保留。

湖广西部统治苗族的土司，"赋敛无名，刑杀任意。或抄没其家资，或缚鬻之境外为奴婢"（道光《桑植县志》卷八)。容美、保靖等土司又在邻近的汉族地区购买田地，招佃收租，并在城市之内，置有房产，经营工商。容美土司田旻如曾经"新造鼓楼三层，拱门三洞，上设龙凤鼓、景阳钟。门内凿沼一道，清流环绕，名曰玉带河。架石桥三拱，名为月宫桥。住居九重厅房五重，僭称九五居。"(《朱批谕旨》黄焜五年闰三月二十日折、迈柱八年四月二十四日折）是富比王侯的大地主。

贵州水西土司在康熙时改土归流后，比较单弱，但仍然勾结土目、寨主、头人剥夺苗民，甚至贩卖奴隶。云贵总督高其倬说："贵州各土司，地小人穷，多以窝贩窝盗为事。"（同上书，高其倬二年十月二十五日折）并有所谓"拿白放黑之习"，即把掳掠的苗、汉等族男女，贩运到四川等地出卖。鄂尔泰曾在一个奏折中列举一七二八年（雍正六年）十一月至次年二月，破获的九起贩卖人口案件，其中标明贩卖过苗人的即达七起之多。

　　苗族与杂居各族人民，不断反抗土司的压迫。一七二七年（雍正五年），桑植土民千人，逃出边境，控告土司暴虐。一七三四年（雍正十二年），忠峒十五土司说："今土众既不甘土弁之鱼肉，而土弁亦不能仍前弹压"；酉阳土司则是，"其地与楚黔接壤，风俗情形与内地无异。土民苦其虐累，久已离心。"（《世宗实录》卷一四四、一四三）苗族地主向苗民收取地租，大地主一年可收田租四百石，并多经营高利贷。《苗防备览》载："苗寨中，富民放帐，其息甚大。钱一千，谷一石，一二年加息至数倍。不能偿，折以山地、衣服各项。穷民虽受其盘剥，而仰以为生，或即以所折山地，转求佃耕，或易以他山地，为之佃耕。听其役使，生死惟命，率以打冤家，无不从者"（严如熤《苗防备览》卷八）。

　　汉族地主也在苗族居住区放高利贷，兼并田地。一年利息即可超过本钱数倍。"约包谷杂粮熟时，折取息钱，或乘其空乏催讨，将地折算"。因此，苗民"往往秋收甫毕，盆无余粒。此债未清，又欠彼债。盘剥既久，

244

田地罄尽。"(《苗防备览》卷二十二)汉族人民租佃苗族地主田地,则遭受苗族地主的剥夺。据一八二六年(道光六年),贵州巡抚嵩溥查报贵州全省买当苗人田地客民(汉民)共三万一千四百三十七户,其中大多数为自耕农。佃种苗人田地的客民佃农,共一万三千一百九十户。地主约两千户。

在苗、汉地主的压榨下,苗族农民丧失了大部分土地,或者根本没有土地。贵州松桃石岘九寨农民,在雍正年间都是自耕农或半自耕农,到乾隆末年就有将近半数的人失去所有田地。无地农民生活无着,不得不发动武装起义。

一七九四年(乾隆五十九年),松桃苗族石柳邓率领人民,支援四川秀山县青龙屯汉族人民反抗土司的斗争,继于十二月间约会石三保、吴半生、吴陇登等到凤凰厅鸭保寨秘密商定,明年正月贵州松桃、湖南永绥、凤凰、乾州等地苗族人民,同时举行武装起义。乾隆六十年(一七九五年)正月十八日,石柳邓树立起"统兵元帅"的旗帜,提出"逐客民、复故地"的战斗口号,领导松桃苗族人民围攻厅城和正大营、盘石汛的清朝官兵。乾州厅平陇吴八月,以"穷苦兄弟跟我走,大户官吏我不饶"作号召,领导苗族人民攻克厅城。永绥厅黄瓜寨石三保领导苗族人民包围了厅城,用刀指着城中的清朝官吏,大声喊道:"问你太爷们! 我苗子来告状,还要规矩钱八千八百否?"各地苗族和布依族、土家族

245

人民纷纷响应，两三个月内，起义军的活动范围就扩大到：东起沅江，西接秀山、酉阳，南自麻阳，北达永顺、古丈的广阔地区。起义军所到之处，严厉处置了罪大恶极的清朝官吏和汉、苗地主。

三月间，清廷集中云贵、湖广、两广和四川等七省兵力，共十余万人，由云贵总督福康安统一指挥。福康安自南向北进兵，四川总督和琳带兵自西而东，湖广总督福宁带兵从北向南，分兵合围，企图一举歼灭苗民起义军。在凤凰厅的乌草河、廖家冲一带，起义军阻击福康安部，清军在半年之内寸步难进。起义军又在乾州厅狗爬岩设伏，歼灭了清军福宁部六千人，乘胜出泸溪巴斗山，攻克浦市，并进攻镇篁营及永顺、保靖、泸溪等地，挫败了清军的攻势。八月，苗民起义军推举吴八月为王，领导起义各部抗击清军，声势更加浩大。

在这次苗民大起义中，"逐客民、复故地"是个有号召力的战斗口号，它主要是打击清朝官吏和掠夺苗民田地的汉族地主。汉族农民、手工业者、小商贩却有不少人参加了苗民起义。《黔南识略》总结说，石柳邓、白老寅等先后起义，"实亦受愚于汉奸，非尽其性好仇杀也"。汉族人民久居苗地营生，"若夫与苗渐狎，而诡为苗语、苗装，以通婚姻者，俗为之变苗，实则乱民也"。

一七九五年上半年，清军节节失败，福康安一面以"暴雨山潦涨阻"为辞，欺骗朝廷；一面收买起义队伍中的地主分子，封官加爵，赏给盐粮、布帛，分化苗民起义军。原鸭保寨百户吴陇登投降清军，出卖苗民起义的领导人吴八月，削弱了革命力量。一七九六年（嘉庆元年）五月，清廷指示接替清军统帅的和琳（福康安病死），将汉族地主侵占的苗地，赏给降苗。七月，和琳报告说："臣于攻克乾州之次，即将黔、楚两省所有降苗百户、寨长，一并传齐，剀切晓谕。本月三、四等日，各路百户人等，齐集于鸭保寨五六百名。金称仰蒙如此高厚恩施，从此各安生业，谁敢再有反复，及现在未降各寨，一闻此信，想必踊跃前来等语"（但湘良：《湖南苗防屯政考》卷三）。

在这种险恶的形势下，石柳邓、石三保和吴八月的儿子庭礼、庭义领导苗民起义军继续战斗，先后在天星寨、高吉陀、结石岗、燕子岩等地，打败清军。五月，土家族叛徒龙子贵在坳溪诱捕石三保。九月，清军在苗族地主的带领下，围攻平陇，石柳邓领导苗民起义军阻击。十二月，石柳邓在战斗中负伤牺牲，叛徒吴庭梁逮捕吴庭礼、吴庭义降清，苗民起义根据地平陇失陷。苗民起义被清军镇压而失败。但此后十余年中，苗族人民反抗苗、汉地主的斗争，仍然不断兴起。

瑶族 瑶族古代称为"莫徭"，宋以后称为瑶（傜族）。清代瑶族居住在广西大瑶山区及湖南永州府、桂阳州和广东连山一带。清廷在永州、连山，设理瑶同知统治。瑶族官员称瑶总、瑶目。

瑶族人民世代在山区垦殖，清代大部分瑶族与汉族、僮族杂处，经营农业，生产与生活渐与汉族接近。山区少数人则是"由此迁彼，种山佣趁，往来无定"。广西大瑶山区仍保留原始制度的残余。村寨立有石牌，为共同遵守的法规。由石牌头人执行。广东连山地区瑶族首领称瑶老，管理村民事务。

农业区的瑶族人民，经济较为发达，但要遭受清官府和瑶族贵族、地主的压迫。一七〇一年（康熙四十年），连山瑶族人民起义，打败前来镇压的广东官兵。清廷任命嵩祝为广州将军，会同两广总督石琳，征调湖南、广西军队围剿。事后，陆续添设三十六个城汛，在瑶山周围镇守。瑶族民间流传着的斗争方针是："官有万兵，我有万山；兵来我去，兵去我还"（李调元：《南越笔记》卷七）。依恃山险，往来游击，以抗击清军。

土家族　生活在湖南西部和湖北西部的山区。宋代以来，即被称为土人或土民。语言属汉藏语系，近于彝语，但清代土家族因长期与汉、苗族来往，多已习用汉语。只有少数聚居的土家人，仍操本族语言。

元代在湘西土家族住区设置安抚司、宣抚司，鄂西地区设宣慰司。明代统属于湖广都司，下设宣抚、安抚司、长官司。由明廷授任各级土司，世袭统治。土司向明廷进贡马匹、虎皮、麝香等山区土产。领主占有大量土地，奴役农民。土司自有军兵，并依据本族的传统制度进行统治。清雍正时，在土家族实行"改土归流"，废除土司世袭制度，由清廷授任流官，取消土司军兵，实行汉地的赋税制。此后,土家族与汉、苗族人民的往来更为密切,农业经济也有所发展。但由于强制推行汉化,加剧了民族间的矛盾。清朝地方官员的腐败统治,也激起了人民的反抗。乾隆时,土家族人民参加了苗民反清的起义。嘉庆时,又参加了白莲教起义。

僮族 僮族为古代越人的后裔。宋代以来,汉籍多称为僮,今改称壮。主要聚居在广西省境。清初沿明制,有泗城、思明、镇安、广南等土知府。雍正时,改土归流,广西保留有二十七个土州、三个长官司、四个土县、十一个土司,共计四十五处;云南有土富州(今富宁县)。其他地区,都由流官管辖。

僮族土官占有大量田地。一七二八年(雍正六年)查明泗城土知府岑映宸占有各种官田共四万余亩。广西巡抚金鉷说:"(泗城)土府官庄田五百二十六白(每白约一亩半至二亩),分与各亭里民出力耕种,每白派收谷一千斤,二谷一米折算,每白收米五石。但土属所种一白,止比内地亩半、二亩不等,以亩半、二亩之地,勒供五石租米,原系土府派累亭民之苛政"(《朱批谕旨》七年六月初四日折)。其他族目田和各种工役田,分拨给僮族农民耕种,或收取地租,或强派徭役,剥夺是严酷的。

土司与属下人民有严格的人身隶属关系。赵翼说:"土民虽读书,不许应试,恐其出仕而脱籍也";甚至有的青年女子出嫁,也要征得土司同意(《檐曝杂记》卷

249

四）。土司除收取地租外，还要强迫人民每年贡献农副产品，承担各种劳役。改土归流以后，汉族地主典买土司田地的日益增多，僮族人民反抗土司的斗争也日益激烈，土司势力逐渐衰落。

一七三二年（雍正十年）七月，广西思明土府各村僮族农民数百人，声称土官听信宠役黄瑞卿等，审断不公，手持器械，冲入衙署。土官黄观珠夫妇逃走躲藏，群众抄了他的家，砍死黄瑞卿。据太平府知府屠嘉正报告说："因土官庸弱，有头目谭道美、郑可传鱼肉小民，黄瑞卿潜与勾通。以致村民聚众赴控土署，适遇黄瑞卿，遂擒砍杀。而各头目不乐归流，乘此土民轰闹之时，亦从中唆使，聚散不常等语"（《朱批谕旨》高其倬十年九月初三日折）。一七三六年（乾隆元年），广西按察使黄士杰指出，境内四十五处土司，"旧有田例之名，即系按田取租。其租银较民田加重，又有额外各项科派，土民剥削难堪，以致往往滋事"（《高宗实录》卷三十三）。僮族农民连续不断地进行抗租斗争，得到了汉族人民的支持。一七七四年（乾隆三十九年），雒容县僮民易法权联络群众，抗不交租，就是汉人张若鹏帮助策划的（同上书，卷九五三）。

僮族的农业生产，在平原地区，"耕用牛，溉用车，亦用戽"（钱元昌：《粤西诸蛮图说》）。水田称田，旱田称地。田种稻谷，地种杂粮，雨水充足，常获丰收。乾隆年间，广西粮食接济广东民食，其中包括僮族农民的贡献。"僮人布"有很高的声誉。"以青白缕相间成文,极坚韧耐久,用为手巾,每一幅可三、四年不敝"。僮锦,"用杂色丝绒织成,五彩灿然,与刻丝无异,可为茵褥。凡贵官富商,莫不争购之"。(沈日霖:《粤西琐记》)僮族人民以土产与汉族商人贸易,商业也逐渐发展。

僮语属汉藏语系壮侗语族。早在宋代,曾出现过依据汉字改制的僮文"土俗字",行用不广。清代僮族多通汉语,习用汉文。

居住在广西地区属于壮侗语族的民族,还有姆佬、毛难等族。姆佬可能是古称僚人的后裔,今称仫佬。主要居住在广西罗城县境。毛难族聚居在广西环江等县。两族在清代,都从事农耕,多已渐习汉语和僮语,通用汉文。

洞族及其他诸族 洞族聚居在贵州、广西、湖南交界地带,也是古代越人的后裔。语言属汉藏语系壮侗语族。因居民结为峒寨,故被称为峒人或洞人。明代以来,称为洞民。今改称侗族。明初设黎平、新化二府统治,新化后并入黎平。领长官司十三。宣德时,设置流官,土官与流官并存。清雍正时,实行改土归流,进兵古州地区。一七三五年(雍正十三年),洞民与苗族起义反抗。次年,乾隆帝调遣西南各省兵力去古州镇压起义,当地洞民多被迫逃散。清兵设置军屯,驻军屯田。一七四九年(乾隆十四年),广西龙胜地区的洞民二千余人,在吴金银领导下起义抗清,遭到镇压失败。

251

吴金银被俘。

洞族经营农业,地主占有土地出租,大姓地主成为一方的豪霸。清初以来,大力修建水利工程,促进了农业的发展。由于与汉族往来,清代洞族多习汉文,并陆续设立了传习汉文化的书院、学校。洞族文士参加清廷的汉文科举考试,也曾取得功名。

居住在贵州境内,同属于壮侗语族的民族还有仲家与水族。仲家古称俚僚。宋代以来,称为仲家,今称布依。元代以来,分居在安顺、兴义及贵州南部地区。经营农业。雍正时,实行改土归流,废除明代的长官司,改设流官。嘉庆时曾爆发了韦朝元、王阿崇等领导的反清起义。水族被认为是越人的后裔。明代以后称水族。主要居住在苗岭山脉以南的龙江与都柳江上游地区。也以农业为主,山区则经营林木及各种特产。雍正时改土归流。水族聚居的荔波县清初属广西庆远府,后改属贵州都匀府。

贵州西部地区有仡佬族,古称仡僚。从事农耕。因长期与汉族交往,习用汉语汉文。也在雍正时实行改土归流。

黎族 聚居在海南岛上,古称骆越或俚。宋代以来,汉人即称他们为黎族。语言属汉藏语系壮侗语族,由于长期与汉族杂居,多通汉语,习用汉文。元代海南岛隶属于海南道宣慰司统治。明初设琼州府,下置州县。清沿明制,仍设琼州府。黎族以农耕为主,若干村落组成一峒,有峒首管理,官府授以职任。峒首以下又有总管、哨官、黎甲等名目。黎族多以黎为姓,其次王姓、符姓居多。

黎族农耕地区,明朝官府陆续设置官田和屯田。来自湖广、福建、广东地区的豪民,不断霸占田地。黎族土官恃势占田,掠夺黎民。清朝官员贪婪敲剥,也极残刻。当时人即指出:"额粮一石,私收数石,毒加骨髓,祸及鸡豚"(《清朝经世文编》卷八十八)。明朝统治时期,黎族人民曾不断举行武装起义。一五〇一年,以儋州符南蛇为首的起义,曾波及三州十县。明清之际,南明抗清武装以海南为据点,黎族人民曾参加反抗清兵。康熙时期,清朝统治海南后,一六八〇年(康熙十九年)琼山农民曾与广东海上汉族起义军联合,攻占定安等地。一六九九年(康熙三十八年),琼山县指马峒王镇邦领导农民起义,先后攻破清朝设在黎族居住地的重要军事据点水尾营和薄沙、宝停、乐安等营汛。一七六六年(乾隆三十一年),黎族人民"被客民居住黎村者,重利盘剥,凌虐难堪"(《高宗实录》卷七六〇)。在那隆、水满山领导下起事,处死二十余人。各地黎民纷纷响应,汉族地主、商人多逃进乐安城内躲避。

黎族农民长于种稻,稻田一年两熟,崖陵一带有黎米出售。黎族妇女织的黎锦、吉贝(棉布)、黎布,极具特色,盛销于海南(《黎岐纪闻》)。山区黎族的土特产品,通过墟市流入市场,换回黎族人民所需要的犁、锄、镢等铁制工具,以及盐、酒、针、线等日常物品。

居住在海南五指山区的黎族人民,明代以来,被汉人称为"生黎",生产较为落后,并保留着原始的"合亩"制组织。合亩黎语称"纹茂",意为"大伙做工",是农业生产的基本单位,由若干户有血缘关系的父系小家庭组成。耕地有合亩公有、几户伙有和一户所有三种,但都归合亩统一使用,集体劳动,产品除少量公共开支外,按户平均分配。每个合亩都有一父系长辈担任亩头,负责主持生产、分配及处理合亩内外的一切公共事务。合亩内各户称亩众,互相帮助,猎得野兽者,也将兽肉平均分给各户。合亩制在山区黎民中,一直保存到现代。

畲族 畲族自宋元以来即称为畲民。明清时大部分居住在福建宁德地区和浙江温州、金华等地。广东、江西境内也有少数畲人散居各地。畲族从事耕作,以种植水稻为主。地主占有土地剥削佃农。元初畲民陈吊眼、黄华等曾领导人民起义。明代多次爆发起义,以反抗明朝官府的统治。明廷设置畲官,由畲族人受任。清沿明制,仍置畲官统治。乾隆时,浙江青田县令吴楚椿曾著《畲民考》,详载浙江畲民状况。畲族与汉族杂居,习用汉语文。

番族 清人统称台湾地区的少数民族为番族。又称平原地区从事农耕者为"熟番",山林中以狩猎为生者为"生番"或"高山番"。今统称为高山族。不同地区

254

的高山族又有阿美、排湾、泰雅、赛夏、布农、雅美等称谓。郑芝龙据台湾后，大批汉人进入台湾，与高山族共同垦殖，农业逐渐发展。清康熙时设台湾府后，乾隆时又设南北理番同知，分别统治南北两路"番社"即高山族村社共三百数十社。高山族人民遭受清官府和本族富人的压榨，曾先后参加了朱一贵、林爽文领导的起义，以反抗清朝的统治。

第 六 章

封建经济的衰落

清王朝发展到乾嘉时期，已经是一个疆域辽阔的大国。明末社会经济的衰退和混乱，得到一定的恢复和稳定。但是历史发展到清朝，中国已经处于封建社会的末期。这个社会的经济基础，已经是极其衰朽，不能适应社会生产力向前发展的要求。而原先处于落后状态的满族统治阶级，它的经济和财政措施，又是力图巩固这个衰朽不堪的经济基础。在这种条件下，以农民为主体的中国劳动人民，仍然承受沉重的封建剥削。代表新的生产力和生产关系的资本主义的萌芽，不能不受到严重的阻碍。整个社会经济，陷在发展迟缓的状态中。

这时的世界上，西方一些国家已经先后进入资本主义社会。它们企图把中国当作原始积累的场所。作为抵制和防范的手段，清王朝加强了对外贸易的限制和管理。与此同时，存在于中国民间和友邻国家的经济往来，在清王朝禁海政策的限制下，也不能不因之受到一定的影响，没有得到应有的发展。

第一节　农业与农民

封建社会的生产力和生产关系，主要体现在土地和农民的身上。农业生产、地权分配、租佃关系和农业雇佣关系，这是土地和农民状况的四个重要方面。

清初至嘉庆约二百年间的农业生产，在耕地面积、农田耕作和农作物等方面都有一些变化。其中有的变动较大，如耕地的恢复、农田水利的增进以及某些农作物的推广等；有的变动很小，甚至看不出有什么变化，如农具的使用、耕作的技术等等。整个看来，农业生产方面的变动是不显著的。二百年间，基本上是一个发展迟缓的状态。

这二百年中地权的分配，有一个先是土地集中部分地趋于缓和后又全面地再度集中的过程。而在土地集中的过程中，官僚和商人对土地的兼并表现得相当突出。

进入封建社会末期的清王朝，在土地制度上，依旧保留着人身依附相当严重的租佃关系。这不仅出现在随着清王朝而来的旗地制度和明王朝遗留下来的佃仆制度中，而且也不同程度地出现于一般民田。数以亿计的佃农，除了沉重的纳租义务以外，还负担着各式各样的肉体上和精神上的枷锁。

在中国封建社会中早已出现的农业雇佣进入清代以后，在数量上有进一步的发展。随着封建社会内部商品经济的发展在某些地区，特别是经济作物地区，出现了一些雇工较多的富农，他们和雇工之间的关系，接近于租地农场主和农业工人的关系。但是，这种经营形式，在整个农业中，比重很小。绝大部分农业雇工和雇主之间的雇佣关系，依然保存浓厚的封建性质。

（一）农 业 生 产

一、耕 地

清朝建立初期，面临着土地荒芜、农业残破的局面。在和明王朝作战及其以后镇压农民起义的过程中，清朝军队对人民进行了野蛮的屠杀，对土地进行了严重的破坏。"一户之中止存一二人，十亩之田止种一二亩者"，几于随处可见。（《世祖实录》卷十三）这种局面，对清王朝的统治，也是不利的。因此，当清王朝的政权在全国范围内建立起来以后，它的首要任务就是恢复生产。而对当时大量荒废土地的开垦，便成为当务之急。

关于开垦荒地的法令，从顺治元年（一六四四）起，便陆续颁行，而以顺治六年（一六四九）四月的一道"谕旨"，规定较为详尽。它要求各道、府、州、县官对各处逃亡人民，不论原籍别籍，必广加招徕编入保甲。由州县官给以印信执照，开垦耕种，永准为业。俟耕至六年之后，方议征收钱粮。

这个"谕旨"中，有两个值得注意的地方。

第一，招徕开垦的人，必须编入保甲。只有在编入保甲以后，才"给以印信执照，永准为业"。如果开垦土地的流民，未经赴官报明，没有编入保甲，那么开垦就变成"盗耕"，不但得不到"永准为业"的印信执照，而且还得按耕地"一亩以下笞三十，每五亩加一等"治罪。这就说明清王朝招垦荒地，恢复生产，其着眼点在于巩固封建社会秩序。如果因开垦而使封建社会秩序受到不利的影响，这时开垦便转变成为禁垦。广东的垦荒情况，就是一个例证。雍正五年（一七二七），那里抛荒的地亩数以万计，地方督抚一方面叫喊"报垦之数无几"，一方面却又把已经入山开垦，种植麻靛的穷民从山里赶出来，仅仅因为他们在开垦之先没有报官，编入保甲。

第二，开垦之田，在一定期限以后，需要缴纳田赋。这个期限最初定为六年，不久因筹措军费，缩短为三年。到了康熙初期，又由三年改为六年，中期又改为三年。改动的频繁，表明清王朝的垦荒还包含了增加财政收入的意义。

对新垦土地征收田赋，在当时的统治阶级中，就有广泛的议论。康熙二十年（一六八一），安徽巡抚涂国相说：垦荒所需人力工本，数倍于耕种熟田，定限三年起科，即使岁岁成熟，犹不能补偿所费工本，如果碰上水旱灾伤，那就不但"生息全无，反有剜肉医疮之困"。直隶灵寿知县陆陇其根据直隶垦荒的情形，对六年起科，也提出否定的意见。他说：北方地土瘠薄，荒熟不常。常常是在六年起科之时，所垦之地，已枯如石田、荡如波涛，而所报之粮，一定而不可动。所以小民视开垦为畏途，宁听其荒芜而莫之顾。从这里可以看出，清王朝之所以改动频繁，也反映垦荒农民对起科的不胜负担。

对垦荒的农民，清王朝也有一些扶助的措施。支借耕牛、种籽，就是比较重要的一项。在这方面，从顺治以迄康熙、雍正，历朝都有不同的具体规定。有的是支给实物，有的是折支现金；有的按亩计算，有的按人支给。不管怎样规定，如果认真执行，对缺本的垦荒农民，总是有些好处的。然而在实际的执行过程中，却往往成为病民的手段。顺治时，已经有人指出：牛、种未发之先，即有衙役之需索；发给之时，又有奸役猾胥之侵扣；既发之后，复有纷至沓来之催征。康熙时报垦是"册籍有费，驳查有费，牛、种工本之外，复拮据以应诛求"。雍正时由于州县以至督抚，层层需索，以致"垦荒之费，浮于买价"。因此，一遇旱涝，官家牛、种的催索，逼得农民不得不再度逃亡。所谓"始而开荒，藉此牛、种，继而复荒，亦因此牛、种"。

但是，清王朝统治者对垦荒的成果却竭力加以鼓吹。他们说，康熙时期，已经是"地无弃土"；乾隆时期，"凡有可耕之地，耕种已无不遍"。在官方发表的耕地统计中，从顺治十八年（一六六一）到乾隆三十一年（一七六六），一百零五年间，耕地面积由五百五十万顷扩大到七百八十万顷，增加了百分之四十以上。其中有些省区，增加特别显著，如四川省，由一万二千顷扩大到四十六万顷，增加了三十七倍。

在农民辛勤开垦之下，清初所面临的土地荒芜的局面，在康熙至乾隆这一段时期内，是有所改变的，耕地面积有所恢复和增加。但是，对于开垦的实际成效，不能过高估计。乾隆帝自己就承认：报垦田亩，"多有未实，或由督抚欲以广垦见长，或地方有司欲以升科之多，迎合上司之意，而其实并未开垦。不过将升科钱粮，飞洒于现在地亩之中。名为开荒，而实则加赋"。这种现象，事实上早已存在。雍正时期，广西报垦数万亩，"其实多系虚无"。河南报垦地亩，"尤多不实"。四川则以丈量掩饰虚报，"多就熟田增加钱粮"。以"熟田弓口之余"，"补报垦无着之数"，是那些虚报垦荒的地方官瞒上欺下的惯用手法。

因此，对垦荒的成果，必须有恰如其分的估计，清代初期的耕地面积，虽然有所恢复和扩大，但所谓"凡有可耕之地，耕种已无不遍"，是不符合事实的。即使在所谓"康乾盛世"时期，"在整个国家中，仍然有很大一部分最肥沃的土地,处于荒芜的状态"。至于在趋于衰落的嘉、道两朝,人们所看到的是:"许多可以耕种的土地,无人过问",沿海一带的土地,有的地方"荒芜不毛,到了极点"。而在对垦荒大事宣扬的河南,一个拥有五十三万亩耕地的县份里,荒地竟达四十万亩以上。

二、农田耕作

农田耕作,有三个重要的方面:一、农业生产工具;二、农田水利;三、耕作的集约和粗放。

在农业生产工具方面,总的看来,有清一代,基本上没有什么改进。一个明显的例证是:在乾隆时期编制的《授时通考》中,所列的农具,与十四世纪初期王祯的《农书》所载的农具,基本上是一样的。《农书》所列的七十七项农具中,只有一项不见于《授时通考》,而后者所列的农具,无一超越《农书》的范围。即使如此,农具中的某些改进,仍然是可能发生的。例如,由于冶炼技术的发展,个别地区曾经出现铁刃农具的锋利和耐用程度有所提高的记载。但是,总的看来,有清一代,农具的构造,并没有因此而产生多少变化。这说明农业生产工具的改进,几乎是处于停滞状态。

在农业生产中,耕与种是两个主要环节。因此,犁与耧,一向是农业上的主要生产工具。铁犁牛耕,在春秋战国时期,便已开始使用,而耧车播种,在汉代也已发明。然而,到了清代,广大的农家,却很少有这些主要的农具。西北和西南普遍存在原始的耦耕方法。华北有些地方"田野中的耕犁结构非常粗糙原始，犁尖是用木头做的，根本不能进入多深的土地"。就是在农业比较发达的江南，那里的农民，不少是"把他的妻子轭在犁上当牛使用"。在广大的贫农中，十户未必有一条耕畜和一付耕犁。康熙年间，山东登州农民很少一家备有一犋耕犁，"穷民有至三、四家合一犋（拉一犁的畜力）者"。乾隆年间，拥有四十万农户的云南，全省牛马，不过六、七万匹，而用之于运输的有二、三万，用于耕作的不过四万上下，平均十户农民，才摊到一匹牲畜。事实上，能够像登州农民那样三、四家轮流使用一犋耕犁的，还是比较幸运的人。那些人数最多的贫农，手中往往只有一把锄头，耕也靠它，种也靠它。而他们中间的最贫苦者，甚至连锄头也要向地主租赁。

楼车播种，在清王朝统治时期，也一直没有普及。在华北，只有部分地区使用楼车，大部分地区用手撒种。广大的西北，楼车几乎不为人知。在甘肃秦安，一直到乾隆九年（一七四四），农民才第一次看到楼车。而这具楼车的出现，据说是由于一个比较关心"民瘼"的县官的提倡。

在封建社会中，真正关心"民瘼"的地方官是不多见的。即使有一、两个，也不能改变农业生产的整个局面。康熙年间，直隶肃宁一个县官曾经致力于水车的改进，据说他曾亲自动手，有时甚至"赤足田中"，进行指导。乾隆年间，山东日照一个县官也曾"教民河边，扎筒车取水灌溉"。但是成效怎样，却不见记述。即使有些成就，恐怕也只限于较小的范围内。从全国来看，不但华北的农田灌溉十分落后，就是在水利条件比较优越的江南，--直到乾隆时期，很多地方还只有所谓"百亩之家"，才能"用牛戽水"，一般农户是无力置备的。相反，以利民之名行害民之实的例子，却是数见不鲜的。打井原是一件好事，然而雍正年间，陕西开井，却以徒具形式，"闾阎滋累"，以至当时与河南垦荒并列为农业两大祸害。

清王朝比较注意农田水利，从康熙以至雍、乾，修治黄河、运河，曾保持很大的声势。但愈到后来，就每况愈下。实际上，不论哪一朝，都谈不上真正关心农田水利。康熙、乾隆时期，动员很大人力修治黄河、运河，主要是为了保证漕粮的运输，牺牲民田以保漕，在康熙时期已经是数见不鲜的事。山东运河"全赖众泉灌注微山诸湖，以济漕运"，自称"视民如伤"的康熙，为保证漕运，便下令地方官，不许"民间截水灌田"，以致一遇天旱，"尽七十二泉源，涓滴不易灌溉"；稍有水涝，则"环湖诸州县，尽成泽国"。尽管如此，这一时期既然对运河和其它河流作了一点修治，就多少减轻了自然灾害的程度。这和嘉庆以后完全置水利设施于不顾，农田损失和农业灾害日趋严重的情况，还是有所区别的。这可见于以下事例：

264

一、直隶京畿地区，在康熙、雍正年间，曾经两次建闸开渠，濬流圩岸，进行规模较大的营田活动。第一次发动于康熙四十三年（一七〇四），当时天津总兵蓝理，在天津以南，开辟围田，招徕闽浙之人，垦水田二万余亩。据说当时这里"车戽之声相闻"，"人号为小江南"。但是，在蓝理离开以后，田土也就无人经理，圩坍河淤，不数年又"废为荒壤"。另一次发动于雍正四年（一七二六），由怡亲王允祥亲自主持。他在京畿附近三十六州县分立营田四局，开垦水田六十多万亩，"募江浙老农导之耕种"。两年之间，"穑积于场圃，粳稻溢于市廛"。然而允祥一死，司局者无所称禀，遂至"荒而不治"。其后乾隆四年（一七三九）和十六年（一七五一）又修复过两次，但也没有恢复到雍正时期的规模。嘉庆六年（一八〇一）以后，渐次淤积。

二、太湖地区为苏南水系宣泄之区，关系苏、松、嘉、湖的农田水利，有清代粮仓之称，清王朝为了保证漕粮的供应，对这个地区的水利，一直比较重视。康、雍、乾三朝，用之于苏州地区水利工程的公款，达到八十四万两，费用之殷，仅次黄、淮、运。其中乾隆二十八年（一七六三），江苏巡抚庄有恭对太湖的疏浚，历时两年，用款二十二万两，规模较大。经过这次疏浚，凡湖滩草荡，悉令铲除，湖流入海故道有泄水桥门七十二，苏南各县蒙受其利。但是到了嘉庆以后，水利工程便寥寥不数见。此后，滩"草蔓纵横"，"菱芦弥望"。七十二泄水桥门,尽皆淤废。

三、长江三角洲地区水网纵横,绝大部分是富庶的稻米之乡,和太湖水系联在一起,同为清朝的财赋重地。由于接近海岸,这里经常受潮汐影响,潮来挟泥沙而上,潮去沙停,河流最易淤塞。顺治九年(一六五二),工科给事中胡之俊就提出疏濬吴淞江和浏河的主张。康熙十年(一六七一),江苏巡抚马祐正式开濬这两条河流,动用了漕粮折款十四万两。使苏、松、嘉、常、湖、杭六郡在水旱之时,"不致大困"。乾隆时期,对一些淤塞河流,也进行过疏导,川沙境内的长浜和白莲泾,都是在这时先后疏濬的。但是,到了嘉庆以后,便也无人过问。

四、鄱阳湖地区也是一个水稻高产地区,有"江右谷仓"之誉。江西省垣四周二百里内,是产米的一个中心。但是,由于湖堤长期失修,嘉庆以后,"皆壁立不能御涨"。从道光十年(一八三〇)起,竟连续六年失收。从前是"民夺湖以为田",现在则"湖夺民以为鱼"。致令省垣四周二百里内,流亡过半,"江右变腴为瘠"。

总起来说,清代农田水利,并不胜过前朝。而且愈往后愈趋衰败。从大量的地方志中可以看出:清代兴修的水利设施,在数量上还不及明朝。在全国范围内,十八世纪的康熙、雍正、乾隆,反不及十六世纪的正德、嘉靖、万历。而嘉庆以降整个十九世纪的水利设施,则连十八世纪的一半也没有达到。

最后，关于耕作的集约和粗放。总的情况是：地区之间，存在着巨大的不平衡，表现为少数的集约耕作与普遍的、广泛的粗放耕作，同时存在。

集约耕作，主要集中在经济作物的耕地上。在整个清代，一个壮年农民一年劳动所能耕种的水田，一般在十亩左右，所谓"壮夫一丁，治田十亩"。可是，经营菜圃，一人常年劳动，仅能种田两亩，还需要一个辅助劳动力。普通"治地十亩，须粪不过千钱"，而菜圃一亩，得花粪钱两千。这种情形并不限于菜圃。山东济宁的烟田，每亩所需的肥料和人工，相当一般旱田的四倍。四川内江蔗田的经营，"壅资工值，十倍平农"。其他经济作物，亦多类此。

在粮食作物中，也有实行集约耕作的地方。华南一岁三熟的稻田，便是集约耕作的一个典型。这种田的耕作程序是：每年农历九月晚稻收割后，十月犁田种麦，次年三月或四月收获大麦或小麦，皆随手急治田，先期犁田、耙田各一次，必极熟，用粪一次，蹚地椎平田面一次，以待插秧。四月上旬、中旬之间，插早稻秧，一丛相去七寸，中容晚稻之隙。早稻插秧十余日放田水，耘一次、粪一次，乃种晚稻。其秧插入早稻之间，过半月又耘一次。五月、六月之间，早稻收获。四、五日后，锄稻槁，推草泥以壅晚稻。立秋后，处暑前，再耘一次、粪一次。白露后，又耘一次。秋分晚稻开始扬花。又一月近霜降，于是放水干泥，以待全熟。这就是说，为了

康熙《耕织图》插秧

收获两稻一麦，一块土地一年之中，得耕两次，耘六次，施肥四次。

江苏的芋田，也是集约耕作的一个样板。每种芋一株，须先掘地深达三尺，壅以熟粪，每区三尺，种芋一株，而"一亩之收，五倍常田"。

可以断言，像华南稻田、江苏芋田这样的精耕细作，在当时的条件下，是不可能在大范围内推广的。对于江苏的区田，当时的人就说种者不多，原因是"工力

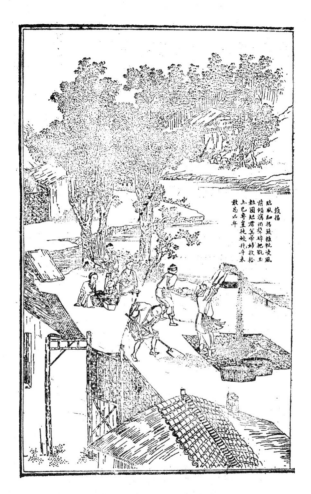

康熙《耕织图》簸扬

甚费"。福建的三熟田，十亩之中，只有三亩，其所以"为之者稀"，也是由于"工本稍费"。其他地区，亦莫不如此。

就全国大部分地区而言，耕作的状况基本上是粗放的。中原地区的河南，一夫所耕自七、八十亩至百余亩，"力散工薄"。华北小麦重要产区的山东，十足年成亩产也不超过一石。在广大的西北地区，流行的是广种薄收，"人以顷计"。东北许多地方耕种无恒，岁易其地。而且待雨乃播，不雨则终不破土。播种以后，辄去不复顾，既不加粪溉，亦不加耕耨。到秋收的时候，草莠杂获。

在耕作粗放的条件下，弃耕固然表示生产力的式微，开垦也往往构成生产力的破坏。在江西武宁山区，乾隆年间，由于垦殖的粗放，沃土无存，山形骨立，大雨时行，溪流堙淤，非多年休耕不能下种。而汉水上游山区，由于玉蜀黍的粗放种植，造成严重的森林破坏和水土流失，曾经是十九世纪初期长江水灾频率增加的一个主要原因，以至一些地方官不得不禁止玉蜀黍在山区的种植。

三、农 作 物

清代，农作物的种植，有不同程度的改进。有些经济作物和高产的粮食作物，得到一定的推广。其中高产的粮食作物主要是水稻、甘薯和玉蜀黍，经济作物则

270

主要是烟草、棉花、甘蔗和蚕桑。

在三项高产粮食作物中，水稻是中国南方各省的主要粮食作物。根据长期的历史传统，中国水稻种植区域，大抵沿陕西渭水以南至河南南部、安徽、江苏北部一线。在此线以北，一般不种水稻。明清以后，水稻在北方的种植，开始有所推广。上述康、雍时期水稻在京畿地区的引进，便是一例。除此以外，水稻在山东、河南的种植，也得到试验和推广。山东有些州县，在康熙时期就曾试行开渠艺稻；河南在乾隆初期，也有将旱田改种水稻的试验。清王朝并且规定：凡愿将旱田改为水田者，不增钱粮，以示鼓励。

在推广水稻种植区域的同时，对优良品种的推广，也受到一些水稻产区的地方当局的注意。湖南在十七世纪和十八世纪之交，广西在十九世纪初期，都有不少地方官提倡早熟双季稻。十八世纪初期，改良品种的虎皮糯，在陕西、云南、福建，都得到比较广泛的传播。十九世纪初期，江苏巡抚林则徐曾经介绍湖北的一种早熟水稻于苏北，以适应那里的气候条件。一些州县地方官也有类似的活动。如乾隆初年四川达州知州陈庆门"购早稻种，导民树艺"，以适应"境环万山，岁常苦旱"的自然环境。所有这些活动，无疑是有益于农业生产的。

至于甘薯和玉蜀黍这两项高产作物，在明朝中期，已开始由国外引进，最初试种于福建、广东，万历以后，有所扩大。而它们的普遍推广，是在清王朝统治时期。玉蜀黍在乾隆时期，由福建传至江苏、安徽，又由两江传至川、陕、云、贵等地，到了道光时期，已成为云、贵两省的主要粮食作物。甘薯也是在乾隆年间由福建传播于山东、陕西，其后又传至河南、直隶，不久即遍行各省。和玉蜀黍同样成为农民的一项主要粮食作物。

在四项主要经济作物中，烟草种植的推广，范围比较普遍。十八世纪中，江南、山东、直隶，上腴之地，无不种烟。在西北的陕西、甘肃，大片的粮食作物地区，改种烟草。十八世纪后期，广西种烟之家，十居其半。十九世纪初期，福建某些地区的烟草种植，达到耕地的百分之六十以至百分之七十。种烟之利，倍于百蔬，而三倍于五谷。

棉花和甘蔗的种植，也有所推广。棉花的推广，主要在长江以北地区。康熙时期，华北植棉，已经相当普遍。乾隆时期，直隶宁津种棉者几半县。中期以后，直隶中部，已有十之七、八的农户兼种棉花。山东清平县，在乾隆后期，棉田所占耕地面积，超过豆田、麦田的总和。同一时期，苏北海门、南通等地，种稻者不过十之二、三，种棉者则有十之七八。甘蔗的推广，以台湾为最显著。康熙三十年（一六九一）间，有人说：这里"旧岁种蔗，已三倍于往昔；今岁种蔗，竟十倍于旧年"。这样的发展速度，是十分惊人的。

蚕桑的种植，历来是封建官府"劝农"的一项主要活动。清王朝入关以前，对蚕桑事业就开始注意。天命元年（一六一六），把养蚕缫丝和种棉织布并列为国家的两项主要措施。入关以后，蚕桑事业，有若干推广的迹象。乾隆一朝，出现了相当多的以提倡蚕桑而著称的地方官吏。他们取得的成绩，并不相同，但蚕桑事业有所推广，是可以肯定的。

有些作物，在某些地区有所推广，但从全国范围来看，往往虚盈互见。以棉花为例，闽广和关陕，是棉花传入中国后首得植棉之利的两个地区。然而在清朝，这里的棉花生产，却出现萧条的迹象。广东在十七世纪八十年代前后，所种棉花，不足以供本省之用，必须仰赖江南乃至湖北。福建则"棉花绝少出产，购自江浙，价尚加倍"。甘肃秦安，到乾隆初年才开始试种棉花，而西部的兰阜，则一直到道光年间才得到一个亲眼看到吐鲁番棉花大量入关的县官，"教民播种"。

某些作物的迅速推广，并不足以反映农业的繁荣。甘薯和玉蜀黍的推广，说明广大贫苦农民在日益加深的封建剥削下，借助这两种适于粗放耕作而又高产的作物，维持半饥饿的生活。聚集在"深山老林栽种包谷"的无地农民的大量出现，就是一个最好的例证。在这一点上，玉蜀黍的推广，不但不足以说明农业生产的发展，反而是农民贫困的一个反映。

（二）地权分配

一、地权分配的趋势

在中国漫长的封建社会中，绝大部分土地始终集中在封建地主阶级手中，由地主出租给无地或少地的农民。自耕农所占的土地，只是耕地的一小部分。但是，在历史发展的某一阶段上，可能出现一个短暂的时刻，这时的地权分配发生有利于自耕农或小土地所有者的变化。这种变化，往往出现在一次农民斗争的风暴之中。清王朝初期的地权分配，在某些地区中，就曾经出现过这样的情况。

明朝末年爆发的农民大起义，在推翻了明王朝的统治以后，就转变为以抗清为主的民族斗争。这一次席卷全国的大起义，从十七世纪二十年代中期一直延续到八十年代中期。它不仅推翻了明王朝，而且也打击了清王朝的封建统治秩序。在历时半个多世纪的长期斗争中，豪绅地主阶级受到沉重的打击。他们之中，许多人被赶出霸占的土地。另一方面，在清军镇压抗清军民的过程中，无论城镇和乡村，都遭到严重的破坏。因此，在战争比较剧烈和历时较久的地区，出现了大量的所谓"荒亡地亩"，而在农民起义的地区，胜利的农民就成为这些荒亡地亩的新的主人。李来亨领导的农民军"分据川湖间，耕田自给"。进入安徽英山的农民军"阻险种田，为持久计"。江西瑞金的农民，提出"八乡均佃"的口号，把地主土地的三分之一，归佃农为业。山东诸城、日照一带，在明末农民起义军影响之下，出现一系列的群众夺地斗争，逃亡地主所存田产，"悉为二县小民瓜占"。至于明朝贵族的封地和庄田，在农民起义的过程中，更多地为农民所占有。河南南阳一带的贵族庄田，在崇祯十六年(一六四三)"俱已占完"；山西大同的贵族庄窝，在顺治元年(一六四四)，已被农民分占。可见，农民获得土地，地主丧失土地，首先是农民斗争的结果。

清朝统治初期，为了巩固自己的政权，为了从农民那里攫取更多的产品，在土地政策方面，采取了一些形式上有利于农民的措施。其中最主要的是实行招垦政策，将无主的荒地招民开垦，作为己业。其次是建立更名田，把明朝一部分藩王的土地，归原来的佃种人垦种，"与民田一体，给民为业"。这两项政策被认为是帮助农民获取土地，有利于农民小土地所有制发展的重要措施。

关于招垦政策，前面曾经提到。那里主要是从恢复农业生产的角度说明招垦政策所产生的实际效果。现在再来看一看它在使农民获得土地这一方面所发生的作用。

在招垦条例中，不但规定开垦民田，"先尽业主"，有主荒地,"仍令原主开垦",而且还规定已垦之田,"若有主,给还原主起科"。这就是说,不但在条例颁布之后,农民所开垦的土地,必须证明是无主荒地,而且在条例颁布之前,已经开垦并归农民所有的土地,也必须证明是无主荒地。只有符合这两个条件,农民才在法律上获得他所开垦的土地的所有权。不然,农民即使投入再多的劳动,即使土地实际上早已归他所有,只要一旦有所谓"原主"出现,他的土地所有权,就立即化为乌有。

在这些规定约束之下,有些农民有可能保持他所开垦的一点土地。但是,就这些条例的主要方面而言,它显然是保障地主的土地所有权,有利于地主阶级的反攻倒算和巧取豪夺。这一点,清王朝的统治阶级也并不否认。康熙帝就说过:"无人承种之荒地,耕熟后往往有人认业。"号称推行开垦最力的河南巡抚田文镜,也不得不承认"顽绅劣襟,奸徒恶棍,希图现成,霸占熟地。当报垦之时,并不声言,及至垦熟,即出而争执"。农民垦荒,地主夺熟,农民对开垦的荒地的所有权,是得不到真正的保障的。

清王朝的招垦办法,在字面上也有扶植小农的一面。如前述官借垦户牛、种,似乎是对垦荒的贫苦农民,进行帮助和鼓励。但是执行的结果,却与此背道而驰。贫苦农民不但享受不到官贷牛、种的实惠,而且还要承受官府的需索诛求。

真正从招垦中得到好处的，是那些具有工本的所谓“殷实人户”。他们左手向官府认领土地，右手便分给招来的垦户耕种，坐收地租。或“广雇贫人”，变成经营地主。（经济研究所抄档，地丁题本（9）、山东（四））他们认领土地，不但不受限制，而且认领愈多，愈加受到奖赏。认领一百顷以上的人，甚至有当上县太爷的希望。不用说，这是产生官僚地主的绝好温床。在这种形势之下，那些原来独自开垦了一些耕地的贫苦农民，也因畏惧差徭，往往“借绅衿报垦，自居佃户”。事情发展到这一步，农民已经不是获得土地，而是丧失原来所垦土地的所有权，重受封建剥削。

　　由藩产而来的更名田，一共不足二十万顷，其中有一部分在明末农民大起义期间，已归农民所有。即使如此，变藩产为民田，如果贯彻执行，自然也是一项有利于自耕农的措施。但是，清王朝把一部分朱明的藩产划归原耕农民所有时，名义上虽为无偿，实际上却要田价。康熙帝说：土地既征额赋，再要田价，是“重为民累”，表示只能征赋，不能再要田价，但事实并非如此。康熙四十一年（一七〇二），山东某地一块三顷多一点的更名田，不但在“给民垦种”的第二年就征收额赋，而且每亩要价五两。十分明显，即使“民得以更名田为己业”，这每亩五两银子的要价，也不是一般无地穷民所能付得出的。因此，由藩产而来的更名田，最后又往往落入地主手中。所谓“更名地粮花户，半归劣手”，证明它至少有一部分被地主霸占，农民所得是很有限的。

由此可见，所谓清王朝帮助农民获得土地的措施，事实上是不存在的。在清王朝统治初期，某些地区地权的集中，可能有所缓和，那是农民起义对封建统治打击的结果。整个说来，地权的集中趋势，仍然没有改变。土地兼并，仍然在不断地进行。与土地兼并有密切联系的地价变动，清晰地表明了这一点。江南苏松一带，顺治初年，良田一亩，值银不过二、三两；康熙年间，长至四、五两不等；乾隆初年，田价继续增长，但一直到乾隆中期，仍不过七、八两。到了乾隆末年，竟长至五十余两，三十年中上涨了六、七倍。这种情况，并不限于江南一地。湖南在十七世纪至十八世纪中，地价上升了三至四倍；浙江绍兴在十八世纪二十年代至八十年代的六十年中，地价上升了三倍；四川成都在十八世纪四十年代至十九世纪初，六十年中，地价上升了六至七倍；福建永安在十八世纪八十年代至十九世纪初，二十年中，地价上升了一倍。从这些例子中可以看出：地价的上升，幅度巨大，范围普遍，所反映的，正是土地兼并的激烈和广泛。

和地价上涨同时出现的，是土地买卖频率的增加。乾隆时人钱咏说：在田地买卖转手上，从前是"百年田地转三家"，而在他生活的时期，则"十年之间已易数主"。钱咏所说，未必十分准确，但这种现象之所以能引起他的注意，说明土地买卖的频率，一定有相当显著的变化。这种变化,无疑加速了土地集中的过程。

地价上升,反映土地兼并激烈。地价下落,又给土地兼并提供机会。清初叶梦珠在谈到康熙初年,流离初复,江南田价下落之时说道:"有心之家乘机广收,遂有一户而田连数万亩"者。从这里可以清楚地看出,地价下落,给豪绅地主以贱价收买土地的机会,助长了土地兼并。

下面以江南地区的无锡、常熟等地和华北地区的直隶获鹿为例,说明清代土地集中的程度。

江南地区的图甲,一般按户数编制。在一个地区之内,各图甲的户数大致相等,而土地面积,却很悬殊。康熙年间,无锡每甲田亩有多至千余亩的,有的则仅数十亩。从康熙到乾隆,各图之间以及图以下各庄(甲)之间的土地,又发生剧烈的变动。常熟、昭文两县,在乾隆十一年(一七四六)时,每图田亩,有的多至万亩,有的仅只千亩。武阳丰西乡某图,其中芥字号共有田一千二百亩,原分十庄,轮流充役,可以设想,最初十庄田亩,应该大致相等,否则不会轮流充役。可是到了乾隆年间,各庄土地就已发生激烈变化,有的庄集中了大量土地,有的庄只余田数十亩乃至数亩。

不但土地向少数图甲集中,而且一图一甲的土地,又向少数地主手中集中。康熙四十年(一七〇一)间,在一个由一百一十户、占田三千二百三十亩所构成的某甲中,占有土地者二十三户,只占全体户数的百分之二十一，无地农民八十七户，占全体户数的百分之七十九。在占有地亩的二十三户中，有十三户只占地六十八亩，而其余十户占地三千一百六十二亩。也就是说，不到百分之十的户口，占有将近百分之九十八的耕地。

十八世纪前期直隶获鹿九十一甲的土地占有统计，占户口总数百分之四十六点二的贫苦农户，只有耕地的百分之三点四，而占耕地百分之三十五点四的地主，却只占户口总数的百分之四点二。

就这两个统计而言，直隶获鹿的土地集中程度，似乎要小一些，小土地所有者占有一定的比重。而江南地区的土地，似乎更加集中。究竟何者有较大的代表性，由于全国的情况，缺乏这样具体的材料，无从下准确的判断。但从以下两段引文中，可以得到一些消息：康熙帝在四十三年（一七〇四）巡行七省以后说道："田亩多归缙绅豪富之家，……约计小民有恒业者，十之三、四耳。"这就是说，全国农业生产者之中，十之六、七是赤贫的佃户。乾隆十三年（一七四八），湖南巡抚杨锡绂说："近日田之归于富户者，大约十之五、六，旧时有田之人，今俱为佃耕之户。"原来直接生产者中间的十之三、四"有恒业"之人，到了乾隆时期，也逐渐失去了土地，成为"佃耕之户"。

二、地权分配的特点

清代勋戚贵族的领地庄田，较前朝有所缩小，官僚、缙绅对土地的兼并,则有所增加。而商人兼并土地的活动,则成为相当突出的现象。

清王朝入关以后,曾将朱明的一部分贵族庄田改为更名田,这是把皇庄转化为民田的一项措施。清王朝初期虽然在京畿地区进行过大规模的圈地,建立了大量的皇庄旗地,但后来也逐渐向民田转化。因此相对明代而言,勋戚贵族的领地庄田,实际上有所缩小。但皇亲贵族以外的官僚缙绅,还是占有大量的土地,而且随着时间的推移,这一部分地主阶级的实力,还有所发展,至少看不出有任何削弱的迹象。

清代官僚占有大量土地的事实,反映在当时许多官方记载中。康熙十八年(一六七九)的一个奏章中说道:"今之督抚司道等官,盖造房屋,置买田园,……所在多有,不可胜责。"乾隆四十二年(一七七七)的一道"谕旨"中说道:官僚"多于外任私置产业,以为后日安详地步"。这说明从康熙到乾隆,官僚兼并土地是一个普遍的现象。乾隆初期,有人奏请限田,最多以三千亩为限,可见那时有田在三十顷以上的,已经为数很多。这个建议并未见诸实行,它本身有不切实际之处,但其中必然有来自那些拥地在三千亩以上的官僚地主方面的阻力。

事实上,在清朝大官僚中,占地只在三千亩的水平上的,还被人们看作是不治家产的"好官"。康熙时大学士张英,在安徽桐城原籍置田千亩,被认为是"寒素"

之家。乾隆时期，被皇帝称为"实心办事"的直隶总督李卫，在原籍江苏砀山有田四万多亩。一般是占田几十万亩，才算符合大官僚的身份。康熙时期的大官僚徐乾学、王鸿绪、高士奇等人，田连数县，产及万金，这些所谓"士林翘楚"的官僚，都是盘剥民膏的好手。乾隆时期的和珅，不但自有田产八十万亩，连他的家奴，占有田亩也以万计。

官僚兼并土地的进程，也是惊人的。高士奇原来是一个"觅馆糊口之穷儒"，进入官场以后，很快成为"数百万之富翁"。大官僚孙玉庭，原来家产"仅及中人"，做了一任总督以后，就在原籍山东的济宁、鱼台、金乡、曲阜等州县大量兼并土地，迅速成为有田三万余亩的大地主。一个官阶仅至按察使的中等官僚李象鹍，宦游二十年，地产就增加了六、七倍。

官僚之所以能迅速兼并大量土地，并不单纯依靠他的禄俸。清代官僚的正俸，是相当低的。一个一、二品大员，年俸只有一百多两。雍正时期，在正俸之外，又加上所谓养廉，但平均计算，养廉也不过相当正俸的六倍，而且也不能完全保证。显然，单靠正俸和养廉，是不可能满足官僚对土地的巨大欲望的。官僚之所以能集中大量的土地，主要是依靠官僚的特权地位，贪污纳贿，巧取豪夺。

在封建社会中，官场历来是贪污纳贿之所。正俸收入是可以计算的，贪污纳贿收入，则无法加以计算。

清代，一个巡抚，年俸不过一百余两，而一个巡抚衙门，每年收受下属的规礼，在贵州为一万余两，在山东则达十一万余两。如果说，平均计算，养廉相当正俸的六倍，那么，单是规礼一项，就相当正俸的九十三倍。至于规礼以外的非法收入，更是倍蓰于此。

封建官僚还依仗他的特权地位，对土地进行巧取豪夺。官僚兼并的土地，往往在他的任所。康熙时期做过江宁巡抚的慕天颜、余国栋，一个是甘肃人，一个是湖北人，却都在任所的江苏拥有大量土地。乾隆时期，常有"归田之愿"的山东巡抚陈世倌，乃以浙人"而私置产兖州"。可以肯定，这些土地的取得，更多地是利用官僚地位，巧取豪夺的结果。

与官僚地主占有土地相联系的，是祠田、义庄的大量出现。祠田、义庄名义上是一姓一族的族田，实际上掌握在本族的大地主亦即官僚绅士地主的手中。这种大地主所有制形式的土地，虽然在元、明以前就已经出现，但是到了清代，则有显著的发展。康熙时期，不少地主以"置义田"的形式，掩盖他们霸占大量土地的罪恶。雍正、乾隆以后，义庄之设，已经"普天下"。清王朝对官僚地主的这些花招，也多方加以保护和鼓励。别的土地可以因种种原因而被没收，唯独义田不在没收之列，从而官僚地主把持的这一部分土地，享有清王朝特别给予的权利。

清代地权分配的另一特点是：商人兼并土地的活

动突出地引人注目。

商人对土地的兼并，和商业资本的活跃有密切的联系。在"有土斯有财"的中国封建社会中，商业资本和土地有着内在的固有联系。如果说，官僚地主兼并土地，在很大的程度上依靠政治的权力，那么，商人兼并土地，则主要依靠经济的权力。

明代以前，商业资本即早已存在。但到清代，才显得十分活跃，货币经济才有比较广泛的活动场所。当政治权力在土地的兼并上发挥主导的作用时，商业资本向土地的转移，就缺乏必要的保障，从而缺乏相应的推动力。明朝人谢肇淛说："江南大贾，强半无田。"大贾而无田，这说明当时在土地的兼并上，贵族、官僚、缙绅这一类特权地主，仍然处于垄断的地位。

清王朝统治时期，贵族、官僚、缙绅，仍然是特权地主。但是，他们的特权地位，视明代已有所削弱，商人的势力，则随着商品、货币经济的扩大而有所增长。山西的票商，两淮的盐商，广东的行商，福建的海商以及安徽的徽州商人，江苏的洞庭商人等等，都已形成资本以万计的商人集团。这些大商人挟其雄厚的经济实力，对土地进行大量的兼并。在乾隆时期，已经引起广泛的注意。乾隆五年（一七四〇），兵科给事中胡定说："近日富商巨贾，挟其重资，多买田地，或数十顷，或数百顷。……每岁所入盈千万石。"乾隆三十八年（一七七三），山西巡抚觉罗巴延也说：山西"浑源、榆次二县，向系富商大贾，不事田产"，今则"多置土地"。乾隆五十一年（一七八六），河南巡抚毕沅则说："豫省连岁不登，凡有恒产之家，往往变卖糊口"，而"山西等处富户，闻风赴豫，举放利债，借此准折地亩"。这里的富户，指的也是富商大贾。这三个人的话，当然不能证明这些富商大贾在乾隆时期才开始兼并土地，但是，乾隆时期，这种兼并土地的活动已达到了一个相当的程度，以致引起人们广泛的注意。

商人兼并土地，就其数量而言，似乎不及官僚。但是他们却十分活跃，他们手中的资金，有较大的流动性，哪里出现兼并土地的机会，他们就会闻风而至。许多史料反映：山西商人远至河南兼并土地，徽州商人到苏北购买土地，广东商人到广西购买土地，……。在山东、山西等十三省中，都存在"以彼邑民人置买此邑地亩"的大量事实。单是山东一省，就有六十一县之多。

由于商人资本有较大的流动性，兼并土地的商人，就能在农民遭受灾荒饥饿时，压价收买土地。乾隆五十年（一七八五），山东、江苏、安徽、湖北等省发生旱灾，聚集在扬州、汉口、徽州的盐商，就纷纷盘算"越境买产"以图利。嘉庆十九年（一八一四）前，直隶南部三十余县连年灾荒，外来商贾就"利其（指土地）价贱，广为收买"。上述山西商人跑到河南购买土地，也是利用对方的"贱价准卖"。毫无疑问，这种兼并土地的方式，给农民带来双重的灾难。

在商人兼并土地的过程中，高利贷是一个有力的工具。所谓"称贷者其息恒一岁而子为其母，故多并兼之家"。（《清朝经世文编》卷三十六，李兆洛《风台县志·论食货》）。兼并土地的商人，或者在青黄不接，粮价高涨之时，贷粮折价于缺粮的农民，收取高利，剥削农民到破家荡产，然后"折收田、房"，达到兼并农民土地的目的。或者接受农民典当土地，通过典当、找凑，到最后卖断，使高利贷发挥巨大的作用。上述在河南"举放利债，借此准折地亩"的山西商人，就是通过高利贷兼并土地的典型。在福建农村的土地买卖中，存在着大量的典卖土地的事例。在江苏，甚至有一种"典多于田"的地主，典当利息既是他的主要收入，又是他兼并土地的主要手段。

通过高利贷的方式兼并土地，并不限于商人。官僚地主乃至一般地主，也常常是敲剥农民的高利贷者。前面提到的大官僚高士奇、徐乾学以及和珅等人，都同时拥有不少当铺或银号。人们称"士大夫挟囊中装而问舍求田，犹其上者"，而"放债以权子母之利"，在"鱼肉乡曲"方面，则是"刀锥相竞"。这里的所谓"士大夫"，不过是官僚地主的别号。虽然如此，在高利贷兼并土地的活动中，商人仍是一个重要的角色，而这种兼并的方式，给农民带来双重的苦难，是毫无疑问的。

（三）租佃关系

一、旗地和佃仆制中的主佃关系

旗地是满族社会由奴隶制向封建制转化的过渡时期所特有的土地占有形式。包括皇庄在内的旗地，在清王朝入关以前，就已经通过战争和其他掠夺土地的方法，在辽东开始建立。清王朝定都北京以后，又在京畿地区，通过政治暴力，先后进行三次大规模的圈地。在清初全国五百五十万顷耕地中，旗地占十七万顷到二十万顷左右，约当全国耕地的三十分之一。

关于旗地的发展变化，前节已有论述（见本书第九册）。这里再就旗地的租佃关系，略作说明。

旗地上的直接生产者，主要是被称为"壮丁"①的农奴。他们或者是战争中的俘虏，或者是被迫充当满洲贵族奴仆的劳动人民。在属于皇室私产的皇庄中，它的组织形式是：每十名壮丁为一庄，设庄头一人，领地七百二十亩，牛六至八头，并量给房屋、器皿、衣服、口粮和田种。各庄应交租额，由庄头负责承总。在顺治初年的盛京皇庄中，每庄一年纳粮三百六十仓石，此外，还要上交大量饲草、猪、鸭、鹅、蛋等物。单是饲草，

———————

① 清代文献中的"壮丁"，有种种不同的涵义。此处专指旗地上的直接生产者。

一个头等粮庄,一年要交一万四千束,折价合粮二百八十仓石,几乎相当正粮的百分之八十。实物之外,还有各种繁重的劳役,既有临时的劳役,又有长年的劳役;既有庄田的生产劳役,又有地主的家内劳役,所有这些,无一不落在壮丁的身上。

编制在皇庄和一般旗地上的壮丁,在法律上和实际生活中,都处于奴仆的地位。皇庄的壮丁,是皇室的世袭奴仆。一般旗地上的壮丁,则被称为"屯居旗下家奴",也就是庄田地主的奴仆。清律中有关奴婢的律文,对他们统统有效。这些奴隶们,可以任意鞭打捶辱,可以转移赠送,甚至出卖,而且壮丁的买卖,和土地的买卖无关,他们不是随土地的出卖一同转让,而且作为主人的财产单独出卖。他们的身份,具有浓厚的奴隶色彩。他们没有人身的自由,没有脱籍的自由,甚至根本没有独立户籍,只能附属在主人户下。(《清朝文献通考》卷二十)他们虽然被分配到一些土地,但这些土地的典卖,"悉由本主自便",壮丁无权出典出卖(《大清会典事例》卷一六〇)。

由此可见,皇庄和一般旗地上的壮丁,虽然有一点独立的经济,但他们所受的剥削和奴役,他们的身份和社会地位,同奴隶制下的奴隶所差无几。

从明王朝遗留下来的佃仆制,存在于安徽、河南、江西、浙江、福建、广东、湖南、湖北以及云南、贵州等省的一些地区,而以安徽南部的徽州、宁国、池州,较为突出。

　　佃仆大抵都是一无所有的劳动者。这些被称为"种主田、住主屋、葬主山"的世袭奴仆，在佃仆关系建立之初，就要向地主出具两张文约：一张是佃种田亩、山场，交纳地租数量的"租佃文约"；一张则是明确隶属关系、保证子孙永远服役的"应主文约"。他不但"种主地"、"住主屋"，而且包括耕畜、农具、种籽以及口粮在内的全部"工本"，也要向地主告贷。他耕种田地、山场，要自负盈亏，但却无权过问耕作的安排。山上种什么树，什么时候砍伐；地里种什么粮食，各种多少，都得听地主指挥监督。他在纳租之外，还得向地主服应各种劳役。地主家中遇有冠、婚、葬、祭，科贡选官，以及迁坟造宅，搭桥撑船，升旗竖匾，立碑建坊等等大事，佃仆都要到场服役。至于日常巡更守夜，看家护院，拨路扯草，作乐嚎丧等等，都是佃仆分内差使。"一有使唤，即赴听用"，"永远应付，不得抗拒"。

　　佃仆没有独立的人格。地主可以把佃仆一家随同土地、房屋出卖给任何人。佃仆可以把自己的儿女当给东家，作为借款之抵押。他没有自由的人身。只能居住在地主给予居住的地方，不能私自迁居。他的儿子，不能过房，不能卖与他姓。他的女儿，在向地主交纳若干银两，得到地主允许以前，不能出嫁。甚至他死了以后，他的妻子只能招赘夫婿来家，不能改嫁外出。总之，妻子儿女都不能自由脱离佃仆家庭。

佃仆对地主的人身隶属和地主对佃仆的人身支配，在法律上表现为严格的封建等级关系。佃仆在法律上和"奴婢"的地位相当，地主则和"家长"的地位相等。顺治年间，安徽的一个佃仆因击杀一个不法地主，被坐以凌迟处死，就是按照奴婢冒犯家长，加等治罪的刑律判处的。

旗地、皇庄上的壮丁和佃仆制下的佃仆，在全国数以亿计的佃农当中，究竟属于少数。这两种制度，在清王朝统治时期，一个处于转化的过程中，一个处于没落的状态。

旗地本来是满族社会由奴隶制向封建制过渡的产物。在清王朝征服全国以后，继续推行这种制度，必然会和汉族地区比较先进的经济状况不相适应而遇到强烈的反抗。大批土地被圈占的农民，失去了原有的生产资料和生活资料，如果不迁徙流亡，便只有留在被圈的土地上，成为旗地上的壮丁，降为与农奴相等的地位。至于原有的过着非人生活的壮丁，更是无时无刻不在盼望脱离旗地，要求解除旗地对他们的束缚。因此，在旗地圈占的过程中，不但土地被圈占的农民进行激烈的反抗，而且旗地上的壮丁，也大批出走逃亡。尽管清王朝设下了许多惨无人道的禁例，逃亡的风暴，仍然席卷整个旗地。顺治中期，"一年之内，逃人至于数万"，造成旗地上劳动力的严重缺乏。与此同时，壮丁中也开始发生分化。一部分条件较好的壮丁，通过改进耕作，扩大副业等方式，增加收入。在上交额租之外，逐渐积累起一定数量的财产。他们也要求解除壮丁的身份。采取的方式，则是典买旗地，"赎身为民"。康熙以后，所谓"奴典旗地"已十分普遍，在畿辅一般旗地中，占有越来越大的比重。

壮丁的逃亡或赎身，动摇了旗地剥削方式的基础。农奴式的耕作，事实上已经无法维持。资佃耕种，收取租息，逐渐取代了原来的"藉家仆资生"；庄头招民佃种，逐渐取代了原来的"签拨壮丁，立庄耕种"。这个过程，在皇庄的庄田中，至十八世纪中期，有显著的发展，而在一般旗地中，则早在十七世纪末和十八世纪初，封建租佃已经占居主导的地位。

至于佃仆制度，在有清一代，也处在没落的过程中。

佃仆制之所以产生，直接生产者之所以沦为佃仆，有的固然是迫于饥寒，有的则是迫于权势而投献投靠。在明末农民起义中，这些迫于饥寒和权势而沦为农奴地位的佃仆，大批地参加了斗争的行列，争取自身的解放。一直到顺治年间，大规模的农民起义受到镇压以后，佃仆的暴动，在有些地区，仍然没有停止。处在这种形势之下，清王朝不得不一度严禁"地方势豪受人投献"之风。顺治十七年（一六六○）和康熙二十年（一六八一），又两次禁止"将佃户随田转卖"。但是前一条例，对解放佃仆，并不发生直接的作用，而后一条例，只是不许将佃仆随田转卖，至未转卖而不随田，则未见禁止。显然，对于佃仆制的废止而言，这是很不彻底的。

雍正五年（一七二七），清廷进一步规定：在佃仆之中，凡是"年代久远，文契无存，不受主家豢养者"，就不再具有佃仆的身份。但是"不受主家豢养"，涵义模糊。因为种主之田，居主之屋，乃至葬主之山，三者居一，都可视为受田主豢养，所以这个法令，徒具空文。一直到嘉庆十四年（一八〇九），清廷才正式明确："世仆名分统以现在是否服役为断"，"若年远文契无可考据，并非现在服役豢养者，虽曾葬田主之山，佃田主之田"，都一律"开豁为良"，不再具有佃仆身份。据说由于这一条规定，皖南一地佃仆之开豁者，一时达数万之多。（其后道光五年，又有同样的规定，见祝庆祺《刑案汇览·良贱相殴》。）事实上，佃仆之"出户"斗争，在这一规定之前百年，便已不断发生。从现存有关史料中，可以看出：清代前期，佃仆自动离庄或抗拒应役的斗争，愈演愈烈。清王朝的法令，着眼点固然是在防止土地抛荒，保证封建国家收入，另一方面，它也是现实斗争结果的反映。

二、一般民田中的主佃关系

清代民田占耕地面积的百分之八十五以上，民田中的租佃关系，亦即一般佃农和地主的关系，构成当时封建生产关系的主要内容。

清王朝统治下的广大佃农，实质上仍然处于农奴的地位。他和上面所说的佃仆、壮丁，在很多方面，只有形式上或程度上的差别。佃农一般自有或部分自有土地以外的生产资料和生活资料。而享有所谓永佃权的佃农，在取得土地耕作权之前，必须有自备生产资料和生活资料之外，还具有为取得租佃权而付出一定代价的能力。这和包括耕畜、农具、种籽，乃至住屋、口粮在内的全部生产资料和生活资料都要告贷于地主的佃仆比较，处境似乎有所改善。但是，在劳动生产率十分低下的条件下，沉重的地租负担，不仅吞没了所有的剩余生产物，而且侵蚀到一部分的必要劳动，"以致劳动条件的再生产，生产资料的再生产，都严重地受到威胁"。即使在永佃制的条件下，一旦佃农交不足租额，地主就有权以欠额抵消佃农取得永佃的代价，以至收回土地，从而佃农的这一点"独立"的经济，经常处于不稳定的状态。

　　在这种条件之下，佃农缺乏部分的生产资料和生活资料，便也成为经常的现象。有的是缺少生产资料，有的则是生产资料和生活资料两付阙如。康熙时期的山东单县，乾隆时期的河南汲县、鄢陵，嘉庆时期的安徽凤台，不少佃户，缺乏生产资料，使用的牛、种，皆仰给于业主。清初的山东日照，有些佃户耕作，"不特牛具、房屋田主出办，正月以后，口粮、牛草，亦仰给焉"。乾隆时期的直隶献县，地主对佃农不但"给之牛力，给之籽种"，而且"春借之食"。在河南鹿邑，有的地主对佃农"居之以舍"，有的"出籽粒"，"并备牛车刍秣"，有的几乎全归地主供给，佃农仅只种植芸锄。这些都是佃农的生产资料和生活资料两付阙如的事例。

丧失部分生产资料或生活资料的佃农，处境就发生显著恶化。他们不但要付出更高的地租，而且在正租之外，还要为地主提供更多的附加地租或劳役。在河南的汲县和鄢陵，如果佃农自备牛具车辆，地租率一般是百分之五十，如果由地主提供，地租率就大大提高，夏季麦租达到产量的百分之八十，秋季杂粮租达到产量的百分之七十，而且柴草全归地主。在鹿邑，佃农自备牛、车、籽粒者，所获主佃各得一半；主出籽粒者，佃就只得十之四；主并备牛、车、刍秣者，佃仅得十之三。若仅为种植芸锄，则所得不过什二而已。

正租之外，地主还向佃农勒索各种各样的附加。在浙江、福建、广东濒海一带，正租之外，还有所谓"冬牲"，亦即冬天向地主交纳的鸡豚牲畜。单是这一项附加，折价约当正租的百分之五。一项冬牲如此，其他附加可以概见。而所有附加之更多地落在向地主告贷生产资料或生活资料的佃农身上，也是可以料想得到的。

民田佃户，也有各种劳役义务。既有生产劳役，也有家内劳役。在现存的清代档案中，还保留着反映这种租佃关系的材料。乾隆时期的刑部档案中，可以看

294

到佃户与地主之间"议定做工抵租"的事例，这说明劳役地租，在一般民田中，也没有完全消失。至于生产劳役以外之家内劳役，则更加普遍。所谓"佃户如奴仆，有事服役，不敢辞劳"，"农夫受其田而耕之，役使如奴隶"这一类记载，充满了清王朝的文献。而役使的范围，也不比佃仆稍有逊色。江西有的地主规定，佃户要"看管左右前后栾林竹木，答应婚姻喜庆人工柴薪"。在湖南，甚至在主佃隶属关系比较松弛的押租制下面，仍然往往是"田主家婚丧等事，常唤佃民扛轿役使，平时唤令帮工，几同什厮，稍有不合，辄行批颊辱詈"。交得起押租的佃农尚且如此，那些在生活资料和生产资料方面还不能全部自给的佃农，他对地主服役的繁重，可以想见。

佃农虽然名义上是独立的生产者，但是他在生产上的劳动时间，却不能完全由自己支配。这对于生产资料不能自给的佃农而言，尤其如此。在地主提供种籽、肥料、车辆、农具的条件下，生产的指挥权，实际上掌握在地主手中。地主提供什么，提供多少，何时提供，必然会影响佃户对生产和劳动的安排。而在实行分租制的条件下，地主即使不提供生产资料，他对播种到收获的全过程，也必然会加以指挥和控制。因为这时生产的好坏，直接影响他的收益。在河南、山东的许多地方，农田何时播种，何时收割，下种多少，施肥若干，中耕除草时间，锄地深度、遍数，佃户都须听命于地主，不得违反。有的地主在锄地季节，甚至每晚传齐佃户，将次日该锄地亩，登记地册，以便逐一遍查。有的出工本的地主，则进一步亲往"督佐"。在这样严密的监督之下，佃农对地主的指挥的每一个细节，都不得有任何违反。乾隆年间，湖南东安县佃农袁世礼，仅仅因为田内未加粪草，就被地主夺佃。一次粪草，就使所谓独立地位化为乌有。

在实行额租制的主佃关系中，由于地租额固定不变，地主也就丧失其干预生产的条件。佃农的生产积极性一般地有所提高。从分租到额租，一般地说，是一个进步。但是具体到清代的中国，由分租到额租，并不代表租佃关系发展的主流。既有由分租到额租，又同时有由额租到分额。这种相向的变动，单从乾隆一朝有关主佃纠纷的档案材料中，就能得到充分的证实。因此，佃农的地位，从总的趋势看，并没有显著的改善。

佃户不但在生产上要受到地主的指挥，而且他的人身，也免不了受地主的支配。

首先，地主掌握有管束佃户行动的行政管辖权。在明代，佃户和乐户、家奴一样，"属房主、地主挨查管束"。佃户出门至五十里外，历时一日以上者，须向地主请假。到了清代，他们仍然要受地主管辖。在清王朝的保甲条例中，就规定田主对佃户要"一体稽查约束"。

地主既然有权管束佃户，自然也有权处分佃户。

"地主对农民有随时打骂甚至处死之权"，这是不移的历史事实。康熙时期，浙江天台的豪绅地主，对欠租的佃农可以"掀瓦掇门，拴妻缚子"，"锁押私家，百般吊打"。江苏崇明的一个地主，因逼租打死佃户，在地方官的庇护下，佃户家属不但控诉无效，反而坐了诬告罪。雍正时期，河南豪绅地主"私置板棍，擅责佃户"。淫占佃户妻女，司空见惯。乾隆时期，湖南安仁一个地主，诬赖佃户欠租，逼死一家五命。所有这些，都是在所谓"太平盛世"中出现的事情。

清王朝对地主的这些非法行为，也曾在纸面上作过限制。雍正一朝，就曾接连不断地颁布过禁止地主殴打佃户的条例。雍正五年（一七二七），中央吏、刑两部刚议定了一个新的条例：规定"不法绅衿私置板棍，擅责佃户者，照违制律议处"。雍正十二年（一七三四），云南地方当局又发布了一项禁约："不许田主凌虐佃户，混加扑责。"但是，这些条例，根本不能保护佃户免受凌虐。地主殴打佃户，往往借口后者"拖欠租课、欺慢田主"。而新条例中虽然规定地主"擅责佃户者，照违制律议处"，同时却又规定佃户"拖欠租课、欺慢田主者，杖八十"。这就是说，打还是要打的，不过改由官府来执行。这样规定才叫"立法贵得其平"，而对地主说来，只要田租到手，谁去打都是一样。至于云南的禁令，它不说明别的，只说明那个"贵得其平"的立法，颁布了七年之后，仍然存在田主扑责佃户的事实。

和佃仆、壮丁比较，佃农的法律地位，有所提高。他的人身"自由"稍微多一点。他的行动，虽然还要受地主的管束，但是法律上已经没有明文剥夺他的迁徙自由。他不像皇庄中的壮丁，逃亡一次，要挨一百鞭子；也不像佃仆制下的世仆，要子子孙孙世代相承地"居主屋、葬主山"。他对地主的人身依附关系，也要轻一些。他有相对的独立人格，不像佃仆那样，可以随田出卖；也不像佃仆那样，把自己的子女当作抵押品去出当。他和地主在法律上的地位是不平等的，但和纯粹奴仆身份的佃仆，又有所不同。如果说，佃仆和东家是"良贱"关系，那么他和地主就进到略高一筹的"少长"关系。但是，所有这些法律地位的"提高"，在经济的枷锁面前，又常常化为乌有。地主固然没有权力随田转卖佃农，但是，当土地为封建地主阶级所垄断时，尽管佃农可以自由更换他的地主，却无法脱离地主的土地。法律上尽管没有规定随田买卖佃农，实际生活中，佃农附着于买来卖去的土地，子孙世袭承耕，乃是屡见不鲜的。地主固然没有典买佃农子女的法律依据，但是经济上的残酷剥削迫使佃农典卖子女，也是经常发生的事情。佃户"卖男鬻女以偿租"，"鬻妻卖子而弗顾"，在清代的文献中，是到处可见的。

　　和佃仆、壮丁比较，佃农的经济地位，也要独立一点。他多少自有一点生产资料和生活资料。一般有几间自用的住房，有几件自用的农具。但是所有这些，并

298

不足以否定佃农身上的沉重负担。他即使有一点住房、农具，但一旦付不出地租，地主随时可以拆掉他的房屋，拿走他的动用家具。康熙时期，江苏吴江县的一个地主陈愚向他的佃户，同时又是他的叔父陈敬索租不得，当场拆掉陈敬的住屋，抢走所有什物。陈敬之妻，也就是地主的婶母奔呼阻拦，当场就被地主打死。浙江天台县的豪绅地主，每于年终，差遣悍仆、家奴，分头四出，逼取租债，往往举佃户室中所有，搜攫一空，甚至掀瓦掇门，撬砖去户。事实上，在很多场合下，佃户惟恐地主夺田另佃，往往不等地主动手，自己就把鸡豚布帛，送上门去。

应该看到，在清代的农业租佃中，也有一些表明封建关系松弛的变化。例如封建社会后期出现的永佃制，在清代有所发展。在永佃制之下，佃农取得了土地的永久使用权，他在农业经营上的独立性和对地主的依附性，都有所改善和减轻。但是，在清代前期，这种佃权，并不是稳固的。夺佃的威胁，是随时存在的。只要佃户一旦交不出地租，永佃就会成为泡影。这种情形，在雍正乃至乾隆时期，仍然大量存在。在乾隆一朝有关土地债务的刑科档案中，就有不少反映雍、乾两朝夺佃的事例。有的用顶耕银取得永佃权的佃农，被地主将顶耕银两抵租，收回田产；有的地主出卖土地，连佃户取得永佃权的田根一起"并吞"。

由此可见，在清王朝的统治下，广大农民的地位，并没有发生实质的变化。毛泽东同志说：中国历史上的农民，"实际上还是农奴"。清朝以前的封建社会是这样，处于封建末期的清王朝，仍然是这样。

（四）农业雇佣

一、 农业雇佣的数量

农业雇佣，在中国封建社会中，很早就已出现。在明代，不少地区的农村，已有长工、短工和忙工的名目。进入清代以后，农业雇佣有进一步的发展。关于清代农业雇佣的数量问题，需要说明的有农业雇佣的普遍程度和增长趋势，短工集市的普遍出现，农业雇工在地区间的流动，农业雇佣的规模和农业雇工在人口中的比例等几个方面。

一、农业雇佣的普遍程度和增长趋势。在现存的清代档案中，保存了大量的农业雇工材料。根据这些材料的选样统计，至少在乾隆年间，农业雇工已经遍及当时的二十一个行省。有些省份（如河南）绝大部分的州县，都有农业雇工的记载。有些省份（如福建），到处都有农业雇工，以至在保甲和户籍册上，专有"雇工"一栏，以资识别。这些情况，可以说明到乾隆时，农业雇工已经相当普遍。至于农业雇工的增长趋势，上述档案材料也提供了一些例证。在雍正、乾隆、嘉庆三朝七百〇八件农业雇工的选样统计中，属于雍正朝的不过十二件，而属于乾隆、嘉庆两朝的，则分别为二百五十九件和四百三十七件。农业雇佣增长趋势，也是相当显著的。

二、短工集市的出现。农业中的短工集市，至少在乾隆时期，已经在东北、山东、山西、河北、河南、安徽、广东等省出现。东北的"工夫市"、河南的"人市"、山东的"雇工子"、安徽的"打短"，都是短工集市或集市上短工的别称。此外，山西阳高、广东钦州、新会等州县，都有关于雇工市的记载（明清档案馆，刑科题本）。这些短工集市，经常出现于农忙季节，受雇的短工，"每当日出之时，皆荷锄立于集市，有田者见之即雇觅而去"。

短工集市的普遍出现，说明农业雇佣中，短工雇佣有较大的增长。在上述清代七百○八件农业雇工选样统计中，短工为数占一半以上，这说明在绝对数量上，短工居于优势。

三、农业雇工在地区间的流动。在清代有关农业雇工的档案中，还保存了大量的所谓"客籍佣工"的材料。这些材料反映农业雇工向县外、省外的流动，在乾隆时期，已经是大量的、普遍的现象。仅从乾隆五十一年（一七八六）至乾隆六十年（一七九五）这十年当中，就可看到：福建的农民受雇于陕西，湖南的农民受雇于云南，而山东、河南的农民，远至吉林、奉天。这种远距离的流动，有的出现较早，如山东农民向东北的流动；有的在以前的文献中，并不多见。至于邻近省份或邻

301

近州县之间的流动，在清代以前，即已有发现，如江西南丰长工，雇于宁都，在明末时，每年不下数百。进入清代，这种短距离的流动更为普遍。值得注意的是，各地佣工经常出现循环流动的现象。山东佣工流向河南，河南佣工流向江苏，而江苏佣工又流向山东。造成这种循环流动的原因，已不能以一般的逃荒来解释，它必然带有专门外出寻找雇佣的因素在内。

四、农业雇佣的规模。清代的农业雇工在数量上虽然有一定的增长，但是，整个说来，农业雇佣的规模，一般是比较小的。大量的档案材料证明：农村中雇佣帮工的农户，一般每户都只雇佣一至两个雇工。雇佣规模比较大的，多半出现在经营经济作物的富农或经营地主的土地上。四川甘蔗产区，在乾隆时期，出现有雇工达十数人的租地富农。广东甘蔗产区合浦，在乾隆时期，也出现租地较多，雇工经营的富农。在山东产烟区中，雍正时期，出现过佣工数百人的大户。广西产烟区，乾隆时期，已经出现雇工一、二十人，种烟一两万株的专业经营。在安徽的产茶区，乾隆时期，出现过雇工达二十多人的茶圃。福建的产茶区，也出现了大规模的茶厂，"每厂大者百余人，小亦数十人"（《中国近代手工业史资料》卷一）。其中有些茶厂的雇主，实际上是兼营茶叶加工的作坊老板。在专业化的农业中，雇工经营占有相当突出的地位。福建种植花生，广东栽种竹林、槟榔，福建、广东采摘荔枝、龙眼，都出现过雇

302

工经营。上海种植蜜桃,甚至雇有专门捉虫的工人。不过,就全国范围而言,雇工一、二人的农户仍然占绝大多数。他们主要是与雇工"一同力作"的富裕农民。

五、农业雇工在人口中的比例。农业雇工虽然在数量上有一定的增长,但是它在全国人口中所占的比例,总的说来还是很低的。明朝嘉靖时期,江苏、常熟每三十八人之中,大约有一名"常时为人赁作"之人。这个人如果可以算作农业雇工,那么农业雇工占人口的比例为三十八分之一,即不足百分之三。依据道光时期河南密县查点户口统计,全县共有雇工四,二五九名,当时密县全县编入保甲的户口共为一三〇,七二二人。据此计算,雇工占全县人口的比例,是百分之三稍多一点。常熟是经济比较发达的地区,农业雇佣可能大大超过经济不发达的地区。密县是一个产煤的县份,上述雇工之中,可能有不少是煤窑雇工。因此,就全国而言,农业雇工在人口中所占的比例,一定远远低于百分之三,是极其微小的。

总括以上,对于清代农业雇佣,在量的方面,可以初步得出这样的结论:农业雇工数量,特别是其中的短工数量,在此期间,有所增长。但雇佣的规模,除了少数经济作物地区以外,一般都比较小,农业雇佣人口在全国人口中所占的比例,也很低下。农业上的劳动者,仍然是以占人口绝大部分的佃农和自耕农为主力军。农业雇工,作为农业生产的承担者而言,还是居于无足轻重的地位。

二、农业雇佣的性质

清代农业中，虽然有了相当数量的长工和短工，但是雇佣的性质，雇工与雇主在生产过程中的关系，就雇工的大多数而言，仍然是封建主义的。这主要表现在雇主剥削的性质和雇工的人身隶属关系两个方面。

从剥削的性质看，清代的农业雇工中，长工所出卖的，无疑不是作为商品的劳动力。长工的绝大部分可以称得上是自由得一无所有的"无产者"，但是，正是长工在雇佣期间，除了吃饭睡觉以外，全部时间，几乎都为雇主所占有，由雇主来支配。长工已经睡觉，雇主可以把他从床上拉起来，长工正在吃饭，雇主可以要他把碗筷放下去。总之，一经雇佣，长工的整个时间，都受雇主支配。不仅如此，雇主通过长工的雇佣，甚至可以支配长工的全家劳动。也就是说，有的长工的工价，甚至包括了长工全家劳动的"报酬"。乾隆二十一年（一七五六），河南唐河一个雇工的遭遇，就是例证。这个名叫吕魁元的长工，先是出雇于同邑的郑天禄家，工价每年二千五百文。后来吕魁元的妻子王氏带同幼子，也来郑家佣工，雇主并不给价，只是拨地五亩给王氏"管锄"，"分收籽粒，增作工价"。显然，王氏加上她幼子的劳动，只能为她的丈夫"增作工价"，她自己和她的幼子是无独立的工价可言的。而雇主郑天禄所增付的工价，又是在把王氏母子沦为他的佃户以后，用"分收籽粒"的办法，从封建的剥削收入中支付的。也就是说，从一个长工的雇佣中，体现了双重的封建剥削关系。至于长工一家为雇主劳动，而他本人工价分文未见增加的，也是常见的事。在这种情况下，同样处于长工地位的长工家属，既未能为长工本人增补工价，而他们自己从雇主那里得到的，是"只管衣食，并无工钱"。

其次，关于短工，他在雇佣的自由程度上，比长工似乎要优越一些。他可以到短工集市上自由出卖自己的劳动力，自由选择出价最高的雇主。但是，实际的情形，却并非如此。生活的现实是：短工在农忙季节也许在人市中能找到相宜的雇主，然而，一过农忙，就往往变为失业者和流浪汉，在"行乞"、"偷盗"、"抢劫"中补充自己的衣食来源。在清代刑部档案的审案记录中，大量出现"佣工度日，先不为匪"的供辞。可见这些为"匪"的人，原来都是"佣工度日"的短工。当其无工可佣，就有被迫为"匪"之可能，这正好说明短工工价的低下，除了"度日"以外，别无储备。在清代的档案材料中所发现的乾隆、嘉庆时期的短工工价，每天不过十文上下，最低的一个月才一百三十文，平均每天不过几文，连一升米也买不到。而短工的劳动时间，则可以由雇主任意延长。平时如此，在农忙季节，尤其如此。

短工虽然可以比较自由地受雇佣，但他所得的，同样不是他的劳动力的价格。在短工的集市上，他们往往是"荷锄于市以受雇",这说明在他们所得的工价中，除了自己的劳动的报酬以外，还有自备生产工具的折旧费用。此外，许多短工除了自有农具以外，还多少有一点土地，为的是保证自己在无工可佣之时，不致立即流而为"匪"。这些事实，更加说明短工所得的"工价"，不足以维持自己的最低生活。

事实上，要说明农业雇工的真正处境，还必须结合其他的社会经济条件，作进一步的分析，特别是要注意到雇工在法律政治上的地位。

首先，农业雇工既是封建雇佣剥削的对象，同时又是封建高利贷剥削的对象。

在封建社会中，高利贷是地主阶级盘剥劳动者的重要经济杠杆。劳动者一经陷入高利贷的罗网，便不得不忍受高利贷主的摆布。如果高利贷主需要雇工，那么，等候着债务人的，就是盘剥性、奴役性的雇佣关系。

通过高利贷而形成雇佣关系的劳动者，在实际生活中是怎样受剥削和奴役的，这里引一个具体的事例。

康熙五年（一六六六），山西长子县农民王伏起向王三枝借银二两九钱，三分行息。次年六月，王三枝向王伏起逼债，王伏起无力偿还，便被迫成为王三枝的雇工，言定一年为期，工价作谷九石五斗，以工抵债。王伏起从一个单纯的债务人变成债务雇工以后，如约为王三枝劳动了一年，除以全部工价偿还债务而外，又凑足银子，补充不足之数。但是，雇主王三枝并不退还借约，又让王伏起继续佣工一年，工价照旧。这时，王伏起又从债务雇工变成单纯的雇工。约定佣工一年的王伏起，实际作了一年又四个月，到期结账，王伏起除支取工价外，又欠下了雇主一两银子，并迫于生计，不得不再借银二两一钱一分，立写三两一钱一分的借约一纸，继续当王三枝的雇工。于是，王伏起又从一个单纯的雇工，再次变成了债务雇工。又过了一年半，王伏起计算工价，足以抵债而有余，而结算结果，全部工价，都被雇主抵折债务，本利分文不剩。不仅如此，王三枝还扣留了前后两次借约，随时都可向作为债务人的王伏起进行讹诈。

广西连州农民萧成生于康熙五十五年（一七一六）向谢祁借银五两四钱，言明作为本银六两起息，利率每月八分，过了三年，萧成生即因无力偿付本利，被迫到谢家做工，以工偿债。但是月息八分的高利贷，把萧成生滚剥得始终逃不脱谢祁的手掌。一年以后，他的债务不但没有减轻，反而增加到十七两六钱。萧成生无力还债，只得连同妻子黄氏一起出卖给谢祁家"准折为奴"。按照谢祁的折算，萧成生夫妻两人身价只合银十二两，还积欠本利银五两六钱。对于这笔结余债务，谢祁强迫萧成生之弟萧辉生承担。到了康熙六十一年（一七二二），又滚成为十八两。于是谢祁通过索债，又将萧辉生夫妇连同他们的儿子三人"准折为奴",并且以价银二十一两,将萧辉生一家三口出卖,除抵充债务本息外,还净赚三两额外收入!马克思说:以劳动抵债的人"不但终生是债务人,即债权人的被强迫的劳动者,而且这种关系还得要传到家庭和后代子孙的身上。"对萧成生来说,这种关系,不但传到他的家庭和后代子孙身上,而且使他们的遭遇比他更加悲惨和黑暗。

和债务雇佣相类似的,还有所谓"典当雇工"。它的内容,可以用典当契约中的八个字加以概括,即"银无利息","人无工价"。在这里,代表典价的"银",是雇工进入雇佣关系之前向雇主息借的高利贷,雇佣期间的"工价",抵作高利贷的"利息",而雇工的人身,则成为高利贷的抵押品。所谓"银无利息",是以"人无工价"为前提的。雇工一天偿付不清本银,就得作为债务抵押品为雇主进行无偿劳动。显而易见,这是高利贷与雇佣关系结合得最紧密的一种奴役制度。这种形式的奴役,有的甚至耗尽被奴役者一生的劳动时间。乾隆元年(一七三六),在黑龙江一对农民夫妻的典当契约中,规定出典时间,竟达二十年之久。

和典当雇工相类似的,又有所谓"年限女婿"。他是被雇主配以婢女的雇工。其所以称为"年限女婿",就是在做了"女婿"以后,还要为雇主工作一定的年限,亦即所谓"议有年限,为之力作"。显然,雇主配雇工以婢女，是以雇工无偿为雇主力作一定年限为代价的。在这一点上，年限女婿和典当雇工是相同的。不同的仅只是：这个无偿的力作，在典当雇工那里是为了支付高利贷的利息，而在年限女婿这里，则是为了支付他的妻子的身价。当然，也有连身价还要在无偿力作之外，另行支付的。康熙年间，在江西抚州出现的一张年限女婿契约就规定，这个年限女婿在无偿力作之外，还要"备礼金二十两"，为他的妻子"异日赎身"之用。

不论债务雇佣、典当雇工或者年限女婿，他们都是没有自由可言的。他们的身份地位，都是低人一等的。债务雇佣下的雇工，在债务清偿以前，子子孙孙都脱离不了债主的奴役。同样，典当雇工在契约规定的典当期内，也没有辞工的自由。如果限内逃匿，抓住以后，要挨三十大板。一直到清王朝的末年，典当雇工的身份，还被认为"界在奴、雇之间"。至于年限女婿，那更是等而下之。他不但在规定"力作"的年限以内没有自由可言，即使年限已满，也并不能保证享有"自由劳动"的权利。往往是工限满后，"仍行羁縻，乃或絜妇言归，辄指为逃仆"。

事实上，不但这种特殊的债务雇佣、典当雇工和年限女婿是处于低人一等的地位，就是一般所谓雇工人，他们的身份地位，也与平民不同。在明清两朝的法典中，凡是被称为"雇工人"的，他们和雇主之间的关系，就具有"主仆名分"的关系。而一旦套上了这种关系，雇主和雇工在法律面前就表现出极端的不平等。譬如雇主打死"雇工人"，罪止徒刑三年；而"雇工人"哪怕只是打伤雇主，就要受到绞监候的判决。不仅如此，在这种主仆关系中，雇主被赋与"家长"的地位，"雇工人"的劳动报酬，被看作是雇主对他的"恩养"。"雇工人"除了遵守"国法"以外，还必须遵守雇主的"家法"。雇主对"雇工人"施行"家长"的权力，得到法律的承认和保护。

明清法典中关于"雇工人"的范围，是在不断变化的。总的趋势是"雇工人"的范围，在逐渐缩小，而脱离人身隶属关系的雇佣在逐渐增加。在万历十六年（一五八八）明律的新题例中，对"雇工人"的范围，第一次作了比较明确的规定。根据这个规定，属于"雇工人"这个范畴的，是"立有文券，议有年限"的长工，至于"短雇月日，受值不多"的短工，则不再属于"雇工人"的范畴，获得了在法律上与雇主平等的地位。从这个意义上说，短工得到了人身隶属关系的解放。

万历十六年以后，"雇工人"的涵义，又有一些变化。到乾隆五十三年（一七八八）纂修律例，对"雇工人"条例作了新的规定以后，就不再有大的变动。五十三年的新条例规定：凡受雇服役之人，"素有主仆名分者，无论其有无文契、年限，均以'雇工〔人〕'论；若农民佃户、雇倩耕种工作之人，并店铺小郎之类，平日共坐共食，彼此平等相称，不为使唤服役，素无主仆名分者，亦无论其有无文契、年限，俱依凡人科断。"这个条例虽然把有主仆名分的雇工，一律定为"雇工人"，但只要是农民佃户所雇的耕种工作之人，则不论其是否立有文契、议有年限，亦即不论是短工或长工，均一律当作"凡人"看待。至于在有主仆名分的那一部份雇工中，基本上又是受雇于地主、议有年限、立有文契的长工。至于短工，一般并无主仆名分，因此，这个条例，实际上是在短工之外，又解放了一部分长工的"雇工人"身份。当然，那一部分受雇于地主、素有主仆名分的长工，是连法律上的解放也谈不上的。

法律条文上的变化，无疑是实际生活中雇佣关系变化的反映。现存的清代档案文件表明：在乾隆初期，有的农业雇工在受雇时，明确声称："止做种田生活"，不做杂役。(乾隆六年六月初三日广西巡抚杨锡绂题)至迟在乾隆中期以后，民间的农业雇佣中，雇主与雇工同坐共食，平等相称，并无主仆名分的雇佣关系，已经普遍存在。这些雇佣绝大部分出现在"农民佃户雇倩耕种工作"之中。这些雇佣中的雇主，主要是前面提到的那些只雇工一、二人，同时自己也与雇工"一同力作"的富裕农民或佃农。他们虽然"耕耨收获，均倩人力"，但自己也是"终岁勤劳"。(李象鹍：《平价禁囤议》)他们和雇工之间的关系，虽然比较"自由"、"平等"，但是他们手中还没有建立资本关系所必需的"最低限额的单个资本"。他们和雇工之间的关系还不可能建立真正的资本

311

关系。而那些雇工较多的地主，根据乾隆五十三年的条例规定，则反有可能与雇工继续保持封建的"主仆名分"和封建奴役。因此，整个说来，在清代的农业中，封建的雇佣关系，仍然居于统治的地位。

当然，随着封建社会内部商品经济的发展，在清代的农业中，也像在手工业中一样，出现了资本主义萌芽，在某些商品经济比较发达的地区，特别是在经济作物比较集中的地区，出现了雇工经营规模较大的租地富农。前述四川、广东甘蔗产区，山东、广西产烟区和安徽、福建产茶区的农业雇佣，基本上属于这一类型。其中如福建茶山的租种者，大多是外来的商人，他们"既出山租，又费资本"（《中国近代手工业史资料》卷一），一家的资本达二、三十万两，雇工多至百余人，其地位和租地农场主颇相类似。乾隆时期，在粮食作物的土地上，也出现了类似的情景。乾隆中期以降，皖南徽州地区在新引进的包谷的种植上，就出现雇工租地的富农经营。其中有的雇工达十余人，有的预租一二十年，交租银数百两。（乾隆四十七年九月二十三日安徽巡抚萨载题，明清档案馆藏刑科题本；道光《徽州府志》卷四之二，《道宪杨懋恰查禁棚民案稿》）。有些租地经营者还兼具手工业主的身份。如广东合浦就出现过租佃土地雇工种植甘蔗，同时又设置糖坊，熬糖发卖的租地经营者。（乾隆十七年三月十八日，刑部尚书阿克敦题，明清档案馆藏刑科题本）在这些经营中，可以察觉到资本主义萌芽的破土。但在整个农业中，它所占的比重还是微不足道的。

第二节　赋 税 与 财 政

明末农民起义对封建王朝进行了猛烈的冲击。清王朝建立以后，为了巩固自己的统治，在经济上和财政上采取了一系列措施。经济上的措施主要是扩大耕地，恢复生产（见上节）。财政上的措施则是所谓"轻徭薄赋"，"与民休息"。

清王朝的额定财政收入，在开国初期每年为一千四百余万两，与明朝万历以前的岁入，约略相当。顺治后期，增加到近两千万两。其后逐步增加，康熙时期已超过三千万两，到乾隆时期则突破四千万两，较顺治时已增加一倍以上。而实际的开支，则远远超过这些数字。顺治后期，额赋收入还不到二千万两，兵饷支出已增至二千四百万两，全部收入支付军费，尚不足四百万两。康熙平定三藩之后，军饷支出仍达一千四百万两。乾隆一朝的经常军费支出，每年多的达一千八百多万两，少的也在一千五百万两以上。（经济研究所抄档，俸饷（十七）（一）一九七）临时的军事开支，则又倍蓰于此。包括多次不义战争在内的所谓乾隆"十全武功"，每次耗费都是盈千累万。嘉庆一朝，镇压农民起义的军费支出，就达到两亿一千万两，为前所未有。一次战争，等于消耗了国家五年的财政收入。

这种局面的存在和继续，必然使赋税正额不足以应付王朝的需要。特别是乾隆一朝，既要应付日益增加的庞大开支，又要维持国库充盈的虚假体面，于是日益乞灵于正额以外之加派。而加派手法之恶劣以及对人民负担和整个经济所造成之严重影响，都是十分突出的。

在清王朝的各项税收中，田赋（包括漕粮）收入约占四分之三，盐课、关税及其他杂税收入约占四分之一。名义上课税的主要对象是地主和商人，但在实际征收中，主要的负担，落在农民以及其他劳动者和小生产者的身上。地主和商人，特别是其中的豪绅地主和大商人，在这个政权下面，有各种途径逃避应征的课赋。

（一）清王朝的"轻徭薄赋"政策

清初的所谓"轻徭薄赋"政策，主要有以下几项措施：一、蠲免明末加派；二、新增人丁永不加赋；三、摊丁入地；四、蠲免钱粮。这四项中，前两项被认为是直接减轻人民负担的积极措施，摊丁入地是进一步使人民的财政负担趋于合理化，而普免钱粮则是在减轻人民财政负担的基础上的额外优惠。

314

一、关于蠲免明末加派

所谓明末加派，是指万历末至明亡二十多年间为应付辽东战争和镇压农民起义而对田赋、关税等的加征，包括所谓辽饷、剿饷和练饷的加派。摄政王多尔衮说，这是要取消"厉民最甚"的"前朝弊政"。事实是：清朝入关定都北京以后，各项税收原定按照明末数额征收，由于当时的赋役册籍，在战争中大部散失，仅存万历时期的会计簿，只好按万历旧额征收，免除明末加派。这种措施，显然不能持久。因此，清王朝的官方文告，虽然声称所有加派，要"尽行蠲除"，甚至要以"杀无赦"来惩治"蒙混倍征"的官吏。但是，这种动听的言辞，并不能改变"倍征"的事实。顺治元年（一六四四）"一切加派尽行蠲免"的话音刚落，清王朝就马上改口，说什么明末加派，"原非尽派之民间"，"宜量留派征"。由"尽行蠲免"到"量留派征"，前后不过一年。而顺治元年刚刚禁革明末对各省常关加增的税额，不出三年，就在原额之外，又加上"天启、崇祯递增额数一半征收"。

在这种出尔反尔的情况下，顺治元年的规定对不少州县而言，只是一纸具文。在华北，顺治后期河南巡抚贾汉复就公开承认刊造赋役全书之时，并没有按照蠲免的规定"磨对清楚"，以至河南一省所征田赋多于正额者，"每州县不下盈千累万"。在江南，康熙初期江宁巡抚汤斌还未赴任，就有人告诉他：那里承明积弊之后,田赋之重,"一如往时"。事实上,清王朝不但没有认真执行它所宣布的对明末加派的豁免,而且还不时加上新的额外征派。康熙前半期用"暂加三饷"的名义,曾经多次进行加派,一直到康熙二十四年(一六八五),当有些地方请求豁免时,户部还以"征收与各州县同,不便独蠲"为辞,拒不批准。

以上事实,至少可以说明加派的豁免,并没有普遍和彻底的执行。而且,即使认真执行,所蠲免的,也只限于明末天启、崇祯两朝的加派。事实上,明王朝的赋税加派,从嘉靖朝就已经开始,到了万历末年,也就是清王朝引以为征税根据的那一年,田赋加派总数就在五百二十万两以上,相当加派以前正赋收入的三分之一。显然,这五百多万两的加派是被清王朝当作正额加以征课的。因此,即使承认加派已尽行蠲免,清王朝的赋税征课也只是比明末天启、崇祯的二十余年有所减轻,和嘉靖以前比较,人民的负担,反而增加了三分之一。

二、关于"新增人丁永不加赋"

"新增人丁永不加赋",是从康熙五十一年(一七一二)开始实行的。它规定丁赋的征收,以康熙五十年全国的丁银额为准,以后新增人丁,永不加赋。这一措施曾经被说成是"有书契以来未有之旷典"。

丁税和田赋,在摊丁入地以前,是两个并列的征课项目。田赋按亩征课，丁税则计口征收。由于丁税对农民是一个沉重的负担，所以无地农民，为了拒纳丁银，往往被迫逃亡。这种因人丁逃亡而征不足额的情形，从清初至康熙五十年间，始终存在。在"滋生人丁永不加赋"的"诏令"中，康熙也承认一户有五、六人，只有一人交纳丁税，有九丁、十丁之户，也只一、二人交纳丁税。这说明，在颁布"诏令"之先，丁银之未能足额，已经是既成的事实。为了达到足额征收的目的，清王朝订了不少奖惩措施。如顺治十一年（一六五四）规定编审户口，要"逐里逐甲，审察均平"，"如有隐匿捏报，依律治罪"。康熙二十五年（一六八六），又将编审限期缩短，凡新增之丁隐匿不报者，也依律治罪。在奖的方面，顺治十四年（一六五七）规定"州县官编审户口，增丁至二千名以上，各予纪录"。康熙二年（一六六三），更扩大范围，只要有一州一县增丁二千名以上，从州县官、道府、布政司直至巡抚总督，统统准予纪录。然而，即使这样奖惩兼施，效果还是非常微小。一直到康熙颁布"新增人丁永不加赋"的"诏令"之前一年，各省编审人丁，仍然未将加增之数，尽行开报。地方官未尝不力求足额，免干罪戾。康熙二十二年（一六八三），直隶灵寿知县陆陇其就承认：从顺治十四年（一六五七）到康熙二十二年（一六八三），这个县载在赋役全书的人丁，增加了九八七丁，而实际审定丁数，却少了五六九丁。其所以如此，是由于"编审者惟恐部驳，要求足额"，且又恐仅如旧额，犹不免于驳，"必求其稍益而后止"。这样的严攫遍索，而仍然不免于征不足额，原因是很清楚的。那些没有交纳钱粮的余丁，决不像康熙所说，是在"优游闲居"，"共享安乐"，而正像陆陇其所说，他们已经是"老幼无立锥"，"逃亡无踪迹"。

滋生人丁，永不加赋。如果认真执行，当然有减轻人民负担的一面。因为新增人丁，自此不再交纳丁银。但是，它同时又有增加人民负担的一面，因为如果人丁减少，丁银却要维持常额，不能相应减少。在康熙五十五年（一七一六），户部议定的执行条例中，规定了"新增人丁补足旧缺额数"的具体办法：一户之内，如同时有新增之丁和开除之丁，即以所增抵补所除，如新增之丁不足以抵补开除之丁，即以亲族之丁多者抵补；又不足，即以同甲、同图之粮多者顶补。这种办法，就连为清王朝唱赞歌的人也加以非议，认为这是"丁倒累户，户倒累甲"，"在官谓之补，在民谓之累"。

还有另外一种情况，那就是不管有没有新增人丁，应除之丁根本不予开除。如云南省，一直到雍正二年（一七二四）实行摊丁入地之前，"寸椽尺土"之丁，"虽老病故绝，编审时从不除减"。

三、关于"摊丁入地"

所谓"摊丁入地"，是将原来按人丁所征之税摊入地亩。这个办法，在康熙后期，即已试行于少数地区，而其正式施行和推广，则在雍正初年。在此以前，无地之丁虽然不交田赋，但须交纳丁银。摊丁入地之后，则无地之丁，并丁银亦不必交纳。

摊丁入地是丁银征不足额的必然后果。王庆云在《熙朝纪政》一书中说道：丁银"均之于田，可以无额外之多取，而催科易集"；可以保证"保甲无减匿，里户不逃亡"。这就证明清王朝之所以改行摊丁入地，是为了丁银的征收得到足额的保证，更有效地使农民附着于土地。

虽然如此，摊丁入地仍然不失为一项积极的措施。这不仅因为实行摊丁入地之后，无地或少地的农民，可以免除或减少丁银的负担，而且由于逃亡人口的减少，对发展农业的生产，有一定的积极作用。

丁银是力役的代金，在丁银与田赋分别征收之时，"通计一省丁粮，均派一省徭役"。摊丁入地以后，丁徭与地赋合一，无地农民理应别无徭役。可是，在丁银摊入地亩之后，却又留了一个"编审人丁以供差役"的尾巴。也就是说，丁银摊入地税，并不意味着地方差役摊派的停止。于是，口头上"民纳地丁之外，别无徭役；官有兴作，悉出雇募"。实际上，无地或少地的农民，对力役之征，照旧"有赴功之差"，而田连阡陌的富豪之家，反得依仗权势，"不应差徭"。

可见摊丁入地的实际施行，并不像官书中所渲染的那么"公平至当"。但是，即使这样，它也受到"有田之家"的抵制。在雍正元年（一七二三）开始实行摊丁入地时，有人就料到"有力之家"的"阻遏"。山西省从雍正九年（一七三一）开始试办，一直到乾隆三十年（一七六五）全省一百零四州县中，丁粮合一者，只有四十一州县；丁粮分征者，仍有二十六州县；其余三十七州县，有的只将丁银一半或三分之一摊入地亩，有的将丁银统按下下则征收，以余额归入地亩。其所以如此，就是因为要遵循"有田之家所加者无多"的"良法美意"。正由于此，摊丁入地，延续了一个很长的过程。贵州至乾隆四十二年（一七七七）才开始通省施行，山西则迟至道光二年（一八二二）还在"次第查办"，而吉林省有些地方，一直到光绪八年（一八八二）还在等待地方官来"摊丁于地，以甦民困"。

四、关于蠲免钱粮

蠲免钱粮被认为是清王朝的"旷典"之一。康熙六十一年中，蠲免钱粮"有一年蠲及数省者"，也有"一省连蠲数年者"；乾隆六十年中，四次普免天下钱粮，三次普免各省漕米。封建王朝企图以此证明"薄海亿兆，并裕仓箱"，为"古今第一仁政"。

事实上，蠲免钱粮证明了"并裕仓箱"的反面。

钱粮的蠲免和积欠往往是同时发生的。康熙帝一再蠲免，可是雍正帝临朝第一年就查出江苏一省的田赋积欠，有八百八十八万两之多。乾隆帝四次普免钱粮、三次普免漕米，可是当他刚刚让位于嘉庆帝时，却亲眼看到天下积欠达到两千多万两。嘉庆二十四年（一八一九），也曾普免一次天下钱粮，那次蠲免的数额，共计二千一百二十九万两，为数不为不巨。但就在这个时候，各省积欠钱粮至二千五百万两之多。蠲免二千一百万，原来是因为已经积欠了二千五百万！

和"并裕仓箱"相反，蠲免钱粮绝大部分是和灾荒连在一起的。什么样的灾荒，才得幸邀蠲免，是由皇帝决定的。顺治十年（一六五三），曾规定四分灾可以蠲免田赋的十分之一，五分以上的蠲免十分之二，八分以上蠲免十分之三。到了康熙十七年（一六七八），却改为最高只能蠲免十分之二，五分以下，则改叫"不成灾"，不在蠲免之列。雍正八年（一七三〇），河南全省水灾，祥符、封邱一带农民至"卖男女"，而清王朝的统治者却认为"实未成灾"，钱粮仍照额完兑。

对于蠲免，不但皇帝可以随手高下，而且经征官吏，可以任意侵吞。顺治时期，地方官私自征收蠲免钱粮，已经大量暴露。康熙时期，每逢蠲免，甚至在履亩踏勘，造报被灾分数，题请蠲免之前，地方官已将本年钱粮"敲扑全完"。这种情形的普遍存在，连清王朝的统治者也不得不承认："有蠲免之名，而民不得实惠"。

即使蠲免钱粮，"民"得了实惠，这个得了实惠的民，主要也不是真正贫苦的农民。康熙帝就直认："田亩多归缙绅豪富之家，小民所有几何？从前屡颁蠲诏，无田穷民，未必均沾惠泽。"乾隆帝也说："输纳钱粮，多由业户，则蠲免之典，大概业户邀恩者居多。"康熙四十九年（一七一〇），为了使所谓"佃户沾恩"，户部议了一个业主蠲免七分，佃户蠲免三分的办法。可是只维持了二十五年，就改为酌量宽减，"不必限定分数"。如果佃户不依，就要"治以抗租之罪"。乾隆三十五年（一七七〇），又重新规定，"业户照蠲数十分之四减佃户租，可是不过二十年，又改回"各就业主情愿"，不必定以限制。可见三七开也好，四六开也好，都没有能够维持多久。

即令这些规定完全兑现，佃农所能得到的实惠，也非常有限。"田租一石，税粮三升"。也就是说，佃农交纳给地主的田租，相当地主交给官府的钱粮的三十三倍。然而钱粮蠲免，却倒过来了，主七佃三，或主六佃四，而这在封建统治者的眼中，就叫做"均平无偏，乃为有益"了。

（二）清王朝的财政加派

康熙六年（一六六七），顺天府尹李天浴说："征收银粮，不苦于正额之有定，而苦于杂派之无穷。"十九年（一六八〇），御史许承宣也说："今日之农，不苦于赋，而苦于赋外之赋；不苦于差，而苦于差外之差。""今日之商贾，不苦于关，而苦于关外之关，不苦于税，而苦于税外之税。"李天浴和许承宣的所谓"不苦"，虽然是掩饰之辞，但是他们的侧重点，却击中了清王朝财政税收的要害。

一、加　派

马克思说：东方专制国家的财政司，就是"抢掠本国人民的机关"。封建王朝的赋税加派和浮收，本可以赤裸裸地进行，但清王朝为着粉饰它的所谓"太平盛世"，在进行赋税的加派和浮收时，却需要一些掩盖手法。

首先，某些加派，往往是在整顿乃至革除加派的名义下进行的。耗羡归公，是一个很典型的事例。

耗羡是征收田赋的一种附加，是在弥补镕铸征收散碎银两的火耗的名义下创设的。对于这种附加，清王朝最初也曾表示要严行禁革。顺治元年（一六四四），明朝降臣骆养性请每两加火耗三分，还被斥之为"贪婪积弊"。然而，这种积弊，事实上并没有禁革。到了康熙后期，各省征收火耗，已由三分变成二钱、三钱乃至四钱不等。这一笔为数可观的耗羡，一向归州县支配，一部分入州县官吏的私囊，一部分以规礼的形式进了上司的口袋。雍正二年（一七二四），在"剔除积弊"的名义下，加以整顿，实行耗羡归公，用这笔钱作为地方官吏的所谓"养廉"和弥补亏空之用。很明显，这种整顿只是把不合法的加派变为合法的正项，原有的加派，并没有丝毫减少。不仅如此，变加派为正项以后，又出现了新的加派；变规礼为养廉以后，又出现了新的规礼。雍正帝在实行耗羡归公的第三年说道：钱粮火耗，地方官于应取之外，稍有加重者，必重治其罪。这说明此时已经有了加重征取。在实行之第五年又说：国家既给养廉，地方官有再私收规礼者，一律"置之重典"。这说明此时已有私收规礼。乾隆帝在即位的第三年（一七三八）也说：自各省题解火耗，优给养廉之后，州县官何得再暗地重耗，以为自润之计！这说明此时已经有了"暗地重耗"。五十年（一七八五）又说：直隶各省积欠耗羡，此非州县私自挪移，即系吏胥从中侵蚀，"岂可以官吏之所欠，复向小民催征滋扰？"这说明"催征滋扰"，已经指向"小民"。所有这些官样文章，并不能掩盖加派之外又增加派的事实。

不仅加派改为正项以后，可以出现新的加派，而且新的加派又寖假而成正项，复在新的正项之外又出现新的加派。四川、江西、甘肃等省征收田赋，在耗羡之外，又有"暗中加重戥头"之所谓"平余"。这种"平余"，在雍正以前，似乎还只是"暗中加重"的，到了乾隆二年（一七三七），四川巡抚硕色向皇帝陈奏了这件事，奏章中写的是每百两提解六钱，"充各衙门公用"，实际上是每两加至一钱有余，即每百两提解十两以上。这件事公开以后，乾隆帝表示"不胜骇异"，要永行革除这一耗外"交纳之项"，办法是"遵照征收钱粮之天平法码，制成划一戳，饬令各州县确实遵行"。至于遵照哪一种天平法码，是"加重戳头"以前的，还是加重以后的，没有讲明。但有一点是肯定的，即"平余"并没有因此取消，而是在不久之后，变成了正项。因为第二年就出现了"将解部减半平余扣存司库，以备荒歉应用"的"谕旨"。可见在此以前，这个"减半平余"，必已上解户部，并随即在"备荒"的幌子下，变成了正项。

四川的"平余"变成正项以后，是否接着产生新的加派，还没有见到文献上的记载。但是，在云南和"平余"同样是"充各衙门公用"的一种额外加派——"公件"，却证明旧的加派变成新的正项以后，确确实实又产生了新的加派。雍正五年（一七二七），云南巡抚杨名时曾"将原定公件统加复核，留必须之用，其余题报归公"。而实行的结果：归公以后，公件"转成厉阶"，有司"于地方应办公事，不免复派"。

类似这样的加派，是不胜枚举的。中央有"部费"，地方有"设法"。广西有"均平"，江西有"解费"，陕西有些州县"私派名色不下三十余项"，直隶有的地方正赋每亩一钱三分，而什派"每至三四钱"。总之，"有一项正供，即有一项加派"，层出不穷。

其次，清王朝的加派，有的是在科取所谓正额以外的盈余的名义下进行的。关税盈余，就是一例。关税的盈缩，随货物流通的消长而定，本来不可律以固定的数额，更无所谓额外的盈余。清朝初年，也曾一度取消所谓定额。顺治七年（一六五〇），就曾规定以后关税不必定额，"恐有余者自润，不足者横征"。康熙四年（一六六五），还曾"罢抽税溢额议叙之例"，防止经征官吏以横征暴敛作升官捷径。应该说，这些都是合理的规定。以后在康熙十四年（一六七五），虽然有过一次反复，但在整个康熙时期，"关差苛取溢额，希图议叙"，仍然是视为禁例的。

关税盈余的正式解交，是从雍正时开始的。雍正二年（一七二四），江西巡抚裴𢶜度把湖口关税盈余，悉数解交户部。对于这笔盈余，雍正帝一面告诫说："倘额外剥削商民，则断然不可。"一面夸奖说："今岁盈余，是尔等清厘所致。"嘴里说"数觉过多"，两只手却早已伸出去，照数赏收。

乾隆时期，盈余便和正项一样，成了关税必征的项目。乾隆六年（一七四一）正式规定：各关盈余银两，必须与上年数目相仿。十四年（一七四九）更进一步规定，各关盈余成数，视雍正十三年短少者，各按数定以处分，并且"永著为例"。由康熙二十六年的"议处溢额"到乾隆十四年的"议处缺额"，六十年间，事情走向反面。

这个办法行之未久，即因"各关奏报盈余较雍正十三年有赢者居多"，于是又回到乾隆六年的办法，"仍与上届相比较"。表面上是防止税吏"从中侵隐"，骨子里是朝廷要尽量搜刮盈余。乾隆四十二年（一七七七），又进一步改为与前三年比较。名义上只要不少于前三年中任何一年，即可核准报销，实际上变成以"上三届征收最多年份"为准，仍是尽量多要。作为对抗之策，关税经征人员则想尽各种办法，拉平各年税收，以尽量少交对付尽量多要。在对外贸易税收中心的粤海关，每当临近向北京解款之时，经常出现装卸船货、稽征钞税一概后延，进出口贸易临时中止的怪现象。其所以如此，就是着眼于拉平各年税收。这种手法，大概也为清廷所察觉。因此，嘉庆四年（一七九九），停止了乾隆四十二年的办法。将所有盈余数目，"酌中定制"，制成新定额，不再与上三届比较，而新定额以上之盈余，仍须据实报出。这分明是以多要对付少交的新手法，但却被说成是防止"司榷各员藉端苛敛"的"体恤"措施。

总之，乾隆帝是百计搜求盈余于定额之外，嘉庆帝是千方追索已包括盈余在内的新定额以外之新盈余。定额之外有盈余，盈余之外，又有盈余，和正项之外有加派，加派之外又有加派，如出一辙。

最后，清王朝还通过所谓"折色"的办法，进行额外的勒索征派。

所谓"折色"，是以货币代替实物的交纳。以漕粮为例，清朝征收的漕粮中，大约有百分之十是折价征收银两的。这种漕折，一向被说成是清王朝减轻人民负担的"恩惠"。因为根据官方的规定，折价较低，而且固定不变。从顺治到道光，每石漕粮的官定折价，虽然地区之间，各有高下，但始终在五钱至八钱之间，一般低于米粮的市价。因此，只有在交通阻滞，漕运困难，或灾荒欠收，无粮可交的情况下，才能享受到这种"恩惠"。

但是，官方规定的折价，只停留在纸面上。实际则米价变动，折价也随着变动，它不但不低于市价，反而三倍、四倍乃至五倍于市价。

顺治时，江西米价每石不满四钱，而漕折实际每石一两二钱，三倍于市价。

康熙时，江南米价每石不过五钱，漕折每石二两，四倍于市价。

乾隆时，各省漕折每石自三两数钱至四两数钱不等，而当时米价，低则不到一两，最高也很少超过二两。可见，纸面上的规定和实际的执行，根本是两回事。

在征收漕折中，还有所谓"民折官办"的办法：或由折漕州县赴临近水次、运漕方便的州县，照额采购，交兑起运；或径由运漕方便的州县代办，再从该州县应交地丁银内照数扣除。这两种方式，都是在减轻人民负担的名义下采用的。但实际的结果，却与此相反。河南漕米自康熙十四年（一六七五）实行"民折官办"，每石漕粮折银八钱。后来河南粟米市价下落，于是在八钱折价中，户部扣下一钱五分，只留六钱五分给巡抚买米起运，巡抚则"分委州县"，州县又"复派小民买输"。到头来小民还是交的粟米，而户部经过一次"民折官

328

办",凭空每石得了一钱五分的额外好处。到了乾隆年间,河南粮价上升,这时一部分改征折色的漕粮,由临近水次,交通方便的州县代办。在粮价未涨之先,代办州县每运米一石,从应交地丁银内扣银六钱五分。粮价涨了以后,原扣地丁银两不敷办运,这时户部却不闻不问,扣银丝毫不添,运米一石不得短少。

清王朝的这种变相勒索,并不止于漕粮。在各种金属矿产中,贱价勒买、高价出卖,几乎是通例。康熙二十七年(一六八八),官钱局购买铜斤,当时市价每斤一钱六、七分,而官价只给六分五厘,连市价的一半都不到。康熙四十四年(一七〇五),清王朝对云南所有铜矿,除征收百分之二十的"课铜"以外,下余铜斤,全部官买,谓之"官铜"。当矿民自备脚费把"官铜"运到省城,卖给官铜店时,每斤得银不过五分,而官铜店转手即以九分二厘出卖。乾隆二十一年(一七五六),云南巡抚郭一裕把云南官铜的收买价格每斤提高了一分,可是就在同一时间,课铜的折价却比官铜的价格高出两钱以上。乾隆四十年(一七五五),贵州各水银厂折实抽课,实物折价,在当地交纳,却要按大大高于产地价格的汉口市价。凡此种种,说明清王朝利用价格的垄断加重财政的剥削,到了无所不用其极的程度。

二、加派的后果

财政加派,对整个社会产生了恶劣的影响。它不但直接加重了人民的负担，而且通过生产过程和流通过程，对国民经济产生了严重的后果。

在加重人民的负担方面，漕粮的征课是一个很好的例证。

前面提到，漕粮的改折，使人民的负担无形中增加了几倍。事实上，占漕粮百分之九十的征实部分，所加于人民的实际负担更为惊人。

清王朝征收漕粮，年约四百万石。要把这些漕粮由南方征收地区通过运河运往北京和通州，就得加上以下七项费用。这七项无一不是正项以外的附加。

一、随漕正耗。这是备北京、通州两处米仓损耗和沿途运输折耗之用。运京仓的漕米，为正兑米，每石加耗二斗五升至四斗不等；运通仓者为改兑米，每石加耗一斗七升至三斗不等。

二、随漕轻齎。这是正耗以外的余耗，先期征解仓场，为转运脚价之费。每石正兑米加耗米一斗六升至三斗六升，改兑米加耗米二升，折征银两。

三、随漕席、板、竹。这一项包括漕船运粮需用的各项物料，有的征实物，有的折征银两，通算每石漕米征银大约八厘左右，合米一升左右。

四、行月钱粮。这是给运丁的口粮。按月发给，谓之月粮。每月八斗至一石不等，出运之日，另给行粮每名二石四斗至三石不等。行、月二粮合计，每名每年在十二石至十五石之间。每年运丁以六万计，运粮以四百万石计，平均每运粮一石，约征行、月银粮二斗。

五、赠贴银米。这是对运丁的津贴。正额高下不一，一般是"五米十银"，即每运米百石，征银十两，米五石。折银易米，则每运粮一石，征米一斗五升左右。

六、厅仓茶果。这是雍正四年（一七二六）借修仓、造册费用而新加的一项额外需索。每仓以六十两为定额，每粮一石，征银约五厘，合米半升左右。

七、漕耗。这是乾隆八年（一七四三）借运丁津贴和州县兑漕费而新加的一项额外需索。每粮一石，征米一斗五升。

以上七项附加，平均计算，每运粮一石，附加也得一石左右。也就是说，七项附加，等于漕粮正项。

但是对交粮的农民而言，压在他们身上的沉重负担，还不止这七项明文规定的附加，而是并无明文规定但实际上大量存在的各种苛征勒索。

在"随漕正耗"之外，有不见明文的"折扣"、"淋尖"和"踢斛"等等浮收；在津贴运丁的"行月钱粮"之外，又有不见明文的"帮丁贴费"；既有专作运转费用的"随漕轻赍"，却又在"轻赍"之外，加上不见明文的"兑费"名目；既有"厅仓茶果"的额外需索，却又在"茶果"之外，增添各项"使费"。可以说，有一项加派，即有一项或数项额外加派。

这些额外加派，愈演而愈烈。

如果说，"随漕正耗"以外的浮收，最初还只限于斛面，那么后来就发展而为折扣；如果在乾隆中期，折扣还不过每石数升，那么经嘉庆至道光时，就已增至五折、六折，也就是"交米一石，需米二石"。

"帮丁贴费"，以前每船不过百余两至二、三百两，后来则递增至五、六百两乃至七、八百两；最初还不过帮费一项，后来则进而发展为铺仓礼、米色银、通关费、盘验费等各色名目。

"兑费"在顺治末年，每石不过征银五分，转眼之间，就加至一钱乃至四、五钱不等。顺治末年，它还被看作额外苛求而加以禁革，后来不但"兑费"名目没有取消，反而私加至五六倍或七八倍不等。

载入明文的"厅仓茶果"，每石不过五厘。而不见于明文的"使费"，仅其中的"验米费"一项，就相当于"厅仓茶果"的一倍。"使费"还只限于仓场对运丁的勒索，随后在仓场之外，又有领运官、押运官，以及沿途催儹、稽查官吏和淮安漕督衙门等一系列的勒索和苛征。

漕粮加于人民的全部负担，是无法精确统计的。但是，国家"岁漕江南四百万石，而江南则岁出一千四百万石"，"民间有四石之费，国家始有一石之用"，这在当时是众口一辞的。应该说，这还是保守的估计。

其次，赋税的加派，不仅直接加重人民的负担，而且必然要影响整个流通过程和生产过程。它的最终结果，不仅恶化人民生活，而且恶化整个国民经济。盐税之于流通过程，矿税之于生产过程，是典型的事例。

　　清王朝的盐税，绝大部分是在包卖的基础上的课税。全国有两淮、长芦、山东、河东、两浙、福建、广东、广西、四川、云南十大产盐区。每一产区有一定的行销范围，各销盐口岸，有一定的销盐数额，而销盐商人，也有一定的专卖权利，彼此不得逾越侵夺。盐课按引计算，每引盐斤，随地区和时间而不同，以三百斤至四百斤为最多。全国销盐额，在乾隆、嘉庆年间，达到六百四十万引左右，估计在二十亿斤以上。额收正课五百五、六十万两，每斤正课为三厘左右，和盐的场价，大体相等。

　　占全国盐税三分之一的两淮盐课，到了嘉庆末道光初年，销盐一百六十八万多引，应征额课一百八十万两，叫做“正款”。它只是“正课”中的一项。除了“正款”以外，还有报解织造、铜斤、河饷以及其它杂款，共三十七万两，也属于“正课”之列。这样，“正课”就扩大为二百一十七万两。在“额定正课”之外，还有所谓“额定杂课”。其中多数是由陋规改成的正项，它包括内务府充公的节省银、各衙门充公的盐规以及办贡、办公俸饷、缉私水脚等项，合计达三百六十四万两，再加上陈欠带征九十万两，共计四百五十四万两，已两倍于“额定正课”。

　　额定正课、额定杂课以及陈欠带征，都是额课以内的款项，是属于所谓国家应征的“科则”。根据上面的统计，它一共是六百七十一万两。在此之外，还有大量的不属于应征科则的浮费和课税以外的所谓"窝价"，这是无法精确计算的。

在不属于应征科则的浮费中，有所谓扬州的公费和汉口的岸费。前者是维持扬州盐务衙门的各项浮支，额定摊派七十万两，实际上多至八九十万乃至百余万两。后者是维持汉口分销淮盐当事各衙门的浮费，原定每引带征六钱，实际上递加至八钱乃至一两四钱不等，总数也达到一百数十万两。

至于盐引的窝价，指的是领取包卖凭证的费用。商人请引行盐，必以窝单为凭，从而盐商除了按引纳税以外，还得花钱领窝。窝价名义上每引纳银一两，实际上每引值银自二两递加至三两不等，因此，"一单之价，倍于正课"。即令按每引一两计算，两淮行盐年达一百六十八万多引，窝价一项也就在一百六十八万两以上。

以上三项，只是主要的额外征摊，至于零星的浮费，是不胜枚举的。嘉庆十一年（一八〇六）编纂的《两淮盐法志》中，正纲课目以外的各种加丁、加斤、养廉、饭食等杂项浮费，竟达九十二种之多。

不论是额定正课、额定杂课或者额外浮费，所有这些开支，最后全部转嫁到食盐消费者的身上。广大的消费者是怎样承受这一负担的，可以从淮盐的三种不同的价格进行一些窥测。

第一种盐价是盐场灶户卖给盐场场商的价格。嘉

334

庆时，淮盐场价，每斤制钱一、二文至三、四文。按引计算，道光初期，每引约值银九钱至一两，至多一两四、五钱。

第二种盐价是场商在水运码头卖给运商的价格。这个价格在乾隆后期每引是二两六、七钱，至道光初期增至三两至四两左右。

第三种盐价是运商在销盐口岸所得的价格，这个价格，在乾隆后期，每引是十三、四两，至道光初期至少在十四两以上。

可以看出，从盐场到销盐口岸，盐价增加了十倍乃至十四、五倍。由盐场至运盐码头，路程不过数百里，而盐价陡增二至三倍；由运盐码头到销盐口岸，水程不过一两千里，而盐价又陡增三至四倍。这其中应当考虑到高昂的运输成本，但是赋税加派对流通过程产生的严重影响，不能不是一个重要的因素。

至于赋税加派对生产过程的影响，可以矿业中历史较长、规模较大的云南铜矿为例。清王朝对云南铜矿的课税，最初采取"听民开采，官收其税"的政策。办法是指定矿山，招民煎采，所得厂铜，官收百分之二十的矿税，其余听民自由买卖。这个办法开始于康熙二十一年（一六八二）。四十四年（一七〇五）起，改行所谓"放本收铜"的政策。矿民入山，官厅发给铜本，所得厂铜，除抽税百分之二十以外，其余全部归官厅收买，从中扣还铜本。这个办法实行的时间最长，除了雍正元年(一七二三)和乾隆三十八年(一七三三)作过短期的变动以外,一直维持到道光时期。

在实行"放本收铜"以前,尽管课税高达产量的百分之二十,但是由于下余的部分,矿民得自由出卖,基本上能维持生产的正常运行。因此,在开头的二十多年中,滇铜经历了一个相当繁荣的阶段,年产量由二十万斤上升到四百万斤以上。

实行"放本收铜"以后,滇铜生产,从两方面受到打击。一方面官府收铜之时,加长秤头,任意克扣,矿民领百斤铜本,出铜以后,除了还铜本百斤、纳税二十斤以外,还要白交秤头加长三十斤。也就是矿民要交纳一百五十斤的厂铜,才能领到一百斤的官定铜本。另一方面,官府收铜之时,又尽量压低铜价。官铜店收铜价格,每斤不过五分,而一转手,即以九分二厘出卖。这实际上是变相的加派剥削。

由于这两方面的打击,云南铜矿在实行"放本收铜"以后,生产一落千丈。到康熙末,产量由四百万斤直线下降到不足一百万斤。康熙四十四年(一七〇五)全省矿厂共有十七处,而在其后十八年中报开的新厂,只有一处。原有各厂,名义上虽未封闭,实际上有许多确是"荆棘丛生,阒然不见一人"的。

面对这种形势,清王朝不得不对收铜的办法作一些改变。雍正元年(一七二三),将官买全部余铜改为部分购买,除"本省鼓铸外,有余悉听民自卖不禁";乾隆三十八年（一七七三），又准许矿民固定出售余铜的百分之十。这两次改变实行的时间都不长，但多少给矿民以活跃生产的刺激。此外，在雍正五年（一七二七）、乾隆三年（一七三八）、十九年（一七五四）、二十一年（一七五六）、二十七年（一七六二）、三十三年（一七六八），对收铜官价先后作了六次调整，每斤价格由最初的五分提高至七分。这样，云南铜矿才又得到比较迅速的发展。铜的产量，在雍正初年为一百多万斤，乾隆中期上升到一千四百万斤的新纪录。

但是，这个新纪录，也不足以说明真正的繁荣。在生产上升的同时，矿民对官府的所谓"厂欠"，也在迅速增长。原因是：官收铜价虽然多次提高，却仍远远落在产铜工本的后面。根据当时熟悉滇铜的人计算，即使以最高官价抵算工本，厂民每纳铜百斤，还要亏本一两五、六钱，乃至一两八、九钱不等。完全依靠官本进行生产的厂民，在官价不付工本的情况下，只有将官本转为积欠，才能维持生产。乾隆三十二年（一七六一），在不断加价声中，通省厂欠竟达十三万七千余两。三十三年（一七六八）再一次进行加价。可是不过三年，清王朝刚把加价取消，厂欠就又堆积到十三万九千余两。

这种虚假的繁荣，也没有维持多久。乾隆四十二年（一七七七）以后，采铜工本和官定铜价的差距，越来越大，以最高给价抵最低成本，纳铜百斤，还要亏本一两五、六钱。此后，云南铜矿产量，再也没有达到一千四百万斤的纪录，嘉庆年间，甚至降低到九百万斤的水平。

（三）清王朝的财政政策
对各阶级的影响

在封建社会中，地主和商人是剥削阶级的代表，被剥削阶级的主体是广大的农民和其他劳动群众。清王朝的财政政策不能不影响着各个阶级、集团在财政赋税体系中的地位。

一、 地主和农民

地主和农民是封建社会中两个直接对立的阶级。在封建社会中，占统治地位的地主阶级拥有各种特权。这种特权在赋税方面的表现，如优免赋税、包揽钱粮等等，是十分突出的。对于这种特权，清王朝建立统治以后，表面上似乎在逐步加以限制。早在顺治五年（一六四八），还承袭明朝旧制时，就颁布了优免绅衿粮役的条例。顺治十四年（一六五七）加以改变，规定"自一品官至生员吏承，止免本身丁徭，其余丁粮，仍征充饷"。康熙元年（一六六二）实行"顺庄法"，规定"绅衿民户，一概编入里甲，均应徭役"。康熙二十九年（一六九〇）更规定绅衿户下有诡寄地亩、不应差徭及包揽他户地丁银米，从中侵蚀者，照"欺隐田亩例"处理。雍正五年（一七二七），进一步规定贡监生员等绅衿包揽钱粮，以致拖欠者，"均黜革治罪"。凡此种种，似乎表明清王朝在认真执行均赋均役，剔除豪富包揽侵占积弊的政策。但事实并非如此。

所谓均赋，实际上是不存在的。康熙二十七年（一六八八），河道总督靳辅说过这样一段话："隐占田亩，唯山阳最多，有京田、时田之分。时田一亩纳一亩之粮，系小民之业。京田四亩纳一亩之粮，皆势豪之业。"隐占田亩山阳最多，这等于说别的地方也有，不过不如山阳那么厉害。靳辅的话，只有一半是符合事实的，即隐占田亩，并不限于山阳，但山阳并不一定是最多的地方。就在同一时间，同在江苏境内的苏州、无锡、太仓、常熟、吴江、昆山等州县，就出现过大量的田亩隐占。在这些地方，拥有大量土地的官僚地主徐元文、徐乾学一家，把自己的土地填入别人名下，每年拖欠钱粮，以势欺压，终不完纳。在这种情况下，所谓小民之业，一亩纳一亩之粮，是根本得不到保证的。嘉庆年间，"江苏省有贫民，地无一廛，每岁纳粮银数两至数十两不等；有地只数亩，每岁纳粮田银十余亩至数十亩不等"。刁生劣监之米，即令"升合不足，米色潮杂，亦不敢驳斥"，而"良善乡愚、零星小户，虽加至五、六，而不敢违抗"。这种情况，当然也不限于江苏一省。在安徽的寿州、新分、风台等地，在雍正年间，就已有"田赋淆混，等则莫辨"，"豪强兼并，愚懦包赔"等现象的大量存在。这里的"豪强"和"愚懦"，就是田多粮少的地主和田少粮多的农民。

至于均役，那就不但不见之于实际生活，而且在纸面上的条例中，也是不彻底的。康熙初期，虽然规定绅衿和民户"一律编入里甲，均应徭役"，实际上"绅衿户下地亩，不应差徭"。雍正时期，又正式恢复"绅衿优免本身一丁"。乾隆时，进一步规定"一切杂色差徭，绅衿例应优免"。事实上，即使一切徭役均按田亩多寡分派，也是徒托空言。因为由官来分，"将惟胥吏之操纵"；由民来分，"将惟豪右之指挥"。人所诟病的"田归不役之家，役累无田之户"，在一切徭役按地分摊以前，固然是这样，在按地分摊以后，仍然是这样。在绅衿有优免特权之时，固然如此，在所谓取消优免之后，亦复如此。

地主豪绅对赋税之包揽侵蚀及其与官府之朋比分肥，更是加派浮收的必然后果。在漕粮征收中，被称为"绅棍"、"衿匪"、"米虫"、"谷贼"的豪绅地主，"挟州县浮勒之短，分州县浮勒之肥"，始则包揽�，继而讹索漕规，"或一人而幻作数名，或一人而盘踞数县"。各州县中，人数最多之处，生监或至三、四百名，漕规竟有二、三万两，驯至"在征收钱粮时，置之号籍，每人应得若干，按名照给"，视为成例，以"乡里穷黎之膏血"，供"官绅胥吏之赃私"。

由于豪绅地主的包揽分肥来自清王朝的横征暴

敛，所以对于这种现象，不是任之而不能禁，就是禁之而不能止。康熙三十四年（一六八五），曾一度严包揽纳粮之禁，对大户包揽钱粮，不容小户自封投柜之弊情，要地方官题参治罪。可是雍正三年（一七二五），却又明定附纳之例："凡小户钱粮数在一两以下者，附大户投柜。"

二、商　人

商业是为封建主利益服务的。地主和商人都是靠剥削直接生产者的剩余产品寄生的。他们需要把剩余产品在他们内部加以分割，这种分割当然不可能是和谐的。

封建王朝是地主阶级在政治上和经济上的总代表。在分割这种剩余产品时，封建王朝处于主动和支配的地位，而商人则处于从属和受支配的地位。但是，在封建社会中，商人是社会财富的一般形式——货币资本的大量拥有者。他们具有不可忽视的经济力量和社会力量。封建王朝在实现其分割剩余产品时，往往需要商人的帮助。在这方面，剩余产品的分割，又表现得颇为和谐。清王朝在赋税方面和盐商的关系，就是如此。清王朝的所谓"恤商"，有以下四项：

加斤——食盐的征课，以引为单位。所谓"加斤"，就是增加每引的重量。康熙以前，即曾有过加斤，但每次加斤，课税也随之增加。雍正以后，开始加斤而不加税。乾隆时期，加斤频仍。从乾隆十三年（一七四八）至二十七年（一七六二），十五年中，两淮盐引，曾加斤四次，每次加斤，都不加课。此外，还有一项变相的加斤，即所谓增加卤耗，这也是乾隆时期一项经常的"恤商"措施。从乾隆二年（一七三七）至二十一年（一七五六），二十年中，单就两淮而言，就进行过六次。以后商人借口卤耗加斤，更贿赂官吏重斤夹带。康熙时期，每引至多二百九十四斤，至乾隆而达三百六十四斤。加斤而不加课，这对商人自然有很大的好处。

加价——对于商人来说，盐价的高低是盈利大小的关键。只要盐价提高，商人并不在意税课的加重。两淮盐商为了维持高价，在清王朝增引加课之时，甚至情愿带课而不行盐，可见盐价对商人利润的重要。对于食盐的价格，清王朝表现得非常慎重而不轻易增加。雍正帝说："不得禁定盐价以亏商，亦不得高抬时价以病民。"乾隆帝也说：盐价增加，"困在贫民"；嘉庆帝对维持盐价的稳定，表现得更加坚决，说什么"宁可使帑项有亏，而断不肯朘民以益帑"。但实际上，食盐的价格仍在不断地上涨。汉口盐价，雍正元年（一七二三）曾议定每包（重八点二五斤）价钱时以一钱一分九厘为率，最贵不得过一钱二分四厘。嗣后递年增长，至乾隆五年（一七四○），每包加至一钱八、九分，至乾隆五十三年（一七八八），达二钱九分，较雍正时期增长一倍以上。

缓征——一是预运引盐的缓征，一是盐课的带征。原来盐课一向分三次完纳，乾隆元年（一七三六），商人借口运河挑浚，阻塞航道，须提前运盐，资金周转困难，于是始定凡预运引盐，缓征一、二两次课税，统于第三次一并完纳。后遂为成例。这 项缓征，因为只限于预运盐引，数量不大，还不引人注意。缓征的主要部分是盐课的带征。所谓带征，是将当年应征而未完的课税延长上缴期限，延长五年叫做分五年带完，延长十年叫做分十年带完。这种带征，最初只限于正课，以后则扩大到盐商的报效、公捐的交纳和官款的偿还，最后形成巨额的积欠。

借帑——在盐商资本不继之时，清王朝常发库存帑银交盐商领借，以资周转。这种办法，也盛行于乾隆时期。乾隆一朝，仅两淮一处，就先后借帑十次，总数达二百一十多万两。以后按引酌借，视为成例。嘉庆六年（一八一〇），规定每年以一百二十万两为限额，"垂为定例"。

清王朝对盐商的这些优待，当然不是白给。它从盐商那里，也曾得到回报。归纳起来，也有四项：

报效——盐商之报效，始自康熙而盛于乾隆。它的数目，是相当惊人的。乾隆一朝，盐商在军需、助赈、助工、备公的名义下进行的捐输，仅两淮一处，就有三十七起，总数达到二千八百五十多万两。这个数目，十倍于康熙时期全国一年的盐课收入。

帑息——清王朝对盐商发借库款，反过来盐商又付给清王朝以高额的帑息。有时盐商对官府的报效，又反过来作为官本，借给盐商，也收帑息。乾隆十三年（一七四八），清王朝命两淮盐政备银十万两，长芦盐政备银五万两，交盐商生息，以备乾隆帝巡游的挥霍。当时两淮没有余款可解，盐政吉庆献策说，淮盐众商情愿每年公捐银两十万，公领生息，以五年为期，每年息银归入本内，一并营运。期满之后，留银六十万两，永作本银生息，余银解交内库。一文不出，本息全收，算得是名副其实的无本生涯。

预纳——在盐引滞销之时，盐官照顾盐商，准其缓纳税款，分年带征；而在拨解紧饷，无法应数之时，盐商也往往成全盐官，由商凑款赶课，谓之"预纳"。这样，一方面暂时弥补了库款的亏虚，一方面又长久保住了盐官的考成，好处是明显的。

分润——官僚直接分润盐商的盈利，这是一个公开的秘密。康熙时，刑部尚书徐乾学就曾被人揭发私交银两给盐商做生意。乾隆时，山东济东道张体仁也被人揭发让子侄出面行盐，"居官牟利"。在乾隆朝做过户部侍郎的裘日修和嘉庆时的户部尚书戴衢亨，都是长芦盐商的儿女亲家。此后，形成"盐务一官，或与商人联姻换帖，或与商人伙本行盐"。官、商便成一体。

商人给官的这些好处，也不是没有回报的。例如预纳盐课，就不仅从官那里得到贴息，而且还可以得到减纳的优待。同时一经预纳，又可用手本开载预纳银数，呈官钤印，等到商人亏乏之时，即以钤印手本质钱，辗转抵押，纠葛不清，最后亏的还是库款。

盐商报效，名为"因公抒诚"、"岁助国用"，实际上以空数上报，而先由运库垫解，从无年清年款，以至最后逋欠累累，阴亏正课。占两淮盐商报效首位的军需捐款，在乾隆一朝为数一千四百八十万两，实际上商人交出的现款，不过一百万两，其余全由公库垫解。名为按年带征归款，实际一直挂在账上。

并不是所有的盐商都能同官府保持这样密切的联系，享受到这样优厚的待遇。无论是"缓征"、"借帑"、或"加斤"上的重斤夹带、"加价"方面的垄断盐引，所有这些好处，都首先落在大盐商的手里。至于和大官僚联姻换帖、伙本行盐、朋分盈利的，更是盐商的上层头面人物，获利自然更大。

在两淮盐商中，向有所谓"总商"或"纲总"的设置。他们的数目，由官府选定。康熙十六年（一六七七），定为二十四人。雍正以后，增为三十人。这二、三十个人实际上掌握了整个淮盐的营运。他们一方面是"资重引多"，为散商所信赖的富商，所有贩运淮盐的商人，都必须附在一个总商名下，行盐迟早，惟总商是听。另一方面，他们又是所谓"勇于任事"、为官府所倚重的豪商。所有官府一年应征盐课，都由总商"成管催追"，解款虚盈，唯总商是问。他们在官府与散商之间，对上则借承交赋税之机，挥霍库款；对下则借包揽盐引之势，勒索众商。这种亦官亦商的地位，不仅微本小商望尘莫及，就是一般场商运商，也不能望其项背。

由于地位不同而产生的这种差异，不但见之于盐商，而且也见之于其他商人。江苏浒墅关征收关税，有梁头、小贩之分。梁头系按船只大小征税，其对象是拥有商船的大商人；小贩则按货征税，其对象为一般行商负贩。两种课税，轻重悬殊。雍正初年，豆税一项，小贩每石纳银七分，而载重二、三千石的梁头，每石纳银只合二分六厘，相去近三倍。淮安关征收关税，关吏在正税上无法高下其手，则在正税以外之"使费"上，玩弄花样。商人纳税，凡商货在百担以上的，正税一两，加"使费"八钱，而小贩零星货物，正税一两，"使费"却加至一两。小商小贩肩负米粮不及一石者，例不纳税，而淮安关则"凡有肩负米石过关者，并不放行，俟再有一、二肩负米石者来，将二、三人之米合算成石，令二、三人公同上税"。很明显，在大盐商那里，亏空公帑虽千百而逍遥法外；在小商贩这里，缴纳税赋虽升斗而锱铢必较。

三、农民以外的劳动群众

在清王朝的财政赋税体系中，全部赋税的最后负担者，除了农民以外，还有一批为数众多的劳动群众。他们主要是被称为"矿丁"、"灶丁"和"运丁"的从事开

346

矿、制盐和漕粮运输的手工业劳动者。

这些手工劳动者中，矿工人数最多。云南铜矿每一矿区，"大者其人以数万计，小者以数千计"，"非独本身穷民，凡川、湖、两粤力作工苦之人，皆来此以求生活"。广东省各种矿的佣工，在雍正时期，不下数万人。这个省北部的一个偏僻小县阳山，在康熙时期就集中了很多来自邻县乃至邻省的矿工。估计清代前期矿业中的劳动者，至少当在百万以上。盐场劳动者的数目，也很可观。仅两淮一处，康熙时期，被称为"灶丁"的盐工，当在十万左右。加上捆工、箕秤、钩榼、杴帚等辅助工，又不下数十万人。这两部分劳动者，在乾隆中期，为数在五十万以上。四川井盐，在十九世纪初期，单是井工一项，估计将近二十万。至于漕粮的运输，也拥有大量的劳动者。清代漕船数目，原额有一万四千五百号，实际上每年从事运输的船只，在六千至七千号之间。每船运丁十至十二人，总数当在七、八万之间。加上运丁所用的水手、舵工、纤夫等，又八、九万人。两者合计，当在十五万以上。

所有这些劳动者，都遭受严重的剥削，生活在极端穷困的环境中。这里仅从清王朝的财政赋税的角度，看一看他们身上承受的重担。

关于矿业劳动者的情况，在清代的矿业中虽然出现了资本主义生产关系的雏型，但大量的矿场，仍然保存着旧的剥削方式。这里的雇佣，一般有两种形式：一种是领取工资的雇佣，有的地方叫"月活"；一种是矿工出力，矿主供给饭食，共同分配产品的雇佣，有的地方叫"亲身"。在后一种形式中，矿工和矿主的关系，实质上近于佃户与地主的关系。而这种形式，在当时某些矿区中，往往占据主要的地位。因此，矿工遭受的剥削，本来就是很严重的。

在这种严重剥削的情况下，清王朝的赋税政策，加重了矿工的负担。如上所述，清王朝对于某些矿产的征课，除了抽税以外，还采取收购产品的政策。由于官定收购价格大大低于市价，所以矿场中，经常发生私卖活动。官府为了防止私卖，就对矿场的生产，进行严格的控制。如云南铜矿中，每炉起火，必须请得官府印票，无票不得起火。熄炉时，官府遣役看守，铜一出炉，即押赴官所称兑。在"亲身"制的条件下，矿工在遭受矿主严重剥削之后，手中分得的产品，一方面必须以低价卖与官府，另一方面，生产又受到官府的严格控制。希图在官府规定之外，进行额外的生产，以改善自己处境的道路，又被堵截。因此，矿工除逃亡到官府力量暂时达不到的荒山峻岭，从事私挖以外，只有饥饿和死亡，几乎没有别的出路。

在盐业中，也有官发薪本，或拨给煎盐所需草荡，由灶户煎盐办课的。以全国最大的盐区两淮而言，这里的盐户，基本上是个体生产者。每灶一丁，办盐十三引，每办一引，给草荡十三亩。灶户所得之盐，只能卖给场商,不许私卖。灶户和官府有两方面的关系:一方面,灶户对官府分给之草荡,必须"按荡完纳本色引盐",官府对灶丁,实际上是地主对佃户。另一方面,灶户卖盐与场商,必须按照官府批准的价格,更不许有"透露情弊"。凡灶户烧盐,必须逐时呈报,"核其开煎、熄火之候,较其盐斤多寡之数,务使尽入商垣"。官府对盐产的控制,采取了与矿产同样严密的手法。盐户的处境,与矿丁并无二致。

在灶盐必须卖与场商的条件下,盐户的命运基本上控制在场商的手里。盐尚未煎成时,灶户为了糊口,不得不以在野之青草荡,向场商典借高利贷,当其辛勤煎得之盐刚一出灶,还没有来得及易银买米,商人便已"持券向取以抵旧欠"。灶户和场商的关系是:灶户需资,场商则"放利图扣";灶户卖盐,场商则"浮收勒掯";灶户盐多,场商则"乘急贱买";灶户盐少,额引亏短,场商则"又以漏私诱诸灶户"。在官府和场商的双重剥削下,灶户处境的悲惨是不言而喻的。清初,一位熟悉灶户生活的诗人写道:"白头灶户低草房,六月煎盐烈火旁","坐思烈火与烈日,求受此苦不可得"。"壮者流离弃故乡,灰场蒿满无池卤"。事实正是这样。海州徐渎盐场,原额办盐灶丁八百五十,其后相继流亡,至乾隆四十年(一七七五),只剩一百三十四丁;莞渎盐场,原额办盐灶丁一千五百,在康熙七年(一六八八),已全部逃亡,后虽陆续召徕,至乾隆四十年,也只恢复到四百五十六丁。可见，灶户也和矿丁一样，多有逃亡。

在漕粮运输线上，清王朝对挽运漕粮的所谓运丁，采取了军队的编制。为封建王朝直接服役的运丁，和其他劳动者比较，有许多特殊之处，但就主要方面来看，他们仍然是受剥削、被鱼肉的劳动者，他们和漕运线上的纤夫、水手，同属于当时广大的水陆运输劳动队伍中的一个组成部分。

采取军队编制的运丁，有十分严密的组织。全国运漕有五十四个卫所，卫所之下分帮，每帮平均有船五、六十只。挽运漕粮的运丁，每四年或五年一编审，轮流领运。编审的重心是"清查隐匿，勾稽潜逃"，必使归卫以备签运。这就是用强制的力量，维持漕运人员的编制，强迫运丁负担漕运的劳役。

对于这种封建的劳役，清王朝也规定有所谓津贴和报酬。它大体上可以分为三项：一是行粮、月粮、赠贴银米的发给，这是最主要的一项。其次是准许运丁随船携带定量的免税货物，进行贸易，叫做"土宜"。雍正以前，每船准带土宜六十石。雍正七年（一七二九）以后，增为百石。第三是分派屯田，作为赡养运丁之用，叫做"计屯贴运"。屯田或由运丁自己执业，或由卫所按亩收租，津贴出运的运丁。平均每丁可摊屯田二、三十亩至五、六十亩不等。

乍看起来，运丁的经济状况，似乎很不错了。他既有固定的行粮、月粮，又有随船土宜的附带收入，还有

350

屯田的补贴收入。特别是后来在行、月钱粮之外,还有帮丁贴费,而运丁向兑漕州县勒索帮费,且为人所诟病。但是,所有这些,改变不了运丁的艰难处境,也改变不了运丁基本上处于受剥削、被鱼肉的劳动者的地位。

首先,在三项收入中,前两项并不全归运丁所有。行、月钱粮包括领舵水手雇募之资,屯田收入包括修造船只津贴之费。运丁个人所能分到的,实际上非常有限。土宜收入很不稳定,运丁在佥造、领运、追比积欠之余,往往无力置办。至于运丁在三项收入之外,还要向兑漕州县勒索人所诟病之帮费,则是他们本身承受官府剥削的自然结果。从承运漕粮起,到运抵仓场止,运丁要承受一系列大小衙门的剥削勒索。承运之时,有卫官、帮官常例,有粮道书办常例,有府厅书办常规,还有令箭牌票的差礼,行月钱粮的勒靳。过淮之时,则有"积歇摊派、吏书陋规、投文过堂种种诸费"。至抵仓场之日,又投文有投文之费,过坝有过坝之费,交仓有交仓之费。统计由起运到交仓,勒索的关卡凡十九道,勒索的名目达一百零五项之多。当时有人说:"自州县视之",诚然"运军为刀俎";而"自京、通视之,则运军为鱼肉"。运丁"鱼肉"州县,这当然又增加州县对广大农民的鱼肉,但运丁之所以"鱼肉"州县,则是因为他们受京、通的鱼肉。这说明运丁和广大农民,同样处于被损害、被鱼肉的地位。

至于粮船雇用的水手和纤夫,他们的地位,更等而下之。在统治者的眼中,他们是"无业之民","顽蠢之辈"。官府对他们的生活,从来不加过问,而对于他们的反抗,则残酷镇压,无所不用其极。他们患病医药或身故丧葬,都必须从自己所得的雇值中,按名提扣,而他们的反抗只要是集众在十人以上,为首的就要冒着杀头的危险。

总起来说,地主和农民相对立,整个剥削阶级和劳动群众相对立,在封建社会的生产关系中是这样,在封建政权的财政体系中,也是这样。

第三节 工 商 业

清代的工商业,在明代商品经济逐渐繁荣的基础上,又有了进一步的发展。封建的自然经济有所分解,行会和牙行制度也有所松弛。但是,清王朝为巩固其统治,防范人民的反抗,对工商业的发展设置了许多政策上的限制,封建行会在各地的势力也还很顽固。工商业的发展,还远不足以打破封建主义的樊篱。

商品经济的发展,已在孕育着资本主义的萌芽,但这种萌芽在所有制、雇佣关系和分配关系等方面,都保留了较多的旧的痕迹,呈现出新旧混合的色彩。

（一） 工 商 业 概 况

一、手工业的规模和生产水平

在整个清代的手工业中，占主导地位的仍然是个体的小手工业。但是，随着商品经济的发展，在汪洋大海的个体手工业中，也日益增多地出现了简单协作的作坊和有场内分工的手工工场。考察手工业的规模，主要是看这一部分手工业所达到的水平。

进入清代以后，具有规模较大的手工作坊和工场的手工业，主要有以下几个部门：

铁器铸造业 它分布比较广泛。大城市如汉口，在十八世纪末，有铁行十三家。中等城市如芜湖，在十九世纪初，有钢坊数十家。小城市如山西陵川，在十八世纪三十年代，有铁铺十二家。而广东的传统手工业市镇佛山，在清代初年，就有"炒铁之肆数十，铸铁之炉百余"。

棉布染织业 也是分布较广的手工业部门。以棉业比较发达的江苏而论，像常熟这样一个中等城市，在十七世纪末期，单是染坊就有十九家，织布作坊，当倍于此。传统的手工业城市苏州，在十八世纪初期，有染坊六十四家，专门加工棉布的踹坊四百五十家。在另一个传统的手工业市镇佛山，十九世纪三十年代前后，织布工场达到二千五百家，对于一个市镇来说，这是一

353

康熙《耕织图》织丝

个很可观的数目。

粮食加工业　主要是碾米。在产米区的粮食运销点，往往有较多的碾米作坊。十九世纪初期，江宁有砻坊三十二家，芜湖有二十余家，可以分别代表大、中运销点粮食加工业的水平。

制茶业　比较集中于农村产茶区。在福建茶区崇安武夷山中，有不少名叫茶焙处的作坊。在另一茶区瓯宁，山僻之间，加工制茶的作坊，在十九世纪初期，据说"不下千厂"。

制糖业 这也是较多地分散在农村的手工业。四川的糖房，广东的糖寮，台湾的糖廍，"各就田园设厂"。台湾在十八世纪六十年代，蔗车达到三百八十张。四川内江在十九世纪初，沿沱江两岸，"自西徂东"，也有不少规模较大的糖房。

造纸业 手工造纸，有一定的产区。在产纸地区，即使是一些小城市乃至农村，也往往有较大的作坊。广西容县是一个偏僻小县，"创纸篷于山间"者，开始于十七世纪下半期，至十八世纪中期，已有纸篷百余间，纸槽二百余具。陕西终南山区，在十九世纪初期，有纸厂三百二十余座，分布区域，达十厅县。接近武夷山区的江西铅山，也有不少生产表纸的纸槽。

木材加工业 和造纸相类似，木材产区也常有较大的作坊。陕西终南山区的周至等县，在十九世纪初期，有各种名称的木材加工厂厢，为数在七十家以上。

此外，还有一些属于特产的传统手工业，也有为数众多的作坊。以制瓷著称的景德镇，在十八世纪中期，烧瓷窑户在二百至三百之间。以制墨闻名的安徽歙县，在同一时期，有制墨作坊百数十家。著名的南京丝织业，虽然以个体生产为主，但也有大机房存在的迹象。

分布在广大农村的矿场和盐井，也有相当大的数量。各种矿场中，铜矿和铁矿占居主要地位。在十九世纪开始时，全国在采各矿，共有二百九十五处，其中铜矿五十六处，铁矿八十六处，合计约占总数之半。盐井以四川最多，十九世纪初，全省井眼共达九千六百多个，煎锅至少在一万以上。

这些城乡手工业和矿场，规模大小不一，分工程度也不一致。有的比较大，雇佣工人也较多。如广东佛山的炒铁业，"一肆数十砧，一砧有十余人"。湖北汉口的十三家铁行，每家平均雇铁匠四百人。台湾糖廍，每廍需工十七人。四川糖房，"家辄数十百人"。福建瓯宁茶厂，大者每厂百余人，小者亦数十人。广东佛山织布工场，平均每家雇工二十人。江西景德镇瓷窑，每窑一座，需工十余人。陕西终南山木厂，每厂雇工自数十人至数百人不等。有些工场内部分工比较细密。景德镇瓷窑无论是按照产品类别在各窑户之间进行分工，或是按照生产过程中不同工序在工人之间进行分工，都很细密。（蓝浦《景德镇陶录》卷三）台湾糖廍的生产，共分六道工序。江西铅山纸厂，有扶头、春碓、检料、焙干四道工序。不过就多数而言，规模都比较小，也没有严密的分工。至于在矿场和盐井中，有些记载给人以规模巨大的印象。如十八世纪中期的云南铜矿，"大厂矿丁六、七万人，次亦万余"。有的甚至说，"大厂动辄十数万人，小厂亦不下数万"。四川盐井，"每厂之人，以数十万计"。这些记载，显然失之夸张。它们所指的，往往是一个产区各场矿的从业人员，其不能代表一个矿场的生产规模，是显而易见的。

清代工矿业的生产，就其主要者而言，在矿产方面，全国铜的产量，在十八世纪中期，至少在一千五百万斤以上。盐的产量，包括海盐在内，在十八世纪时，大体上在二十亿斤左右。其中井盐产量，四川达九千二百万斤，云南在三千万斤左右。铁的产量，缺乏全国的统计，但从个别地区的生产中，可以推测全国生产的轮廓。广西一省的年产量，约为三百万斤；四川两县——威远、屏山——的年产量，为六万八千斤。所有这些数字，都是十八世纪中期的情况。

在农产品加工方面，也有一些全国和地区的统计。全国茶产量，在清王朝统治时期，内销者至少在五千万斤以上，外销者平均年约两三千万斤，最高达到四千斤。加上自产自用，不通过流通过程的部分，估计全部产量当以亿计。糖的产量，仅台湾一省，在十七世纪九十年代末期，就达到一亿零八百万斤。全国产量，至少倍于此数。

其他手工业生产，也有些达到了很高的水平。苏州造船业，在十八世纪初期，"每年造船出海贸易者，多至千余"。江西景德镇的瓷器，在清代初期，每年生产达二十万担。广东佛山镇出产的铁锅，在十八世纪三十年代，单是出口，每年可以多到数百万斤。闻名西方的南京布，由海上运输到英美等国，最高年达三百三十六万匹。由陆路运至沙俄，在十八世纪下半期，年达三十万包,在整个十八世纪的对俄出口中,居于首位。这些数字,有的出自官方,可能有夸张失实之处。不过当时能引起官方的注意,也表明生产所达到的水平,是相当突出的。

二、手工业和商业中的资本

清代手工业生产达到这样一个水平, 必然需要投入相应数量的资本。在某些手工工场、矿场和盐场中,资本数量,是相当可观的。云南铜矿,"每开一厂,率费银十万、二十万两不等"。四川井盐,"凿井之费,浅井以千计,深井以万计",甚至"非数万重资不能胜任"。福建茶场的经营者, 包括生产加工和转运, 每家资本恒"二、三十万至百万"。南京丝织业中,传说清初每张织机要纳税五十金,乾、嘉年间,机户共有织机三万余张。如果这是事实, 那么, 单是税额就是一个很可观的数目。

但是,就整个社会而言,商业资本和与之相联系的高利贷资本, 仍然占居优势。无论在数量上或在活动范围上,商业、高利贷资本都远远超过工矿各业资本。

第一,从单个商人看,这时某些行业的商人,积累了相当雄厚的资本。其中经纪对外贸易的广东行商,垄断盐业的两淮盐商,以及经营沿海贸易的江、浙、闽、粤船商,最引人注目。在这些商人手中,有的积累了几乎难以置信的巨额资本。广东行商伍秉鉴的财产, 据一八三四年估计，总额为二千六百万元以上。广州民间流传的两笔巨额遗产，都是出自行商，数额都在两千万元以上。一是启官的第三代潘正炜所继承的遗产，另一个就是伍秉鉴的遗留。两淮盐商中，有二、三十名所谓"纲总"的大盐商，包揽了一百六十八万多引的两淮盐运。这些居于散商之上的总商，多"富以千万计"，至于"百万以下者，皆谓之小商，彼纲总者，得嬉笑而呼叱之"。在沿海船商中，康熙时就已传说有拥船百艘的大商人。嘉庆时期，上海、崇明、通州、海门一带，已不乏拥有沙船四、五十只的船商。当时造船一只，须银七、八千两。这些大船商的资本，单是投在造船之上，至少在三、四十万两之间。这些大商人积累的巨额资本，不是一般手工工场主所能望其项背的。

第二，从各个行业看，有些行业所积累的资本，也是相当庞大的。上述沿海航运业，就是如此。中国沿海贸易，历来就有相当大的规模。康熙二十四年（一六八五）海禁开放以后，又有更大的发展。当时关东豆、麦，每年运至上海千余万石，而布、茶各南货至山东、直隶、关东者，亦由沙船载而北行。聚集于上海的沙船，经常有三千五、六百号。福建一省航行天津的商船，不下数千号，其中晋江一县，至少有一千六百多号。这些船只，大的载三千石，小的载一千五、六百石。经营这样大的沿海贸易，所需的流动资本以及建造这么多海运船只所需的固定资本，决不是一个微小的数目。

钱庄、票号、典当业的资本，也很可观。康熙初年估计，全国典当业有两万二千多家。每家资本，最多达八万两，最少也有一千余两。全国典当业资本，按最低的估计，也在两千万两以上。钱庄、票号，在一些商业中心，也有很大的势力。上海在十八世纪初年，开始有钱庄的创设，至十八世纪末叶，则已超过百家。苏州也是一个钱业集中之区，十八世纪时，在一幅描写苏州市况的画卷中，出现了五十多个行业，二百三十余家铺面，其中钱庄、票号、典当，就有十四家之多。当时山东、山西、河南以及陕西、甘肃等处商人，每年来到苏州置办货物，最初均须携带现银，为数达数百万两。至十九世纪初，则改由汇票往来，专营汇兑的票号，在这里起了很大的作用。浙江的商业中心宁波，在十九世纪初期，钱庄已大批出现。这些钱庄拥有雄厚的资本，它们所发的钱票，有很高的信用，银钱交易，自一万至数万、十数万，只须在钱庄过账，不必银钱过手。

在一般商业中，也有不少商人拥有大量的资本。十八世纪时，江浙粮商在镇江、苏州、杭州、湖州等处，遍设粮仓，各仓经常积谷至数十万石。像这样大量地屯积粮食，没有巨额资本，是难以做到的。而这种情况，并不限于江浙两地。

第三，从投资活动看，这时投资的范围，已经相当广泛。资本的流动，已经在一定程度上突破了地域和行业的限制。广州的行商，是一个地域性比较浓厚的行业，但是不少著名行商的资本，就有来自福建、浙江乃至遥远的长江流域的。在两淮盐业中，主要的投资者，来自安徽的歙县，淮盐总商，歙县恒居其半。四川井盐中，从事制盐的企业主，大多是湖南、湖北、陕西和广东的客籍商人，而租引行盐的行商，则主要为"陕西大贾"。在矿业中，云南铜矿在它的兴盛时期，厚积资本进行开采的，多为"三江、两湖、川、广富商大贾"，本省之人，反"不过零星伙办"。四川马边铜矿，地处偏远，而开矿之初，各处商人"挟重资而谋利者，不可胜数"。在福建产茶的山区，无论制造或运销，都有大批的外来商人参加。瓯宁茶厂，经营多外来大贾；武夷茶区，列肆皆他方客商。江西汀州及兴泉的大商人，运闽茶于广东、江苏；拥资巨万的山西客商，则贩运河南转销关外。在散处农村的造纸业中，地处险僻的江西广纸厂，业者"率少土著"，挟资而来的富商大贾，多为安徽、福建的客商，甚至有的来自遥远的西北。位于山涧的广西容县纸篷，在康熙年间，就有"闽、潮来客"开始创建。乾隆时期发展到二百余槽的福纸，就是由福建商人的教作而得名。在采木业中，四川的木材产区雷波，在十八世纪三、四十年代，就有江西、湖广商人来此设厂，雇工采伐。在陕西终南山区，到十八世纪末期，川、楚等省商人之就地设厂采木者，遍及四府七厅县，形成一个"五方杂处"的地区。

从以上的情况看，资本的流动相当活跃。它不但集中于通都大邑，而且也流向穷乡僻壤。但是这些资本，绝大部分是在流通过程中。投入手工业中的，估计只占很小一部分。清代《徽州府志》说：安徽歙县"百工之作皆备，而歙为巧，然仅仅足以偿其傭费而已，其能蓄以息之者，不十一焉。"（康熙《徽州府志》卷三）这就是说，连有精巧的手艺如歙县的手工业者，也只能勉强维持租赁固定资产的费用，能够进行积累以扩大再生产的，不到十分之一。

三、手工业和交通运输业中的劳动者

包括矿场在内的手工业以及交通运输线上的劳动群众，到乾嘉时期，已经是一支人数以百万计的劳动大军。

在手工业中，集中工人最多的是纺织、制茶、制盐和铜铁开采、冶炼这几个行业。举其大者而言，在棉织业中，苏州踹布工匠，在十八世纪初期，总数将近两万。十九世纪初，广东佛山的二千五百家织布工厂中，共有五万手工业工人。丝织业中，苏州的散处机匠，在十八世纪初期，人数在一万以上。南京丝织业，在十九世纪初期，据说有缎机三万张，每机即使用织工一人，也有三万机匠。同一时期，广东佛山"每年有一万七千名男女童工从事织绸工作"。在制茶业中，十九世纪以前，福建瓯宁一邑，从事制茶的劳动者，人以万计。云南普洱茶区，"入山作茶者数十万人"。在制盐业中，四川井

盐的劳动者，在十九世纪初，单是井工一项，估计近二十万人。从事海盐生产的劳动者，为数更多。以淮盐而论，在十八世纪中期，参加制盐以及捆盐等辅助劳动的人，估计在五十万以上。在铜、铁冶炼业中，云南铜矿在十八世纪中期，一个矿区的人数，可以达到数万、十数万乃至数十万。广东在十八世纪初期，单是从事煤、铁采冶的"佣工者"，就不下数万人。此外，在制糖、制瓷、造纸、木材加工和铁器铸造等业中，也集中了不少手工业劳动者。汉口的铁行，在十八世纪末，有铁匠五千人，而在此以前一个世纪，佛山炒铁炉房中的劳动者，就已达到数千。广西容县的纸篷，"工匠动以千计"。陕西终南山区，有数以万计的劳动者，分散在纸厂、木厂和其它各种工场中。景德镇瓷窑，在十八世纪中期，窑工至少在三千以上。制糖业如四川内江糖房，"平日聚夫力作，家辄数十百人"。这种糖房，又分散在广大农村，则力作者之多，是可以想见的。

在交通运输线上，也集中了大批的劳动群众。在内河航行中，单是漕运线上的运丁、水手、舵工、纤夫，为数就在十五万以上。民间运输，为数更多。江南浒墅，地当南北通衢，商船往来以千计。长江上游水运中心的重庆，每年聚散的纤夫达十余万。海禁开放以后，沿海和远洋又有所发展。每年从事运输的船只，为数三、五千不等，或者更多。每船所用水手，一般在二十人以上。整个从事海运的劳动者，当在十万以上。

陆路运输线上的劳动者，具体数目难以估计。但其范围之广，人数之多，倍蓰于水运，是可以肯定的。

劳动者的流动，也具有一定的规模。本章第一节已从农业雇佣劳动的角度，提到破产农民的流动。事实上，成为劳动雇工的，并不是被剥夺了生产资料的农民的全部，其中有相当大的一部分是逃亡进入城市，或者移入其它地区，从事各种"徒手求食"的工作。手工工场或作坊、矿场、盐场、山场以及交通运输各业，是这些"徒手"的人"求食"的主要所在。

流到城市的劳动者，相当大的一部分成为手工业工人。苏州踹布坊的踹匠，"皆系外来单身游民"。景德镇瓷窑的工匠人夫，大多是所谓"四方无籍游徒"。"京师刻木之匠，江宁南乡人居其大半"，这是劳动者由南向北的流动。昆明铜器作坊，各种铜器"皆江宁匠造之"，这是劳动者由北向南的流动。可见流动范围是相当广泛的。

向城市以外的矿场、盐场和山场的流动，更引人注目。在矿场中，云南铜矿，从开采到冶炼所需矿工，"近在土民，远及黔粤"。"凡川、湖、两粤力作功苦之人，皆来此以求生活"。广东铁矿中，有福建上杭等县游民"成群越境前来，分布各处山洞，刨寮住扎"。四川各矿砂丁，成千累万，皆为"无室可居，无田可耕"的乏产贫民。

在盐场中，四川井盐中，汲井、烧灶的劳动者，多系来自云南、贵州、陕西、甘肃等省的"无业穷民"。两淮盐场的灶丁,不断有流亡迁徙。那些被官方诬蔑为"匪类"的盐场劳动者,不少是外来的流民。

山场更是流民的集中地。那些失去土地的农民,有的在深山中进行新的开垦,有的则成为山场中各类手工工场的雇工。在福建瓯宁茶山的制茶工场中,被称为"碧竖"的茶工,率皆"无籍游民"。山僻中的茶场,外来的"客氓",是主要的受雇者。延平、建宁、邵武三府各县,"山深地僻,箐密林深",造纸"厂户繁多",这些纸厂的佣工,十之七八,是来自江西、广东以及本省汀、漳一带的"无业游民"。在陕西终南山区的纸厂区,来自山西、湖广、四川等省的农民,或者"砍竹作捆,赴厂售卖",或者直接进厂作工。这个地区以及四川西部山区的木厂,雇工"多系外省游手之人,无家属之相系"。

至于水陆运输线上的广大劳动者,更是富有很大的流动性。这些生活在底层的人,大都是"无田可耕,无本可贾",靠"代商异货,风雨无休"来维持半流浪的生活。

劳动者的流动,说明国内市场的一个方面,即劳动力市场,已开始处于萌芽状态。这种农业劳动人口向非农业劳动人口的流动,虽然还不是大量的、持久的,但是在当时历史条件下,它已经带有新的性质,成为资本主义萌芽的必要组成部分。

四、城市和商品市场

商品市场的扩大和工商业的发展,有密切的联系。城市是商品市场的中心。从这个角度看,城市的发展变化,在一定程度上反映工商业的发展变化。

清代城市的发展有两个方面,一是旧城市的发展,一是新城市的兴起。

旧有城市由于历史、地理条件的变化,有的得到比较迅速的发展。上海的商业地位,在清代以前,不及苏州。但是进入清代,特别是开放海禁以后,上海商业发展的速度,大大超过苏州。当时上海是南北沿海贸易的枢纽,聚集于上海的沙船,经常有三千五六百号。豆、米、南货等行业,都有很大的发展。由于款项进出之浩大,金融调度之频繁,上海钱庄在十八世纪初开始出现,至十八世纪末,已达百家以上。南京自明都北迁后,工商业随之衰落,原来著名的坊市如织锦坊、颜料坊、毡匠坊等,到明代末年,"皆空名,无复有居肆与贸易"。进入清朝以后,南京工商各业逐步恢复和发展,至十八世纪中叶,单是丝织一项,就有织缎和与其相关行业如丝行、纸房、机店、梭店、篦店,范子行、挑花行、拽花行等兴起。天津在明代迁都北京以后,由于漕运,才逐渐成为北方一重要城市。但是,作为漕运要道,一直到清代初年,它的地位,还赶不上接近通州的河西务。到了十八世纪末,天津已成为一个拥有七十万人口的城市。

"河面挤满了各种船只"，沿河两岸伸展一眼望不尽的市镇、工场和堆栈。百余年间，有了显著的发展。汉口在清代是淮盐的销售中心，当川、湘粮食运销江浙的要冲，同时又是木材、花布、药材的集散地。当时人们形容这里"帆樯满江，商贾毕集"，"人烟数十里，贾户数千家"。没有商业的巨大的发展，不可能引起人们这样的注意。清朝对外贸易唯一口岸的广州，在十八世纪初，城内有居民九十万，郊区有居民三十万。珠江上的帆船，经常有五千只之多。没有商业的巨大发展，也不可能出现这样的规模。

新兴城市的兴起，又可以分为内地和边区两个方面。

在内地，不少小的聚落，发展成为大的市镇。江苏吴江的盛泽，在明初不过是一个居民仅五、六十家的村落，清初也还只是一个"日中为市"的小市集。到了乾隆年间，由于丝织业的发展，吴江所产吴绫，皆聚于盛泽镇，于是"富商大贾数千里，辇万金来买者，摩肩连袂"，俨然如一都会。前后一百年，就经历了这样大的变化。在运河线上，一些闸口成了繁荣的集市。十九世纪初期，这里的张秋闸，"夹河为城，西半城乃商贾所聚，土产毡货为天下甲"。安山闸"临河多楼"，是一个"粮食码头"。靳家口闸"夹岸皆有市，各长二、三里"。袁家口闸，"居民三千户，通商贾百货"。从张秋闸到袁家口闸，不过八十五里，其间连续出现这样大的城镇集

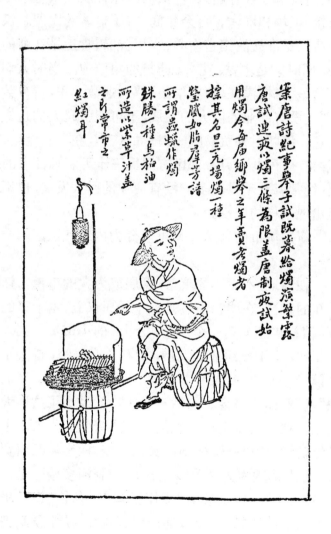

业唐诗纪重举子试既暮给烛演綦露
唐试连夜以烛三條為限盖唐制夜试始
用烛今各屆鄉举之年卖考烛者
一擇其名曰三元場烛一種
蜜臘如脂擘芳譜
所謂蟲蠟作烛一
珠勝一種烏桕油
所造以紫草汁盖
之所常市之
紅烛耳

乾隆《太平欢乐图》卖烛

368

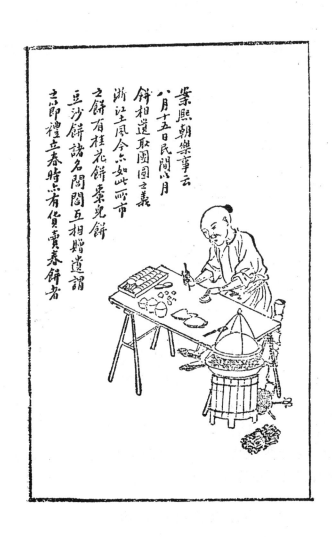

紫熙朝樂事云

八月十五日民間以月

餅相遺取團圓之義

浙江土風今亦如此既市

之餅有桂花餅棗兒餅

豆沙餅諸名閣閣互相贈遺謂

之即禮立春時亦有化賣春餅者

乾隆《太平欢乐图》卖月饼

369

市，这是不见于以前的记载的。

边远地区城市的兴起，在加强民族之间的贸易上，发挥了很大的作用。如新疆的莎车，常有内地山、陕、江、浙之人，贩货其地。有些城市，不但发展了商业，而且还发展了工业。如归化城，在十八世纪初期，不但"商贾农工趋赴贸易"，而且还在那里造作油酒烟斤。

城市的发展，标志着商品市场的发展。通都大邑之间的商品流通，前面提到的上海、天津、汉口、广州等地的情况，已经足以说明。值得注意的是，一些偏僻地区的产品，也有意想不到的广阔销场。贵州遵义出产的土布，"西走蜀之重庆、泸、叙，南走威宁、平远，极于金川。"它所出产的茧绸，远销秦、晋、闽、粤和中州地区。陕西终南山区所产木材，"远及晋、豫"，而所产纸张，"驼负秦、陇"。景德镇的瓷器，是"器成天下走"。地位远不如景德镇的广东石湾，所产的陶器，也行销于天下。"佛山之冶遍天下"。地位远不如佛山的山东章邱，所产的铁器，也"散行奉天、直隶、山西、河南、江南数省"。当然，石湾之于景德镇，章邱之于佛山，固然有所不及，但从全国范围来说，仍然是比较知名的手工业城镇。至于那些更不知名的地方，它们的产品拥有相应的销售市场，乃是完全可以肯定的。

五、工商业发展的估计

清代工商业的发展，主要表现在以下几个方面。

首先,某些工矿业的生产技术,较明代有所发展,生产工具有不同程度的进步与革新。如造纸的技术和设备,在清代都有所提高。明代用带碱性的植物灰汁煮料,清代则改为直接用碱水煮料。明代煮料所用的榥桶,直径只有四尺多,清代则扩大为底径九尺,口径七尺,容量增加一倍以上。明代烤纸所用的焙墙,用土砖砌成,清代则改用竹片,培以灰泥,比较易于传热。由于生产技术和设备的改进,所以生产周期大大缩短。从备料到成纸,明代至少需时一百二十天,清代缩短为三十九天左右。这当然是一个很大的进步。冶铁生产技术,也有改进的迹象。就现在所知,在十七世纪的广东和十八世纪的陕西终南山区,曾出现过高达一丈七八尺的高炉。广东的高炉,每座出铁量,年达八十至九十万斤。这比明代著名的遵化铁炉,似乎前进了一步。江西景德镇的瓷窑,比明代普遍加大,技术也有改进。江苏棉织业中所用的布机,也有了改进与革新。过去普遍使用的劳动强度大、速度低的腰机,在某些地区逐渐被淘汰。凡此都说明清代手工业的生产技术,在向前发展。

　　其次,某些行业的产销,也有所发展。根据《清实录》的记载:全国销茶量,在一六八五至一七二五年中,由十五万八千引增加到四十九万六千引,四十年间,增加了两倍。全国销盐量,在一六五三至一七三三年中,由三百七十六万二千引增加到五百二十三万四千引,八十年间,增加了近百分之四十。其中四川井盐井眼数,在一六八五至一八一二年中,由一千一百八十二个增加到九千六百二十九个,一百二十七年间,增加了七倍。产量在一七三一至一八一二年中,由九二,二七八,〇〇〇斤增加到三二三,五一〇,〇〇〇斤,八十年间,增加了两倍多。全国在采各种矿厂数,在一六七〇到一八〇〇年中,由九个增加到二百九十五个,一百三十年间,增加了三十二倍。全国远洋帆船数,在一五九七至一八二〇年中,由一百三十七只增加到二百九十五只,二百二十三年间,增加了一倍多。此外,全国产糖的一个重要地区台湾,蔗车数目,在一六八四至一七六〇年中,由七十五张增加到三百八十张,七十六年间,增加了四倍。全国瓷器生产中心景德镇,在明代年产量平均为十八万担,到了清代,平均年产量为二十万担,增加了百分之十一。

再次,某些产品的出口,也有比较迅速的发展。如丝、茶出口,在一七四一至一八三一的九十年中,丝由二百七十八担上升为八千五百六十担,增加了近三十倍;茶由五七,七四五担上升到三四五,三六四担,增加了八倍。江宁土布出口,开始于十八世纪三十年代,最初不过万匹,其后迅速增加,至十九世纪初年,一度达到三百三十六万匹的高峰。

以上都是生产有所发展的一些部门,并不是所有的生产都有发展。就是在有所发展的部门中,发展的迅速也并不一致，有的比较迅速，有的比较缓慢。即使发展比较迅速，也往往不能持久，有所发展，又出现停滞和衰落。

以矿业中的铜矿为例，十七世纪八十年代中期，云南就成为清代铜斤的重要产区。在滇铜开采的初期，曾经有一个繁荣的局面。在最初的二十年中，产量增加了二十倍以上。但是，繁荣转瞬即逝，进入十八世纪，在清王朝残酷压榨之下，滇铜生产即不断遭受到严重的打击。一七〇五年，云南全省共有十七处矿厂，其后十八年内，报开的新厂，只有一处，而在采各厂，不少是"荆棘丛生，阒然不见一人的"。一七四〇年，全省产量达到一千〇二十八万六千斤，到了一八一〇年，却仍然停留在一千〇五十七万五千斤的水平上。这七十年中，虽然有个别年分产量达到过一千四百万斤，但基本上是一个停滞的局面。

在纺织业中，有些地方也出现类似的情况。传统的丝织业中心——苏州，在明代末年，从事丝织的手工业者，大约有数千人。清初"机工星散，机户凋零"。但是，很快就得到恢复和发展。一七四〇年间，这里已经是"比户习积，不啻万家"。但是好景不长，在官府的控制和榨取之下，那些"向时颇乐业"的机户，往往陷入"补苴无术"的失业状态。一八〇四年，失业的织工中，甚至发生投水自戕的惨剧。一八三九年，停工待济的机匠，一时竟达三千六百余口。出于同样的原因，苏州的棉织业，在同一时期，也遭到同样的命运。从十八世纪七十年代末到十九世纪二十年代末，和手织业者有密切联系的苏州布商，由二百多家下降到仅存八户。

在其他一些丝业城镇中，也出现这样的情况。南京丝织业，在其繁荣时期，"业此者不下千数百家"。后来"屡经荒歉，贸易日就消灭"。到了十九世纪初年，"机房大坏，失业尤多"。三十年代以后，连年大水成灾，绸缎铺户，"十闭其七"。浙江的传统丝业市镇濮院，十八世纪时，烟火万家，织作绸绢者，"十室而九"。到了十九世纪二十年代以后，绸布渐移于江苏之盛泽镇，这里便衰息下去，成为一个默默无闻的地方。

这种一起一落的情况，不仅出现之于手工业城镇，同时也出现于一般商业城镇中。常常一方面有新兴商业城镇的繁荣，另一方面是传统商业城镇的衰落。

江南浒墅在运河为南北交通要道时，地当南北通衢，为"十四省货物辐辏之所"。可是到了十九世纪初期，商业一落千丈，以至历年关税短绌，"竟有积重难返之势"。其所以如此，乃因十九世纪初期南北货物交流，海运逐渐代替了河运。一八二四年管理关务的延隆说："内河纡远，经历重关"，而海运"止纳一关之税，可以扬帆直达"，不但"省费数倍"，亦且"劳逸悬殊"。延隆所说的"止纳一关之税"，指的是上海，也就是说，上海商业的繁荣，至少有一部分是以浒墅的衰落为代价的。事实上，像这样的情况，不仅可以出现于上海与浒墅之间，而且也出现于上海与运河线上一系列传统商业城市之间。

清代工商业有发展的一面，也有衰落停滞的一面。在发展之中，有的十分缓慢；有的虽然比较迅速，又往往不能持久。这是因为在发展的道路上，出现了种种的障碍。主要是地主阶级专政的国家对工商业的限制和掠夺，以及封建行会对工商业的束缚和控制。

（二）清王朝与工商业

清初至嘉庆时期，清王朝对于工商业，基本上采取"重农抑商"，即所谓"崇本抑末"的态度。但是随着社会生产力的发展，对工商业的限制，不能不发生一些变化。

一、清王朝的工商业政策

清王朝制订的工商业政策，是以维护和巩固封建统治为出发点的。发展工商业，如果不利于清王朝的统治，则往往被认为"好货"，"贪利"而加以摒弃。因此，清王朝的许多工商业政策如果单从经济上观察，往往不可理解，但从巩固清王朝的统治秩序上来考察，又自有其政治需要。内地铜矿，本州本县的人可以自由开采，外州外县的人就不准越境开采。同是开采浙江铁矿，温、处两属就可以开采，宁、台两属就不许开采。

同是茶叶运销,由上海北运天津就可以经由海运,由上海南运广州则不许经由海运。下海船只,单桅的就准许出海,双桅以上的就不许出海,等等。单纯从经济上考察,是讲不通的。因为开采铜矿也好,铁矿也好,都需要大量的资本和劳动力,都需要外来的支援。经济需要的是越境开采,而不是禁止越境开采;是四处开采,而不是一两处开采。茶叶从上海经由海运到广州,比由内陆翻山越岭到广州,时间和运费都有很大的节省,要扩大茶叶销路,需要的是鼓励海运而不是限制海运。至于双桅以上的大船,载重量大,航行迅速,要发展海运,需要的是鼓励而不是限制。所有这些,清王朝统治阶级不是不知道。但它却有更重要的考虑。在清王朝统治者看来,矿场是"聚众藏奸"的危险地区,上海以南的海面是外夷和奸商相互串通的危险水域,双桅以上的大船,是"桅高篷大,利于走风",最易偷漏的危险船只。所以,这些都需要加以禁止或者限制,叫做"防患于未然"。

在清王朝的工商业政策中,这种"防患于未然"的措施,是大量的、系统的和周密的。

清王朝对所有矿场,不但在未开之先立下许多限制,而且对已开之矿,还采取了一系列的防范措施。

首先,矿工在进厂之前,必须取具地邻的保结。乾隆五年(一七四〇)规定,矿商"雇佣人夫,必须用本籍之人,取具地邻等各结,无许外方人等充冒,致生事端"。

其次，他们进厂之时，还要彼此向厂官连环互保，保证不"滋生事端"。乾隆十九年（一七五四）规定："凡各商名下伙计、伙房、碉头、矿夫人等，俱令本商取具连环互保，造报厂官"。

第三，进厂以后，还要把他们的姓名、籍贯、年龄、相貌等等，统统造册，以备查考。乾隆五十五年（一七九〇）规定：矿商应将"经管各丁匠姓名、年貌、籍贯……，造册通报查考"。

矿工每人发给腰牌一个，凭牌进厂。乾隆十九年和五十三年都规定：矿工俱"各给腰牌为验"，"腰牌上印烙丁匠字样"，以便随时稽查。

在根据腰牌稽查之外，还要在每十名丁匠中立一头目，统率管理。乾隆十九年和五十五年都规定："丁匠十人应选择匠头一人管理，庶不致混杂生事"。

这样严密的防范，并不限于矿场。盐场、渔场和其他出海船只，也不例外。乾隆二十二年（一七五七）规定："盐场井灶，另编牌甲，所雇工人，随灶户填注，即令约束，责成场员督查"。而在此以前三十年，就规定"商渔船只，造船时呈报州县官，查取澳甲、户族、里长、邻佑保结，方准成造。完日报官，亲验给照，开明在船人年貌、籍贯"，"舵工、水手人等，俱各给予腰牌，开明姓名、年貌、籍贯。""船只出洋，十船编为一甲，取具连环保结，一船为非，余船并坐"。

即使是手工作坊，只要聚众较多，也莫不严加控制。苏州的踹坊，原来就有坊总的设置。雍正九年（一七三一），又在坊总之外，另设甲长，互相稽查。

凡是劳动者聚集的地方，官府都本能地视之为"藏奸"渊薮，防范、约束和压制的措施，都随之而至。

但是，阻碍经济发展的政治权力，并不能堵塞经济发展的道路。尽管清王朝对工商业的发展，采取种种限制措施，但是在经济发展的进程中，这些限制，却不能不呈现逐步松弛的趋势。

在城市手工业中，南京丝织业的机户，在十八世纪以前，每户控制的机张数目，还受到清王朝的严格限制。但是，这种限制，在十八世纪初年，终于取消。从此以后，"有力者畅所欲为"。到了十八世纪中期以后，民间丝织业拥有的机张，达三万以上，成为"秣陵巨业"。可见，限制一经突破，随之而来的，便是比较迅速的发展。

城市以外的手工业，也是这样。陕西终南山区，在十八世纪末期，出现了数以百计的木厂、纸工和铁厂。这个封山达五百年的深山老林，一朝开禁，便吸引了来自四川、湖北等省商人的投资。尽管嘉庆帝开放山禁的本意，只是在"绥辑流民"，但对这些木厂、纸厂、铁厂乃至一丈七、八尺的高炉的出现，事实上并未禁止，而且也无法禁止。因为不准开厂，就要添数十万无业游民，而这是当时实力受到削弱的封建政府所畏惧的。不仅终南山一地如此，各省采木业的兴起，在一定程度上，都是突破清王朝限制的结果。例如山西穆纳山产木山场，本来久经封闭，到了十八世纪后半期，就改为"招商开采，设口稽查"。原因是，这里已经有人违禁开采，如果不弛禁，他们就会"滋扰"地方。

对矿业投资的限制，也在发生变化。

清朝统治者对矿业的限制，初看起来，时松时紧，若无轨迹可寻。康熙帝在四十三年（一七〇四）时说："开采之事，甚无益于地方。嗣后有请开采者，悉不准行。"五十二年（一七一三），换了口气说："天地间自然之利，当与民共之，不当以无用弃之，要在地方官处理得宜，不致生事耳。"看来限制已有所放宽。雍正元年（一七二七），又停止贵州所有铜矿的开采。第二年，又严禁广东开矿，特别是招商开厂，"断不可行"。第三年，对江西开矿，又模棱两可，说什么"当开则不得因循，当禁则不宜依违"。过了两年，湖南开矿，又严加禁止。乾隆、嘉庆时，或先开后禁，或此禁彼开，反反复复，似乎并无定策。

事实上，清王朝对一地一矿的开采或封禁，都有其具体的条件和原因。前述同一浙江铁矿，温、处之所以可开，宁、台之所以必禁，就是由于一在内地，一在滨海。前者易于驾驭，后者难于控制。但是，在全国范围内，清王朝对采矿的限制，是在逐渐松弛的。这从开采矿场本身的变动，可以看得十分清楚。从在采矿场的数目看，在康熙二十年（一六八一）以前，全国每年在采各种矿，没有超过十个。过了二十年以后，每年在采矿场，就超过了三十个。再过二十年，达到七十个。雍正六年（一七二八），首次超过一百个。乾隆八年（一七四三），进而超过二百。至乾隆三十九年（一七七四），突破三百之数。以后即经常在三百左右变动。这二百多年中，清王朝也曾停闭了将近八百三十个矿场，但其中有的固然是出自清廷的禁令，有的则是出自矿商的请求。那些以"铜老山荒"为名而停止开采的矿场，与其说是由于清廷的封禁，毋宁说是在开采的过程中，厂商不胜官府的勒索诛求。而这种情形，是越到后期越趋显著。

可见，在清王朝的工商业政策中，既反映了封建政权对工商业的限制，也反映了工商业的发展对这些限制的突破的要求。这种限制和反限制，实际上是一种新的性质的阶级斗争。

二、工商业中的官商关系

工商业中的官商关系，在清王朝工商业政策的支配下，表现得相当复杂。概括地说，官之于商，是在限制的前提下，进行大量的榨取。它表现在以下几个方面。

第一，在工商业中，有许多是以官办的形式出现的。江南的江宁、苏州和杭州三织造局，景德镇的御窑厂和京师以及各省的铸钱局，就是这样一些企业。官办工商业本身的经营，就是对民间工商业和小生产者的一种榨取。最明显的是钱币的铸造。

钱币铸造是货币发行而不是商品生产，原不存在利润的问题。但是，恰恰是在货币的铸造中，清王朝从中央到地方，都以"铸息"的形式，攫取了大量的利润。铸钱局的铸息，在当时被称之为"生财之大道"。铸造钱币的机构，有属于户部的宝泉局和属于工部的宝源局，各省也有地方的铸钱局。清初，清廷两铸钱局共有炉九十一座。各省、镇设局开铸者，有十四处，铸钱炉多至千座。据《清实录》的记载，这些大小铸钱局，每年所铸铜钱，多的达到二十多亿文。无论是朝廷或地方的铸钱局，都获得大量的铸息。以铸息和铸钱工本相比较，京局铸息约当铸本的百分之二十一点九到二十八，各省铸局有的高达百分之三十一点二。进入十八世纪以后，在京局铸息下降到几乎无利可得之时，铜矿产地的云南各铸钱局，铸息却一再提高。在雍正元年（一七二三）至乾隆四十一年（一七七六）的半个多世纪中，云南铸钱局的铸息，最低也能维持百分之二十六点八的水平，最高可以达到铸本的百分之五十八点三。这样的铸息，比高利贷的利息还要高。

云南铸钱局之所以能够获得这样优厚的铸息，是清王朝榨取云南民办铜矿的直接结果。从十八世纪初年开始，云南所有民营铜矿生产的铜斤，除了纳税百分之二十以外，下余的百分之八十，全部归官厅收买，谓之官铜。官铜的价格，大大低于市价，也就是说，铸钱局所用的原料——铜斤——的成本，按银价计算，大大低于市场价格，而所生产的产品——铜钱，却按银铜的市场比价计值。高昂铸息的产生，秘奥就在这里。

这种压价采买原料的做法，几乎存在于所有的官营企业中。在专门供给宫廷缎匹的江南三织造局中，所用丝斤，名义上是按照市场价格向丝商采购，而且还规定了一个增加价格的幅度，以适应市场价格的波动。如果市场价格超过了这幅度，还有所谓由"织造官赔补"的办法。似乎要彻底杜绝压价收购的现象。实际上，这些规定并不起任何作用。在有价格记载的乾隆二十年（一七五五），"上用"经丝的最高收购价格，每两合白银九分八厘；官用经丝的最高收购价格，每两合白银八分七厘；而市场价格则分别为一钱三分五和一钱二。"计比销价，每两贵至三分六、七厘"。至于织造官赔补之说，纯粹是欺骗。实际是织造官用种种盘剥方法取偿于民，最后完全落在蚕丝直接生产者的身上。

第二，在官营手工业中，还有一种委托经营的制度。这也是官府对民间手工业的一种榨取方式。在景德镇的官窑和民窑之间，流行一种承袭明制的"官搭民烧"法。官办的御窑厂只做瓷坯，然后搭烧于民窑，付给烧费。这种办法，看起来是"照数给值，无役派赔累"，实际上民窑的负担，并不减于役派。因为"凡搭坯入其

382

窑,必陶成皆青品,有苦窳不青器,则另偿包烧者"。由于进御瓷器挑选严格,这就使御厂得以瓷色不纯为借口,用勒索赔偿的方式,向民窑进行无休止的盘剥。

丝织业中,清王朝榨取民间机户的办法,主要是以"领机给帖"的形式,控制和剥削机户。在这种制度下,织机为官局所有,机户通过领机对织局承担义务。遇有织造任务时,由机户负责向织局领取原料、雇觅织匠、进局织造,然后领取工银,按月经手发给所雇工匠。此外,在丝斤整染加工方面,还有所谓承值当差的办法。在这种形式下,承值的手工业者,一般不在织局内服役,而是采取包干的办法,在局外进行整染加工。无论哪一种形式,都是要民户替官局当差。官局名义上虽也给报酬,但其中的剥削十分严重。常常是"机户以织作输官,时或不足,至负官债"。前面提到的苏州丝织业在十九世纪初期的萧条,主要是由于织造局种种盘剥榨取所造成的。

第三,清王朝对民间工商业的控制和榨取,还通过所谓发放工本、官买官卖的办法。这在矿业、盐业、林业和对外贸易中,都有所施行。在矿业中,云南铜矿在康熙四十四年(一七○五)实行的放本收铜,要算是最早的事例。在这种制度之下,矿民入山,官厅发给工本,及煎炼成铜,除抽课外,下余铜斤全部让官厅收买,并从铜价中扣还工本。私自出卖铜斤,是犯法行为,一经查获,其铜入官,其人罚役。在盐业中,清初在云南井盐中实行的办法，也是官给薪本，官收官卖。不同的是，包括灶户役食成本在内的煎盐成本，在盐价中扣除以后，其余银额全为正课。在林业中，清初工部以各处营建需用大量木材，也一度实行招商预给工本，设厂采木的办法。同样，在对外贸易中，清初由于铸币的需要，内务府也曾采用"先帑后铜"的办法，招徕商人赴日本采购洋铜。

官放工本，显然是一付诱饵。它要达到的目的，是官买官卖，亦即贱价勒买，高价派销，求得最大的榨取。如前所述，云南铜矿在实行放本收铜以后，矿民不堪压榨剥削，生产一落千丈。同样，云南井盐在官府专卖时期，对于灶户则大戥称收，对小贩则小称短给。灶户因成本无着，则煎盐掺合泥沙；官府因官盐滞销，则勒令按户压派。受害的是小生产者和消费者。

在发放工本的对象中，除了小生产者以外，也有大商人。上述采木业和洋铜贸易中，由工部和内务府招徕的商人，就属于这一类。他们都是和官府关系非常密切、具有特殊身分和权势的官商。他们和官府通过发放工本，互相勾结利用，排斥中小商人，对工商业的正常发展，同样发生阻挠的作用。

此外，还有不须通过官放工本，而直接进行收购的垄断和榨取的。云南的茶业，向来是商民"坐放收发"。雍正七年（一七二九），总督鄂尔泰以商民盘剥生事为由，改由官府收发，官府设总茶店于思茅，所有茶户必须将茶叶尽数运至总店,领给价值。原来的新旧商民,悉行驱逐,"逗留复入者,具枷责押回";"私相买卖者,罪之"。商民固然不再"盘剥生事",但茶户所受的盘剥并未取消,而是由封建国家取代了。

第四,清王朝在工商业中利用专商制度,对一般中小工商业者进行榨取和排斥。

以官府和大商人相互利用,牺牲中小工商业者的利益而建立起来的专商制,在许多行业中都有所体现。

在对外贸易方面,顺治和康熙初期,广州、福州经营对外贸易的商人都是有势力的大商人。"他们都靠这一个或那一个高级官吏,维持他们的地位,小商人显然不敢和他们竞争"。康熙中期,广州、宁波、厦门还出现向朝廷纳贡的所谓"皇商",他们一来,"本地商人就吓得不敢再出面做生意"。康熙末期以后,在西方商人势力集中的广州,所有对外贸易,完全操于行商之手,主要进出口商品,全部由行商经营,禁止行外散商参加。在上述中国对日本的洋铜贸易中,乾隆初期出现了为数不多的所谓额商,他们自愿先铜后帑,不但不要先领帑本,而且愿意代偿原有官商的旧欠,条件是其他商人办铜,必悉附额商名下。显然,他们是拥有厚资的大商人,对他们说来,垄断权的获得比官本的领取重要得多。

同样,在食盐的运销方面,有些重要盐区(如淮盐)

有所谓总商的设置。散商如果不附在一个总商名下，根本不能行盐。而侥幸得以行盐的散商，也得承受总商的摆布。行盐迟早，唯总商是听；摊派多寡，也唯总商是命。甚至在一些不甚引人注意的行业如上述采木业中，也有类似的情况。那些由工部招来的商人，都是和官府关系非常密切、极有权势的官商，对于他们所承办的业务，别人是不能染指的。当然，他们的这些优惠待遇，只有在填满官吏私囊的条件下，才能得到。

（三）行会与工商业

行会是封建社会工商业的一种组织形式。中国行会组织的雏型，在隋唐时期就已经开始出现。经过一千多年的发展演变，进入封建末期的清王朝，行会组织已普遍存在于大小工商业城市以至农村集镇。清王朝统治时期，它又经历了一些变化。

一、各地行会概况

清代行会组织，在全国普遍存在。在传统的工商业城市中，商业和手工业的各行各业，几乎都有行会。大城市如苏州、杭州、宁波、汉口、广州、上海和北京等地，行会组织有相当强大的实力。苏州的手工业和商业行会，至少有一百六十多个。杭州的各种手工业行会组织，在清代以前，就已有自己独立的行规。所谓"三百六十行，各有市语"。入清以后，有些行会组织还加以"拓新"。宁波在十七世纪和十八世纪之交，商业行会已经十分强大。行会商人在经营对外贸易方面，经常采取联合行动。汉口在同一时期，盐、当、米、木、花、布、药材各行，以及在汉口经商的云、贵、川、陕、粤、西、湖南等省商人，均各有自己的行会组织，即所谓"商有商总，客有客长，皆能经理各行、各省之事"。广州在十九世纪初期，每一种职业，在一定程度上，还是"彼此划分的行业，各有其本行的规章惯例"。上海在同一时期，单是各地商民在这里建立的行会会馆，就有十三处。北京的工商会馆，在清代前期也有近四十处之多。有些中等城市，也有相当完整的行会组织。如长江中游的沙市，运河线上的临清、济宁，都有专门的行业街道。沙市在明末清初已"列巷九十九条，每行占一巷"。临清、济宁也都有专行的行街道和独立的行规。内地小城市和边远地区的城市中，出现行会组织的，也相当普遍。四川汉州（今广汉）各行各业，"入铺出铺，各有礼仪"。大足县中，缫丝、瓦木、染色、成衣等业，都有行会。地处塞外的归化城，在十八世纪初，工商各业已形成十二行，各行各业都有定名为"社"的行会组织。集镇亦复如此。大的手工业集镇如江西的景德镇，广东的佛山镇和江苏的盛泽镇，都有悠久的行会历史。一般农村集镇中，也不乏行会存在的迹象。在安徽、四川的一些小集镇中，行会壁垒森严，不下于城市。在广东，甚至在农村中，也有会馆的设置。

从清初至嘉庆，行会组织有继续发展的趋势。在苏州行会组织的会馆或公所中，已知其创建年代的，有机业公所等三十九所。其中创建于清朝以前的只有三所，创建于道光以后的有九所，其余二十七所，均为康、雍、乾、嘉四朝和道光初年所创立。上海行会中，实力很大的商船会馆和海州帮商的高宝会馆，也都是清朝初年创立的。这些会馆或公所的创建时间，不一定就是行会的成立时间，有些行会的成立，可能早于会馆或公所的创建，甚至会早得很多。但是大批会馆或公所的创建，说明行会的力量，在有清一代有所发展。

清代行会组织在工商业中保持着强大的影响。在现存的一些手工业行会规条中可以看出，从清初到嘉庆时，行会关于学徒、帮工的限制，非行会手工业者的排斥，产品价格、工资水平的统一和原料分配、销售市场的限制等等，都有十分严密的规定。一直到道光年间，许多行会在排斥非行会手工业者方面，仍然规定外来客师新开店铺，须出牌费"入公"；在限制学徒和帮工方面，仍然规定客师"不得蒙混滥请"，学徒"出一进一"，"不能擅带"；在统一工资水平方面，规定不许"低价包外"，"徇情受用"；在统一产品价格方面，规定"同行公议"，"不准高抬，亦不许减价发卖"；在原料的分配方面，规定"公分派买"，"不许添减上下"；在销售市场的限制方面，规定"新开铺面，不得对门左右隔壁开设",也"不准挑担上街发卖"。所有这些,说明清代行会对城市工商业,保持着相当完整和严密的控制。

随着社会分工的发展,一方面引起劳动分工的增长,一方面也引起行会数目的增加。原来属于一个行业的行会,现在分裂为几个行会。彼此之间,存在着严格的分工限制。这在手工业行会中,表现得最为明显。江西景德镇的陶瓷业中,就划分众多的小行业,分别组成自己的行会。各行之间,"主顾有定,不得乱召"。在苏州的丝织业中,"机张须用泛头,有结综掏泛一业,练丝有槌丝一业,接经有捧经接头一业,织花缎有上花一业"。均系"各归主顾,不得紊乱搂夺"。有的行业,产与销都是"各归各业"。如苏州线业中,张金业不得兼营金线业,金线业亦不得兼营张金业。各分界限,泾渭分明。这说明在行会制度的条件下,分工的发展和生产的专业化,没有改变手工业的小规模性质,也没有促进行业之间的自由竞争,而只是促使相近行业分成众多的行帮组织,进一步造成城市工商各业彼此之间的对立和隔离状态。

二、行会组织的若干变化

清代的行会组织中,一方面有要求巩固和强化这个组织的势力,另一方面,又同时存在着要求冲破行会限制的力量。这种力量的增长,必然引起行会组织的某些变化。它对当时工商业中新的生产关系的萌芽,发生一定的联系和影响。

反对行会限制的力量，来自工商业者本身。行会工商业者的小生产者地位，虽然是稳固的，但在发展过程中，特别是在商品经济发展的影响下，行会内部，并不排除分化。尽管行会对成员的经营，从生产过程到供销环节，都采取平均原则进行限制，但是由于成员之间的资财能力，原来就有高下之分，在经营的过程中，也就不可避免地有盈亏之别。随着商品经济的发展，这种现象愈来愈趋显著。那些在营业中居于优势地位的行会成员，就必然有突破行规限制的要求。例如，南京丝织业中有行会组织，但行会已不能把当地丝织业的生产规模限制在固定的限额以内。这种情形，在十八世纪各地行会"重整行规"的频繁中，得到充分的反映。在苏州，至少从十八世纪三十年代开始，许多手工业行会的行规，被说成是"行之已久，渐就废弛"，以致发生乱行事件，要求整顿。在长沙，从十八世纪六十年代至十九世纪三十年代，有不少手工业行会进行重整行规，其中有的在这五十多年中，连续三次进行整顿。某些新订的行规中写道：行规之所以紊乱，"皆由于同人不力于旧章所致"，今后"不得彼此抢夺"。这就清楚地表明行会中存在着竞争，甚至在行会中已经有人要求突破行会的限制，自由经营，不受行规约束。

农村的手工业行会，也有类似的情况。乾隆四十五年（一七八〇）间，安徽屯溪乡村编制竹扇的行会手工业者，合立了一个新的行规，其中写道："近日人心不一，图货出多，不顾美恶，……甚至自挑出门，伤本贱卖"。因此整顿行规，"束心严禁"。很明显，这个竹扇行会中的统治力量，也是乞灵于整顿行规，以制止日益增长的竞争。

竞争不仅来自城市和乡村的手工业行会内部，同时也来自行会以外的城乡手工业者。十八世纪中叶，在安徽地方官的报告中，就透露过乡村行会以外的手工业者"搀夺城匠生意"，以致酿成命案的严重事件。这说明行会限制和反对行会限制的斗争，在行会与非行会者之间，也是十分尖锐的。

对于这一时期中来自行会内外要求突破行规限制的力量，不能作过高的估计。因为重整行规本身，就是行会势力仍然没有被冲垮的明证。也就是说，要求突破行规限制的力量，仍然没有大到足以与封建行会势力相抗衡的程度。但是，它是代表萌芽中新的生产关系的力量。它的发展，必然导致限制与反限制斗争的日趋激化。

其次，反对行会的控制，不但来自行会内外同业之间的竞争，而且还来自行会内部主匠之间的矛盾。在小生产的条件下，同属于一个行会的雇主和帮工，他们的经济地位的差别，原来并不十分显著。雇主往往就是匠师，而今天的帮工，明天可以成为匠师。因此，他们之间的矛盾，原来也并不十分尖锐。这在苏州丝织业行会的文献中，有充分的反映。那些组织在丝织业行会中的机户与机匠之间，彼此"原属相需，各无异议"，是以"铺匠相安"。但是到了十八世纪，这种"相安"的局面，却愈来愈无法维持。

苏州的丝织业组织，长期以来，采行十分严格的行会形式。不但生产经营活动，要受行会的控制，而且雇佣形式，也受行会的支配。机户雇定机匠揽织，采行一种"常主"制，一经说定之后，不能更易。甚至各机房临时补充劳动人手，短雇各种工匠，也是在"行头"制的支配下进行的。工匠按工种各分地界，各种工匠的"叫找"，都有各自固定的地点，并各有行头负责分遣。这说明苏州丝织业的雇佣，是处在封建行会严格控制之下。但是这种严密的控制，到了十八世纪，就出现了裂痕。随着同业之间竞争的不断增长，主匠之间的矛盾，也日趋激化。机户为了力图使自己在生产和销售上处于有利的地位，对生产技术较差的机匠，开始采取停雇或辞退揽织的措施。这样，"匠有常主"一条，首先遭到破坏。那些为"主家所弃"的机匠，就以"聚众叫歇"作为对抗的手段。为此，他们就必须在原来的行会之外，成立自己的组织——帮工行会。这种行动，自然受到机户的极力反对，依靠官府的支持，机户终于取得了"禁革机匠聚众勒歇阻工"的保障。但是机匠对机户的斗争，却并未因此停止。从十八世纪三十年代官府禁止机匠聚众歇工起，一直到十九世纪初年，苏州丝织业的机匠，多次向机户要求增加工价，稍有不遂，依旧以停工进行抵制。

行会中主匠的矛盾和斗争，在十八世纪以后，已经十分普遍。苏州行会手工业工匠的叫歇停工，在丝织业之外，已经遍及踹布、染纸、冶坊、蜡烛、金箔、印书等业。江西景德镇的制瓷业，在十八世纪的三、四十年代，各行内部的争议，相当频繁，同行罢工斗争，十分尖锐。"少有龃龉，动即知会同行罢工、罢市"。在罢工斗争中，许多行会的工匠，要求成立自己的组织。康熙五十四年（一七一五），苏州踹匠曾"倡言欲作踹匠会馆"。在遭到官府压制以后，乃转入"聚众插盟"、"拜把约会"的秘密状态。北京瓦木工人"凡属徒工，皆有会馆。其总会曰九皇，九皇诞日例得休假，名曰关工"。（枝巢子《旧京琐记》卷九，市肆）景德镇瓷工在罢工斗争中，被官方指为"知会同行"、"合党成群"，看来也有工匠自己的组织。十九世纪以后，行会工匠组织，日益增加。南京、广州等地的手工业行会中，出现了不少工匠自己的组织。南京丝织业的机匠，在道光二年（一八二二）曾有"各立会名、插盟结党、私立公所"的行动。广州附近地区，有些行业的工匠，也已开始建立自己的行会。佛山镇的皮金、铜锣、铁钻、铁杂货、锡箔各行工匠，在道光十七年（一八三七）联合组成一个行会——西家堂，取名陶金会馆。广州丝织业的工匠，据说也曾自建一个与行东的行会——东家行相对抗的西家行。边远地区的城市，也出现了手工业工匠的组织。如在塞外的归化，几乎每一种手工业的工匠，都有自己的"社"，它们和作坊老板的"社"，处于对抗的地位。

尽管行会工匠所进行的斗争受到官府的镇压，他们所建立的组织又受到官府的禁闭，但是斗争本身，标志着行会内部的深刻分化。工匠的组织虽然也采取行会的名称，不能完全摆脱旧有行会的影响，但是他们的目标，已经有了新的内容。而工匠的联合行动，实际上是在打破行会的界限（如佛山镇的陶金会馆）。进一步的发展，必将是行会内部帮工和行东之间的"相依为命"的宗法关系，被相互对立的劳资关系所代替。这个变化的意义是不容忽视的，它说明新的生产关系，不仅萌芽于行会势力所不及的行业和地区，而且也将在行会组织的内部出现。

（四）工商业中的资本主义萌芽

一、资本主义关系前提条件的准备

资本主义萌芽实质上是资本主义关系前提条件的准备。这个前提条件的创造过程，不外是劳动者与其劳动条件所有权相分离的过程。它一方把社会的生产资料转化为资本，一方把原来占有生产资料的小生产者转化为工资劳动者。

小生产者占有生产资料的被剥夺，是从产品的所有权开始的。随着商品货币经济的发展，小生产者的生产目的，日益从自给自足转向于出卖，从而他们的生产活动，也就日益依赖于市场，依赖于商人。日久月远，商人就能够把小生产者和他自己的关系固定起来。或者使他们专为自己生产，不再和别人发生买卖关系，或者通过放款预购，使他们用产品偿还债务。前者商人利用自己的垄断地位，压低小生产者产品的价格；后者则利用债务人的穷困，以更低的价格收购债务人的产品。无论哪一种场合，小生产者都不再能独立支配自己的产品。正是在这个意义上，商人"最初是剥夺他们对生产物的所有"。

　　商人和小生产者的这种关系，普遍存在于清代的城乡手工业中。在浙江乌程、桐乡，"蚕毕时，各处大郡商客，投行收买"。江苏吴江蚕丝上市之时，"富商大贾，数千里辇万金来买者，摩肩连袂。"杭、嘉一带蚕户，在蚕丝上市之时，"间遇丝客未至，需用孔亟"，往往乞援于典当。可以想见缫丝业中小生产者对商人的依赖程度。在这种情况之下，收丝商人就有可能把这些个体手工缫丝业者固定起来，专为自己而生产。他们或者规定固定的交易场地，或者指定固定的代理人员，让蚕户按他们的指示行事。一旦他们开始利用自己的垄断地位，广大的个体缫丝业者原有的独立地位，便随之动摇。

商人对小生产者的控制，决不到此为止。作为货币所有者，他必然还要通过放款预购，也就是通过高利贷，使小生产者进一步接受他的控制。商人和小生产者的这种关系，在清代的城市和乡村中，也是极为普遍的现象。在广东澄海的制糖业中，"邑之富商巨贾"，率先"放账糖寮"，至期收货。台湾的糖商，也是"糖斤未出，先行定买"。在云南的制茶业中，"向系商民在彼地坐放收发"，"先价后茶，通融得济"。这些都说明商业资本的活动，和高利贷紧密地联系在一起。小生产者之受制于商人，他们之间存在剥削和被剥削的关系，已经非常明显。

但是，商人和小生产者此时还只是商品的买者和卖者，剥削关系，还是在流通领域中进行的。以生产者对生产资料私有为基础的小生产所有制，还没有发生根本的动摇。使它发生重大变化的，是小生产者原料的被剥夺。这是劳动者与其劳动条件所有权分离过程的关键。

在设备简单的条件下，原料是小生产者劳动条件的主要部分。它的剥夺，也有一个过程。最初，当商人还没有切断小生产者和原料市场的联系时，小生产者还可以自己的产品和商人交换他所需要的原料，他和商人在外表上还是立于平等的地位。这种比较低级的形式，在清代已经非常普遍。在棉纺业中，原来自有棉花的手工业者，现在则"抱纱入市，易木棉以归"。在缫

396

丝业中，原来是手工业者自有蚕茧，现在则有商人"载蚕来鬻"。此时小生产者要取得原料，虽然必须依赖于市场，但还不一定固定于一个商人。等到他固定和一个商人发生联系，并且以固定的比例交换产品和原料时，事情的性质，又有进一步的变化。这时，小生产者虽然仍在和商人进行"交换"，实际上他已被割断与市场的联系，而开始从属于商人，受商人的支配。他和商人之间，已经不只是买者和卖者的关系，而是开始带有一点老板和工人的关系的色彩。事实上，当时就有人这样称呼商人和小生产者。十九世纪初期，有人在谈到广州手工棉织业时，就直截了当地说："织造棉布匹头的老板和纺工之间，通常总是由老板供给纺工棉花二斤，收回棉纱一斤"。显然，这里的"老板"，按其主要职能来看，还只是割断了小生产者与原料市场的联系的商人，而不是真正的手工业主。

在以原料交换成品的条件下，也可能出现和真正的"老板"相近似的人物。十九世纪初，在贵州遵义的手工棉纺业中，有"织家"和"纺家"两种行业。纺与织分离，至十九世纪初年已不是稀奇的事。值得注意的是："纺家所用的棉花"，却是由"织家"买来供应的。"织家买之以易纺线，纺家持线与之易，一两花纺成，可多得二钱"。这里是把"纺家"和"织家"放在同等地位的。实际上，他们之间有着本质的差别。这个"纺家"其实是与原料市场割断了联系的小生产者，而向"纺家"供给原料的"织家",则至少是已经兼有织布作坊的商人。他和"纺家"的关系，进一步接近于"老板"和"纺工"的关系。

这种关系的进一步发展，必然导致发放原料支付加工费以代替原料与产品的交换。如果生产工具再由"老板"提供，那么小生产者这时实际上就成为在家内工作而又领取工资的工资劳动者，虽然还不是纯粹的工资劳动者。

单是领取原料或者同时领取原料加工具，这两种情形，都早已出现。丝织业中也有这方面的事例。在南京、苏州等地的手工丝织业中，在道光以前的一段很长时间内，就出现了向分散的小生产者放发丝经，支付工价的领织办法。到了道光年间，这种形式则已相当普遍。当时在江南著名的丝织业镇市盛泽、震泽，流行"乡经"和"料经"两种称呼。"纺经以已丝为之，售于牙行，谓之乡经；取丝于行，代纺而受其值，谓之料经"。这后一种形式，正是上述的领织。它显然不是个别的现象，否则就不会有"料经"这样专门的名称。

至于同时领取原料和工具的，在十九世纪初期苏州的丝织业中，也有所发现。现存的一个道光二年（一八二二）的碑刻，具体反映这个情况。碑刻中记载：苏州民间各机户，将经丝交给机匠工织，计工受值。各乡匠揽织机只，每有勒加工价，或将付织经纬、货具，私行当押、侵蚀。在付织经纬之外，还有货具，这就表明散

398

处的乡匠，不但丧失了原料，而且也丧失了生产工具。他们只是在家内工作，计工受值的劳动者。而所谓"机户"，则已经接近真正的"老板"。

发生在苏州丝织业中的这种关系，是在行会制度仍然保持的条件下出现的。行会对机匠揽织，还在施加许多严格的限制，禁止他们"硬撮工钱"，"倡众停工"等等。但碑刻中又反映：机匠"稍不遂欲，即以停工为挟制"，"稍向理论，即倡众歇作，另投别户"。而且机匠基本上已经自由得一无所有，他们的劳动是"计工授值"。所有这些，都为资本主义准备了前提条件。它表明，在十九世纪二十年代，资本主义生产关系的萌芽，在行会仍然存在的条件下，也将破土而出 。

二、手工业内部的生产关系

"新事物中有旧的残余"。在整个城乡经济还处在封建势力支配之下，新的生产关系的萌芽，更是不能不带有许多旧的生产关系的痕迹。表现在手工业内部，无论在所有制、雇佣关系和分配关系等方面，都存在着一系列的新旧混合的过渡形态。

一、手工业和商业的结合。作坊兼有铺面，自产自销，这在广大的城市和乡镇中，是一种十分普遍的形式。这种铺坊，通常前面是铺，后面是坊，或者是作坊和铺面混合构成，边做边卖。乾隆九年(一七四四)，北京城内外共有铜铺四百三十六家，其中货卖已成铜器，不设冶炉的铺户六十八家，只占全体铜铺的百分之十六，而设炉逐日熔化打造铜器的铺户，则有三百六十四家，占全体的百分之八十四。这种铺户，实际上既是生产者，又是售卖者。它仍然保持"手工业者同时也是商人"的传统。这里如果出现了资本，那么工业资本和商业资本是分不开的；如果出现了利润，那么工业利润和商业利润也是混在一起的。

二、手工业主和地主的结合。或是手工业主与地主的直接结合，或是手工业主本身兼具地主的身份。

前一种情况，在采矿、井盐等需要占用大量土地的手工业中，表现得最为显著。在北京宛平、房山等处的煤窑中，占有山地的地主与出本经营的出工本主之间，规定了各自分占收益的比例——"日数"。名义上是"合伙做窑"，但是土地却始终归地主所有，而工本所用多寡又与地主无干。因此，地主与出工本主虽然同时"见利均分"，但地主的收入，按其性质，与其说是股息，不如说是特殊形态的地租。同样，在四川的井盐中，提供井眼等一切基地的"地主"与提供锉井一切费用的"客人"，一个得"地脉日分"，每月得四至七天不等；一个得"客日分"，每月得二十二至二十四天不等。主客之间，还要订立出佃和承佃的字约，有的还规定年限，限满全井交还地主。显然，这里的主客关系，更加接近于土地的主佃关系，而不属于资本的合伙关系。

当然，主佃关系的性质，是多种多样的；地租的性质，也是多种多样的。有封建的租佃关系，也有资本主义的租佃关系；有封建的地租，也有资本主义的地租。存在于福建制茶业中的主佃关系，就比较接近于资本主义的租佃关系。那里经营茶业的人，多半是外来的富商大贾，每家资本多至二、三十万，他们一方面向当地地主租山种茶，广辟茶园；一方面雇佣工人，设立制茶工场。"每厂大者百余人，小亦数十人"。他们不象煤窑、盐井中的出工本主那样，与地主"见利均分"，而是"既出山租，又费资本"。他们实际上是以租地资本家的身份出现在出租茶山的地主面前。可以说，他们既是茶商，又是制茶工场老板，同时还是租地农业资本家。他们和茶山地主的关系，同煤窑、盐井中的主客关系，是不完全相同的。

至于手工业主本身兼具地主的身份，亦即手工业主在占有生产工具的同时，又占有不同数量的土地，这在农村中是比较多的。一个地主兼营一项农产品加工的手工业，在清代前期某些地区的农村中，已经是数见不鲜。在一些经济作物如烟草、甘蔗产区中，往往有雇工达数十百人的"农户"，其中一定有不少是经营这些农产品加工的地主。在城市中，手工业主一般不占有土地，但有些手工业主，实际上具备地主的身份。他们虽然拥有作坊或生产工具，但却不直接经营以获取利润，而是租给他人经营以获取租金。在景德镇的瓷窑中,有烧户和搭户之别,烧户是以自有窑座替别人包烧瓷坯的窑户,那些搭烧瓷坯的就叫搭户。烧户雇佣窑工,不但不付工钱,而且还要窑工先付一笔押金。搭烧瓷坯的搭户,不但要向烧户缴纳烧费,而且要按照烧费的一定比例支付窑工佣金,这笔佣金就构成窑工的收入。很明显,这里工人的真正雇佣者,是搭烧瓷坯的搭户,而包烧瓷坯的烧户,不过是以自己的整个工场租给别人使用的名义上的场主。这种情形,在广东和台湾的城乡制糖业中,也有所体现。广东手工榨糖的糖寮中,有所谓"搭寮"的名目。既有搭寮的人,当然就有出租糖寮的人。这和景德镇瓷业中的搭户和烧户,基本上是一样的。在台湾手工榨糖业中,糖廊老板虽然雇佣榨糖工人,却并不自行购入制糖的原料——甘蔗,而是用出租的办法,专供蔗农租用。蔗农租用糖廊的租金以及廊内雇工的工资,不是用现金支付,而是采用分糖的办法。一般榨糖百斤,糖廊老板要抽取四十五斤,租费之高,说明老板之于蔗农,却又接近地主之于佃户。至于单纯出租生产工具,在城市手工业中,有时也能看到。那些出租生产工具的手工业老板,他们的收入,主要来自租金或贴钱。这种手工工具,既是手工业老板的"资本",又具有土地所有权的性质。

在十八世纪已经广泛存在于苏州踹布业中的这种关系,表现得十分错综复杂。踹布是棉织的最后一道工序。它的任务是把已织成染就的布匹,加以踩压,使之光滑美观。这一道工序，在苏州手工棉织业中，主要由专门的踹坊担任。踹坊老板叫做包头，他"置备菱角样式巨石、木滚、家伙、房屋"，一方面"招集踹匠居住，垫发柴米银钱"，一方面"向客店（即布商）领布发碾"。踹布工价，按匹计算，由布商支付，为踹匠所得，然后包头再向踹匠按月收钱若干，以偿房租、家伙之费。

在这种制度之下，包头是踹匠的雇佣者，但却不是主要生产资料——布匹的所有者。他雇佣踹匠，但不支付工资。他也垫支"资本"，但又从踹匠那里收取生产工具的货价。他的身份，对踹匠来说，像是"老板"；对布商来说，又像是牙行一类的中间人。他的收入，与其说是利润，不如说是租金。踹匠使用包头的菱石、木滚等等，和佃农使用地主的耕地、农具，实质上几乎没有什么两样。包头的工具，具有土地所有权的性质，是十分明显的。

三、货币投资和实物投资的同时存在。在广东和台湾的糖坊中，普遍存在以牛入股的办法。牛的多少，直接代表股份大小。在以蔗农中的富农为主体的牛犇廍中，入股的人，有一人数犇，有数人共一犇；有的是以当年牛价折合其所入股份付以现金，有的则径直"牵牛作股"。在云南铜矿中，有的小矿出资人只是供给矿丁开矿所需之油、米，开采所得，便按出米多少分配矿砂，叫做"石分"。有些筹集油、米的人，本身就是矿丁，名为投资，实际上是劳动组合。在比较大的"堂矿"中，矿丁和投资人的关系，大体上有两种：一是矿丁按月领取工资，称为"月活"；一是矿丁只按规定的比例分取矿砂，不另领取工资，叫做"亲身"。这就是说，在后一种情况下，工资也是以实物支付的。这种投资，带有浓厚的封建色彩。

四、自由雇佣劳动和农奴式劳动的同时存在。在清代的手工业中，已经存在相当自由的雇佣劳动。不仅在封建行会势力所不及的地区和行业如此，就是在行会组织内部，也已开始有这种迹象，或至少有这样的要求。例如，在苏州行会控制下的丝织、染纸等行业，就不止一次出现工匠"另投别户"的事实。而丝织业的老板——机户，也曾对机匠采取停雇的行动。原来"匠有常主"的行规，在事实上已经遭到破坏。这说明，即使在行会组织之内，也已经开始有了自由雇佣的事实和要求。至于在行会以外，自由雇佣就更为普遍。雇主和雇工之间，不书立文契，无主仆名份，亦未议定年限，工资按月或按日支付，雇工来去自由。这种情况，在各行手工业中，都大量存在。

与此同时，在很多手工业中，又存在不自由的农奴式的雇佣劳动。它不仅存在于行会手工业内部，而且也存在于行会势力所不及的广大地区和行业中。陕西南部山区的木材采伐加工工场，是在"地方辽阔，居民稀少"，为行会势力所不及的地方。但是在这些工场中，有"水陆领夫"之包头，有管理工匠的保甲制度。"商人厚资本","包头伙弟兄","一厂群工备","约束似行营"。四川井盐也是在"人烟稀疏"的地方，不闻有行会组织的存在。但是这里的情况是：盐井"常以利诱失业游民，至则重扃之，分昼夜轮次挽水，虽病不得息。否则辄施鞭箠，有死者"。散处深山荒野的采矿业，也被认为是行会势力所不及的地方。但在北京西山的煤窑中，对待工人的办法是：在工人住地周围，"筑起高墙，遍插棘茨"。工人"出窑后，即关闭棘墙之内，防其逃走"。"遇有患病之人，辄行抬出丢弃"，甚至"殴打垂毙抬弃"，"被大兽残食"。在河南密县的煤矿中，对待工人的办法是"设立人圈，严加防范，不许出入，情同囚禁"。工人"苦累难堪，轻则剁指自贱，重则轻生自尽"。山东济南煤矿，"凡佣工必书身卷，戕其身，矢勿问"。云南铜矿的矿丁，"皆听治于锅头"。锅头对矿丁可以"笞以荆"，"缚以簇"，"其法严，其体肃"。在许多矿场、盐井中，业主还用各种办法，使工人背负沉重的债务，以致终生禁锢，无法脱身。京西煤矿"在锅伙内开摆小菜、烟、酒店等项货摊，任意昂其价值，每遇工人买用，即将应付工价克扣，新陈拖累，严寒盛暑，不得脱身"。山东煤矿，在窑内"开设赌场，哄诱工人赌博，输钱扣抵工资。工价不足，此窑工完，赶赴彼窑工作，以抵前项赌债，使做工人等，无工满之期。"四川盐井管事，初则给工人"草履小菜，藉扣佣值"，继则在扣除佣值之外，使其"犹有支欠"，"偿又无力"，陷于"一欠即不得辞"的困境。由此可见，这些工人不仅是雇佣奴隶，而且是债务奴隶，在他们身上，受到严重的封建束缚。

清代的工商业，自清初至嘉庆时期有所发展，工商业中的资本主义萌芽，已处在发生或成长的过程之中。但发展的速度是比较慢的，在整个中国的社会经济结构中，封建经济仍然居于支配的地位。

第四节　对外贸易

清王朝的对外贸易，在鸦片战争前二百年间，以禁海闭关为其政策的支柱。基本形势是：西方殖民主义国家以所谓"开放贸易"为其原始积累的手段，清王朝则以限制乃至停止贸易为防范外国侵略的武器。在防范外国商人的非法活动方面，定了严格的管理制度；在商品的进出口方面，作了许多的限制措施。这时，中国的自给自足经济结构还很牢固，西方产业也不够发达，中外贸易虽然有一定的增长，但只能维持比较小的速度和规模。

中国对友邻国家，特别是对南洋群岛和东南亚国家的和平贸易，有悠久的历史传统。清王朝为防范西方的侵略，对这一部分民间的和平贸易，也加以限制。尽管如此，它在这二百年中，仍然有所发展。从事这些贸易的华侨，在缺乏本国政府保护的情况下，对中外关系的增进，作出了自己的贡献。

（一）清王朝的禁海闭关政策

从形式上看，鸦片战争以前，清王朝禁海闭关的时间并不很长。比较严格的禁海闭关，只有从顺治十二年（一六五五）至康熙二十三年（一六八四）这三十年的时间。其他都是部分的、临时的禁闭。康熙五十六年（一七一七）至雍正五年（一七二七）对南洋一度禁海，乾隆二十九年（一七六四）至四十九年（一七八四）恰克图中俄贸易曾三次停闭。除此之外，对外贸易基本上是开放的。尽管如此，禁海闭关的宗旨和这个政策作为加强国防、防止外国入侵的手段，却贯彻始终。

一、禁海闭关政策的内容

清王朝禁海闭关政策的内容，大体上有三个方面：一是对商人出海贸易的禁止和限制，二是对通商口岸的停闭和限制，三是对出口商品的禁止和限制。

一、关于中国商人出海贸易的禁止和限制。

中国商人出海贸易，有长期的历史传统。清王朝统治中国以后不久，就开始在这方面采取了一系列的禁止和限制的措施。从顺治十二年（一六五五）到康熙十一年（一六七二）的十七年中，清王朝颁布私人出海的禁令，先后凡五次之多。为了严格执行这一禁令，清王朝在顺治十七年（一六六○）、康熙元年（一六六二）和康熙十七年（一六七八）曾三次下令内迁沿海居民。还禁止私人"擅造两桅以上大船"，从各方面杜绝私人出海。

清代初期实行这样严格的禁海政策，还只是为了防止沿海人民和台湾郑成功政权发生联系，目的主要在于镇压台湾的反清斗争。但是在清王朝统治台湾以后，这个政策仍然不时加以运用，作为防止西方殖民主义国家入侵的手段。康熙五十六年（一七一七），颁布出海禁令时，距台湾统一已经三十四年，私人出海贸易的禁令，早已在康熙二十三年（一六八四）取消，其所以重新禁海，用康熙帝的话说，是由于南洋的吕宋、噶喇巴两地，是"西洋国（西班牙）和红毛国（荷兰）泊船之所，藏匿盗贼甚多"。康熙帝已经察觉到西班牙和荷兰殖民主义者的海盗行径，需要预加防范。这个禁令，实际上只维持了十年，但是在以后的岁月中，它仍为清王朝对付西方殖民主义者的一个防卫措施。乾隆六年（一七四一），由于荷兰殖民主义者在爪哇屠杀华侨，中国福建当局即曾一度禁止私人到南洋贸易。

二、关于通商口岸的停闭和限制。

中国和西方国家的贸易，有海、陆两个方面：陆路贸易，主要是对沙俄；海上贸易，则是对沙俄以外的西方国家。

在清王朝统治初期，当中国实行禁海时，英国、荷兰就不断入侵广州和福建沿海，公开或秘密进行贸易。康熙二十三年（一六八四）开放海禁以后，清王朝正式在澳门、漳州（厦门）、宁波、云台山先后设置海关，开放对外贸易。其中宁波是传统的对日贸易港口，厦门是中国和南洋的贸易中心，云台山则是中国沿海贸易的港口，并非对外，只有澳门一口，是专为对西方国家的贸易而设。由于葡萄牙殖民主义者把澳门看作自己的势力范围，排斥其他国家船只的进入，西方国家对中国的海上贸易，才由澳门转移于广州。广州也因而成为中国对西方国家贸易的一个中心。

但是，西方殖民主义国家，并不以此为满足。他们要求扩大和丝、茶产区邻近的厦门和宁波的贸易，甚至企图深入丝、茶产区，建立贸易据点。这不能不引起乾隆帝的警惕，因此在乾隆二十年（一七五五）发生洪任辉入侵定海的事件以后，清王朝便在乾隆二十二年（一七五七）下令关闭广州以外各口，只许西方商人在广州贸易。从此以后，除了厦门还允许偶尔由吕宋开来的西班牙船只进口以外，广州一口贸易制度基本上维持到鸦片战争爆发，没有改变。

中俄陆路贸易的规定，见之于康熙二十八年（一六八九）和雍正五年（一七二七）中俄双方签订的尼布楚条约和恰克图条约。在尼布楚条约中，规定"两国人民持有护照者，俱得过界来往，并许其贸易互市"。康熙三十二年（一六九三）根据这个原则，进一步规定：俄国

409

商人每四年得来北京通商一次。但是，沙俄却一再违反这个规定。在康熙三十六年至五十七年（一六九七——一七一八）的二十年间，俄国商队一共来了十次，平均两年就有一次。而非法私商又倍蓰于合法商队。有些私商并没有合格证书，他们或者在西伯利亚的地方官那里弄一张通行证，或者伪造证书，偷来北京进行贸易。加上边界上经常发生私逃活动，在制止无效之时，清廷终于在康熙六十一年（一七二二）停止了北京的贸易。

恰克图条约的签订，恢复了中断五年的中俄贸易。在恰克图条约中，规定了在北京互市外，又增加恰克图和尼布楚地方（后定在粗鲁海图）两处边界贸易，其中恰克图的贸易日益增长，很快就成为中俄贸易的一个中心。十年以后，中国方面打算停止北京互市，所有在北京的贸易，都移到恰克图进行。但是，沙俄不仅置中国意见于不顾，继续派商队前来北京，而且违背条约，在恰克图边界私征税收，戕害卡官，越界游牧盗窃，私释窃犯。因此，清廷在乾隆二十年（一七五五）停止北京互市，在二十九年（一七六四）、四十三年（一七七八）和四十九年（一七八四）先后三次停止恰克图贸易，进行制裁。其中第一次停了四年，第二次停了一年，第三次则停达八年之久。

三、关于出口商品的禁止和限制。

清王朝对出口商品的限禁，首先是出于政治上的

410

原因。火炮、军器是绝对禁止出口的，制造火炮、军器的原料，如硫磺、铜、铁，也禁止出口。而在"尺铁不许出洋"的禁令下，甚至铁锅也不许出口。显然，从军火到铁锅的限禁，都不是出于经济上的考虑。同样，粮食在有清一代也是禁止出口的，这里当然有经济上的考虑，即"保障民食"，但政治上的原因，仍然居着首位，即防止所谓"接济奸匪"。出口商品的限禁，在对付西方殖民主义国家的入侵活动中，也是一个重要的手段。十八世纪八十年代后半期，大黄出口的禁止，就是一例。大黄一向是对俄国的一项重要出口商品，沙俄对大黄的贸易，特别重视。在乾隆四十七年（一七八二）以前，一直由沙皇直接掌握，私商根本无从染指。乾隆四十九年（一七八四）恰克图第三次停市以后，清廷禁止所有通商口岸的大黄输出，连广州也不许出口，以免辗转输入俄国。这样严格的限禁，对遏制沙俄的违法行为，产生了一定的效果。乾隆五十七年（一七九二）恰克图贸易重新恢复以后，中俄边境维持了一段比较长的平静时期。

总起来说，清王朝的禁海闭关，着眼于国防的安全，防止外国的侵略。而其所以可能，则是由于中国当时仍然是自给自足的封建经济。乾隆五十七年恰克图重新开市以后，在当年签订的恰克图市约中，开头就说："恰克图互市于中国初无利益"。一年以后，乾隆帝在给英国国王的信中也说："天朝物产丰盈，无所不有，原不藉外夷货物，以通有无"。一直到鸦片战争前夕，道光帝仍然说："天朝天丰财阜，国课**充盈**，本不藉各国夷船区区货物以资赋税"。这一点，西方侵略者也知道，他们承认，他们之所以打不开中国市场，是"因为中国人发现能够依靠自己的产品生活"，中国人在自己的国度以内，能够保证足够的"内部安全和繁荣"。因此，西方侵略者要打开中国大门，单纯凭商品是不够的，还得在商品之外，再加上大炮。中国要抵御外国的侵略，单靠禁海闭关，也是不行的，还得在此以外，也加上大炮。清王朝固然有禁海闭关的手段，却缺乏抵御外国大炮的力量，它纵能禁拒于一时，终究不能摒侵略者于国门以外。

二、对外贸易的管理

清王朝在对外贸易的管理上，也体现了禁海闭关政策中的限制原则。

首先表现在对外国商队、商船和商人的管理上。

在中俄陆路贸易中，康熙三十二年（一六九三）就规定：俄国商队每四年才能来北京通商一次，每次人数不得超过二百，在北京停留至多八十天，不许超过。

在广州的海上贸易中，规定更加严格。那里的外国船只，最初只许停泊澳门，不许进入广州。康熙二十五年（一六八六），始准停泊距广州四十里外之黄埔。澳门的船只，则限定在二十五只以内，不许增添。所有外商船只，必须连环保结，一人犯法，各船负连带责任。在入港之后，必须卸除船上军火炮位，方准贸易。护货兵船，只许在距广州一百六十里的虎门以外的洋面停泊，不许进入虎门要塞。外国商人在销货、办货完毕以后，必须依限回国，不许滞留广州。间有因事滞留，亦应离开广州去澳门居住，事毕回国。其在广州居住期间，必须寓歇行商馆内，受行商管理稽查，不得自由行动。

其次，表现在中外商人相互关系的规定上。

在这些规定中，有以下三个比较重要的方面。

一、外国商人只能和中国官方指定的商人进行贸易。

在恰克图的陆路贸易中，所有参加贸易的中国商人，必须先向理藩院领票，凭票经商，"无票者即属私商，查出照例治罪"。商集分设八行，选殷实者为行首，与众商会同估定货价。各商按到集先后，以次交易。

在广州、宁波、厦门，也有专门经营对外贸易的行商组织。中国出口大宗的丝茶，完全由行商包揽，禁止行外散商插手。外商进口货物，也只能卖给行商，不能卖给行商以外的任何商人。

广州经营对外贸易的行商，更具有官商的性质。在康熙二十五年（一六八六）行商成立之初，广东地方当局就规定外国商人必须"各自照货，分别投行"。行商对海关承担义务，代理外商赴官纳税。乾隆元年（一六三

413

六），行商开始对外国商船实行担保。十年（一七四五），粤海关监督正式设立保商，由各行商选充，定为制度。在承揽贸易之外，还代理外商缴纳船钞、货税及其他承保事务。乾隆二十五年（一七六〇），行商成立公行组织。从此，行商不仅承揽贸易、钞税，而且成为外商一切活动的实际管理人。嘉庆十八年（一八一三），广州海关监督将从前行商得选举行总的办法定为制度，设立总商名目，在各行商中选一、二人"总理洋行事务，率领各商与夷人交易"。通过总商，更便于对外国商人的控制。

二、外国商人不得和中国内地商人进行任何联系。

这方面的控制，更加严格。外国商人不仅严禁进入中国内地，而且根本不许与内地商人有任何直接或间接的接触。乾隆二十四年（一七五九），两广总督的管理外商条例中，有一条就是禁止外国商人雇佣中国人进入内地购买货物，探听货价。四十二年（一七七七），广东巡抚又进一步禁止行商代运外国货物到内地发卖。这就是说，外国商人的买卖活动，只能限于广州，既不许托人到内地收购货物，也不许托人到内地推销货物。

三、外国商人不得和中国商人发生资金上的借贷关系。

中外商人之间发生借贷活动，在十八世纪初期，就已经引起清王朝的注意，而为了禁止这种活动，清王朝

414

也采取了相当严厉的措施。在中俄贸易中，中国商人和俄国商人之间，在十八世纪初就曾因债务问题而发生纠纷。为了制止这种事件的再度发生，康熙五十五年（一七一六），清廷下令把欠债的中国商人加以拘禁，并不许两国商人彼此赊卖。乾隆二年（一七三七），又再次禁止中国商人和俄国商人发生借贷关系。在广州，乾隆二十四年（一七五九）两广总督的管理外商条例，也透露了同样的事实而加以查禁。以后在乾隆四十二年（一七七七）、四十九年（一七八四）、六十年（一七九五）、嘉庆十九年（一八一四）和道光十一年（一八二一），又不断重申同样的禁令。许多行商由于不能清偿欠款，陷于破产，以致充军边远或瘐死狱中。外商借款之所以发生，一方面固然是由于贸易上的赊买、赊卖以及中国市场的利率大大高于西方国家，给放款的外国商人提供高额的利息收入；另一方面，也是由于外商通过放款，可以左右中国行商，有利于西方势力的侵入。清廷之所以查禁，不仅是为了防止行商破产，取缔外商重利滚息，维持正当贸易，也还是为了防止外国侵略势力的渗透。乾隆二十四年的管理外商条例中，就把查禁中国商人"领借外国资本"列为防夷五事之一，认为这样下去，难免互相勾结，滋生事端。

但是，所有这些规定，并不都能得到认真的执行和贯彻。

在中俄陆路贸易中，俄国商队不仅违背四年一次北京互市的规定，而且在每次互市中，也不遵守双方规定的条件。商队人数按规定不得超过二百人，实际上在康熙四十三年（一七〇四）以前，每次人数都超过二百人，有时甚至将近千人；商队在北京停留时间，按规定不得超过八十天，实际上每次都在百天或百天以上。

在广州的海上贸易中，有些规定几乎形同虚设。起卸军火炮位的规定，在清初顺治年间，名义上即已开始执行，但是直到乾隆元年（一七三六），来到广州的外国商船炮位，却仍"听其安放船中"。这一年乾隆帝重申禁令，但是外国商人通过行商进行贿赂，使这一条一再颁布的禁令变得有名无实。对外商行动的限制，更是不起作用。尽管清王朝对在广州进行贸易的外国商人规定了居住的时间，不许长期逗留，但外国商人往往置之脑后。英国东印度公司驻广州的大班，在十八世纪六十年代由临时的、季节性的组织，变成长期的、永久性的机构。而这个变更，恰在广东总督禁止外商长期逗留之后。至于中国商人和外国商人之间的债务关系，也是愈禁愈烈。十八世纪初，还只是发生小量的、偶然的借贷关系。三十年代，外商向行商垫款购买丝、茶，便已成惯例。五十年代，开始出现因积欠外商货款而破产的行商。至八十年代，单是行商所负的外商债款，亦即通称的"行欠"，就达到四百四十万元之巨。

由此可见，以禁海闭关为支柱的对外贸易政策，在鸦片战争前的二百年间，面临西方资本主义国家的步步进逼,已处在节节后退之中。乾隆二十二年(一七五七)广州一口通商以后,历任广东督抚和海关监督,都把制定防范外夷的条例当作头等大事。从那时起,一直到鸦片战争,不到一百年之中,在广州颁布的防夷条例,见之于官方文件的,先后就有乾隆二十四年(一七五九)两广总督李侍尧的"防夷五事",四十一年(一七七六)广东巡抚兼海关监督李质颖的"防夷四查",嘉庆十四年(一八〇九)两广总督百龄等人的"民夷交易章程",道光十一年(一八三一)两广总督李鸿宾等人的"八条章程",十五年(一八三五)两广总督卢坤等人的"防范夷人章程八条"。但是这么多的防范条例,并不足以防止外国商人的胡作非为,西方资本主义国家的侵略凶焰,猛烈地冲击着衰老的"天朝体制",抗击外国资本主义入侵的任务,显然不是腐朽的清王朝所能担负的。

(二) 中国与西方国家的贸易

中国和西方国家的贸易,无论是海上或者陆路,都在逐渐扩大。由于中国自给自足经济的抵抗力,西方国家对中国的输出,在数量上和扩展的速度上,受到一定的限制。西方国家的商人把他们的欲望得不到满足的原因,归咎于清王朝的人为障碍。然而,这二百年中,不但贸易量在不断扩大,而且和贸易发生联系的金融活动,包括汇兑和放款,也有所发展。通过贸易和金融的势力,西方国家逐渐取得贸易的支配权。这在广州的贸易中,特别显著。

一、贸易的扩大及其限度

中俄之间的陆路贸易,在恰克图通商以前,主要在北京进行。当时俄国商队一次携带的货物,多的可以达到几十万卢布。康熙四十一年(一七〇二)的一次商队,所载公私货物共达二十二万三千三百二十卢布,被称为后来商队的榜样。雍正五年(一七二七)恰克图开市以后,边界贸易逐渐取代北京的贸易而有比较明显的增长。开市初期,每年贸易额不过一两千卢布,不到二十年,增加到五、六十万卢布。从乾隆二十年(一七五五)至嘉庆十年(一八〇五)的五十年间,每年贸易额由八十多万卢布增加到一千一百余万卢布,年增长率达到百分之五点四。至于恰克图条约规定的另一互市地——粗鲁海图,在恰克图互市以前,是中俄交通要道,原来就有小量贸易。互市以后,转不及恰克图便捷。因此,始终没有什么发展。

在中俄陆路贸易中,沙皇和他的宠臣们,获得了巨额的利润。康熙三十八年(一六九九),由沙皇直接组织的一个庞大的商队,在北京以价值一千卢布的俄国货物换来中国货物,在俄京以六千卢布出售,一转手间,获得巨利。十八世纪初期担任西伯利亚总督的沙皇宠臣噶噶林，由于非法参加这种贸易，"他的亲戚朋友，一个个都发财致富"。在恰克图的边界贸易中，中国出口的大黄，在十八世纪四十年代，每普特二十卢布，等到俄国商人运至西欧，则平均以二百〇八卢布出卖。而俄国大宗出口的皮毛，在十八世纪五十年代，给俄国商人常常带来百分之二百至三百的高额利润。

中俄贸易，也为沙俄政府提供了平均线以上的关税收入。在一七六〇至一七七五年间，中俄贸易在沙俄对外贸易中所占的比例，分别为百分之七点三和八点三，而关税收入则达到百分之二十点四和三十八点五。

关于海上贸易，从十八世纪六十年代起，到十九世纪三十年代止，西方国家对中国的贸易额，由五百五十万两，上升到二千二百六十万两。七十年中，增加了大约三倍。这个时期，老的殖民主义者——葡萄牙、西班牙、荷兰已逐步走向衰落，后起的英国，则有比较迅速的扩展，并且很快地居于主要的地位。在十七世纪初东印度公司成立以后的七十年间，英国对东方的出口，增加了将近十二倍。它在中国海上对外贸易中的比重，在十八世纪中期，已占百分之五十以上，到十九世纪初期，则进一步达到百分之八十左右。美国也是后来居上。它的商船首次进入广州，是在一七八四年。八十年代后期，它对中国的贸易额，平均每年不过四十五万两，而在十九世纪三十年代初，则超过了五百万两，不到五十年，增长了十倍以上。老殖民主义国家则每况愈下。十九世纪初，当英、美两国的贸易总额达到三千多万元之时，荷兰在中国的贸易，没有超过一百万。西、葡两国则更加衰落。其他西方国家如法兰西、丹麦、瑞典等国，也有商船开来中国，不过他们的贸易，始终不占重要地位。下面是进入广州港口的西方国家船只及其吨位的变动数字。

这个时期中外贸易上的主要商品，在中国出口方面，以丝、茶、棉布为主。十八世纪二十年代以前，丝的出口居于首要地位。二十年代以后，茶叶开始取代生丝成为首要出口商品。进入三十年代，中国手织的所谓南京布开始出口，十九世纪二十年代，成为仅次于茶、丝的重要出口商品。这三项商品的出口额，茶最高的一年达到四十万四千三百二十担（一八三二），丝最高达到九千九百二十担（一八三三），南京布最高达到三百三十五万九千匹（一八一九）。在出口的总值中，这三项出口一般占百分之八十以上。

进口商品以毛织品和棉花为大宗。毛织品的贸易开始于十七世纪八十年代，最高的贸易额曾经达到三百六十万两（一八〇八）。棉花贸易在十八世纪初年才开始试探，最初不过千担左右，但发展迅速，到十九世纪三十年代，最高达到五十万担，价值约达四百万两，超过了毛织品。这两项都是英国对华输出的主要商品，在贸易总值中，一般占百分之七十以上。

进入广州的西方国家船只、吨位 1730—1833

年别	英国 只数	英国 吨位	美国 只数	美国 吨位	荷兰 只数	荷兰 吨位	法国 只数	法国 吨位	丹麦 只数	丹麦 吨位	瑞典 只数	瑞典 吨位	其他国家 只数	其他国家 吨位	合计 只数	合计 吨位
1730	4	1,495	—	—	1	400	2	1,300	—	—	—	—	1	400	8	3,595
1751	10	4,700	—	—	4	3,150	2	1,800	1	950	2	1,590	—	—	19	12,190
1790	46	29,192	6	1,970	3	2,090	2	950	1	1,110	—	—	1	300	59	35,612
1830	72	54,940	25	10,000	5	4,000	5	3,000	1	800	—	—	1	600	109	73,340
1833	107	64,493	59	24,000	8	3,200	7	2,800	4	1,600	—	—	4	1,600	189	97,693

（本表主要根据英国东印度公司对华贸易的档案材料编制）

421

西方国家从对华贸易中，获得大量的利润。中国茶叶的出口贸易，是英国政府收入和东印度公司利润的一个重要来源。在十九世纪三十年代，它除了每年给东印度公司提供一百万至一百五十万英镑的利润以外，还给英国国库提供三百三十万英镑的税收。生丝出口贸易，同样使英国商人获得优厚的利润，十八世纪九十年代，一担生丝在广州的出口价格为二百八十八两，而给英国商人提供的利润，在扣除一切费用以后，还净余一百四十四两。也就是说，利润率为百分之五十。美国商人也从中国的出口贸易中，获得优厚的利润。中国的货物在纽约销售售价可以达到在广州的购买成本的四倍以上。费城的中国贸易的先驱基拉德，从他在广州的贸易中，积累了大量的资本。他投资于地产和公共工程，投资于银行和保险公司，投资于铁路和航运企业。在十九世纪初年，他已经自有船只十八艘，其中有八艘专门从事中国的贸易。这样优厚的利润，在美国顿时引起了一阵阵的"中国狂热"。

西方国家在对中国的出口贸易中，也能获得很高的利润。康熙三十八年（一六九九），一只载货共值五四七五英镑的英国商船，在广州成交以后，净得一万二千英镑，相当于购货成本的百分之二百二十。有的商品的盈利，是十分惊人的。乾隆四十四年（一七七九），英国商人在美洲西海岸以六分钱换来的一张皮毛，在广州标价百元出卖。香料贸易，也是如此。康熙二年（一六六三），荷兰商船在福建推销香料，毛利在百分之二百五十至三百之间。嘉庆四年至五年（一七九九至一八〇〇）间，英国运到广州的香料，售货收入相当于资本的百分之三百五十。有一次东印度公司在安汶的代理人以两千〇七十六元购买的香料，在广州得价八万二千一百四十六元，相当于货本的四十倍。尽管东印度公司在广州的大班抱怨什么贸易条件的苛刻，但是伦敦的总部"却是单单靠了他们对华贸易中的利润来支付他们股票的利息"。

虽然如此，西方国家的经济力量，在这个时候还不足以打开以自给自足经济占主导地位的中国市场。

当时贸易额最大的英国，在十九世纪三十年代，平均每年从广州运出茶叶将近二十六万担，生丝将近八千担。但是，它用什么东西来换取中国货物，一直是一个难以解决的问题。他们的机制产品，并没有获得中国人的普遍接受。一直到十九世纪三十年代，"中国土产的南京布，无论在质地上和成本上，都优于曼彻斯特的棉布"。这个时候，英国人所消费的中国手织土布，超过中国人所消费的英国机制棉布。尽管他们在中国出口的丝茶贸易中获得巨额的利润，他们在向中国出口的个别商品如香料、皮毛，也能获得高额的利润，但是他们的出口大宗——毛织品，为了换取丝茶，在十九世纪以前，一直是赔本出卖。在英国所有的对华大宗出口中，唯一能在中国获得一定销路的是棉花。但是，广州进口的英国棉花，几乎全部来自印度。作为英国殖民地的印度所产的棉花，虽能部分地解决中英贸易平衡问题，但总的形势是：英国除了最后以白银支付以外，别无其他弥补贸易差额的手段。这在十八世纪八十年代棉花成为主要出口商品以前，尤其如此。从十七世纪中以至十八世纪上半期，所有英国经营对华贸易的商人，都不得不携带大量白银到中国来购买货物。东印度公司船只的货舱，白银经常占三分之二至四分之三乃至百分之九十以上。十八世纪中，每年输入中国的白银数量，一般都在四、五十万两之间，最高达到一百五十万两。

在这种情况下，西方侵略者不择手段，用毒害中国人民的鸦片走私，来改变贸易上的逆差。

输入中国的鸦片，主要来自英国殖民地的印度。这个毒品之可以用来弥补英国对华贸易的逆差，在十八世纪的三十年代，就已经引起垄断中英贸易的东印度公司的注意。七十年代初，英国殖民政府在印度实行鸦片专卖，实际上，它是用来专销中国。在实行专卖以后的第十年（一七八三），输华鸦片至少在二十万两以上。一八一四年，东印度公司的贸易垄断权除茶叶外，其他一律向散商开放，给英国的鸦片走私贩子以强烈的刺激，对华鸦片出口立即猛增至二百五十万元的空前数字。等到一八三四年东印度的特权全部取消，对华贸易完全向英国私人企业开放以后，鸦片走私又有进一步的增长,不到五年,就达到二千五百万元的新高峰。

美国在和中国发生贸易关系后不久,就进行走私漏税活动。最先来中国的山茂召,就极力宣传鸦片可以"走私而又极其安全"。从十九世纪开始,"在广州的美国洋行,无一不经常做这个买卖"。他们究竟输送多少鸦片到中国来,始终是一个秘密,因为从一开始,他们就是使用走私的办法。根据显然是缩小了的公开记载,在一八〇五年刚开始的时候,全年的输入量是一百〇二箱,也就是一百担左右。二十年以后(一八二七),这个数字就变成一千二百担至一千四百担。十九世纪初,鸦片走私还只占美国对华出口商品价值的一小部分,到了二十年代之末,它就一跃而几乎相等于其他所有出口商品价值的总和。

这样迅速膨胀的鸦片走私,实际上是在武装保护下明目张胆地进行的。在美国的鸦片飞剪船上,从刀剑枪矛到大炮重武器,一应俱全。走私贩子,根本不把中国缉私兵船放在眼里。英国大鸦片贩子怡和洋行的鸦片走私船,甚至疯狂到轰击巡查鸦片走私的中国水师船只。对于这种行径,怡和洋行的老板查甸却无耻地说,这是"最安全和最有绅士气派的投机生意"。

鸦片走私的确给大英帝国和美利坚合众国的"绅士"们带来了巨额的利润。十九世纪初期,英国走私到中国的鸦片,每箱成本为二百至二百五十元,在广州出卖,所得利润达到四百至五百元。三十年代中,一个美国鸦片贩子以每箱二百五十元的价格收购鸦片,在福建沿海一带以二千五百元的高价走私出卖。鸦片战争以前的半个世纪中,英国对华鸦片贸易,为数达五亿元,其中有三亿元是利润。这种利润"在商业史上是空前未有的,它在一个季度之内,实际上可以上升到支付二十艘一千四百吨船只货物的全部在中国的投资"。对于美国而言,鸦片"贸易","就像奴隶和酿酒厂一样,成为许多美国大资产的基础"。

鸦片走私也解决了西方国家长久无法解决的贸易平衡问题,改变了中国对外贸易中白银的传统流向。嘉庆九年(一八○四)以后,东印度公司已经不再需要从欧洲向中国运送现银。过了两年,中国却要把白银运往印度,以弥补收支差额。嘉庆二十三年至道光十三年(一八一八——一八三三)间,中国白银出口"在全部出口中整整占五分之一"。到了鸦片战争前夕,每年白银外流估计将近达到一千万两。西方的"绅士"们从鸦片"贸易"中得到"巨大的繁荣",而鸦片的泛滥中国,则给中国人民造成巨大的灾难。

二、关税与贸易

在关税与贸易的问题上,西方资本主义国家的商人经常以反对重课苛征为口实,扩大其违法行为和侵略活动。在广州的贸易中,他们或者以停止货船进口进行威胁;或者从事走私活动,逃避课税;或者妄图向广州以北沿海口岸进行非法活动。凡此种种不法行为,他们都是在抵制清王朝的苛征重课的借口下,明目张胆地进行的。

清王朝在对外贸易上,有的根本不征收关税,有的虽然征税,但就其正税而言,税率也是比较低的。

在中俄陆路贸易中,无论是在北京的贸易或者是在恰克图的边境贸易,基本上都是不征税的。康熙三十二年(一六九三)北京正式互市,当时就规定对俄国商队的货物,给予免税待遇。其后在雍正五年(一七二七),又重申"买者卖者,均不征税"。至于恰克图的边界贸易,在恰克图条约第四条中也明确规定"勿庸取税"。在清王朝看来,恰克图的贸易,只要维持边境安谧,取税与否是无关重要的。至于北京互市,清王朝不但不加课税,而且给予俄国商队许多优待和便利。如供应商队人员的给养,保护运输牲畜的放牧,以至补助商队途中的损失。雍正九年(一七三一),俄国商队在来华途中,损失了一些牲畜,清廷还专门拨款一万两,进行救济。

在海上贸易中,清王朝沿袭明代旧制,设立海关,征收货税、船钞。这两项税收,都属于正税,按税率计算,也是比较轻微的。

海关货税,基本上是从量税。货税之于货价,并无固定的比例。下面是几项主要出口商品关税占货价的比例的一个估算。它大体上代表十八世纪初期的情况。

货　别	单位	货价（两）	货税（两）	税率（%）
生　丝	担	120—160	1.80	1.1—1.5
丝织品	担	250—350	2.20	0.6—0.9
麝　香	斤	13	0.20	1.5
茯　苓	担	1.50	0.10	6.7
大　黄	担	10—18	0.10	0.6—1.0
铜	担	11—12	0.40	3.3—3.6
糖	担	1.20—2.30	0.10	4.4—8.3
茶　叶	担	25—50	0.20	0.4—0.8
白　铜	担	3.90	0.30	7.7

（本表根据英国东印度公司对外贸易的档案材料编制）

可以看出：货税与货价的比例，最高没有超过百分之九，低的不足百分之一，平均在百分之四左右。这个税率和当时资本主义国家的关税比较，并不算高。有的则大大低于资本主义国家的税率。例如，当时英国对茶叶的进口课税，就相当中国茶叶出口课税的五十五倍。

船钞是对货船的征税，按船只体积大小，分等计算。在康熙三十七年（一六九八）以前，来自西方国家的西洋船只和来自南洋一带的所谓东洋船只，二者的船钞，并不二致。前者大大高于后者。据粤海关税则，在康熙二十四年（一六八五）以前，各种船只的船钞，有如下表：

	一等船船钞 （两）	二等船船钞 （两）	三等船船钞 （两）
西洋船只	3,500	3,000	2,500
东洋船只	1,400	1,100	600

康熙二十四年起，所有的东西洋船钞，一律降低百分之二十。三十七年起，西洋船只的船钞，一律按东洋船只计算。这两次变动，无疑大大减轻了西方国家商人的负担。而且，在实际征收中，还有降等减收的事例。就在东西洋船只统一征收船钞的次年（一六九九），英国船只玛斯里斐尔德号本应列入二等，按原定税率，应纳船钞三千两，按新税率只纳一千一百两，海关当局又将二等改为三等，纳六百两，又降低百分之二十征收，结果只纳四百八十两，不及原定数目的六分之一。当时中等船只每船载货平均在十五万两以上，据此计算，船钞征课不及货值的千分之五。

由此可见，就额定正税而言，无论货税、船钞，都不足以构成外国商人的沉重负担。

在额定正税之外，还有一些附加。正是在这些附加上，外国商人经常发出反对的声浪。这些附加，主要有以下三项：

缴送——这一项附加，是由对进口现银课税而来。在十九世纪初叶以前，中国对外贸易居于出超地位。外国进口船只，经常携带大批现银，以备购货之需。康熙二十四年（一六八五）开关后，清廷沿明朝旧例，对进口现银每两抽税三分九厘，名曰分头银。其后逐渐增加，至康熙五十九年（一七二〇）前后，已增至百分之六。雍正四年（一七二六），广州海关监督在分头银之外，复征百分之十的附加，名曰"缴送"。乾隆元年（一七三六），清廷以"缴送"与"旧例不符"，下令裁减，计每年免银四万数千两至十三、四万两不等。至乾隆二十四年（一七五九），共免过一百八十七万三千余两。此后未见再有征收。

归公——这一项附加，原为海关吏胥、巡役私收入己的规礼。雍正五年（一七二七），开始解交国库。乾隆元年（一七三六），正式列为正项税收。二十四年（一七五九），更将各种规礼名色一概删除，归并核算，统称"归公"，分进出口两项。进口每船额收一千一百二十六两，出口每船五百余两。

行用——这一笔附加是从乾隆四十五年（一七八〇）开始的。当时行商颜时瑛等因积欠外商债款破产，海关当局着落联名具保行商潘振承追赔。为了摊还欠款，广州各行商共同议定将本轻易售之货，按固定价格征收百分之三的附加，以资应付，叫做"行用"。两年以后,海关监督为了"速清夷款",饬令增加行用,加征进出口货物达到四十七项。嘉庆六年(一八〇一),又进一步扩大范围,除了英国进口的大宗羽呢等外,其他进口货物,一律征收行用。在实行的过程中,征收率也在不断提高。如棉花原定每担征收二钱四分,茶叶每担征收六钱,到了嘉庆十四年(一八〇九),棉花每担实征二两,提高了七倍多;茶叶每担实征三两,提高了四倍。行用的用途,在摊还行欠之外,也扩大到贡价、军需、河工等各项派款。一八〇九年全年征收行用七十万两,其中用之于贡价、河工、军需以及皇帝的寿礼等等,共达四十二万两,占全部行用的百分之六十。

上述三项附加中,前两项或实行时间较短,或随后有所减轻,惟有行用一项,虽开征较晚,却不断扩大加重。如果外国商人真的感到附加和勒索的沉重,他们应该着重反对行用的征收。然而,正是在行用上,外国商人表现出游移和矛盾的态度。在行用的征收上,外国商人、中国行商和清朝皇帝以及海关大小官员,彼此互相依存而又互相矛盾。

征收行用的最初目的,虽然是为了所谓"摊还夷欠",实际上,它是清王朝勒索行商的产物。因为不仅由"摊还夷欠"发展到贡价、军需、河工等等的报效,是名符其实的勒索,而且所谓摊赔本身,也是变相的敲诈。随着清王朝敲诈勒索的加重,行用的加征亦随之扩大提高。嘉庆六年(一八〇一),粤海关监督把行商

431

的"常贡"由五万五千两增加到十五万两，行商随即把进口棉花的行用，由每担二钱四分增加到二两。行用的提高，引起外国商人对清王朝的抗议，但提高了的行用，却又落入行商的腰包，清王朝并没有直接占有行用。外国商人虽然反对行用的提高，但在行商处于困境时，却又往往垫付行用，使行商免于破产。对外国商人说来，行商破产不但行欠没有着落，而且他们可以利用的行商减少，不利于贸易的推进。因此，外国商人在反对提高行用的同时，又不得不多方设法维持行用。嘉庆二十二年(一八一七)，东印度公司在广州的大班直接放款给行商，以充实"公所基金"(即行用)，达六万二千两之多。

三、贸易与金融

在广州的对外贸易中，英国的东印度公司以及后来的英国散商和美国商人，除了经营贸易以外，还担任了以汇兑和放款为主的银行角色。

汇兑——在英国东印度公司垄断中英贸易的时期，中国对外贸易的汇兑业务，完全掌握在这个商业独占机构的手中。广州中国行商在进出口贸易的金融周转方面，力所能及的是广州到内地的汇兑，外汇则全然不能过问。从现存的东印度公司档案中，可以判断：公司广州大班的汇兑业务，至迟在十八世纪六十年代初，已经开始出现。到了七十年代中期，广州和伦敦之间的汇兑，成为东印度公司的经常业务。八十年代初期，东印度公司广州大班向伦敦开出的汇票，一年之中达到过一百一十多万两。十九世纪开始，东印度公司以外的英国散商和美国商人也开始参加进来，并展开了相当剧烈的争夺。东印度公司原来独占的业务，虽然被侵夺分割，但绝对数量仍然有所增长，每年开发的汇票，增加到二百五十万两左右。

东印度公司以及英国散商和美国商人的汇兑业务，给他们带来了多种的利益。它不仅给这些商人提供汇兑上的营业收入，而且减轻运现的负担和风险，节省运现的费用。在十九世纪以前，东印度公司利用中英贸易中国方面的顺差和中印贸易中国方面的逆差，以及殖民地的印度向宗主国的英国解款的需要，采用循环汇兑，也就是采用中国汇与印度，印度汇与英国，英国汇与中国的办法，把中、英、印三角汇兑集中在自己的手里。不仅在汇率的控制上取得了很大的好处，使"东印度公司的广州账房实际上成为外汇交易的主宰"，而且给经营中印贸易的"港脚商人"提供"将印度棉花和鸦片的利润运回印度的途径"，同时又给公司本身提供"筹措对华贸易所需资金的方法"，还解决了公司由印度向英国解款的麻烦，一举三得。

进入十九世纪以后，由于中印之间的贸易，亦即所谓港脚贸易的增加，东印度公司的汇兑业务，在时间上和数量上常常不能适应港脚商人的销货要求，同时由于印度鸦片走私的激增和中国输印货物的不足，原来中、英、印的三角汇兑，愈来愈趋于不平衡，于是又产生了新的办法，这就是在中、英、印三角贸易关系之外，又把中英、中美贸易与英、美之间的贸易联系起来，形成中、英、美之间的一个新的三角贸易和汇兑关系。

原来在十九世纪初叶的英、美贸易中，美国处于顺差的地位，而在中美的贸易中，美国处于逆差的地位。长期以来，美国购买中国丝茶，除了一部分用鸦片或其他货物抵偿以外，主要依靠运现来弥补差额。中、英、美三角汇兑关系建立以后，美国对中国的贸易逆差，可以不再以运送现金，而以开发伦敦承兑的美国汇票作为清偿的手段。十九世纪三十年代以后，在广州出售的美国汇票迅速增加，一八三一——一八三二年间，美国商人带到广州的汇票为二百四十八万元，一八三二——一八三三年就猛增一倍，达到四百七十七万元。这样做，对美国商人无疑是一个很大的方便，而在广州贩卖走私鸦片的英国港脚商人，则有可能取得美国的汇票，从而能以比前此"更优惠的条件"，向英国汇款。也就是说，使毒品鸦片输入中国更加方便，条件更加优惠。

放款——除了掌握汇兑以外，东印度公司和英国散商，又通过放款扩展其贸易活动。从现存的东印度公司档案中，可以查出至迟在十七世纪末期，就已出现英商放款给中国商人的记录。十八世纪三十年代以

434

后，这种放款已成惯例。其中有的是购货垫款，有的则是将售货所得现银借给中国商人，收取利息。七十年代以后，在东印度公司以外，散商也大量参加进来，向中国行商放款，是他们最初来到中国所要猎取的一个目标。进入十九世纪以后，美国和普鲁士的商人也步英国商人的后尘，成为中国行商的债主。

这种放款，是标准的高利贷。它的年息，一般是百分之十八至二十，高的几乎达到百分之四十，月息可以达到百分之五。乾隆四十四年（一七七九），中国行商积欠英商债款共达三百八十万元，其中本金不过一百零八万元，其余都是由复利滚上去的。

这种放款，又是和他们的鸦片走私扣在一起的。为了加强中国鸦片经纪人的周转能力，他们常常给这些经纪人以小额的货款，运用有限的资金，换取无限的利润。东印度公司的广州账房在十九世纪的最初十年就曾透露，他们这样做的结果，鸦片的价格就按照他们预期的那样"获得上长"。

这种放款，还和他们的汇兑业务扣在一起。常常出现这样的情况：外国商人出借的款项，并不支付现金，而是开出由他们在本国的代理行号承兑的汇票。乾隆二十六年（一七七一），大行商潘振承为了支付英国商人的货款，就曾经请求东印度公司的广州账房，以向伦敦代发汇票的形式给予贷款。嘉庆二十二年（一八一七），另一个大行商黎光远为了购买印度棉花，也曾请求东印度公司的账房,向孟加拉开发汇票作为贷款。这只是见于东印度公司现存档案之一、二事例,类似的情形,是所在多有的。接受这种贷款,就必然要接受由债主规定的汇率,从而债务人在利息负担之外,还必须承受汇率上的损失。

外国商人对中国商人的放款,也曾受到清王朝的禁止。但是这种禁止,实际上是不发生效果的。十八世纪七十年代以降,行商积欠外商债款经常在三、四百万两之间。在实行公行制度的八十二年间,无力偿还的债款总数约在一千六百五十万元以上。这些"用复利滚进的放款的积累",不但是鸦片战争前中国对外贸易的一付重担,而且在鸦片战争后还成为英国侵略者勒索战争赔款的一个项目。

四、贸易支配权的更迭

在广州的对外贸易中,中外商人的相对地位,在一百多年的时间里,发生了明显的变化。这些变化,标志着贸易支配权的更迭。

广州经营对外贸易的行商,是具有一定独占权的官商,是以封建政权在对外贸易经营管理代理人的面貌而出现的。乾隆二十五年(一七六〇)以后,行商还进一步有了自己的组织——公行。它在对外贸易上的独占性质,更加显著。外有官府的支持,内有自己的组织的维护,广州对外贸易便可处于行商支配之下。然而，事实并非如此。行商在和自己的主要对手——英国东印度公司的接触中，由独立的商人逐渐转为受外国商人支配，甚至依附于外国商人的地位。

这种支配权的更迭，表现在以下几个方面：

第一，关于贸易资金的周转。上面提到从十八世纪初期起，行商拖欠外国商人款项，逐渐成为经常的和普遍的现象。造成这种现象的原因，最初是由于贸易资金的周转。一方面，行商接受外商进口货物，议定价格以后，并不立即付款，往往要等到转售以后，才陆续给价。在外商回国之时，其未出售之货，则作价留与行商，一俟售出，即作为外商存款，按月起息。俟下次外商货到，一面结清旧欠，一面又交新货。这样循环下去，外商手中，始终存一笔行商的欠款，而且由于本外有利，利又作本，辗转积算，愈积愈多。另一方面，外国商人向行商购买丝、茶等出口货物，由订货到交舱，至少需时百日。在通常情况下，外国商人都是预付行商百分之五十到八十的货款，以便内地办货商人周转资金。这一笔预付货款，也往往积成行欠，而且也是愈积愈多，最后的结果是行商愈来愈依赖于外国商人，而失去原先的在对外贸易上的主动能力。这种现象，在十八世纪下半期已经相当明显，到了十九世纪初，更为严重。嘉庆十六年（一八一一），全体九家行商中，有六家新行商不能自立，需要东印度公司的借款维持。十七年至十八年，有五家行商相继赔累，由东印度公司设法补救。十九年，十家行商中，有七家濒于破产，也是由东印度公司先后筹款四十六万两，才得渡过难关。二十年，又有七家新行商向东印度公司求援，得到八万七千两的接济才免于破产。新一辈的行商，几乎完全依靠东印度公司，他们之是否免于破产，决定于公司的是否支持。当然，接受援助的行商，必须付出代价，这就是在付出重息以外，还得接受公司的监督，牺牲原来的独立地位。

第二，关于商品价格的规定。在广州开关贸易以后，进出口商品价格，原来是由行商公同酌议。康熙五十九年（一七二〇）虽然规定行商与外商公同议定价格，实际上"中国商品按什么价格出卖"，仍然"由公行来决定"。一直到十八世纪六十年代，在价格的议定方面，中国行商还有相当的主动权。在很多场合中，外国商人不得不听从行商的议价。但是，在七十年代以后，行商破产开始增多，公行组织一度解散，商品议价的主动权逐渐从行商手中失去。八十年代中，中国的官方文件已经有这样的记载：外商与行商交易时，"临时定价，任意高下"，以致行商"亏本借贷"。八十年代以后，在东印度公司的档案中，也经常出现中国行商在规定入口商品价格方面，屈从于外商的事例。如乾隆五十二年（一七八七），行商要求降低进口哔叽和铅的价格，就以得不到东印度公司的同意而不能实现。嘉庆三年（一七九八），东印度公司在进口铅和锡的价格上，坚持铅价要提高,锡价要维持原状,虽然明知中国商人要亏本,也不让步。中国行商虽然表示了异议,但是没有效果,最后还是依了东印度公司的条件。嘉庆九年(一八〇四),东印度公司又提高进口毛织品的价格,甚至威胁中国行商,如果不同意,就要降低中国工夫茶的价格。中国行商屈从了他们的决定,换来的仅仅是一个毛织品质量不降低的空洞保证。这只是见之于记载的少数事例,但是它足以说明十八世纪七十年代以后,在广州贸易中商品价格的决定权,已经开始旁落外国商人之手。

第三,关于贸易份额的分配。在康熙二十四年(一六八五)开关贸易之初,广东官府曾规定"各处商人来广,务各照货投行",即按商货类别投行买卖,原无所谓在行商中分配贸易份额的规定。外国商人在各行商之间进行份额之分配,大约开始于十八世纪后半期。七十年代起,进口份额的分配,开始发挥"维持"行商的作用。为了取得或保持份额,中国行商对外国商人的贸易条件,不得不曲意逢迎。嘉庆十四年(一八〇九)在中国的官方文件中透露过这样的情况:原来"夷货到粤",向系行商自行承办,"不致彼此多寡悬殊",而"近年夷商司事者,竟随意分拨,售卖内地。行商因其操分拨之权,曲意逢迎,希图多分货物,转售获利,而奸夷遂意为肥瘠"。在东印度公司的档案中,也透露了同样的情况。中国行商为了保证他的份额,不惜在商品价格上屈从于外国商人。上述乾隆五十二年行商之所以对哔叽价格的让步，主要是由于他们只关心"在本季度的进口中能保证自己的份额"。而嘉庆三年行商在锡价上的让步，也是为了得到份额上的保证。在清王朝的上层官僚中，也有人赞成这种办法，认为可以免去行商"垄断居奇，贱买贵卖，苦累夷人之弊"。这是本末倒置。在外商分配贸易份额的条件下，真正起"垄断居奇"作用的，只能是行商所"曲意逢迎"的外国商人。

第四，关于交易方式的变化。在十九世纪以前，行商在与外商的交易中，尽管在商品的价格和贸易的份额方面，已经开始受到外国商人的制约，但是他与外国商人，仍然是独立的买卖双方。他在交易中，仍然保持独立的商人身份。尽管这时有些行商，由于资金不足，靠外国商人借款周转，他的所得，实际已近于中间人的经纪费，但是整个说来，行商仍能保持独立和主动的地位。然而，到了十九世纪初期，这种地位已明显地发生变化。新的一代行商，已开始实行代理推销、收取佣金的办法，把自己从独立的商人降为掮客和买办的地位。嘉庆十五年(一八一〇)，当过通事的行商谢嘉梧，"打破了百年的传统"，第一次按照固定的价格，为东印度公司专门推销羽纱。他所做的生意，完全在东印度公司广州大班的"指导和监督之下"。"他担任的角色，实际上是公司的掮客"。到了嘉庆二十四年(一八一九)，这种推销办法，已经由羽纱推广到哔叽，由一个行商发

440

展到许多行商。这一年，东印度公司以支付百分之三的佣金，委托行商代销哔叽的货值，达到十九万九千多两。以前东印度公司极力反对公行的垄断贸易，现在却掉过头来要求行商"垄断"他们的贸易，不过要在新的基础上，即他们的指导和监督之下，成为他们的"独家经纪人"。

古老的中国行商，已经证明不是大英帝国垄断东方贸易的东印度公司的对手。然而严峻的考验还在后面。作为英国新兴工业资本开拓殖民地的重要工具、以代理行号为主体的散商，已经大规模地涌向中国，代替东印度公司成为英国扩张东方势力的急先锋。这些属于"第二代"的所谓"自由商人"，是从来不"照着中国人的告示做生意"的，"他们采取了进攻的态度"，并且"要达到想望中的空前扩张"。十九世纪三十年代，东印度公司停止了在中国的活动，但是这并不意味着英国侵略者的撤退。相反，新的一代加紧了他们的步伐，中国面临着西方资本主义势力更加严重的入侵威胁。

（三）中国与友邻国家的贸易和经济联系

清王朝在平等互利的基础上和友邻国家的贸易，加强了中国和友邻国家的经济联系，促进了和友邻国家人民的友好往来。

一、陆 路 贸 易

中国西部和中亚细亚接壤。中国和中亚细亚的陆路贸易,有长期的历史。位于伊朗、阿富汗和中国之间的撒马尔汗和布哈拉, 是中国和中亚一带友邻国家进行贸易的两个中心。在清朝以前, 这两个地方经常有中国商人带来丝绸、宝石、麝香、大黄等物和伊朗、阿富汗以及印度等国商人进行贸易。清朝统治时期, 在塔克拉玛干沙漠南北两侧的两条主要商道上, 北路的吉昌,"店铺栉比,市衢宽敞","繁华富庶,甲于关外"。南路的莎车,"货若云屯,人若蜂聚",成为当时对外贸的大城市。

中国和西南诸邻国的陆路贸易,也有长久的历史。在西藏,以札什伦布为枢纽,有两条传统的国际商道。一条西向,经拉达克以至克什米尔。一条南向,经不丹以达孟加拉。西向的商道,要越渡拉克达的无数高山和急流, 然而在十七世纪每年都有商队用三个月的时间,跋涉这条"经常需要攀附悬挂两山之间的绳索才能通过"的商道上。克什米尔人用西藏羊毛织成的披巾,为西藏人所喜爱, 而西藏的特产麝香、茯苓、大黄以及著名的眼药猛迷郎(即黄连),则是克什米尔商人回程携带的主要货物。

由札什伦布南向, 是一条主要的商业孔道。在十七世纪中叶西向的商道受到阻滞以后, 这条商道显得更加重要。十八世纪中，在这条商道上，除了尼泊尔、不丹和西藏的直接贸易以外，还有从孟加拉输入的棉花、皮革、烟草、染料、珍珠、珊瑚以及剪刀、眼镜一类日用品。由西藏输出的，则以岩盐、金砂、硼砂、麝香为大宗。远离海洋的西藏人，把珍珠、珊瑚看成是"最宝贵的珍饰"，而西藏出产的金砂，经由尼泊尔流入印度，也使尼泊尔享有黄金之国的盛名。

在中国和中南半岛上的越南、暹罗与缅甸诸邻国的陆路贸易中，缅甸居于比较重要的地位。从云南的大理到缅甸的八莫，是几个世纪以来传统的商道。尽管在八莫和大理之间横着怒江和澜沧江，两江之间的海拔相差一千七百英尺，道路艰险，但是沿着这条商道的贸易却没有中断过。

西南地区，到十八世纪中叶中缅发生冲突止，两国之间维持了将近百年的和平局面，贸易也得到相应的发展。这时运载生丝和其他货物到缅甸的商队，常常需用三、四百头公牛，有时使用马匹达两千只之多。

乾隆三十年（一七六五）中缅发生战争，清王朝封闭了边境贸易。但民间贸易往来，并未完全停止。战争经历三年，边境"尚有市肆"。乾隆五十五年（一七九〇），两国恢复通商。这对缅甸的统治者，正是著名的雍籍牙王朝。缅甸的史学家认为："在整个雍籍牙王朝期间，中国对缅甸的关系，一向很尊重，把缅甸当作一个平等的国家"。从而"中缅两国的贸易关系，就获得了进一步的发展"。这时中缅之间的商路和交易的商品，都有所扩大和增加。中国商人在原有的商道以外，又沿着阿瓦河用大船满载丝线、纸张、茶叶、果品以及各项什货，从云南境内运到缅甸京城，回程则载运棉花、食盐、羽毛和黑漆。黑漆运回中国，"经过掺和香料加工以后，便成为驰名的商品——中国油漆"。中国的文献中说，缅甸"仰给内地者，钢铁、锣、锅、绸缎、毡、布、磁器、烟、茶等物，至黄丝、针、线之类，需用尤亟。彼处所产珀玉、棉花、牙角、盐鱼，为内地商民所取资。"

十九世纪初年，中缅陆路贸易又有进一步的扩大。中国输往缅甸的商品，如雄黄等不仅销于缅甸，而且由仰光出口，远销西亚和欧洲。在缅甸对中国的出口中，棉花和玉石已成为大宗商品。二十年代中期，由陆路运至中国的棉花，年达一千四百万磅，不仅供应云南，而且远销贵州、四川。由于棉花贸易的大量增加，三十年代的八莫，已经有了中国商人的棉花仓库，经常有五百名左右中国商人住在这个棉花贸易中心。至于玉石贸易，在它的极盛时期，居住缅甸的云南玉商达百余家。开采玉石的工人，多以千计。每年玉石产量，达数千石。缅甸古都阿摩罗补罗的一所中国庙宇中，还保留有五千个中国著名玉商的名字。

中国自陆路以入越南，很早便见于历史记载。现在广西的友谊关，是两国人民传统的往来孔道。清朝初期，闽粤一带人民曾经大量移入越南。自北部的谅山至中部的广义，十四省中，都有他们的足迹。中越之间，也建立了比较密切的商业联系。十八世纪中叶以后，广西与越南之间的陆路贸易更加频繁。当时内地赴越南贸易的商民，多从广西平而、水口两关和由村隘旱路出口。平而、水口两关商人，在越南之高凭镇牧马庸立市；由村隘来商，在谅山镇之驱驴庸立市。其中驱驴地方，为各处货物聚散之所。越南方面，还另在谅山镇属之花山添设店铺，招徕平而关出口商人。七十年代中，这些商道上往来的中国商人，经常数以百计。

中国和暹罗的贸易，以海运为主。但陆路贸易，也有长期的历史。十七世纪中叶，暹罗的拍腊王朝和中国保持比较密切的联系。五十年代至八十年代之间，长期居住暹罗的华侨达到三千左右。当十九世纪初期西方资本主义国家入侵暹罗古都大城以北时，他们发现那里早已建立了中国的陆路贸易。中国商人克服了自然条件的严重障碍，开辟了通过缅甸掸邦进入暹罗的商道。暹罗境内的商道，可以到达难河上的难府和北部的重镇南邦。在这些山川险阻的商道上，中国商人每年从内地带来铜器、生丝、岩盐、锡箔、花边等日用品，然后又从暹罗把铜砂、象牙、兽角等货运回中国。这种历久不衰的陆路运输，曾被西方国家看成是历史的奇迹，它证明了和平贸易纽带的牢固。

中国和东方邻国朝鲜的贸易，一向以陆路为主。在清朝统治全国以前，鸭绿江上的新义州和中江，图们江上的庆源和会宁，就是两国市易的传统口岸。中朝边境居民，一向"往来相善"，"或东或西，听民所往"。清朝入关以后，维持定期市易的办法。乾隆时期，会宁、庆源每逢开市，商人云集，中国商人前往会宁市易者，一次可达二百余名。市上交易的货物，从药材、纸张、毛皮、蔴布到牲畜、农具、食盐、渔产，极一时之盛。

二、 海 上 贸 易

中国和海上邻国的贸易，包括日本、朝鲜、琉球以及印度以东，伊里安岛、菲律宾群岛以西的大片地区。其中马来半岛、苏门答腊以东的南洋地区，海上贸易有比较显著的发展。有些地方则出现相对的衰落。

日本、朝鲜、琉球

中国和日本一衣带水，民间很早就有贸易往来。明末徐光启说："日本自宋以前，常通贡市。元时来贡绝少，而市舶极盛"。中日之间的民间贸易，早在明朝以前，已经有所发展。

清王朝建立之初，中日之间的贸易，有进一步的增进。当时清王朝为了鼓铸钱币的需要，每年从日本进口大量黄铜，中国输至日本的货物，则以绸缎、丝斤、食糖、药材为大宗。为经营这些贸易而开赴日本的商船迅速增加。在清王朝入关以前的十年间（一六三四——一六四四），平均每年赴日商船为五十七艘，一六八四年开海以后，五年之间（一六八四－－一六八八），迅速上升到一百九十四艘（《华夷变态》上册、中册统计）。但是，铜的外流，引起了日本的忧虑。一六八八年德川幕府采取了限制的措施。中国国内产铜，也开始有所发展，因此中日之间的贸易，相应的减缩。到了十九世纪初期，两国间维持正常贸易的船只，没有超过十艘，较清初已大为减退。

中国和朝鲜的民间贸易，原只限于陆路。清朝入关以前，对此一直严格执行。崇德二年（一六三七）规定：内地民人不但不许由海上前往朝鲜贸易，即使遇风漂至朝鲜境内，亦必解送回国。一直到康熙二十八年（一六八九），这种限制才稍有放宽。规定"内地商民船至朝鲜者，停其解京，除原禁货物外，听其发卖回籍"。虽然如此，中国民间的海上贸易，实际上并没有什么发展。

中国和琉球之间的民间贸易，在康熙二十三年（一六八四）开放海禁以前，也是严格加以禁止。以后始略放宽限制。私人船只至琉球者，由政府发给执照，进行小量贸易。琉球输至中国者，多为海产；中国输至琉球者，多为农产。但是进出口的数量，都十分微小。一直到十九世纪初期，从琉球来到中国的船只，每年不过两、三只，最多到过五只，有时甚至一只也没有。

印度、缅甸

印度和中国之间的海上贸易，也有很长的历史。十四世纪以前，中国的海船是中印海上交通的重要工具，南洋印度洋一线商旅，无不利用中国商船。十五世纪初期，从中国港口出发的大商船队，每年都来到印度西海岸的古里，装载客货。但是，在十五世纪三十年代以后，中印海上贸易逐渐趋于衰落。一直到十七世纪初期，才又在印度西海岸的果阿等地发现中国商人。但十五世纪的盛况，再也没有出现。

缅甸在十九世纪以前，只有偶尔顺着缅甸南部丹那沙林沿岸而去的中国商人，还没有出现大量的海上贸易。一直到十九世纪以后，中缅在陆路贸易之外，才开始有较多的海上贸易。中国广东商人出现于缅甸中部古城阿瓦，是在十九世纪的二十年代，而第一个广东商人访问缅甸中部另一古城曼德勒，是在鸦片战争以后的一八六一年。

马来半岛

从马来半岛北去以至暹罗、越南，南去以至苏门答腊、爪哇，东去以至婆罗洲、菲律宾群岛，中国民间的海外贸易，在这一广大地区中，有比较显著的发展。

马来半岛西岸的马六甲，早在唐朝就和中国发生贸易上的联系。明朝初年，中国商人已经大批来到这里。十六世纪初，葡萄牙殖民主义者入侵马六甲，中国商人在这里的贸易，受到很大的阻碍。十七世纪中叶，荷兰殖民主义者又取代了葡萄牙在南洋的地位，垄断了马六甲海峡的全部贸易。一六五九年荷兰殖民当局无理规定，通过马六甲海峡的中国商船，除了到邻近的苏门答腊岛上的亚齐以外，别的地方一概禁止前去。而这样一点"自由"，后来也为荷兰总督所剥夺。

为了抵制荷兰殖民主义者的垄断，中国商人在十七世纪的后半期，纷纷从马六甲转向荷兰殖民势力尚未到达的柔佛、槟榔等地，开辟新的活动场所。马六甲的贸易，在十八世纪以后，逐渐萧条。

柔佛在马来半岛的南端。在十六世纪，这里就是一个"通商于外"的地方。受荷兰殖民主义者排斥的中国商人，很自然地首先选择了这里。十七世纪六十年代，这里已成为南洋贸易的一个中心。中国商人从国内运来茶叶、烟草和陶瓷器皿，参加贸易的马来亚人不怕荷兰殖民主义者的报复，也纷纷把当地的产品卖给中国商人。清初禁海期间，贸易受到一些限制。一七二七年正式开放南洋贸易以后，广东商人又活跃起来。到了十八世纪中期，参加贸易的商人已由广东扩大到福建、浙江等省；参加贸易的商品，也由茶叶、陶器扩大到二蚕湖丝。在柔佛以外，整个半岛东岸的丁机奴、彭亨和吉兰单，通市不绝。

槟榔是马来半岛西岸，马六甲以北的一个小岛。中国商人来到这里,大约是在十八世纪的八十年代。这时正当英国势力开始深入马来半岛。在英国入侵槟榔之前,这个岛上几乎没有居民,几年之中,中国侨民和当地的马来亚人开垦了四百英亩以上的土地。这些"勤苦而安稳"的中国人,从事"几乎所有的手工业和零售商业的绝大部分"。十八世纪终了之时,这里的华侨增加到三千人,他们中间,有木工、石工、铁工,还有从事种植的工人。他们为开发这个地方,作出了巨大的贡献。

进入十九世纪以后,新加坡在马来半岛的商业地位急速上升,取代了马六甲、柔佛、槟榔,而成为南洋贸易的中心。

新加坡是中国南海通印度洋必经之地,十九世纪初,英国殖民主义者以卑劣的手段据为殖民地。在其入侵初期,为了开辟新加坡与中国、暹罗、越南以至日本之间的直接贸易,曾经大量利用中国的帆船。每当"中国帆船来临的季节,新加坡的市场,便大大活跃起来"。一八二四年以后,开往新加坡的中国帆船迅速增加,最多一年达到二百五十只。往来于中国和新加坡之间的货物,每次都在二百万元以上。这种情形,一直维持到鸦片战争。

暹罗和越南

暹罗和越南,处于中国和马来半岛之间,它们和中国的海上贸易,都至为密切。

中国和暹罗的海上贸易,至迟在十五世纪初叶便已发生。十六世纪以至十七世纪,开始有所发展。中国商人去暹罗者,日益增多。十七世纪中叶,中国侨民长期定居暹罗者,已达三千人。首都大城有唐人区,商业繁盛,成为"远东最重要的贸易中心之一"。

十八世纪以至十九世纪初,中暹两国民间海上贸易继续得到发展。十八世纪初叶,暹罗大米开始输入中国。这适应了中国封建王朝的需要,受到清廷的鼓励。到了十九世纪初,每年开往暹罗的中国商船,达到十八艘左右。从暹罗运来中国的货物,有大米、食糖、苏木、槟榔等,中国运往暹罗的,则有生丝、铜器以及各项杂品,"甚至和尚用的剃头刀,也从广东进口"。这个时候,曼谷的五十万人口中,有四十万是中国侨民,湄南河上的中国帆船,伸延达两英里以上。

中国和越南的民间海上贸易,在明朝初年已经不乏记载。十六世纪后半期,由于中国商人入境增多,在靠近广南的发福,形成了一个专为中国贸易而设的市场。十七世纪以至十八世纪,这里成为印度支那的一个商业中心。十八世纪六十年代,居住在这里的华侨达六千人。他们经营从宁波、厦门等地运来的茶叶、生丝、药材、纸张、布匹、瓷器和铜器等,有时还从日本运来货物,在这里行销。同时又把越南的货物,如象牙、槟榔、胡椒、燕窝、藤黄、牛角以及黄金等,运回中国。

进入十九世纪以后，两国民间贸易，发展迅速。十九世纪三十年代，开往越南的中国商船，年在百艘以上，共达两万多吨。一直到西方殖民主义势力侵占越南之前，中越贸易维持着顺利的发展。

南 洋 群 岛

在苏门答腊和伊里安岛之间的南洋群岛，是中国商人海外贸易活动的主要地区。在这一片广大的海域中，几乎每一个岛上都有过中国商人的踪迹。其中苏门答腊、爪哇和加里曼丹，是三个贸易集中地。

苏门答腊邻近马来半岛，在宋朝是古三佛齐国的所在地，"诸藩水道之要冲"，也是中国商船经常来往之处。一直到十七世纪，荷兰殖民主义者入侵爪哇，在雅加答建立了殖民政权以后，南洋贸易重心才由苏门答腊逐渐移到爪哇。这时中国商人在苏门答腊的活动，也由岛东南部的巨港，转到西北部荷兰势力所不及的港口亚齐。在十七世纪八十年代中国开放海禁以后，每年都有十到十二只满载货物的商船由中国开来。中国商人不但出售货物，而且有时连船只也出让给本地商人，彼此建立了密切的联系。

爪哇在苏门答腊东南，中国商人来到这里，可以上溯到公元九世纪。岛上西北角上的万丹，在明代已是中国商人和南海各地商人进行贸易的一个重要口岸。荷兰殖民主义者入侵爪哇以后，对中国商人的活动进行种种无理限制。但是，中国商人和当地居民的联系，仍然突破荷兰殖民主义者的阻挠，不断增长。一六一九年荷兰入侵时，雅加达的华侨不过四百，一七三三年增加到八万。这时从中国运载货物而来的船只，一年之中达到二十六艘，运茶达两万五千担。十九世纪初，中国商人在港口贸易之外，还亲赴内地向当地居民收购土产，同时供应居民迫切需要的食盐和其他进口物资。

南洋群岛中的最大岛屿加里曼丹，也和中国有长期的贸易传统和经济联系。岛上南部的马辰和西部的坤甸、三发，都是华侨和中国商人的集中地区。十八世纪七十年代以后，中国侨民在这里不仅从事贸易，而且进行采矿，为开发加里曼丹岛上的资源，作出了自己的贡献。

菲 律 宾

中国和菲律宾的民间贸易往来，长期维持友好的关系。宋、元以降，中国商船不断来到菲律宾各岛，其中南部的苏禄和民都洛是两个贸易中心。一五七一年西班牙殖民主义者侵占吕宋以后，对中国贸易进行多方限制和排斥。一七一八年西班牙国王甚至下令禁止中国的主要出口商品丝绸进入菲律宾。但是，长期形成的经济联系，不是殖民主义者一纸命令所能禁止的。中国丝绸不仅为菲律宾人所喜爱，而且通过菲律宾，远航到墨西哥，受到广泛的欢迎。菲律宾的华侨经济，也不顾西班牙殖民主义者的阻禁，仍然得到一定的发展。十八世纪四十年代，吕宋的华侨已经达到四万。在马尼拉的华侨区"巴里安"里，中国商人"在几条街上都有贩卖丝绸、瓷器和其他商品的大商店"。

中菲的民间贸易受到西班牙殖民主义者的影响。传统的中菲贸易中心苏禄，自西班牙入侵以后，形势即大为改观。十九世纪初，中国开往苏禄的商船已寥寥可数，而曾经和中国发生过密切联系的棉兰老，也默默无闻。虽然马尼拉的贸易仍然有所发展，但南部大片地区的贸易，却从此衰落下去。

三、华侨的海外活动

中国与四邻国家的民间贸易，促进了经济关系的发展，而在加强这种相互的经济关系上，华侨在海外的活动，作出了很大的贡献。

首先，中国和友邻国家海上贸易的工具——中国帆船，在增进中外经济的联系方面，发挥了很大的作用。

中国造船和航海技术，在唐宋时期已很先进。帆船出海航行，也具有相当规模。明清时期，对民间出海贸易虽然横加限制，但出海商船，仍然有所增长。在十六世纪末叶，民间商船每年出海数目，约有一百三、四十只。到了十九世纪初期，则上升到三百只左右。另外，华侨在海外自制自有的帆船，这时大约在二百只以上。两者合计，当在五百只左右。每船平均吨位以三百计，共达十五万吨。这在当时是一个相当大的数目。

中国商人在海外自制自有的帆船，不但经营中国的对外贸易，而且还经营侨居国家的海上贸易。十九世纪二十年代，华侨在暹罗投资制造的帆船，已达一百三十六艘，其中有五十四艘从事暹罗与越南、马来亚以及爪哇之间的贸易。新加坡与越南之间的贸易，在十九世纪三十年代，有四分之三是由越南的华侨进行的。华侨经营的船业，和当地保持友好和密切的联系。暹罗华侨经营的船只，有的由暹罗人和华侨共同投资，有的由暹罗水手和华侨共同驾驶。

清朝造船技术陷于停滞的状态，但华侨在国外打造的船只，推广了中国原有的先进造船技术。所造船只，船体坚实而造价低廉。十八世纪后期，加里曼丹的华侨打造一只五百八十吨的大帆船，只用去银币四千二百五十元，每吨造价七元多一点，这在当时其他国家中是找不到先例的。十九世纪初期，暹罗华侨打造的船只，每吨造价平均十五元，是当时东南亚各国最低的造价。毫无疑问，华侨的这些活动，对所在地造船业和航运业的发展，作出了积极的贡献。

事实上，华侨推广比较先进的生产技术，并不限于造船一项。在农业垦植、农产品加工、矿业开采以及印刷和各种日用品的制造上，都引进了比较先进的技术和经验。对南洋各地的经济发展,起了促进的作用。在这方面,值得特别提出的是矿产的开采。

南洋华侨在从事农业垦植之外,有很大一部分从事矿业开采。加里曼丹的金矿,马来亚、苏门答腊的锡矿以及缅甸的玉石开采,都吸引了大量的华侨劳动。在十九世纪以前,南洋各地从事矿山开采的华侨,不但有熟练的劳动,而且有比较先进的技术,无不受到当地的欢迎。十八世纪初,苏门答腊的土官就专门派人到中国南部各省,招聘中国工人参加邦加矿山的开采,因为中国矿工的开采技术,比他们自己的"臣民所用的原始方法要优越得多"。

在华侨开发南洋矿业的历史中,以罗芳伯为首的广东籍华侨在加里曼丹的开矿活动,是特别值得重视的一页。

加里曼丹的三发,是这个岛上金矿的主要产区。十八世纪七十年代以前,这里还是一片荒野。一七七二年,一批广东籍华侨在嘉应州人罗芳伯的带领下,来到这里。他们筚路蓝缕,从事金矿的开采。一七七六年,他们在坤甸的东万律,成立了一个以罗芳伯为首的兰芳大总制。在这个大总制之下,矿区所有成员,对矿区的收益都享有同等的权利。每一矿区,都向当地矿权所有者缴纳一定的租金和人头税。由于它对内、对外都作了这样一些公平合理的措施,所以获得了一个顺利发展的环境。从一七七二年起,四十年间,他们在这里开发了三十多个金矿,使原来"长林丰草,广袤无垠"的三发,成为三万华侨和一万二千泰雅克人与马来亚人的聚居地,其中单是金矿工人,就有一万之多。而在数十里以外的沙喇蛮,从事金矿开采的工人则达到两万。三发和坤甸,也成为两个重要的商业城市。

但是,华侨这一正当事业,却受到荷兰殖民主义者的百般迫害。他们先以所谓"收买"的名义,企图据矿产为己有,继则用武力进行压制,最后在一八八四年取消了兰芳大总制,扼杀了数万华侨历尽艰辛的创业。但是,存在了一百零八年的兰芳大总制,是十八世纪中国海外侨民的伟大创举。荷兰殖民主义者扼杀了它,总制取消了,金矿也随之废弃了,昔日繁荣的三发矿区,重新沦为穷困的荒野了。正如他们自己也不得不承认的那样,大总制的"取消以及由此而造成的中国人口的减少,对婆罗洲(即加里曼丹)的发展,是一个几乎无法复元的打击"。

荷兰殖民主义者摧残兰芳大总制,只是西方殖民主义者对南洋华侨经济进行排挤打击的一个事例。这种打击虽然无所不用其极,但是却破坏不了华侨和当地人民通过贸易和经济联系而建立起来的友谊。西方殖民主义者压制华侨经济的措施,往往受到当地人民的抵制而无法实现。十七世纪初,当荷兰殖民主义者侵占马辰的香料贸易,开始对中国商人进行排挤时,当地的泰雅克人就曾经给以反击。他们扣留了垄断香料

457

贸易的荷兰商人，并杀死了一些横行霸道的海盗水手。随后，荷兰殖民主义者又对中国和暹罗两国商民在航运上的友好合作极端嫉视，先后在一六六四和一六八八两年中，连续使用武力进行威胁，要求暹罗当局不让华侨在暹罗船上服务，这个阴谋也因当地人民的反对而未能得逞。十七世纪中，荷兰殖民主义者入侵日本，先是想独占日本贸易，排挤中国。这个目的达不到，便采用海盗办法，对中国商船进行抢劫，但是，由于中日之间的友好关系，日本总是"使中国商船先归，计程已远"，然后才让荷兰船只启行。十七世纪五十年代，日本对荷兰的这种海盗行为，不止一次地进行抗议，甚至以停止贸易给以警告，终于使荷兰殖民主义者不得不停止对中国船只的截击。一七四一年，荷兰殖民主义者在雅加答对华侨进行血腥屠杀，幸存的中国人从雅加答大量移至东部爪哇，和"渴望打碎荷兰枷锁"的爪哇人联结在一起，对荷兰殖民主义者进行了顽强的抵抗。在东南亚各国人民反对殖民主义斗争的历史上，留下了值得珍视的一页。

菲律宾和爪哇的华侨，对西班牙、荷兰殖民主义者的多次野蛮屠杀，作了不屈不挠、可歌可泣的反抗！中国的封建王朝，对在海外为抵抗西方殖民主义者而艰苦斗争的广大侨民，不但不给予任何保护和支持，反而诬之为"匪"、为"盗"、为"海贼"、为"奸民"。把他们的英勇抗击行为，诬之为"在外洋生事"；把他们受到的迫害,诬之为"孽由自取"。在西方殖民主义者的笔下,受尽压迫的中国侨民,竟成了什么"侵略者"。他们诬蔑华侨"野蛮、卑劣","愚妄、苛细",捏造和咀咒华侨的"恶行",竟有四十四种之多,极尽歪曲诬蔑之能事。在他们看来,对至高无上的西方人有"反抗的倾向",是大逆不道的"恶行"。但这正是千百万华侨和整个中华民族不甘屈服于外国压迫的可贵的反抗精神。中国人民以具有这种精神而感到自豪,并以其英勇的行动,载入世界进步的光辉史册。

第 七 章

明洪武至清嘉庆时期的
文化概况

第一节 理学、哲学与经学

中国的封建文化以儒学为主体，儒学则以经学为核心。经学是包括哲学、史学和社会政治学说的综合的学术，主要是依据对儒家经典的疏解和发挥。汉代以来的经学，至唐孔颖达撰《五经正义》作了总结。唐以前的经学，统称为"汉学"。宋儒吸收佛、道思想，使经学哲学化，以义理论证伦常，以适应宋王朝巩固集权统治的需要，形成与汉学不同的宋学。宋学的主体，是程（程颐、程颢）朱（朱熹）的理学。

明代理学和哲学的发展，大体经历了三个阶段：（一）明初诸帝，继续提倡理学，作为官方学术和王朝的统治思想。（二）明弘治、正德年间，王阳明远承宋儒陆九渊的心学，倡导"心外无理"的心学，又称"王学"，一度广为流行。从广义上说，心学也是理学。（三）明万历以后，商品经济发展，朱学和王学都不再能控制社会人心。反理学的各种学说陆续兴起。明朝亡国，士人痛诋理学或心学的空疏误国，另辟治学的新径，独立探求哲理，一时诸说并立，名家辈出，思想界再次形成"百家争鸣"。

清代理学与经学的发展，也大体经历了三个阶段：(一)清朝代明，建立起幅员广阔的统一的大国。清初至康熙、雍正诸帝再次提倡程朱理学，作为巩固集权统治的思想武器。在学术领域，程朱理学也再次作为官方学术而占居统治地位，但理学家陈陈相因，殊少新创。(二)乾隆时期，古文经学派的汉学，风靡一时。汉学中的吴派以辨伪辑佚等方法，整理考订经文，不谈义理。皖派以音韵文字训诂之学，疏解经义，至戴震从义理上反驳程朱而达到了高峰。(三)嘉庆时期，沉没千余年的今文经学再次兴起。春秋公羊学代替濒临绝境的汉学蔚为新兴的学术，也为改制变法思想的形成开辟了道路。

(一) 理学的演变与反理学思想的兴起

一、明初对理学的提倡

朱元璋在起义过程中，即信用浙东儒生，参与谋议。在称帝的前一年，于宫室两庑书写宋儒真德秀的《大学衍义》，以备"朝夕观览"(《明史纪事本末》卷十四)。去曲阜祭孔庙，赞扬"仲尼之道，广大悠久，与天地相并",并表示他的行政,即在于"明教化,以行先圣之道"(《明太祖实录》卷二十六)。于洪武十七年(一三八五年)规定,乡会试四书义以朱熹集注,经义以程颐、朱熹等注解为准,程朱之学由是成为官方学术。

明成祖锐意提倡程朱理学,命胡广等采摘宋儒一百二十家著作,编成《性理大全》,阐扬理学观点。又命纂辑《四书大全》、《五经大全》,为士人应科举者必读之书。《明史·儒林传序》说:"明初诸儒,皆朱子门人之支流余裔,师承有自,矩矱秩然。"开国文臣宋濂师承理学,国初文事,多由他策划。理学家为巩固明朝的统治,力倡个人修养,躬行实践。宋濂弟子方孝孺在靖难之变中追随建文帝,明成祖以灭十族相威胁,他终不改节。曹端(一三七六——一四三四年),专心性理,以静存为要,父母丧,五味不入口,庐墓六年。历任霍州、蒲州学正,清廉自矢,死后贫不能归葬。仿《太极图说》著作《川月交映图》,又为宋儒《太极图说》、《通书》、《两铭》作释文,但学术上并无创见。薛瑄(一三九九——一四六四年),终生研读性理诸书,撰《读书录》,认为理学已很完备,在识见上已不能有发见,只是照着要求去做就可以了。擅权的宦官王振,与他同乡,提升他为大理寺少卿,他拒不拜谢。王振侄王山陷人以罪,薛氏为受害者改正,自身险遭杀身之祸。当时人尊称为"薛夫子"。隆庆六年(一五七二年)被奉入孔庙从祀。

吴与弼（一三九一——一四六九年），江西崇仁人，青年时代读洛闽诸书，几年不下楼，中年家贫，亲自种田，“非其义，一介不取”（《明史》卷二八二）。英宗复辟以用贤征召，至京，坚不出仕。著作《日录》，“至于学之之道，大要在涵养性情，而以克己安贫为实地”（黄宗羲《明儒学案·师说》）。但他为天顺初年当权的石亨家谱作跋，自称为“门下士”，不免趋附权势之讥，后人多有非议，是自然的。

胡居仁（一四三四——一四八四年），撰著《居业录》，学业上主张以忠信为先，行为上持敬，所以读书处取名“敬斋”。他认为学习是为了提高自己，不是为取功名求闻达。“与人语，终日不及利禄”（《明史》卷二八二）。他与陈献章都是吴与弼的弟子，但认为陈的学术观点近于禅悟，将危害学术。他的学生余祐，著作《性论》三卷，教人学程朱，一定从诚敬入手，学者只有去掉不诚不敬，才能成为完人。

陈献章（一四二八——一五二〇年），广东新会人，乡居白沙里，人称白沙先生。万历初从祀太庙，追谥文恭。青年时代发愤读书，觉得无所得，于是舍博求约，静坐深思，从而懂得自然、人事的道理，处理事物，随心所欲，对圣贤之学，理出头绪。此后，他把静坐的功夫教给学生。有人批评他是佛学的参禅悟道，他辩解说，这是形似，而实质不同。但究竟不同于何处，并没有说出来。他受了佛家禅定的影响，学术上强调“此心此理"，认为人兽的区别就在于此。他说人们终身追求的就是理，这理"干涉至大，无内外，无终始，无一处不到，无一息不运会。"一但懂得理，"则天地我立，万化我出，而宇宙在我矣"（《明儒学案·白沙学案》）。他笃信理学的"存天理，灭人欲"之说，认为大道不行，是"七情交织，人欲横流"造成的，如果不明道理，即使能普济群生，一匡天下，也是凭一己私意而行，不能成正果，归根结蒂是要存天理，灭情欲。陈献章的"万化我出"，"宇宙在我"等说法，表明他不同于朱熹的客观唯心论，而接近于主观唯心论。他在《道学传序》中讲："学者不但求之书，而求之吾心"（同上）。程朱理学基本上是属于客观唯心论，明初理学家也是如此。陈献章从主观唯心论立说，别开新径。所以黄宗羲说："有明之学，至白沙始入精微"（同上）。他的学说经由弟子张诩、林光、湛若水等得到传扬。

娄谅（一四二二——一四九一年），也曾从吴与弼受学，著《日录》、《三礼订讹》各四十卷。他讲理学的"敬"，"以收放心为居敬之门，以何思何虑，勿忘勿助为居敬要旨"（《明儒学案·崇仁学案二》）。

陈献章弟子张诩（一四五五——一五一四年），为其师辑成《白沙先生遗言纂要》。他信奉濂洛家言，认为"足以羽翼乎经书，而启万世之蒙"（《白沙先生遗言纂要序》）。成化时中进士，辞不出仕。他的学术特点是"以自然为宗，以忘己为大，以亡欲为至"（《明儒学

464

案·白沙学案二》)。李承箕（一四五二——一五〇五年)考中举人,不仕。从陈献章学,献章对他所谈甚广,惟不及治学之道，要他自己悟出方法。他的学术观点崇尚自然,以忘已为大端,以无欲为至高境界。湛若水（一四六六——一五六〇年）,号甘泉，历官翰林院编修、南京国子监祭酒、南京吏礼兵三部尚书,著有《心性图说》、《格物通》。认为认识天理,有个由敬获得涵养,进而懂得天理的过程,要自始至终主敬,为人存敬,就会戒慎恐惧,欲望变少,使得心性不被蔽塞,这就萌发了天理。如果对任何事情都达到这样功夫，即有了涵养,就懂得存天理了。他说的天理,具体化就是仁义礼智。他认为在"上下四方之宇,古往今来之宙"的宇宙间,人的心性原是一个事物,因为敬的诱发,恻隐羞恶辞让是非之情产生了,于是有了仁、义、礼、智,发展而为天地间的万事万物。

明初思想界为朱学所控制，人们对于朱熹亦步亦趋,"非朱氏之言不学"(何乔远《名山藏·儒林记》),吴与弼以后形成崇仁学派,影响较大,后又分出陈献章的白沙学派。明代共有四个儒者被奉入孔庙,其中有崇仁门徒胡居敬、陈献章二人,占了一半。当此派兴盛之际,王阳明创为心学,风靡一时。

二、王阳明的心学及其流派

王阳明名守仁（一四七二——一五二八年）,浙江余姚人，读书于绍兴会稽山阳明洞，世人称"阳明先生"。弘治时进士，历官南赣巡抚、南京兵部尚书、左都御史，镇压江西南部农民起义，推行保甲制，平定宁王宸濠的叛乱，受封为新建伯，谥文成，从祀孔庙。王氏从政之余，读书不辍，曾师事娄谅，泛览儒、释、道三家。他面对社会的动荡不安，深感消灭盗贼易，清除人民反抗思想则很困难。他以为当时读书人沉溺于理学，只作为饵名钓誉之阶，无补于实用。他力求建立有效的统治学说，提出与朱熹理学相对立的主观唯心论的理论，著成《传习录》、《大学问》（均载《王文成公全书》）。继承和发挥陆九渊的"宇宙便是吾心，吾心即是宇宙"的观点，说"心外无物，心外无事，心外无理，心外无义，心外无善"（《王文成公全书》卷四）。他认为一切事物都产生于人心，是人心发生的意念活动的结果，没有心就没有客观事物，所以心是宇宙的本体，是第一位的，从而形成他的主观唯心主义的宇宙观。一次，王阳明与友人在南安山游玩，友人针对他的心外无物说，问他：你说天下无心外之物，这山中的花自开自谢，于我的心有什么相干呢？他辩解说："你未看此花时，此花与汝心同归于寂；你来看此花时，则此花颜色一时明白起来，便知此花不在你的心外。"（《全书》卷四）这就是说，人没有看花时，花没有表现，待到人看它时，花的颜色才显现出来。可见花不在人的心外，而在心里。王阳明的认识论与唯物论的反映论正好相反，是主观唯

466

心论的先验论。他自谓"圣人之学"是"心学",因而人们称他的学说为阳明心学。

王阳明由他的主观唯心论的世界观出发,提出"致良知"、"格物致知"的社会政治观和伦理观。他说"心外无理",又说"吾心之处事物纯乎理",这"理"也就是宋儒所说的"天理",不过王阳明通常使用孟子的"良知"这一概念。他说"所谓致知格物者,致吾心之良知于事事物物也;吾心之良知,即所谓天理也,致吾心之良知之天理于事事物物,则事事物物皆得其理矣;致吾心之良知者致知也,事事物物皆得其理者格物也。"(《全书》卷二)这就是说端正意识(即格物),恢复到良知的境界。他所说的良知是人人皆有的,它的内容则是孝悌忠信。他说,良知、天理,"发之事父便是孝,发之事君便是忠,发之交友、治民便是信与仁"(《全书》卷一)。良知是人人具备的,但往往受私欲蔽障,不能实现,致良知,就是要"克其私,去其蔽,以复其心体之同"(《全书》卷二)。他有时也用理学家的语言,说致良知是"去人欲存天理上用功"(《全书》卷一)。实际上,他的"良知"抹煞人间的贫富、贵贱的差异与对立,他的"致良知"是提倡实行三纲五常的封建道德,使人民放弃物质上和精神上的合理要求,忍受黑暗的封建统治。从"去人欲,存天理"的政治观点来看,王阳明心学与朱熹理学是一致的,但是他们达到这个目标的方法却大不相同。王阳明不赞成朱熹把心与理视为两种事物的观点，认为那样使人误入歧途——"启学者心、理为二之弊"（《全书》卷一）。朱熹把天理看作是外在的，人心所没有的，去人欲存天理是要人们去接受天理，王阳明则是要人恢复天理，恢复比接受更为便当，因而更容易被人接受。在"述朱"的时代，王阳明反对朱熹，表现了他的独立探讨精神和敢于向传统观念挑战的勇气，但是朱学毕竟影响太大，他吃不住朱派学者的攻诘，遂在形式上作些让步，作《朱子晚年定论》，以朱熹学说中与己相同的地方，说明他们之间是一致的，以掩饰他们的分歧。不过王学一出，"门徒遍天下，流传逾百年"，自此以后，"笃信程朱，不迁异说者，无复几人矣"（《明史》卷二八二）。王阳明五十七岁去世，学术观点未及进一步阐述，王学门徒说解不一，形成不同流派。

浙中学派 这一派是浙江、江南籍的阳明门生。他们受业较早，是王阳明的嫡传。徐爱（一四八七——一五一七年），能体会王阳明的思想，为之整理《传习录》上卷。他认为人性本善，邪恶是受外界感染的，非本性，受感染在于一念，一念也可以去之。钱德洪（一四九六——一五七九年），周游四方，讲致良知之学，认为灵窍是人的良知，戒惧也就是良知，有了戒惧，就是致良知的开始。王畿（一四九八——一五八三年），是王阳明大弟子，在南北二京、吴楚闽越各处讲学，批评时人学风，开口闭口谈性命，而不懂得深入到日用饮食声色财货的具体而微的实际生活中研究学问，力斥朱学，发

468

挥王学。他认为良知是知觉的流行，不要限制它，否则有碍虚无之体，所以他的思想渐进入禅学。他讲学掺杂禅机，并不避讳，不像别的学者以入佛为耻。

江右学派 王阳明在江西的一批门徒，悉遵王说。黄宗羲在《明儒学案·江右王门学案》中说，"阳明之道，赖以不坠"。邹守益（一四九一——一五六二年），为学主张自我修养，"慎独"、"戒性"为致良知的方法，对"或惧实功，全不著力"的学者，表示不满。（《明儒学案·江右学案一》）聂豹（一四八七——一五六三年），认为《传习录》前篇所讲的致良知是王阳明学说的真谛，被后人忽略了，因而所作解释都不得要领。

南中学派 在南直隶（今江苏、安徽）的王阳明弟子，所在开坛讲学。著名学者有戚贤、薛应旗等人。戚贤认为"圣人之学"，不外于心，成见、嗜欲令人失却本心，一念转回，即可复本心。他还批评王畿出入禅学。

泰州学派 泰州学派创始人王艮（一四八三——一五四〇年），号心斋，南直隶泰州人，灶籍出身，做过小商贩，布衣终身，著有《王心斋先生全集》。王艮读书理解力很强，闻听王阳明的学问，认为是"倡明绝学"，遂拜为师。王艮从师前就有主观唯心论的观点，他说："以天地万物依于己，不以己依于天地万物"；"吾身犹矩，天下国家犹方。天下国家不方，还是吾身不方"（《王心斋先生全集·遗集》卷一）。他以主观的"心"去衡量客观世界，使万物符合于心的意念，是精神第一物质第二的唯心论观点。他从王阳明那里接受致良知说，认为人们处世，首先要"端本"，端本就是要"诚其心"，诚心即要摒弃"不善之功"，"不妄动"，不妄动就是致良知，恢复人的初性。王艮认为"百姓日用"就是圣人之道，他说："百姓日用条理处，即是圣人之条理处。圣人知，便不失；百姓不知，便会失。"（《王心斋先生全集·遗集》卷一）从百姓日用观察圣人之道，对百姓日常生活的规律是否理解，还是检验圣人之道的一种标准。王艮强调"百姓日用"，注意民间生活，启发他的门人对理学禁欲主义的质难。王艮由致良知，提出他的明哲保身论，认为"明哲"就是"良知"，"明哲保身"就是"良知良能"，知道保身的人，必然因爱己而爱人，因敬己而敬人，因爱人而不恶人，己身也不遭人恶，从而可以保身、保家、保国、保天下，这便是"仁"。这是强调以个人修养实现致良知，使个人生活的美满与社会的安定达到统一。王艮这种反求诸己的说教，实质上是使人们安分守己，服从统治。颜均字小山，江西吉安人，受业于王艮门人徐樾，主张"纯任自然，便谓入道"（《明儒学案·泰州学案序》）。他说"性"像明珠，没有尘埃，有什么样的见闻，才有什么样的警戒。平时应当是率性所行，任其自然，只有性情放逸，才需要戒慎恐惧，以恢复明珠般的本性。按自然本性生活的主张，是对理学禁欲主义的挑战。他的弟子何心隐（原名梁汝元），也对禁欲主义不满，认为孔孟讲的无欲，与宋儒所说的不一样,孔孟讲鱼与熊掌取其一,不是不要欲,而是寡欲;求生求义都是欲,舍生取义是寡欲;要仁是欲,得仁而不贪是寡欲。理学家把人欲视为罪恶,不合孔孟寡欲的原意。他以复孔孟真谛,为人欲立说。颜钧、何心隐主张欲望的合理性,不但与程朱理学对立,也突破了王学的藩篱,为统治者所不容。颜钧被囚戍,何心隐被害死于狱中。泰州学派中有不少社会下层劳动群众,林春是童工,朱恕是樵夫,皆拜王艮为师;韩贞是陶匠,为王艮次子王襞的入室弟子;夏廷美是农夫,为耿定向门人。他们研究学问,没有书卷气,不搞寻章摘句,不搬弄陈言,用时代的语言反映他们的认识,易为群众所接受。农工商贾和韩贞交游的不下千人,他在冬闲时聚徒讲学,一村讲毕,转到另一村再讲,有问有答,非常活跃。他们讲百姓日用之道,为群众欢迎,所以黄宗羲指出:"谓百姓日用即道,虽僮仆往来动作处,指其不假安排者以示之,闻者爽然"(《明儒学案·泰州学案一》)。

三、反理学的新思潮

王学与朱学之争,一般可以看作是主观唯心论与客观唯心论的争论,基本上都还是属于唯心主义的理学范围。嘉靖以后,与心学和理学论辩的新思潮兴起。思想家的代表人物有罗钦顺、王廷相和李贽。

罗钦顺(一四六五——一五四七年),号整庵,江西泰和人,官至南京吏部尚书,著有《困知记》、《整庵存稿》。罗氏在《困知记》中写道:"通天地,亘古今,无非一气而已。气本一也,而一动一静,一往一来,一阖一辟,一升一降,……千条万绪,纷纭胶轕,而率不可乱,有莫知其所以然而然,是即所谓理也。"表明他认为"气"是世界的本源,"理"是由"气"的运动而产生的规律,"理"不能离开"气"而独立存在。这实质上是主张精神来源物质,是朴素的唯物论的观点。罗氏进一步指出人心是思维器官,精神与存在是两回事,批评王阳明的"心外无物",说:"盈天地之间者惟万物,人固万物中一物尔"。"然形质既具,则其分不能不殊"。"若谓天地人物之变化皆吾心之变化,而以发育万物归之吾心,是不知有分之殊矣。"但在涉及到人的社会性时,罗氏基本上继承了理学家的伦常观点,提倡纲常伦理,认为"人之道",是由君臣父子夫妇长幼朋友与喜怒哀乐组成,两者协调,仁义礼智就在其中了。促成这两者协调的就是王道。他希望百姓遵循三纲五常,使帝王实现"德业"。他又认为人欲有善有恶,关键在于对它要节制,与理学的灭人欲观点不尽一致。

王廷相(一四七四——一五四四年),河南仪封人,官至左都御史、兵部尚书,博学,通天文历算、舆地、音乐和经学,著有《雅述》、《慎言》、《内台集》等。王廷相继承张载的唯物论观点,认为"理根于气","气外无性"。他说:"天地之原,元气而已矣,元气之上无物,故元气为道之本。"(《雅述》)元气是基本物质,由它产生天地,

472

道（规律）也是从它那里生出来的。他进一步说："有太虚之气而后有天地，有天地而后有气化，有气化而后有牝牡，有牝牡而后有夫妇，有夫妇而后有父子，有父子而后有君臣，有君臣而后名教立焉。"（《慎言》卷一）这就不仅简单地讲"气"生"道"，而是把物质产生精神的过程作了描述：气——天地——气化——阴阳——夫妇——父子——君臣——名教。王氏的元气本体论，批驳了程朱理学"理在事先"的唯心论观点。王氏也反对理学的"性"立于"气"的观点，认为人有形气而产生性，生气不存，人性也就不存在。他同时指出性的形成，在于人的习惯，人的知觉活动，即有了人，才有人心，才产生儒家所说的以仁义礼智为内容的性。王氏把理随气生的论点运用到社会历史上，认为人类历史是发展的，上古礼制疏散，后世严密，以后世要求上古，是不知时代之别。时代变了，制度也变，所谓"法久必弊，弊必变，变所以救弊也"（《慎言》）。不断地纠正弊端，社会就随之进步。

李贽（一五二七——一六〇二年），号卓吾，福建晋江人，曾受学于王艮之子王襞。官至姚安知府，万历八年（一五八〇年）辞官，先后在湖北黄安和麻城龙潭湖讲学著书。批评儒学、理学，"鼓倡狂禅，学者靡然从风"（《明儒学案·泰州学案四》）。万历二十九年（一六〇二年）以"惑世诬民"的罪名被捕入狱，在狱中自杀。主要著作有《焚书》、《续焚书》、《藏书》、《续藏书》。李

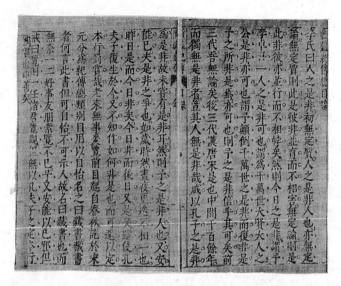

明万历刊本李贽《藏书》

氏受王阳明心学影响，提出童心说，说童心是童子的初心，是真心，是最初一念的本心，也即天真纯朴的先天存在的精神，这是唯心主义的先天人性论。李氏在思想史上的贡献，是批评儒学、理学。孔子及儒学的权威，历来被人们崇奉无疑，统治者还以人们对儒学的态度作为衡量人的思想的准则。李氏对此极为不满，说："夫天生一人自有一人之用，不待取给于孔子而后足也；若必待取足于孔子，则千古以前无孔子，终不得为人?"（《焚书》卷一）反对对孔子的迷信，不以孔子的是非为是非，为此要求别人不要拿孔子的标准来衡量他的著作。在这里，李氏并没有直接反对孔子，反对的是拿孔

474

子吓唬人的人，但同时也表现出对孔子的不敬，他说的孔子以前已有人的活动难道还要等待孔子来指导的话表露了这个意思。李氏在《焚书》卷五讲到"陈恒弑君"时说，这是齐国的事，与鲁国无关，同居家不与政的孔子也没有关系，而孔子要干涉陈恒（田恒）是不对的。这是直接批评孔子了。李氏对假道学深恶痛绝，辛辣地揭露他们的虚伪欺诈："自朝至暮，自有知识以至今日，均之耕田而求食，买地而求种，架屋而求安，居官而求尊显，博求风水以求福荫子孙，种种日用，皆为自己身家计虑，无一厘为人谋者。及乎开口谈学，便说尔为自己，我为他人，尔为自私，我为利他。"（《焚书》卷一）理学家追逐功名田宅，却大谈仁义，绝口不提功利。李贽认为应当注意功利，讲究民生之道，人有私心才有见地，农夫才知道力田，工匠的器具才会是良好的，读书人才勤于学业，因此主张有私欲。从此出发，主张谋利和承认谋取物质利益的道德观念，所以说："穿衣吃饭即是人伦物理，除却穿衣吃饭，无伦物矣。"（同上）李贽还批评了理学家责难寡妇再嫁的观点，赞扬卓文君再嫁于司马相如，是佳偶匹配。在理学伦常说教中，女子处于卑下地位，遭到轻视和压抑。李氏对此极为不满，说见识高低不因男女的性别而有差异，世间不是"男子之见尽长，女子之见尽短"（《焚书》卷二）。这是对理学男尊女卑说和夫妇伦常观的批判。李贽的学说在当时的思想界独树一帜，引起了震动。

四、经学研究的新动向

王学流于空疏，不仅引起思想家的非难，也在经学研究中受到抵制。明代经学研究的新动向是，逐渐抛弃宋学的空谈心性，而转向宗法汉代古文经学家的考订注疏，表示了弃宋复汉的倾向，是清代汉学的先声。

明代经学研究中卓有成绩的是梅鷟著《尚书考异》。旌德人梅鷟，曾任南京国子监助教。宋儒对古文尚书的真伪曾表示过怀疑。梅鷟历举证据，确证古文尚书是伪书。在当时学术界引起巨大的动荡。梅鷟怀疑伪造者是皇甫谧，虽未必可信，但指证古文尚书系后人伪造，则是重大的功绩。

梅鷟也研究《易经》，著有《古易考原》一书。但明人治《易经》，影响较大的还是朱谋㙔的《周易象通》。古人讲《易经》，历来有"象"、"数"之别。因卦爻以观象，寻象以观意。数即"天一地二，天三地四，……"和"太极生两仪，两仪生四象，四象生八卦"，依据数字推衍和互乘，以说明万物的演变。宋代理学家着重讲数，并依据伪造的"河图"、"洛书"，造出"先天图"、"太极图"等，以推衍哲理。朱谋㙔用解象来解说《易经》，是有意与讲数的理学对立。朱谋㙔又指斥宋儒的"河图"、"洛书"为伪作，破除了历来对"河图"、"洛书"的迷信。但他自称曾在明内府见到过伏羲制作的真"河图"，则是为辨伪而有意作伪，是不足取的。

476

《诗经》的研究中,陈步的《毛诗古今考》独辟蹊径,创出新局。理学家解诗,往往不免附会于伦常和心性之说。宋儒不知古音与宋音的不同,甚至任意据今音改古籍,造成许多错乱。陈步严格考察古今音韵的演变,力正前人的疏失,使《诗经》恢复了古音,从而也得到了本义。陈步的工作建立在严格审音的基础上,也使音韵学研究进入了一个新阶段。

明代经学中,音韵训诂和辨伪之学的兴起,为清代汉学的发展开拓了道路。

五、明清之际思想家的争鸣

明清之际的社会,陷于激烈动荡之中。思想家经历了明王朝的衰败与灭亡,从亡国之痛中重新评价儒学和理学,提出不少新论说。学术界一时呈现诸家争鸣的活跃局面。

吕坤(一五三六——一六一八),著有《呻吟语》、《去伪斋文集》,提出气一元论,认为天地万物只是气的聚散,气凝结为形,形的表现是运动。他注意社会问题,意图整治万历后期的腐败政治,反对君主的祸害百姓,说:"天之生民,非为君也;天之立君,以为民也;奈何以我病百姓……(天)岂其一人肆民上而剥天下以自奉哉?"(《呻吟语》卷五)。

顾宪成(一五五〇——一六一二),无锡人,幼从张原洛读书,原洛讲四书,不拘朱注,阐发自己的独立见解，宪成由此受到启发。官吏部郎中，曾主持东林书院，是东林党的重要人物。他在哲学上宗法程朱，但主张经世致用，认为地方官不为百姓兴利，读书人不研究世道，即使有其他美德，也是君子所不齿的。宪成弟允成（一五五四——一六七〇年），官礼部主事，深恶乡愿道学，说他们名利兼收，便宜受用，从而揭示理学家的虚伪。他也主张经世致用，反对空谈，感叹"今之讲学者，恁是天崩地陷，他也不管，只管讲学耳。"（《明儒学案·东林学案三》)。

刘宗周（一五七八——一六四五年），绍兴人，官顺天府尹、左都御史。反对王畿一派流于禅学，主张慎独之学，但不同于一般学者所说的慎独，而是要融合王学与朱学，恪守伦常，力倡忠君。

刘宗周弟子黄宗羲（一六一〇——一六九五年），字太冲，号梨洲，浙江余姚人。明天启时，父黄尊素官御史，被阉党陷害。黄宗羲入京诉冤，请诛阉竖。明亡后，曾在浙东随军抗清。清初，拒不应召，在家乡著述讲学，成为浙东学派的一代宗师。他力反王学末流的空疏，主张"学者必先穷经"。他的经学思想的主要特征是：（一）"经术所以经世"；（二）治经必兼读史。这同时也成为他所创始的浙东学派的学风。

黄宗羲亲历明朝亡国之祸，痛感宋儒把"君臣之义"视为天理的伦常观，助成君主专制，误国害民。他著《明夷待访录》，在《原君》、《原臣》等篇，依托"民贵君

478

轻"的经义，对君权作了犀利的剖析。他说："古者以天下为主，君为客"；"今也以君为主，天下为客"。一个君主为了争夺皇位不惜"屠毒天下之肝脑，离散天下之子女"；得位之后，又"敲剥天下之骨髓"，以图自己享乐。所以"天下之人，怨恶其君，视之如寇仇，名之为独夫"。黄宗羲这些思想的形成，显然受到明末农民战争的深刻的启示，不过，他还并不主张废除君权，而主张通过学校士人的议政和提高相权，来限制君权。尽管如此，他对君权的抨击之论，仍足以震动于当时，并推动了后世民主启蒙思想的兴起。

黄宗羲治经学兼通经史，并研治天文历算、音律，著述有《易学象数论》、《春秋日食历》、《大统法辨》、《律吕新义》等多种。又以史学方法评述明代儒学，成《明儒学案》六十二卷。后又续成《宋儒学案》、《元儒学案》，三书合为宋以来儒学发展史的巨编。

顾炎武（一六一三——一六八二年），原名绛，字宁人，人称亭林先生，江南昆山人。少时参加复社，依从南明进行抗清斗争，改名炎武。失败后，游历山、陕、鲁、豫，从事著述，是学识渊博、涉猎极广的一代大师。

顾炎武认为：经学即理学，离开经学的所谓"理学"，实是禅学，"言心言性而茫乎不得其解"。他所反对的不是程朱，而是王阳明的心学。他指出性与天道，是孔子所不讲的。儒家的治学经世之道，主要是"博学于文"，"行己有耻"。所谓"学"，"自一身，以致于天下国家，皆学之事也"（《亭林文集》卷三）；所谓"文"，"凡文之不关于六经之旨、当世之务者，一切不为"（《亭林文集》卷四），"文之不可绝于天地间者，曰：明道也，纪政事也，察民隐也，道人之善也"（《日知录》卷七）；所谓"耻"，"自于臣弟友以至出入、往来、辞受、取与之间，皆有耻之事也"（《亭林文集》卷三）。可见他的基本思想是：治学应当博览广识，目的则在经世修身。明末士风败坏，清初多降顺求荣。顾炎武揭出"行己有耻"，当是有所为而发。

顾炎武在学术上力倡实学。明末，撰《天下郡国利病书》，明亡后成书，前后历二十年，凡一百二十卷。继承陈第研治经书古韵，成《诗本音》十卷，《易音》三卷，又撰《唐韵正》、《古音表》、《韵补正》，合为《音学五书》，是清代音韵学的开山巨著。他的主要著作《日知录》三十二卷，是三十余年治学札记的汇编，包括经义、政事、礼制以及历史、地理、天象等广泛的内容，考覈精详，以古筹今，对清代学术的发展有深远的影响。顾炎武弟子相传，号为浙西学派，与黄宗羲的浙东学派同负盛名。

王夫之（一六一九——一六九二年），字而农，号薑斋，衡阳人。张献忠军至其乡，他自伤不应征，仕南明永历朝为行人。晚年在石船山隐居，学者称他为船山先生。著述一百多种，四万多卷，八百多万字，主要有《张子正蒙注》、《周易外传》、《尚书引义》、《思问录》、

《读通鉴论》、《噩梦》。后人编为《船山遗书》、《船山全书》。

王夫之广泛研究经学和史学，在哲学上发展张载、王廷相的"气一元论"，反对程朱的"理一元论"和陆王的"心一元论"。在"道"和"器"的关系上，认为"道者器之通，器者不可谓之道之器也"（《周易外传》卷五）。"据器而道生，离器而道毁"（《周易外传》卷二）。"道"是"器"中产生的，是"器"的规律，这表明他在哲学上反对"理在气先"的唯心论观点，而接近于唯物主义。

王夫之还注意到事物的发展和运动，说："静者静动，非不动也"。"静即含动，动不含静"（《思问录》）。即认为运动是绝对的，静止是相对的。说气"聚散变化，而其本体不为之损益"，"聚而成形，散而归于太虚，气犹是气也"（《张子正蒙注·太和篇》）。即认为物质形态有变化，而物质没有消灭，运动是有"常"的，如水是一种物质，遇寒结为冰，遇热化为汤（汽），从"（水）于冰、汤之异，足知水之常体"（《张子正蒙注·太和篇》）。

王夫之以发展观来对待历史，对传统的史观，如"五德终始说"、"正统论"、"三代圣世论"（"复古论"）多所批评，认为人类社会由上古的野蛮变为后世的文明，是历史的趋势，也是历史的规律。他说，三皇五帝之世，"是非无恒，取舍无据，所谓饥则呴呴，饱则弃余者，亦植立之兽而已矣"（《思问录·外篇》）。于历史上制度

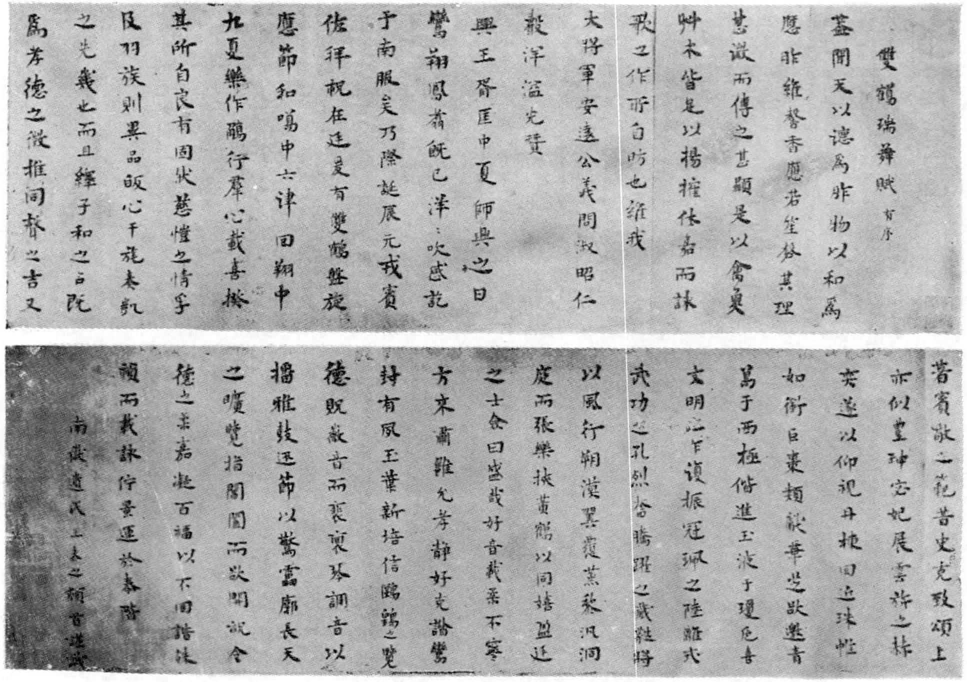

王夫之手迹

的变革，如秦始皇废封建立郡县，他认为郡县制比封建制进步，因为郡县制的官僚"残民"，可以"黜陟"，不象封建制下不能变更，所以比较起来郡县制下"生民之祸亦轻矣"。王氏进而认为："郡县之制，垂二千年而弗能改矣，合古今上下皆安之，势之所趋，岂非理而能然哉？"历史发展是基于客观的"势"(趋势)和理(规律)。王氏拘守传统的夷夏之防观，始终不与清朝合作，但承认"异族"进化，统治汉族，也是合理的。

唐甄(一六三〇——一七〇四年)，原名大陶，四川达州人。一度任山西长子县令，后客居苏州，著有《潜书》、《春秋述传》。唐氏对儒学采取辨识而不迷信的态度，说："圣人之言，因时而变，所以救其失也；不模古而行，所以致其真也。"(《潜书·辨儒》)圣人之言也不是绝对正确，随着时代的变化，有的就不适宜了，不补正就不行。他反对理学，认为它无济于事。唐氏有平均、平等的思想，说："天地之道故平，平则万物各得其所"。可是现实社会中，王公家一餐之费，是上农一岁之获，还说没有好吃的。受苦人家吃上掺有稻杆粉的粥，就认为已经很好了。因此，唐氏愤愤不平地说："人之生也，无不同也，今若此，不平甚矣"(《潜书·大命》)。唐氏最激烈的思想是对帝王的指责，在《潜书》中抒发了"抑君"的观点：首先，皇帝是人，不应是神的地位，故说："天子之尊，非天帝大神也，皆人也"(《抑尊篇》)；其次，皇帝不能滥施威福，要畏惧百姓，所谓"位在天下之上者，如处天下之下"；再次，唐氏也和黄宗羲一样，要求提高臣下的地位，以降低皇帝地位，说："古者君拜臣；臣拜，君答拜；师保之尊，自称小子；德位不相掩也。"（《内伦篇》）皇帝地位虽崇，但有道之君应当懂得尊敬臣下。唐氏大胆地把秦朝以来的帝王指斥为盗贼，说："自秦以来，凡为帝王者，皆贼也。"（《室语篇》）为什么这样说呢？因为杀一个人，抢一匹布、一斗粟就是盗贼，杀天下而据有天下财宝的帝王当然是贼了！他与黄宗羲一样不满于君主的霸占社会财富，对君主专制制度加以抨击。

傅山（一六〇七——一六八四年），字青主，山西阳曲（太原）人。明末秀才，入清隐居行医，拒绝博学鸿儒征聘，以诗文、书法、经学、医学著称于世，著有《霜红龛集》、《荀子评注》、《傅青主女科》、《傅青主男科》等书。

傅氏对君主的看法，与黄、唐有接近处。他把皇帝看作"常人"（《霜红龛集》卷三十六），赞扬对皇帝表现出傲骨的人；反对愚忠，主张社稷重于君主，为国家的安危可以更换帝王；认为社稷比帝王更重要，说："天下者，非一人之天下，天下之天下也"（《霜红龛集》卷三十二）。傅氏的这些观点，是对理学君臣伦常观的根本否定，反映着人们从明朝亡国之痛中得到的启示，是当时士大夫中流行的一种思潮。

陈确（一六〇四——一六七七年），浙江海宁人，著《大学辨》、《葬书》、《性解》。陈氏在《葬书》中，阐述了唯物主义自然观和无神论思想,反对世俗迷信,说人的祸福要靠自身的努力,与天无涉,与地无关,世上没有龙脉之地,人死腐化,不会因葬地祸福子孙。陈氏认为天理和人欲是一致的,没有人欲,就没有天理,而且人欲中显示出天理,说:"盖天理皆从人欲中见,人欲正当处,即是理,无欲又何理乎?"(《陈确集·与刘伯绳书》)由此批评了理学家"存天理,灭人欲"的基本论点。

方以智(一六一一——一六七一年),安徽桐城人,明翰林院检讨,入清后出家为僧,研究天文、物理、医学、生物及文史地理,著《物理小识》、《东西均》、《通雅》、《浮山文集》。他认为"气"充满世界,所谓"一切物皆气为也,空皆气所实也","盈天地间皆物也"(《物理小识》),以这种唯物观点反对理学唯心论。他充分利用自然科学的知识,主张通过科学实验认识世界。他还提出"合二而一"的命题,对后世有较大的影响。

六、心学与理学的调和

王阳明的心学上承南宋与程朱对立的陆九渊学派,一度作为新创的学说,广为流行。王学流于空疏,渐为明末学人所不满。明朝的亡国之痛,更使一些爱国志士对空谈心性,力加责斥。明清之际另一些思想家,则力图将本来对立的陆王与程朱之学,调和融合,实际上是显示了重尊程朱的趋向。最为著名的人物,是河北孙奇逢与陕西李颙(避嘉庆帝讳,或作李容)。

孙、李与江南的黄宗羲齐名，号为"三大儒"。他们的学说，一时产生了广泛的影响。

孙奇逢（一五八四——一六七五年）与李颙（一六二七——一七〇五年）生于明季，在清康熙时，先后去世。清朝建立后，他们都拒绝征召，不肯出仕。孙奇逢原籍河北容城，明天启时，曾参与营救东林党人左光斗，又曾在家乡守城抗清。后与家人避居易州五峰山。顺治七年以后，长期在河南辉县夏峰讲学著述，被尊称为夏峰先生。李颙原籍陕西周至，在家筑土室著述，自署二曲土室，学者称二曲先生。曾应邀去无锡、江阴、靖江、宜兴等地讲学，晚年又曾寓富平。

孙奇逢早年研治当时流行的陆王之学，"以慎独为宗，而于人伦日用间体认天理"（《国朝先正事略》卷二十七）。其后探研宋儒周敦颐、二程、张载、朱熹之学，以朱学解释王学，融二者于一体。著《周易大旨》四卷，又著《四书近指》二十卷，合朱王之说，论证异同，"以体认天理为要，以日用伦常为实际"。晚年撰著《理学宗传》二十四卷，自周程朱陆至王阳明、顾宪成为理学道统传承。孙奇逢隐居讲学，上自公卿大夫，下至平民，都接待传授，程朱理学伦常之说，因而广为传播。

李颙早年丧父，随母治学，曾以昌明宋代的关学为己任。但他的学术，仍然宗法陆王，研讨心性。尔后转治程朱之学，提倡实践伦常，主张对程朱和陆王的异同，应各取所长。晚年力倡"自新之功"，"但就日用常行，纲常伦理极浅近处做起"。著有《易说》、《象数蠡测》、《十三经注疏纠谬》等。所撰文章及论说，由门人王心敬编为《二曲集》传世。

（二）程朱理学的再提倡

一、清初诸帝对理学的提倡

清太宗皇太极建号大清，采纳汉族政治制度立国，倚用文臣，尊崇汉文化。顺治帝与多尔衮占驻北京，即派遣官员祭祀孔子。元朝加封孔子为"大成至圣文宣王"。顺治帝因清朝制度王（亲王、郡王）是皇室贵族的封爵，改封孔子为"大成至圣文宣先师"，多尔衮亲赴孔庙致祭奉上封号，以示尊崇。国子监满汉生员习读儒学经书，以程朱为准则。康熙帝幼习汉文化，亲政后，以理学家熊赐履为国史院学士，参议朝政，程朱理学更加得到提倡。康熙帝亲自阅读宋代理学诸儒著述，命大学士李光地修改明成祖时编修的《性理大全》，别成《性理精义》一书。又编集朱熹的论著，纂为《朱子大全》。康熙帝为此书作序，说朱熹是"绪千百年绝传之学，开愚蒙而立亿万世一定之规"。又说"朕读其书，察其理，非此不能知天人相与之奥，非此不能治万邦于衽席，非此不能仁心仁政施于天下，非此不能内外为一家。"康熙帝提倡程朱，用意显然不在于探讨心性，而在于宏扬理学的伦常观和社会政治学说，以巩固清朝的统治秩序。

程朱理学在学术界经历了曲折的道路后，由于清初皇帝的提倡，重又成为风靡一时的官方学术。科举考试，仍沿明制，以儒家的四书五经为考试内容，以程朱等理学家之疏解为标准。士子竞相阅读程朱之书，成为应试的必由之径。康熙帝进而把理学家的社会政治学说付诸实践并普及于社会。一六七○年（康熙九年）十月，康熙帝以"尚德缓刑，化民成俗"为宗旨，列举十六事，诏谕礼部，通行晓谕八旗及直隶省府州县，以至乡村人等遵行，被称为"圣谕十六条"。十六条贯串着理学家的社会政治观点，明确规定"黜异端以崇正学（理学）"，并且包含着"敦孝弟以重人伦"，"笃宗族以昭雍睦"等伦常观。雍正帝又据此补充发挥，号为"圣谕广训"，"意取显明，语多质朴"（雍正帝序）。全国各地乡村，定期宣讲，力求普及于"群黎百姓"，家喻户晓，以维持封建的统治秩序。以"君臣、父子、夫妇"为核心的伦常观，逐渐成为普及全民的意识形态。清初诸帝大力提倡理学，影响是深远的。

二、独尊程朱的理学家

清初至雍正年间，先后出现一些独尊程朱的理学家。他们反对王学，力倡朱学，特别是伦理纲常，以适应清朝统治的需要，受到清朝皇帝的赏识。其中一些人并且身居高位，为朝中大员，但在学术上多是祖述朱熹，很少创新。

陆陇其（一六三〇——一六九〇年），字稼书，浙江平湖人，官御史，著《四书大全》、《松阳讲义》、《三鱼堂文集》。强烈主张尊崇理学，认为做学问只有一条路，就是追随朱子，说"宗朱子为正学，不宗朱子即非正学"（《国朝学案小识》卷一），不尊朱子，即不许仕进。力斥阳明心学，说它实际是禅学，托身儒学，为害甚大。学术上致力于"居敬穷理"，认为穷理而不居敬，会玩物丧志；居敬而不穷理，则会堕入佛老或心学。清人认为，薛瑄、胡居仁之后，即由陆氏继承程朱道统，遂得从祀孔庙。

张履祥（一六一一——一六七四年），号杨园，浙江桐乡人，著《张杨园先生全集》。曾就学于刘宗周，但笃信程朱，恪守居敬穷理之道，以仁为本，以修己为务，而归结于中庸。他批评心学只讲求心，陷入禅学陷井，被认定为是纯正理学家，奉入孔庙从祀。张氏又研究农学，著有《补农书》。

熊赐履（一六三五——一七〇九年），湖北孝感人，官至翰林院掌院学士、内阁大学士，著《学统闲道录》、《程朱学要》，为经筵讲官，宣讲周程张朱之学，说朱熹是三代以后绝无仅有之人，孔孟之道，没有朱子就不能彰著。他同程朱理学家一样，极力主张存天理，灭人欲。

李光地（一六四二——一七一八年），号榕村，福建安溪人，官至大学士。崇信程朱，深受康熙帝知遇，秉命编纂《朱子大全》等书，并撰有《周易通论》、《榕村语录》、《榕村全集》。认为性就是诚，而圣贤之学就在于诚，但要达到诚，必须惩忿窒欲，迁善改过。

张伯行（一六五一——一七二五年），字孝先，河南仪封人，历官福建巡抚、礼部尚书。撰著《困学录》、《正谊堂文集》，辑《伊洛渊源录》，学术宗旨是"主敬以端其体，穷理以致其礼，躬行以践其实"（《国朝学案小识》卷二），自身并要求他人按照理学的道理去实践，避免"溺于"词章的杂学，强烈反对阳明心学。

朱用纯（一六一七——一六八八年），号柏庐，昆山人，拒绝博学鸿词科征聘，终身教村学，著《愧讷集》、《治家格言》、《大学中庸讲义》。教育学生"学问在性命，事业在忠孝"（《国朝先正事略》卷二十九），主张按程朱宣扬的知、行并进。他每天早晨拜家庙，接着读《孝经》，教人孝弟友爱。其《治家格言》，在社会上影响很大。

方苞（一六六八——一七四九年），号望溪，安徽桐城人，曾因戴名世案获罪。康熙时入直南书房，雍正时为内阁学士，主持编纂《一统志》等书。乾隆帝即位，奉命选定《明制义》及《国朝制义》，颁于学宫。应试的制义（八股文），多以方苞为宗。方苞本人也撰八股文，以宣传理学思想。著《礼记析疑》、《春秋通论》，主张一切依照天理行事，要象程朱那样，一刻也不背离天理准则。友人王源批评程朱迂阔，没有经世致用之才。方氏力为朱熹辨说，是理学的积极维护者。有《方望溪先生全集》行世。

三、独树一帜的颜、李学派

在程朱理学再次被提倡而风靡于士林之际，河北地区出现了力斥程朱的颜、李学派。他们的学说仍尊孔孟，但力倡实用，与理学处于对立的地位。

颜元（一六三五——一七〇四年），字易直，号习斋，河北博野人，终生教学、行医，著《四存编》、《四书正误》、《朱子语类评》、《习斋记余》。

颜元早年信重程朱，中年之后一改初衷，以尊孔学反理学为使命，宣称"今抑程朱而明孔道，倘所学不力，何以辞程朱之鬼责哉"（李塨《习斋先生年谱》）。作《朱子语类评》，指责朱熹之失误，"自欺欺世"，"把人引上迷途"。痛斥周敦颐的主静之说：空谈性命诚静，不讲事功。他说，如果"杨墨道行，无君无父"，那么"程朱道行，无臣无子"（同上），因为信仰理学的人不能致君主于安全，致国家于富强。

颜元力倡经世致用之学，强调实践，因号"习斋"。他主张"实文、实行、实体、实用，率为天下造实绩"（《四存编·存学编》卷一）。他的社会政治理论是"七字富天下"，垦荒、均田、兴水利；"六字强天下"，人皆兵、官皆将；"九字安天下"，举人才、正大经、兴礼乐。他认为行政的第一件大事就是均田，否则，"教养诸政俱无措施处"(《颜习斋先生言行录》卷七)。均田,富民不乐意,颜氏认为不应顾邺富民,因为"天地间田,宜天地间人共享之。应顺彼富民之心,尽万人之产给一人所不厌也,王道之顺人情固如是乎?"(《四存编·存学编》)颜氏具体提出均田的方案,设某甲有田一千亩,分给十九家农夫,各五十亩,这十九家向甲交租,甲死而止,若某甲之子贤而仕,仍收地租。这当然只是一种难以实现的空想,但反映了他已模糊地看到土地占有关系和地主与佃农的剥削关系是当时社会的症结。

颜元的学生李塨(一六五九——一七三三年),字刚主,号恕谷,河北蠡县人,著有《周易传注》、《大学辨业》、《恕谷后集》。师承颜元的观点,反对理学、心学,重视实用,讥刺理学家:"高者谈性天,撰语录,卑者疲精死神于举业,不惟圣道礼乐兵农不务,即当世之刑名钱谷,亦懵然罔识,而搦管呻吟,自矜有学。"(《恕谷后集·书明刘户部墓表后》)还批驳朱熹"理在事先"之说,指出"离事物何所为理",反映了朴素的唯物思想。

(三) 汉 学 的 昌 盛

程朱理学由于清初诸帝的提倡而成为官方哲学,在政治思想领域,理学的伦常观成为全社会的统治思想。但在学术研究领域,与宋学对立的汉学,却得到前所未有的发展,蔚为显学。汉代的经学,原有古今文之分。清人所谓汉学，主要是指以考订辨释经书本义为指归的古文经学。广义的汉学，则包括了历史、音韵、文字、训诂、金石等等领域中的考据之学。汉学注重实证，因而又被称为朴学。本节所述，主要是经学中的汉学，其他学术，将在另节论述。

清人阮元编辑《皇清经解》，收集清初至嘉庆时的经学家著述，凡一百五十七人。其中绝大多数是乾隆、嘉庆时人。经学中的汉学在乾嘉时臻于极盛，并不是偶然的。这是因为：（一）清初倡导程朱理学，宣扬伦常以巩固统治。但程朱性理之学已经走到了绝路。顺康时代诸儒，只能祖述旧说，陈陈相因。如从性理上与程朱立异，在政治上为清廷所不容，在学术上也难于再有所创新。康熙帝也说："读书人少读性理者"（《圣祖实录》卷二九一）。性理之学已然日暮途穷，令人生厌。经学要求得发展，势须另辟新径。（二）明末以来，一些学者"弃宋复汉"的倾向，为汉学的复兴开拓了新路。明清之际，顾炎武、黄宗羲等人都已开始从事实证之学。事实越来越表明，以考据辨伪的方法对经书重加订证，据音韵文字学的研究对经义重加解说，是一条足以纵横驰骋的广阔的新途。（三）清初不断兴起文字狱，雍正时对文士的镇压，愈益严厉。学者为避免文字之祸而不敢多谈时政。考据经义的汉学正好适应了学者避世治学的需要。汉学在这样的社会政治背景下，得到了发展。

一、清初汉学

清初顺康之际，独尊程朱，但仍有一些学人继承梅鷟、陈步、黄宗羲等人的辨伪考异之学，成为乾嘉时期汉学的先驱。著名的学者有万斯大、阎若璩、胡渭等人。

万斯大（一六三三——一六八三年），浙江鄞县人，字充宗，学者称褐夫先生。与弟万斯同受学于黄宗羲。万斯同传史学，万斯大传经学。黄学主张穷经必先明礼。万斯大精研三礼，著《周官辨非》、《仪礼商》，指出《周礼》、《仪礼》多有疑问，怀疑是后人伪托。黄宗羲称赞他治学"非通诸经，不能通一经；非悟传注之失，则不能通经"（《万充宗墓志铭》）。万斯大博通诸经，订正了历来传注中的许多失误。他的治学方法对汉学的发展，很有影响。

阎若璩（一六三六——一七○四年），字百诗，山西太原人，出身于盐商之家。自幼研习经史。一六七九年（康熙十八年），曾应博学鸿儒科试，不第。自二十岁时读《尚书》，即怀疑古文尚书的真伪。积三十年之力，著成《古文尚书疏证》八卷。从古文尚书的篇数、篇名、字数、书法、文例等方面，证明东晋梅赜所献是后人伪造。列举书中矛盾错侔一百二十八条，均确凿有据。古文尚书是宋代理学家信奉的经典。阎若璩继梅鷟之后，推翻了古文尚书，也就推倒了理学家据以著论的根基。

阎若璩曾参与撰修《一统志》，并撰《四书释地》，对四书中的地理名物典制，多有考释。顾炎武曾以所撰《日知录》求正于阎氏，阎氏改定数条，又成《日知录补正》一书。平日所撰考论文字，有《潜邱札记》六卷传世。

胡渭（一六三三——一七一四年），浙江德清人。他继朱谋玮之后，著《易图明辨》，试图揭示"河图"、"洛书"的真象。朱熹作《周易本义》，采取宋初道士陈抟之说，列出"河图"、"洛书"，认为龙马、神龟驮出"河图"（《周易》）、"洛书"（《尚书·洪范》），宋儒所讲的理、气、数、命、心、性，都由此衍化而来。胡氏说："河图之象，自古无传，何从拟议"（江藩《国朝汉学师承记》卷一）。他认为《诗经》、《尚书》、《礼记》、《春秋》不可以没有图，而《周易》本身就有六十四卦、二体、六驳之画，这就是图，那里还再要什么图。他经过考证，指出宋代的"河图"、"洛书"之说与唐代以前的记载全不相合，是陈抟、邵雍所编造，从而否定了程朱理学家关于《周易》的理论基础。胡渭又著《洪范正论》，驳斥五行灾异之说。著《禹贡锥指》，经过详密的考订，画出四十七幅地图，使水道山脉分明。又因汉唐以来河道不断变化，与《禹贡》所载大不相同，曾考察历代黄河冲决改流的历史，并提出治黄的设想。可见，他也留意经世致用，并非全然埋头考据。

二、吴派汉学

乾隆时期，经学研究正式形成以"复汉弃宋"为宗旨的汉学。学者辈出，著述繁富。由于治学方法有异有同，又形成为以江苏元和人惠栋为首的吴派和以安徽休宁人戴震为首的皖派两大流派。

惠栋(一六七七——一七五八年)，字定宇，祖父惠周惕、父惠士奇(一六七一——一七四一年)，都是经学名家。惠栋研究《易经》三十年，撰著《易汉学》、《易例》、《周易述》及《九经古义》等书。惠氏认为，汉朝人对经书的理解接近原义，魏晋以降，诸家的解释都不免背离经义，明确主张恢复汉学。《周易述》是汇集汉儒虞翻、荀爽、孟喜、郑玄诸说，以反对晋人王弼、邹湛的说解。又撰《明堂大道录》和《禘说》，认为汉人卢植《礼记注》明堂即是太庙，与灵台、辟雍在一起，是对的，晋人袁准的说解，是根本不懂古制。惠氏继胡渭之后，在所著《古文尚书考》中，再次指出东晋梅赜的《古文尚书》为伪作，应相信汉人的《尚书》。惠氏在所撰《左传补注》一书中认为，汉人郑玄关于《周礼》、韦宏嗣关于《国语》的著作，是采取了先儒旧说，并有自身的见解，而晋人杜预《春秋集解》的一些说法，与前儒相去甚远。

惠栋的著述多是收集汉儒旧说，经过考订以论证其可信，不在哲学义理方面抒发己见。这种学风，逐渐成为吴派不同于皖派的最显著的特点。吴派传人有惠栋弟子江声、余萧客以及名儒钱大昕、王鸣盛等人。

江声（一七二一——一七九九年），号艮庭，元和人。广泛搜集汉儒关于《尚书》的解说，为《古文尚书》二十九篇作注，撰成《尚书集注音疏》，"利正经文，疏明古注"（《国朝先正事略》卷三十六），成为阎若璩、惠栋以后，《尚书》研究的集大成之作。江声也致力于古文字之学，辑录汉儒佚说，以图恢复古义。

余萧客（一七二九——一七七七年），长洲人。与江声同时受学于惠栋。经惠栋指点，自诸家经解及史传类书中广泛辑录唐以前解释经书的古说，虽片语单词，均加收录，成《古经解钩沈》三十卷，使吴派学风得到进一步发扬。

王鸣盛（一七二二——一七八八年），嘉定人，字凤喈，号西庄。早年从惠栋习经学。一甲二名进士。历任翰林院编修、侍讲学士，充日讲起居注官，晚年家居著述。著有《尚书后案》三十卷，力图恢复汉儒郑玄注古义，以马融等注文补充，自谓有存古之功。研治《周礼》，也尊郑玄。又以汉学家考经的方法考订史籍，成《十七史商榷》一百卷，是一代史学名著。

钱大昕（一七三八——一八〇四年），字竹汀，也为嘉定人，与王鸣盛同乡，并是同年进士。曾任翰林院侍讲学士，后入直南书房，官至詹事府少詹事。晚年在家讲学著书。钱氏是乾嘉时期最称博学的名儒，研治经学但不限于经学，承袭吴派并不拘于吴派。戴震自诩经学第一，称钱氏为当代第二人。江藩著《汉学师承记》称钱氏"不专治一经而无经不通，不专攻一艺而无艺不精"。经学以外，历史学、地理学、音韵、文字、金石，以至天文历算，均有较深的造诣，著述宏富。他曾从数学家梅文鼎研习历算及西方弧三角之学，用以校正汉三统历，撰《三统术衍》、《四史朔闰考》等书，在考订中包含着科学的成分，为流辈所不及。又据金石文字校订经文，著《唐石经考异》、《经典文字考异》等，在经学研究中别树一帜。他也把吴派汉学治经的方法援以治史，撰著大量史学著作。在史学方面的成就超过了经学（参见下节）。吴派汉学由经入史，至钱大昕而达到了高峰。

钱大昕曾传学于江苏阳湖人孙星衍（一七五三——一八一八年）。孙星衍沿袭吴派汉学的学风治《尚书》，成《尚书古今文注疏》三十九卷，综合汉魏古注，不采宋儒的解说而吸收王鸣盛、段玉裁诸人的考订，于今古文源流详加辨析，是吴派汉学关于《尚书》研究的集大成之作。与孙星衍齐名的阳湖人洪亮吉（一七四六——一八〇九年），也治经学，曾与皖派戴震等人交游。但受孙星衍影响，治经仍遵吴派的学风。撰成《春秋左传诂》二十卷，训诂以东汉贾逵、许慎、郑玄、服虔等人为主，并参据汉唐石经校误字，是春秋左传学的重要著述。

498

三、皖 派 汉 学

　　吴派汉学家以考据学辨伪辑佚的方法，恢复汉代经解，避而不谈义理。因而一些学者渐入于史学。以戴震为代表的皖派则注重审订经书的音韵训诂，在此基础上申明己见，反驳宋学的性理。梁启超著《清代学术概论》以为只有吴派才是"纯粹的汉学"。但在经学研究中作为与宋学对立的清代汉学，却是由于皖派的阐发，才在完整的意义上正式形成。

　　戴震（一七二三——一七七七年），字东原，早年就学于安徽婺源的学者江永（一六八一——一七六二年）。江永研治三礼，精于典章制度，并兼通音韵文字之学和天文历算。戴震全面继承了江永的学术。以历算之学考释古历，纠正了汉以来的许多误解。以音韵文字之学，研治经书的训诂，开辟了一条由训诂治经义的新路。他曾说讲义理必须求之于古经，求古经必先求之古训，"古训明则古经明，古经明则圣人、贤人之义理明"。他认为治学有三难：淹博难、识断难、精审难。皖派学人或讥吴派只是淹博而无识见。戴震本人则在淹博的基础上，着力于识断和精审，代表作是《孟子字义疏证》三卷。他痛斥"宋以来儒者，以己之见，硬坐为古圣贤立言之意，而语言文字，实未之知。"（《戴东原集》卷九，《与某书》）《疏证》一书从审订字义入手，从哲理上批驳理学。"灭人欲，存天理"是程朱理学的中心

孟子字義疏證序　丙申

余少讀論語端木氏之言曰夫子之文章可得而聞也
夫子之言性與天道不可得而聞也讀易乃知言性與
天道在是周道衰堯舜禹湯文武周公致治之法煥乎
有文章者旣爲陳迹孔子旣不得位不能坐諸制度禮
樂是以爲之正本溯源使人於千百世治亂之故制度
禮樂因革之宜如持權衡以御輕重如規矩繩之於
方圜平直言似高遠而不得不言自孔子言之實言前
聖所未言微言孔子軏從而聞之故曰不可得而聞是後
私智穿鑿者亦警怵於愍世或以其道全身而遠禍或以

经韵楼刊本《戴东原集》

思想。《疏证》指出："人生而后有欲、有情、有知，三者
血气心知之自然也。"人的欲、情、知，都是自然现象。
"凡事物皆有于欲，无欲则无为矣，有欲而后有为。"儒
家所谓仁，就是顺乎人们的情欲。"古圣贤所谓仁义礼
智，不求于所谓欲之外"。孔子所说"克己复礼为仁"，克
己是克私，宋儒解释为"克欲"，完全背离了本意。孟子

说人无不善，程子说人无不恶，是"离人而空论乎理"。他指责程朱否定人欲是象佛教一样否定人生，又提出与人欲不并立的"理"，所谓"理欲之辨"，成了杀人害人的工具。《疏证》中说："尊者以理责卑，长者以理责幼，贵者以理责贱。虽失，谓之顺。卑者、幼者、贱者以理争之，虽得，谓之逆。于是下之人不能以天下之同情，天下之同欲达之于上。上以理责其下，而在下之罪人，不胜指数。人死于法，犹有怜之者；死于理，其谁怜之！"《疏证》中的这段名言，不仅从哲学上对理学家的"理"加以批驳，并且揭露了伦常尊卑统治的残酷无理，触及了理学家的要害。戴震从哲学上反驳理学的论说，还见于《原善》等其他著作，涉及认识论、历史观和自然观等许多方面。吴派汉学以考据学纠正理学的空疏，不谈义理，从另一方面说，则是把哲学阵地让给了程朱。戴震在训诂的基础上深究义理，力辟程朱，从哲学上战胜理学，使汉学达到了高峰。

戴震著述甚多，对《诗》、《书》、《礼》、《春秋》诸经均有专书考绎，尤精于典章制度源流。又著《水经注》四十卷，于古地理研究，贡献甚大。皖派汉学自成体系，"实事求是，不主一家"，成为学术界最有影响的学派。戴震的弟子段玉裁、王念孙等人于语言文字学和训诂学，卓有成就，为一代名家（见下节）。皖派经学的传人，有以下诸人。

任大椿（一七三八——一七八九年），原籍江苏兴化，祖父陈晋为徽州府教授，流寓徽州，因与戴震同应乡试。师事戴震，专治《礼经》，著《弁服释例》、《深衣释例》，传皖派典章制度之学。任氏也研治音韵文字之学，著有《字林考逸》、《小学钩沈》传世。

孔广森（一七五二——一七八六年），山东曲阜人，孔子后裔，是戴震的及门弟子。乾隆三十六年，年二十岁中进士，入为翰林院庶吉士。年三十五岁即病逝。孔广森原从戴震治《礼记》，有《大戴礼记补注》、《礼学卮言》等著述，也研治音韵与算学。其后专力研究《春秋公羊传》，认为《左传》详于事，《公羊传》长于义。以考据方法阐明"公羊"本义，纠正东汉何休《春秋公羊解诂》的传统凡例。三礼是古文经学的基本经典，《春秋公羊传》则是今文经学的基本经典。孔广森以戴震治《孟子》的方法治"公羊"，表示了不拘门限，开拓领域的趋向。

凌廷堪（一七五七——一八〇九年），字次仲，安徽歙县人。继述安徽同乡江永、戴震之学，专研三礼，著《礼经释例》，又有《校礼堂文集》，说"圣人不求诸理而求诸礼"（《校礼堂文集》卷四）。他认为圣人令人复性的办法是学习，而学习的内容就是礼。礼仪繁多，凌氏把它区分为八类，即通例、饮食、宾客、射、变、祭、器服、杂例。告诉人们把握这个纲要，就不难明瞭礼仪。

焦循（一七六三——一八二〇年），字里堂，江苏甘泉人。自曾祖以来,家传《易》学。著《易通释》二十卷,于《易经》多有发明。继承戴震关于《孟子》的研究,推崇戴震《孟子字义疏证》,尤其是指斥理学"以理杀人"的观点(《读书三十三赞》)。据汉赵岐《孟子正义》,广征清代汉学家的考证训诂,详加注疏,自成《孟子正义》三十卷,是研究《孟子》的集大成之作。

阮元(一七六四——一八四九年),号芸台,江苏仪征人,乾隆五十四年进士,擢少詹事,入直南书房。嘉庆时,历任南方诸省巡抚、总督,官至大学士,是汉学家中官位最高的一人。学术上与焦循、凌廷堪等皖派学人相切磋,自称治经"雅明古训,实事求是"(《揅经室集·自序》),"文字训诂,其门径也"(《揅经室一集》卷二),基本上是戴震治学的路径。阮元曾驳论理学家的性命之说,说:"'性'字从心,即血气心知也";"味色香臭喜怒哀乐,皆本于性,发于情者也";"欲生于情,在性之内"(《揅经室一集》卷十)。味色香臭的辨别和喜怒哀乐的感受是人的本性,人的欲望,表现出来就是情,所谓"血气心知皆天所命,人所受也",《孟子》讲"食色性也"。要对情欲加以节制,而不是要灭绝它。阮元对"克己复礼为仁"作出新解,论证《论语》中"仁"字是讲"人",是表示"此一人与彼一人相人偶"(《揅经室一集》卷八)。此人与彼人之间,相互尊重、对等,而不是一方强制另一方。因而,帝王要做到"仁",就不能有损于民,而要有益于民。阮元曾重刻宋本《十三经注疏》,并为诸经分别撰写校勘记,成为通用的善本。又主持编纂《经籍籑诂》一书,广泛收集汉代以来解释经文的古训,依韵编字,分别辑释,是一部详备的经籍字典。又汇刊清代学者经学著述一百八十余种,成《皇清经解》一书,凡一千四百卷。这三部综合性的经学巨著,可以说是为清代汉学做了总结。

(四) 今文经学的复苏

今文经学在汉代曾盛极一时,魏晋以后,即已衰绝。今文经多已散佚,只有何休《春秋公羊解诂》等书流传。魏晋至清乾嘉,千余年间,今文经学湮没无闻,久成绝响。乾隆时又开始受到学者的注意,至嘉庆时竟然蔚为新兴的学派,对思想界产生了深远的影响。今文经学在新的历史条件下复苏, 并不是偶然的。这是因为:

(一)作为古文经学流派的汉学,经过它的昌盛时期,到戴震时已经发展到了高峰。皖派擅长的音韵文字之学,名家辈出,但渐脱离经学,而以《说文解字》为中心, 作为独立的学术继续发展。吴派的辨伪辑佚和考订注疏之学,虽仍有崔述《考信录》、刘文淇《左传旧注疏证》等名著相继问世,但总的来说,领域已日渐狭窄,没有多少发展前途。考据之学日益流于琐细,义理之学也难以超越戴震而另辟新途。汉学在 登 上 高 峰后,随之临近于绝境。

(二)程朱理学在汉学昌盛的乾嘉之际，仍然作为官方学术，在社会政治领域占居统治地位。理学的伦常学说依然是清王朝的统治思想。科举取士考试经书，也仍以宋儒为依据。程朱之书成为士人入仕的必读课本，但在学术思想领域却不再有所新创。以文章名世的古文家姚鼐（一七三一——一八一五年），在学术上独尊程朱，力诋戴震。《戴东原集》有《与姚姬传书》驳辩。姚鼐弟子方东澍（一七七二——一八五一年）继撰《汉学商兑》，全面攻击汉学，指汉学的考据是"屠沽记帐"。汉学的流弊，的确是在发展。但陈腐的程朱理学却也不再有可能在学术上代替汉学而重振旗鼓。

(三)乾隆末年以来，清王朝的统治渐趋衰落，人民反抗运动兴起。社会上的诸矛盾日益暴露在人们的面前。乾隆初年，士人为逃避文字狱而避谈世事的学风为之一变。有志之士，日益关心国家民族的命运，研究社会政治问题，要求抒发自己的政见。但在儒学占居绝对统治地位的年代，人们还只能在儒学范围内为抒发己见寻求依据。疏阔的宋学与烦琐的汉学显然都不能提供这种依据而需要另觅新途。

(四)今文经学作为汉代的官学，也曾流入烦琐的歧途。但今文公羊学的"张三世""托古改制"诸说，又是附会经文、议论朝政的依托。嘉庆时期，经学古文派的汉学渐趋衰落，议政更新之风日渐兴起，今文公羊学既可以在经学领域开辟学术研究的新境，又可以在政治生活中成为托古议政的工具。沉寂千年的今文经学于是又受到人们的重视而得以复苏。

戴震弟子孔广森已开始注意"公羊"，但今文经学作为一个新兴的学派，它的创始人是乾隆时的江苏常州府武进县人庄存与。存与字方耕，乾隆七年进士，入为翰林院编修，后升任侍讲，入直南书房，迁少詹事，官至内阁学士、礼部侍郎。庄存与身居高位，治学不缀，领域甚广，曾研治《周礼》、《毛诗》，又治《春秋公羊传》。事实上是兼通今、古文经学，而并未树起今文旗帜，反对古文。但他的代表作《春秋正辞》，宗法《公羊传》，专究经文的微言大义，与皖派汉学之探究名物训诂，在治学方法上迥然不同。侄庄述祖，述祖外甥刘逢禄、宋翔凤等传存与之学，一时称为常州学派。

今文经学自成一派，刘逢禄（一七七六——一八二九年）是主要的传人。刘逢禄，嘉庆十九年进士，后为礼部主事，在礼部供职十二年。经学著述，涉及《易》、《书》、《诗》、《礼》诸经，而以《春秋》经的研究，成一家言。庄存与兼治经今、古文，至刘逢禄才公然排斥古文，力倡今文。《春秋左氏传》是古文派的基本经典，刘逢禄著《左氏春秋考证》二卷，指斥世传《左传》多夹入汉刘歆伪造的论断，并非左氏本真。又著《春秋公羊经传何氏释例》三十篇，《春秋论》上、下二篇，宏扬何休公

506

羊学的"非常异议可怪之论"(何休语)。如"张三世"(据乱世、小康世、大同世)、通三统(夏、商、周)及孔子"受命改制"诸说。立论不在章句训诂,而在"微言大义",阐发《春秋》公羊主旨:夏商周以来,历史是在不断变革中前进,而并非如古文家所说的近不如古。刘逢禄治今文公羊学,使山穷水尽的经学重又柳暗花明,令人耳目一新,也适应了士人中经世议政的社会思潮,一时产生了很大的反响。宋翔凤(一七七九——一八六〇年),嘉庆五年举人,湖南新宁知县。曾撰《拟汉博士答刘歆书》,与刘逢禄协力攻击古文经学。又以为孔子的"微言"在于《论语》,因以公羊之义说解《论语》,著《论语说义》十卷。

刘逢禄的公羊学传给弟子龚自珍(一七九二——一八四一年)、魏源(一七九四——一八五七年),道光时,并称龚魏,名噪一时。今文公羊学经由龚自珍、魏源而成为经世致用之学,提出"变功令"、"更法"等主张。传至清末,形成变法维新运动,影响是巨大的。

第二节 学 术 著 述

明朝强化专制统治,学术研究很不发达。明初,编纂《永乐大典》,是罕见的盛业。万历以后,明朝统治日渐衰落,文史等学术领域陆续出现一些新著。清朝为

507

巩固其统治，不能不提倡汉文化，乾隆时编纂《四库全书》，蔚为历代著述的总汇。汉学的兴起，以训诂名物为依归，带动了历史学、地理学、金石学、语言文字学及目录学等学科的发展。乾嘉年间，学者著作如林，成为宋代以后又一个学术繁荣时期。本节介绍的只是若干领域里关系学术发展趋向的一些重要著述。

（一）类书与丛书

明清时期继承宋元官修类书的传统，又发展为编纂丛书，私家编修的丛书和类书，也层出不穷，构成这一时期学术著作编纂刊刻的显著特色。

《永乐大典》——明成祖于永乐元年（一四〇三年），命翰林学士解缙聚集古籍，编辑类书。第二年，解缙以《文献大成》进呈。明成祖嫌其简陋，又命太子少师姚广孝、礼部尚书郑赐与解缙重修。因南京文渊阁藏书不足，又命郑赐到各地收购图书，以备应用。姚广孝、解缙等集中二千余名文士编辑、校订，于永乐六年誊录竣工，共计二万二千九百三十七卷（目录六十卷），合装成一万一千零九十五册，约有三亿七千万字，明成祖亲自作序，定名《永乐大典》。大典包括经、史、子、集，天文、地理、医卜、释道、戏曲、平话、工艺、农艺共约七、八千种古文献中辑录的资料，编辑方法是"用韵以统字，用字以系事"（《永乐大典·凡例》），按照《洪武正

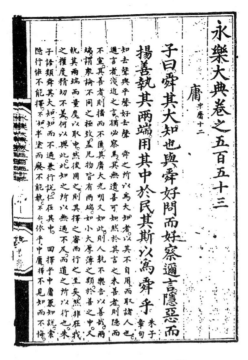

《永乐大典》书影

韵》韵目字序排列事目。如天文志即载在天字下，地理
志即载在地字下。诸书所载有关纪录，均收入本目之
内，以期"因字以求事，开卷而古今之事，一览可见"
(《大典·凡例》)。此书卷帙浩繁，未能刻印，成书后只
有誊录清本，后世称作"永乐钞本"，到嘉靖年间又过录
一部，称"嘉靖钞本"。永乐本大约毁于明清之际，嘉靖
本清朝修辑《四库全书》时曾予利用，但已有一千多册

的缺失，后由于管理不善和近代外国侵略军的焚烧、掠夺，嘉靖本散失迨尽。现存于国内外各地的残卷，仅有八百一十卷，约为原书的百分之三、四。《永乐大典》是古代规模最大的一部类书，后人曾从中辑录佚书五百九十种。现存《东观汉纪》、《旧五代史》、《续资治通鉴长编》、《建炎以来系年要录》等重要史籍，都自《大典》中辑出。

《古今图书集成》——康熙三十七年（一六九八年），原翰林院编修，因涉及耿精忠案而贬戍辽东的陈梦雷，被赦还京，侍皇三子允祉，为王府词臣。奉命类纂古今图书，至康熙四十五年编成三千六百卷，名《古今图书集成》。雍正帝嗣位，复命户部尚书蒋廷锡主持重编，至雍正四年（一七二六年）告成，全书共一万卷。武英殿修书处以铜活字印刷六十四部，每部五千零二十册。本书从古代文献选辑资料，分类编录，全书分六编、三十二典、六千一百零九部。每部所录资料，依文献时间顺序，逐条著录，注明出处。起自上古，止于康熙朝。本书以类相从，较之《永乐大典》的依字韵编排，更便于检索。古今图书，收罗详备，是现存最大的类书，也可说是中国古代的一部大百科全书。

《四库全书》——乾隆帝广泛征求天下图书，"寓禁于征"（见前），征得的图书，不再因袭旧例，分类编纂。乾隆帝认为《古今图书集成》式的类书，限于体裁，不能将书籍原文全部载入，难免割裂。因而主张将所有图书，分别收入经、史、子、集四库，编纂成大型的丛书，定名《四库全书》。乾隆三十八年，正式开设《四库全书》馆，由郡王永瑢、大学士刘统勋、于敏中任总裁，兵部侍郎纪昀、大理寺卿陆锡熊为总纂官，主持编务，一时著名学者陆费墀、戴震、邵晋涵、王念孙、姚鼐、翁方纲、周永年、朱筠、任大椿、金简、程晋芳等都曾入馆，分任编务。先后参加编校工作的人员近四千人。至乾隆五十二年，编辑缮写完竣。收入全书的图书来自不同的途径。各地征集者称"采进本"，私家送呈者为"进献本"，宫中所藏称"内府本"，清帝敕令编纂者称"敕撰本"，从《永乐大典》辑出者为"永乐大典本"。共收先秦至乾隆间的图籍三千四百六十一种，七万九千三百零九卷，分装三万六千三百零四册。先后抄成七部，分藏于皇宫文渊阁、圆明园文源阁、盛京（今沈阳）故宫文溯阁、承德避暑山庄文津阁、镇江金山寺文宗阁、扬州大观堂文汇阁和杭州圣因寺文澜阁。南方三阁的藏书可供士人阅读。现仍有四部流存，分别藏于北京、兰州、杭州（原缺者补抄）及台北。乾隆帝因编纂《四库全书》而使许多图书遭到禁毁，但收入全书的大量图书都因而得以保存和流传，仍是对学术文化的一大贡献。

明清两代，私家编纂丛书或类书，也渐成风气，为学术著述的流传，作出了贡献。明沈节甫编辑丛书《纪录汇编》，收书一百二十三种；毛晋编辑《津逮秘书》，收书一百三十九种，宋元以来掌故杂记之书，多藉以保存。清初，曹溶辑《学海类编》，后经陶樾增订，收书四百三十一种。乾嘉时期，汉学昌盛，搜集佚著、编辑丛书尤为风行。卢文弨刊《抱经堂丛书》、鲍廷博辑《知不足斋丛书》、孙星衍辑《平津馆丛书》、张海鹏辑《学津讨源》等，都搜罗宏富，有功士林。清代还出现一些别开新境的类书。如陈元龙编《格致镜原》一百卷，自古今文献，分类辑录宫室、冠服、饮食、器物，以至蔬木花果、鸟兽等有关资料，别为三十类。王初桐编《奁史》一百卷，分类辑录有关妇女及家庭生活有关资料，分为三十六门。这些类书的编纂，说明学者的眼界，已从经史扩展到社会生活及动植物等许多方面，开拓了研究领域。

（二）历史学著作

明代史学，不甚发达。但纪录当代史事的私家著述，多有佳作，形成显著的特点。清初诸帝提倡理学以加强思想统治，也提倡史学，并加强对史学观点的控制。汉学家致力于考订训诂，多兼通经史，或由经入史。历史考据学蔚为专学，影响了一代学风。明清两代，史学著述繁多，下面介绍的只是若干方面有代表性的名著。

前代史的编修　明清两代继承官修前朝史的传统，先后完成了《元史》和《明史》的编修。乾隆时期，与历代纪传体史书合刊为"二十四史"，构成中国古代史完整的基本著述。编年体史书则承袭《资治通鉴》体例，编撰了《国榷》、《续资治通鉴》等书。

《元史》——明太祖即位后，在洪武元年十二月即下诏设局，编修元史。次年二月，命左丞相李善长监修，翰林学士宋濂、待制王祎为总裁，至当年八月，编成元太祖至宁宗朝一百余卷进呈。此后，又搜访顺帝时史事文献，于洪武三年二月，重新开局续修，至七月成书。全书依纪传体，分编纪、志、表、传，共二百一十卷。明太祖初即位，即下诏修史，意在宣告元朝的灭亡，瓦解北元的统治，但《元史》仓促成书，不免粗略。史局馆臣，多出浙东，不习蒙古语及诸族语，书中歧译重出，随处可见。但本纪、志、表保存了今已失传的元十三朝实录及《经世大典》的大量内容，而且大体上保持原貌，史料学的价值胜于编纂学的水平。

《国榷》——明天启间，浙江海宁人谈迁开始编撰元明间的编年史，清初，书稿一度被盗，又发愤重编，至顺治十三年完成。全书原分为一百卷，起自元文宗天历元年（一三二八年），止于南明弘光元年（一六四五年）。黄宗羲为谈迁撰墓表，说他编撰此书，"汰十五朝之实录，正其是非；访崇祯十五年之邸报，补其阙文。"本书以明代官修实录及邸报等为依据，但又广泛搜览官私著述，订正官书的隐讳失实。书名《国榷》，自撰《义例》说是"事辞道法，句榷而字衡之"，纪事经考订榷衡，文字也力求简朴，"大抵宁洁勿靡，宁塞勿猥，宁裁

513

勿赘"(《义例》)。谈迁生平不仕，以布衣著国史，得以摆脱官方观点的束缚，较之明修《实录》、清修《明史》更能无所避忌，接近史实。本书在清代只有抄本流传，近年始得刊印问世。

《明史纪事本末》——清初谷应泰著。直隶丰润人谷应泰，顺治四年进士，曾在户部任职。顺治十三年，提督浙江学政佥事。在任期间，邀集学者张岱、陆圻等撰成此书。全书分为八十卷，每卷各纪一事。起于"太祖起兵"，终于崇祯帝"甲申殉难"。本书当是广泛参据明人记述当代史的著述，自称是"泛澜众家，编撰是书"，叙事之法是"首尾毕具，分部就班"(《自序》)。顺治十五年书成，刊刻行世(筑益堂本)，是清代刊刻最早的一部明史。八十卷不及明清之际史事，世传抄本《补遗》六卷，记述清朝灭明战事。或谓也出谷应泰手，因避忌未刊。近年补刊于本书，合为完璧。本书成书早于清朝官修《明史》约八十余年，记事之详确，往往长于《明史》。

《罪惟录》——是明清之际又一部私修明史。浙江海宁人查继佐曾随南明抗清，南明亡后，家居著述。清康熙时，曾因庄廷铖案入狱获释，所著《明书》改题为《罪惟录》。全书采纪传体，分编本纪、志、传。帝纪不止于崇祯帝而止于南明弘光帝，并将南明诸王附入，以示尊崇明朝的帝统。著者于晚明及南明史事，多经广泛搜访或曾亲历，记述详于他书。清代只有抄本流传。

《明史》——清朝官修的"正史"。清顺治时,即曾开局,编修明史。历康熙、雍正、乾隆三朝,史局三开三辍。自初开史局,至最后成书,经九十余年之久。清初,黄宗羲曾自撰《明史案》二百四十卷。弟子万斯同据以扩充,编为《明史稿》五百卷。康熙十八年重开明史馆,以翰林院掌院学士徐元文为总裁。徐元文延聘黄宗羲入馆,被黄拒绝。万斯同被邀请为徐家儒师,审修史稿。二十一年,翰林院侍读王鸿绪继任明史总裁。四十八年因请立太子事得罪免官,以户部尚书原品休致。五十三年,王鸿绪将所藏万斯同书稿略事增删,进呈明史列传二百另五卷,请付史馆,说是归田五载,据自编旧稿增订。雍正元年又进呈本纪、志、表共一百另五卷。后题为《明史稿》刊行(今存),署王鸿绪著,其实基本上是万斯同的书稿。雍正元年,礼部尚书张廷玉为明史总裁。张廷玉即以王鸿绪之书稿为底稿,经馆臣考订编修,成纪传体《明史》三百三十六卷。乾隆帝即位,张廷玉以大学士受命辅政。乾隆四年七月,将《明史》刊刻进呈,说明"旧臣王鸿绪之史稿","用为初稿"。《明史》成书,历有年所,几经增删。书例仍依旧制,分为纪、志、表、传,但从明朝的实际出发,编修《七卿表》、《阉党传》、《土司传》等篇,是前史所未有的创例。清初因私修明史,屡兴大狱。馆臣多所避忌,叙万历以来涉及清朝先世的史事,隐讳删汰,简而不周。本纪止于崇祯(清谥庄烈帝)。南明诸王事,尤多避讳。

《续资治通鉴》——司马光著《资治通鉴》，至于后周。明人多仿其体例，续编宋元史事，陈桱著《通鉴续编》、王宗沐著《宋元资治通鉴》、薛应旂也著《宋元资治通鉴》，但都不免失于疏略，不餍人意。清康熙时，徐乾学邀集一时名家万斯同、阎若璩、胡渭等编成《资治通鉴后编》一百八十四卷，起于宋初，止于元亡，以年系事。乾隆二十五年状元毕沅，曾入为翰林院侍读，后出任陕西、河南巡抚，湖广总督。毕氏博通经史金石，勤于著述。徐乾学等未及寓目的宋辽史籍，乾隆时已陆续被发现或辑录。毕沅以徐书为底本，补以新出史料，参考古籍百余种，重加修订，成《续资治通鉴》二百二十卷。乾隆末年修订成书，嘉庆间刊行。全书起于宋太祖建隆元年（九六〇年），止于元顺帝至正三十年（一三七〇年），于宋辽金元四朝史事，均予编录，改变了前人以宋为正统，轻视三朝的旧例。本书继承了《通鉴》的编年体例，也继承了《通鉴》"辞约而事丰"的传统，叙事简晐条贯，取舍得宜，不能因为所据史料现多流存而低估它的著作价值。

实录与国史 明太祖初即位，依前朝旧制，设起居注官。洪武六年九月，诏修《日历》（逐日记政事），命宋濂为总裁。明成祖时，命勋臣监修《太祖实录》，以殿阁大学士充总裁。历朝相沿，至明末完成太祖至熹宗十三朝实录，共三千零四十五卷，建文朝、景泰朝无实录，事迹分别附于《太祖实录》、《英宗实录》之后。历朝实录修成后藏于皇宫，嘉靖以后，藏于皇家的石筑档案馆皇史宬，另有副本藏于内阁。实录依朝纪事，保存了大量史料。重要人物并附有小传，便于检阅。清初，补成《崇祯实录》十七卷。

清沿明制，历朝均编修实录，设实录馆鉴修，依据上谕及档案文册，"发秘府之藏，检诸司之牍"（《清世祖实录·康熙帝序》），依年月编录。史官编录过程中，皇帝不时检阅，可指示修改或重写。定稿后用满、汉、蒙古三种文字各抄五份，分藏乾清宫、皇史宬、内阁实录库和盛京崇谟阁。太祖朝实录在太宗崇德元年初修，康熙时重修一次，雍正时再次修订。太宗朝实录，顺治初年初修，康熙及雍正时，也先后修两次。世祖朝实录，康熙时编修，雍正时重修。三朝实录的重修本都在乾隆四年校订。三朝实录的一再修改，事实上是依据汉人的传统观念，删改满洲的史事风习，隐讳文饰，不免失真。清朝官修的实录，计有太祖、太宗、世祖、圣祖、世宗、高宗、仁宗、宣宗、文宗、穆宗十朝，总计三千七百五十八卷。历朝实录取材广泛，多将上谕原文载入。原来只有抄本储存，现有影印本传世。清亡后，清室遗臣续成《清德宗实录》五百九十七卷和《宣统政纪》四十三卷。

编修实录依据的"起居注"，自康熙十年开始编纂，康熙后期一度停修，后又恢复，直至宣统三年清朝灭亡。清历朝起居注共三千八百六十三册，今存历史档案馆等处。

清朝自康熙时开设国史馆，乾隆间成为常设机构，编写国史和人物传记。撰有《大臣列传》和《大臣列传稿本》，共三千多个大臣传记，只有抄本未刊。但有据传抄稿编辑的列传数种刊印行世。乾隆时刊"依国史抄录"的《满汉名臣传》八十卷，清亡后刊《国史列传》（《满汉大臣列传》）八十卷。又《清史列传》八十卷，也约有半数的内容出自清国史馆的稿本。乾隆时，国史馆还撰有《宗室王公功绩表传》、《蒙古王公功绩表传》等书。

清朝官修纪录重大事件的"方略"，几成定制，康熙至嘉庆间编撰的方略不下二十种，有《平定三逆方略》、《平定准噶尔方略前编、后编、续编》、《三省教匪纪略》等等。这些方略均采编年体记述事件本末，最为详备。

私修当代史 明代学者私修当代史，蔚为风气。嘉靖间，兵部尚书郑晓著《吾学编》六十九卷，以纪传体写法，记洪武至正德间政事，为当时人所珍视。高岱撰著《鸿犹录》十六卷，以纪事本末体记明朝开国至嘉靖间的历次战争。天启间，通政使何乔远著《名山藏》，用纪传体叙述明代十三朝史事，于崇祯十三年（一六四〇年）刊行。大学士朱国祯著《皇明史概》一百二十卷，内含《皇明大政记》三十六卷。陈仁锡纂《皇明世法录》九十二卷。两书都在崇祯时刊刻。

518

明代还有一些以笔记体裁记述当代史事的著述。张萱著《西园闻见录》一百零六卷，杂记洪武至万历间事，朝廷政务、官员作风以至方伎活动，皆在记述之内。万历间王世贞，号凤州，又号弇州山人，历官按察使、布政使、巡抚、副都御史、尚书，为一代文坛盟主，撰作《弇州史料》前集三十卷、后集七十卷刊行，有关典章制度、朝野掌故、礼仪风俗等记述颇丰。另有《凤州杂编》，被收入《纪录汇编》刊印。万历间举人沈德符，随父祖在京，见闻广博，写成《万历野获编》三十四卷，内容涉及到万历朝政、典章制度、帝王家史以至下层社会活动、风土人情、岁时节日、戏曲小说等等，内容极为广泛。

　　明清之际，时人著史以寄亡国之痛。清人全望祖称，当时野史不下千家。吴伟业著《绥寇纪略》；彭孙贻撰《平寇志》；计六奇作《明季北略》、《明季南略》；戴笠、吴殳合编《怀陵流寇始终录》等书，详细记载了张献忠、李自成领导的农民起义的过程。王夫之著《永历实录》、顾炎武作《圣安本纪》（《圣安纪事》）、查继佐撰《国寿录》、黄宗羲作《行朝录》以及屈大均辑《皇明四朝成仁录》、邵廷采编著《东南纪事》及《西南纪事》、冯梦龙撰《中兴实录》等，记述南明史事，多为清修《明史》所不载。

　　浙江鄞县人全祖望（一七〇四——一七五五年），乾隆时进士，曾任知县，辞官著述。继承浙东学派由经入史。因感明末文献流失，殉明志士之事迹，多淹没无闻，广泛搜集史料及故老遗闻，以碑志墓表传记等形式，撰述殉明抗清人士事迹，自张煌言、顾炎武等文士以至市人歌伎，分别予以表彰，并及清初的廉吏和文士。全祖望所撰志传遗稿，编入《鲒埼亭集》及外编（今共存一百八卷，内含诗集十卷），实际上是一部明清之际的史传汇编。

清人私家纂史，当首推蒋良骐《东华录》。乾隆中，蒋良骐任国史馆纂修官，摘抄清太祖至清世宗的五帝实录，增入所见档案资料，汇编成《东华录》三十二卷（史馆在皇城东华门内，故名）。清初几朝实录屡有修改，蒋氏私家修录，未经官方删改，保存了不少不见于官修实录的文献。清末王先谦曾予增补，又续修乾隆帝至同治帝《东华续录》，合为《十一朝东华录》六百二十五卷行世。乾隆中宗室弘旺著《皇朝通志纲要》五卷，以编年体叙述清太祖至乾隆前朝史事。乾隆十七年萧奭（萧奭龄？）撰《永宪录》并续编，记述康雍之际的政事和典制，取材于邸钞、朝报、诏谕、奏折等原始资料，可纠正官书的误失。

清三通与续三通　唐杜祐著《通典》，宋郑樵著《通志》，元马端临著《文献通考》，习称"三通"，创立了记述历代名物制度的史学体裁。乾隆中开三通馆，仿照"三通"体例，编写《皇朝通典》、《皇朝通志》、《皇朝文献通考》，于乾隆五十一、二年间修成。《清通典》一百卷，依旧例分为九门，记述清代典章制度。《清通志》一百二十六卷，省去《通志》的纪传年谱，只取二十略，其中不免与《清通典》重复。《清文献通考》卷帙最繁，多至三百卷，依旧例增为二十六门，分记清代行政制度与经济制度，颇为详备。清三通纂辑后，当即由武英殿刊刻行世。

三通馆编修三通，原意是续修《通典》、《通志》、《文献通考》，止于乾隆朝，但在编写过程中，对前代与清代制度的行文格式，难予处理，于是将清朝的与前代的分编。因而在皇朝三通即清三通之外，又有续三通的编纂。《续通典》一百四十四卷，叙事衔接《通典》，自唐代中叶迄于明代；《续通志》六百四十卷，衔接《通志》，起唐代止明代；《续文献通考》二百五十二卷，叙事衔接《文献通考》，起自南宋后期，止于明代。续三通记述前代制度，详于明代，明以前较为疏略。但三通体裁，却由此得以贯通今古，汇为完帙。

历史考据学 汉学治经学，致力于名物训诂，辨伪辑佚，一些学者因而由经入史，也影响了历史学的发展。史学家把汉学治经的方法应用于研治史学，从而使历史考据学成为乾嘉时期风行的学术，取得了显著的成绩。汉学原义是指经学，以汉学家求实的方法研治经史，又被称为"朴学"。

疏证——对儒家经典注释疏证是经学的传统方法，清代汉学家注经则基于对古制、古义的考订和遗文、佚注的搜补。史学家继承前代注史的传统，又参用此类方法疏证史籍，出现了不少名著。吴派创始人惠栋仿裴松之《三国志注》，著《后汉书补注》二十四卷，搜补三国至南朝诸家所著后汉史书，分卷辑注，以求详备。沈钦韩（一七七五——一八三二年）著《后汉书疏证》三十卷，旨在考订名物，正误补遗。又著《汉书疏正》三十六卷，纠补唐颜师古旧注；《三国志补注》十六卷，训诂名物，考释地理。杭世骏（一六九五——一七七二年）亦著《三国志补注》，赵一清又有《三国志注补》，前者在于补遗，后者重在考证。钱大昭有《两汉书辨疑》，又有《三国志辨疑》，均为考订驳辩之作。厉鹗著《辽史拾遗》，实为诸书有关辽代记载的辑录。汪辉祖著《元史本证》，则以本书互证前后之歧误。历代"正史"以外，于古代史籍，如《逸周书》、《战国策》、《国语》、《山海经》等书，也多有疏证之作。大抵这一时期，依旧史成新作，名为注疏，实为补遗和考据。著述繁多，不需备举。

考异——司马光著《资治通鉴》，别成《资治通鉴考异》三十卷，考订诸书记事之异同，以为编著《通鉴》之依据。乾嘉学者则依汉学家治经之例，考订旧史记事之同异，独立成篇，汇为巨著。钱大昕著《廿二史考异》一百卷，对《史记》至《元史》二十二部史籍（不包括《旧五代史》），依卷次记事，详加考订，涉及制度典章、年代、译语等广泛内容。曾从惠栋问学的江苏嘉定人王鸣盛（一七二二——一七九七年），著《十七史商榷》一百卷，对宋人所称十七史（《史记》至《五代史》），分别考校疏解。赵翼（一七二七——一八一四年）著《廿二史札记》(《史记》至《明史》)，于考订史籍之外，义及史事及典制之述评。三书并驾于一时，体例互有同异，但都被视为乾嘉历史考据学的著作典型，影响了一代学风。

校勘——汉学家治经，校勘经文，极为精密。广泛利用历代不同版本、诸书引文以至石刻经文，考订古音古义，核以史事典制，校勘方法日趋完善，校勘之学蔚为专门的学问。前述"正史"的疏证及钱、赵、王三家之书，包含着以校勘学的方法校订"正史"文字的讹误脱衍，做出有益的贡献。此外，如《逸周书》、《国语》、《战国策》、《竹书纪年》、《吕氏春秋》、《山海经》、《华阳国志》等古代史籍，也都在乾嘉时期经过学者们的校订，使异文驳杂的古籍足资利用，成绩是显著的。

辑佚——辑佚的方法也由经学移用于史学。宋以后失传的古史《世本》、《竹书纪年》，有多家辑录考证。失传的几家《后汉书》、《晋书》、《晋阳秋》等，也自群书辑录佚文，得见一斑。编纂《四库全书》时，辑佚之法，更施用于《永乐大典》，自《大典》辑出宋元史籍、文献多种，为宋元史研究提供了前人未加利用的重要史料。

志表——自《史记》创制志、表体例，历代修史，或因或革，间有缺略。关于志、表体之意义，评论也有所不同。黄宗羲弟子万斯同力倡志、表，乾嘉学者致力于志、表者甚多。其成绩一为旧史志、表之考证，一为缺略志、表之纂补。两者又都以《疆域志》(《地理志》)和《艺文志》(《经籍志》)成绩最为显著，从而推动了历史地理学与目录学的发展。钱大昕研治天文历法，曾撰《宋辽金元四史朔闰表》，又为《元史》作《氏族表》，以考订蒙古族系，是独辟新境的创举。

史论与史学 在历史考据学风靡的时期，出现几部史论与史学的著作，显得格外引人注目。

《读通鉴论》——历来纪传体正史，只在本纪及部分列传之末，附书论赞。司马光著《通鉴》，附出"臣光曰"以申论议，但全书也只寥寥数见。王夫之兼治经史，著《读通鉴论》三十卷，又续成《宋论》十五卷，于秦汉以来历代重大史事及人物行止，依时代先后，分别著论，评议得失功过，探究治乱之源。所论虽属一家之言，但以论史独立成书，却是史学史上前所未有的新创。

《考信录》——直隶大名人进士崔述（一七四〇——一八一六年），嘉庆初曾在福建任知县。后辞官著述，兼及经史，撰《考信录》三十二卷，历考上古三代至孔孟事迹。自称撰著此书是因为"文人学士多好议论古人得失，而不考其事之虚实"（《考信录·提要》）。汉学家的辨伪，重在考订古籍之真伪，《考信录》则在考辨记事之有无，在治学方法上是一个发展。《考信录》在考据史事的基础上，提出独立的判断，认为："大抵战国秦汉之书，皆难征信，而其所记上古之事，尤多荒谬。""今为《考信录》，不敢以战国秦汉之书为实事，不

524

敢以东汉魏晋诸儒之所注释者悉信以为实言"(同上书)。清代汉学家笃写东汉魏晋诸家的旧注,崇信上古。崔述此书,明确提出战国秦汉之书不可信,唐尧以前远古传说莫须有,所论虽不无偏颇,但由崇古转为疑古,则是史学观念上的一个突破。崔述所论与时人多不合,因而在当时不甚受到重视,但他的史学观念与方法,却对后世历史学的发展产生了影响。

《文史通义》——浙江会稽人章学诚(一七三八——一八〇一年),字实斋,乾隆四十四年进士。曾从浙东诸儒问学,因而被视为浙东学派的传人。后从毕沅,助修《续资治通鉴》,编纂《湖北通志》。《文史通义》是章氏关于经学、史学及文学的论稿。在这部著作中,章学诚提出"六经皆史也"的著名论点。认为"经"原来并非尊称,六经不过是"三代盛时典章法度",是周公的政典。汉儒以六经为儒家基本经典,具有不可动摇的独尊地位。清代汉学家,特别是吴派诸家,不谈义理而着意于考订经书的名物制度,事实上也是把经书当作史籍来研考。如果说,宋代理学家是把经学哲学化,清代汉学家已是把经学史学化。但是,清代汉学家仍奉六经为最高经典,不敢触犯它的尊严。章学诚明确提出"六经皆史",也就是揭穿了汉儒的以史为经,从根本上动摇了六经的思想统治地位,意义是重大的。

《文史通义》以讨论史学为主旨,因而时人曾比之于刘知几的《史通》。但章学诚本人却并不以为然。他说："而人乃拟吾于刘知几，不知刘言史法，吾言史意，刘议馆局纂修，吾议一家著述，截然两途，不相入也。"章氏称馆局纂修之史为"史纂"；以议论言史为"史评"；历史考据学"记诵名数，搜剔遗逸，排纂门类，考订异同"，可称为"史考"。史纂、史评、史考，都还不能称为"史学"。他讥讽考据家是"疲劳精神于经传子史，而终身无得于学者"。他以为"史学"应是"学有宗旨"、"成一家言"的著作之学。因而他又将历代历史学者分为"著述"与"比类"两家。"比类"即整理考订史料。"著述"是指不同于"纂辑之史"的"著作之史"，如班固的《汉书》、司马光的《资治通鉴》才可称为"一家著述"。章氏认为刘知几的"才、学、识"之说仍未完善，他提出一家著述的史学应具备义、事、文三个要素。事是基础，"非学无以练其事"。他认为，与史考、史评相比，"叙事最难"。比类考证是叙事的依据，但在体例上又有所不同，如"考证之体，一字片言，必标所出"，"著作之体，援引古义，袭用成文，不标所出，非为掠美，体势有所不暇及也。"著作在于"其志识之足以自立，而无所借重于所引之言。""文"指文辞体例。著述之文不同于文人之文，选词要"纯而不杂"，力求简洁，"未有不洁而可以言史文者"。他又提出"临文主敬"之说，叙史应当严肃冷静，谨防情深气冒，一往不收。体例不应拘泥，体例文词应做到"圆而神"。三者之中最重要的是"义"。他说"史所最贵者，义也"。因为"史学所以经世"，一部著作应有自己的宗旨和独立的见解。但著作不同于"史评"，史义不是凭议论来表达，而是通过叙事的"决断去取，成一家言"。他说："所以通古今之变，而成一家之言者，必有详人之所略，异人之所同，重人之所轻，而忽人之所谨，绳墨之所不可得而拘，类例之所不可得而泥，而后微茫杪忽之际，有以独断于一心。"他拈出"独断"一词，又称为"孤行其意"，以强调著述必须有自己的独立思想，"虽使同侪争之而不疑，举世非之而不顾"。章氏评判前代著作，赞许通史体和纪事本末体，极力推崇郑樵的《通志》，说："郑樵生千载而后，慨然有见于古人著述之源，而知作者之旨，不徒以词采为文，考据为学也。于是遂欲匡正史迁，益以博雅，贬损班固，讥其因袭，而独取三千年来遗文故册，运以别识心裁。盖承通史家风，而自为经纬，成一家言者也。"（引文俱见《文史通义》）章氏《文史通义》中的这些创见，在乾嘉文坛，独树一帜，与当时考据盛行的学风，显然全不相合。因而本书在当时并不为人们所重视，却为后世史家所推许，影响了近代历史学的发展。

《文史通义》在章氏生前，并未完稿。遗存内篇六卷，由萧山王宗炎校订，又将序跋书说等文编为外篇三卷，刊入《章氏遗书》。章氏次子华绂另在开封编刊内篇五卷本，以论述方志之文编为外篇三卷，通称大梁本。两本互有异同。

（三） 地理著述与方志

地理学著作　明末以来，地理学成为较发达的学科。自然地理与人文地理的实地考察，沿革地理的历史考订，都完成了具有学术水平的巨著。

《徐霞客游记》——作者徐宏祖（一五八七——一六四一年），江苏江阴人，字振之，号霞客。出身江南富家，自幼研习地理舆图。曾从陈继儒为学，与名儒黄道周友善。万历三十五年，始游太湖，此后三十余年间，历游今江苏、浙江、江西、湖北、湖南、福建、陕西、山西、河南、河北、山东、安徽、广东、广西、贵州、云南等十六省区，沿途考察地理形势、山川地貌，逐日予记。后人以遗存日记编为《徐霞客游记》十卷，刻印传世。《游记》并不只是对山川风物的简单的记游，而且是科学考察的纪录。徐宏祖对各地地形的变化及相互联系，经过观察、测量并参据历史记载，以考察其整体特征，进而对某些地貌的成因做出推断。特别是晚年游历贵州、云南等地，第一次发现并考察了石灰岩地貌（喀斯特地貌）。在《滇游日记》中说："粤山多石，滇山多土，黔山介于两者之间。"又从而推断说："粤西山多石，故多分行独挺，水流澄清，多穿穴之流；滇南山多土，故地多环窪，水流混浊，多壅流成海（湖泊）。"黔南水流则介于二者之间。这与近世地理学家对喀斯特地貌的认识，已很接近。《游记》还记述了徐宏祖的一些地理发现。如提出金沙江为长江正源说；元江、澜沧江、潞江等各自入海，并不是长江支流等等，都纠正了《禹贡》以至《明一统志》中的错误。《徐霞客游记》的科学价值，经近世地理学家丁文江的阐发而得到广泛承认，列于世界地理学名著之林。

《肇域志》与《天下郡国利病书》——顾炎武所著两部相辅相成的著述。崇祯时开始草创，至康熙初年编成。自序称："历览二十一史以及天下郡国志书，一代名公文集，问及章奏文册之类，有得即录，共成四十余帙。一为舆地之记，一为利病之书"。《肇域志》是"舆地之记"，共一百卷。记述各地地理形势，水利交通。《天下郡国利病书》一百二十卷，依明代行政区划，分别记述各司府州县的山川关隘、户口田赋、政事民事以至边疆形域、海外邻国关系等等，包括自然地理、人文地理以及明代社会经济等广泛内容。

《读史方舆纪要》——江苏无锡人顾祖禹（一六三一——一六九二年）著。父柔谦，明亡不仕，偕子隐居，长于音韵学及史学。祖禹承父志，发愤著书，积二十年之力，成《读史方舆纪要》一百三十卷，包括《历代州域形势》九卷，详考唐虞三代以来历代行政建置沿革；《南北直隶十三省》一百十四卷，依明代建置，分别记述明两京十三布政司各州县的城镇、山川、关隘以至桥梁、驿站情况；《州渎异同》六卷，据历代史籍，辑录山川、江河记载之异同；另《天文分野》一卷，论述史志中关于星宿分野与地理之关系。著者因明亡之痛，书中记述山川险易，着眼于"古今用兵战守攻取之宜，兴亡成败得失之迹"，但对历史记载，考证详审，是一部杰出的历史地理学巨著。

一统志与地方志 明清两代承袭元朝编修《大元一统志》（今佚，只存辑本）之例，修纂本朝一统志。地方志的编修也由于官方的提倡，普及于全国。现存明代地方志书约一千种，清代志书多至五千六百种。地方志书的一再编修，纪录了各地大量的历史、地理和社会状况的资料，是对学术文化的一大贡献。

一统志——明天顺五年（一四六一年），户部尚书、翰林学士李贤等奉敕纂成《大明一统志》九十卷。清乾隆八年（一七四三年）敕修《大清一统志》三百四十卷；乾隆四十九年（一七八四年）又修成《一统志》五百卷；嘉庆十六年（一八一一年）敕令重修，至道光二十二年（一八四二年）完成，记事止于嘉庆二十五年，故名《嘉庆一统志》。一统志汇载全国各地建置沿革、疆界、地理形势、山水、户口赋役、物产、风俗、宦绩、人物资料，以省区为纪录单位。明代一统志分南北两京和十三布政司，清代分京师、盛京和十八行省以及特别地区（蒙古、回部），省下设《统部》，概述全省基本情况，次则分述各府州县。

省志——明人多称"总志"，清人习称"通志"，由朝廷敕令编纂，各省长官主持修纂之事。通志的 体 例，历朝大体相同。嘉庆间谢启昆主修《广西通志》二百八十卷，分五大类二十二小类，即（一）典训；（二）四表：郡县沿革、职官、选举、封建；（三）九略：舆地、山川、关隘、建置、经政、前事、艺文、金石、胜迹；（四）二录：宦绩、谪官；（五）列传：人物、土司、列女、流寓、仙释、其他。别省的通志大体上也包括这些项目，只是因为地方的特点有所增减。如雍正间李卫等修《浙江通志》，有经籍、碑碣二目，表现出浙江文化的发达。同时期田文镜等编《河南通志》，无此二目，而有礼乐一门，反映出中原地区重视礼乐的传统。《卫藏通志》十六 卷，详载藏族地区的政教制度和经济文化。《澳门纪略》作为澳门的方志，着重于当地的管理制度和居民特点。明末何乔远据府县志书，撰成《闽书》一百五十四卷，是私家纂修的福建省志。

府州县志——府州县志也为官修。明代方志，多经续修。清朝明确规定：每六十年，由地方官员主持重新编写一次，编成之后，送交学政审查付梓。续修的办法，使地方志得以不断增补创新。如《苏州府志》，明洪武间初修，正德间、嘉靖间两次续撰，清代康熙、雍正、乾隆、道光四朝又先后续修，递有增补。府县志的体例，明代尚无定制，清代逐渐程式化。乾嘉时期，学者修志，也提倡注重考据。洪亮吉主纂《泾县志》，主张"信载籍而不信传闻，博考旁稽"（《序言》），《泾县志》就成为考据的范本。钱大昕主修《鄞县志》，戴震编《汾州府志》，李兆洛撰《凤台县志》，章学诚撰《和州志》、《永清志》、《荆州府志》，都是方志中的名作。府县志的编写，各地不平衡，经济文化发达地区多于边疆地区。明正统间毕恭纂《辽东志》九卷，嘉靖间李辅续辑《重修辽东志》十二卷，是东北地区修志的起始。

专志——志书的编修，普及各地，成为人们习用的体制。以行政区划为基础的地方志而外，名山大川、寺观书院也由学者分别编修专志。各类专志中，尤以市镇志、民族志和边防志，颇具时代特点，引人注意。

明万历以来，在城市商品经济发展的地区，陆续出现一些市镇。万历时，李乐为湖州府归安（今属浙江湖州市）的乌青镇撰《乌青镇志》，清乾隆间董世宁重修。乾隆间范来庚又为同县之南浔撰《南浔镇志》。杨谦等撰浙江嘉兴秀水的《梅里志》，杨树本撰嘉兴桐乡的《濮院琐志》等。这些志书，深入到市镇闾阎，为基层社会经济的实况留下了可贵的纪录。

清朝统一全国，民族众多。蒙、回（维）、藏三大族，屹立边陲，于清朝的统治关系甚钜。乾隆间进士山西寿阳人祁韵士，曾入翰林院，充国史馆纂修官。奉旨创立《蒙古王公表传》，又据所见内阁大库红本及理藩院档册，撰《藩部要略》十八卷，于嘉庆初完成，内分内蒙古、外蒙喀尔喀部及厄鲁特部、回部、西藏等五"要略"，分别记述各部的归附、叛服、封爵等事迹。事实上是一部民族志。嘉庆九年（一八〇四年），祁韵士因得罪遣戍伊犁，又编纂《伊犁总统事略》，后经同被遣戍的进士徐松（一七八一——一八四八年）据以增修，由伊犁将军松筠进呈，道光元年（一八二一年）赐名《新疆识略》

明代边防，主要在防御蒙古。陆续出现一些私家编修的研究北方边防的志书。魏焕撰《九边（长城九边镇）通考》、刘效祖撰《四镇三关志》、杨守谦撰《大宁考》、张雨纂《全陕边镇志》、詹荣著《山海关志》。东南海防的专志则有王在晋编《海防纂要》、胡宗宪《筹海图编》、谢廷杰《两浙海防类考》等书。清人编纂的海防著述，有杜臻《海防述略》、俞昌会《防海辑要》、严如熤《洋防辑要》等书。这些专门志书的编纂表明：面对外国势力的来侵，人们已日益感到加强海防的重要了。

（四）金　石　学

宋代学者注意于古器物铭文的研究，始有"金石"之称。明代学术不很发达，但学者留意于石刻文字的搜集，开拓了研究领域。清代乾嘉时期为考订经史而广泛搜考金石文字，金石之学成为专学。研究领域日益扩展，收集文物的范围也日益扩大，为近代文物学与考古学的发展，奠立了基础。

石刻文字——宋人着重于铜器铭文的研究，只有少数著作如赵明诚《金石录》，兼及石刻文字。元末潘昂霄著《金石例》十卷，最先注意到碑志文字义例。明初，陶宗仪纂《石刻丛钞》，辑录碑铭原文。《明史》举为有明一代"记诵之博，著作之富"推为第一的杨慎，在嘉靖时撰《金石古文》十四卷，汇编汉代以前的金石文字，力求无遗漏，但不免有"真伪错杂"之讥（《四库全书总目》卷一九二）。陈昉有《吴中金石新编》八卷，收录当代碑文，不取前代，不录颂德谀墓之作。所收碑记多涉及仓储、水利等有关民生的记事，独具心裁。都穆撰《金薤琳琅》二十卷，仿宋人洪适《隶释》例，编辑石刻文字，并加考辨，所载碑文均录全文，完整地保存了许多可贵的资料。万历间，陕西盩厔县（今周至县）人赵崡在家乡广拓碑刻，又托友人四处搜求，积存碑文二百五十三种，一一撰写跋尾，因无力全文刻印，编成《石墨镌华》六卷，收录碑目并附跋尾。

明清之际，顾炎武周游各地，每见铭刻，必行抄录，又得友人赠送碑文拓本，其中不见于宋人金石书者约三百余种，分别写出跋文，编成《金石文字记》六卷。又以不见著录并无拓本流传的碑文五十六种，汇为《求古录》一卷。顾氏搜罗石刻文字，旨在用以辅证经史，"阐幽表微，补阙正误"（《顾亭林文集·金石文字记序》），不同于前人的注重书体。

毕沅也以为金石可证经史，历官所至，注意搜集金石文字。任陕抚时，与钱坫、孙星衍等辑《关中金石志》

八卷;改任豫抚,编录《中州金石记》五卷;抚鲁时,又与学政阮元合编《山左金石志》二十四卷。这些金石志详载碑石广阔尺寸、字径大小、行数多少,使读者明了原石形制。诸志均收录碑铭全文,并对其碑文有所考释。

钱大昕博学多闻,尤其注意金石文字的搜罗研究。撰有《金石文字目录》八卷,又撰《潜研堂金石文字跋尾》二十五卷,以金石证史,多有创获。钱氏曾认为宋以来治金石文字者凡有两途,一是"考稽史传,证事迹之异同";一是"研讨书法,辨源流之升降"(《潜研堂文集·郭龙伯金石史序》)。陈康祺《郎潜纪闻初笔》中说,钱大昕等人"开乾隆已后诸儒以金石之学印证经史之一派"(卷三),所论是恰当的。

嘉庆初,孙星衍编成《寰宇访碑录》十二卷,依时代顺序,编列秦汉以来至元末的碑目,共收七千五百余通,各碑分注书体、年月、撰人、书人及所在地点,是当时收碑最多的综合目录。乾隆时,邵晋涵在三通馆为续补《通志·金石略》,编录内廷所藏各地进呈的碑拓,以副本赠孙星衍。此后二十余年间,孙星衍历游各地,据亲见碑石,拓摹增补。又得钱大昕、阮元、武亿以及邢澍等馈赠的碑拓,乃与邢澍共刊此书。

乾隆时进士王昶历任各地考官,笃好金石,勤于搜访,积五十年之力,得先秦至宋、辽、金、大理时代的金石文字一千五百余通,嘉庆十年(一八○五)编成《金石萃编》一百六十卷,自序中说,金石内容广泛,研究石刻文字,"经史小学暨于山经地志丛书别集,皆当参稽"。他参稽群书,对器物及碑石形制作出说明,并加考释。书中收录碑铭全文,自信"欲论金石,取足于此,不烦他索也。"以石刻而言,本书确是当时收录碑文最多的集大成之作。王昶另收有元代碑文约八十通,未及刊入本书。近人罗振玉编为《金石萃编未刻稿》刊行。

《西清古鉴》——乾隆十四年(一七九四年),吏部尚书梁诗正等奉敕撰修《西清古鉴》,凡四十卷,另附钱录十六卷。本书汇编清宫廷所藏自商周至唐代的酒器、礼器、祭器等铜器及铜镜共一千五百二十九件,各卷图绘器物形状,摹写铭文并加说解。编者利用文献资料分析古器物,纠正了前人研究的某些误失,因而被《四库全书总目提要》誉为"有裨于经史之学"。乾隆三十年内府刻本,印制极精,只是某些器物花纹的摹绘难免失真,铭文考释也间有错误。但作为宫廷所藏古器物的综录,是规模空前的巨著。乾隆末又续纂《西清续鉴甲编》二十卷,收录宫廷续得的唐以前古铜器九百四十四件,附唐代以后的铜器、印玺等三十一件。又成《西清续鉴乙编》二十卷,收录盛京皇宫所藏古铜器九百件。此外又编成《宁寿鉴古》十六卷,收铜器六百件,铜镜一百另一件。四书合称"西清四鉴"。

《积古斋钟鼎彝器款识》——清阮元编著,凡十卷。阮元认为,三代时钟鼎彝器与土地同等贵重,编录历年收集的自商周至晋代的钟鼎等铜器铭文五百五十种，与幕友朱为弼共撰释文，补正经史，于嘉庆十年（一八〇五年）自刊行世。自序称："稽考古籍国邑大夫之名，有可补经传所未备者。偏旁传籀之字，有可补说文所未及者。"对历史学和古文字学都有所贡献，是学术价值较高的一部金文综录。本书又录有阮氏所著《商周铜器说》上、下两篇，对商周以来钟鼎彝器等各类铜器的性质、历史价值以及汉代以来古铜器出土、著录情况，加以考订、论说，为此后古器物及铭文的研究奠立了基础，并在研究方法上开辟了途径。

（五）语言文字学

明代学者已注意音韵文字之学。清代汉学家以音韵训诂治经学，从而使音韵学、文字学及训诂学得到空前的发展，著述如林。下面介绍的，只是各时期最有影响的一些著作。

音韵学 明太祖初即位，即命翰林侍讲学士乐韶凤与宋濂纂修《洪武正韵》十六卷，洪武八年（一三七五年）书成，颁行天下。本书归并《广韵》二百零六韵为七十六韵，是音韵学上的一大变化。但书中杂有南方方言，字义音切不全合于中原雅音，因而不便使用，实际上并未通行。

杨慎兼通音韵、训诂、字书，著《古音丛目》、《古音借要》、《转注古音略》、《古音余》各五卷，在分韵归字上，以今韵分部，把古音相同的字隶属于一部。陈第著《毛诗古音考》四卷，开经学研究之新径，也是明人研究古韵的代表作。陈氏认为古人的读音，本不同于今音。凡称为叶韵的，原为古音，不是随意改读。他的研究方法是以经证经，排比《诗经》上的经文，作为证据，称为"本证"，又用秦汉诗作与《诗经》对照研究，以为旁证。这样依据古文献推究古韵，为音韵学研究开辟了道路。

顾炎武著《音学五书》。其中《音论》三卷，为顾氏音韵学的纲领，论述古今音的变化及其原因。《诗本音》十卷，研究方法大体同于陈第《毛诗古音考》，以《诗经》用韵，互相考证，又以其他文献验证，以获知古音的韵读，故名"本音"。《易音》三卷，是据《周易》识别古音。顾氏又据古音指出唐韵的失误之处，录为《唐韵正》二十卷。《古音表》二卷将古音分为十部列出字表。顾氏自信有他的"五书"，"六经之文乃可读"（《顾亭林文集》卷二）。清人推崇他"最精韵学"（《国朝先正事略》卷二十七），所论多为后学所遵从。

康熙五十四年（一七一五年），大学士李光地、王兰生（一六七九——一七三七年）等奉敕纂修《音韵阐微》，雍正四年（一七二六年）成书。凡十八卷，首列韵谱，以今韵为目，同韵字，依声类、韵等排列。各字备载《广韵》以下诸读音的异同，对不妥者予以纠正，再以反切注明今音，便于利用。

皖派学者江永，撰著韵书三种：《古韵标准》五卷、《四声切韵表》四卷、《音学辨微》一卷。《古音标准》继承陈第、顾炎武的成就，补正他们的失误，以《诗经》的韵律为诗韵，汉魏六朝的为补韵，这样区分标准，便进一步纠正了前人以今音为古韵、以汉魏六朝音为上古音的错误。《四声切韵表》首先探讨等韵，以图表显示切韵声、韵、调系统，实际上是一部等韵图。《音学辨微》也对等韵学做了进一步的说明。戴震是江永的弟子，在音韵学方面师承江永，著《声韵考》四卷、《声类表》九卷，提出古音九类二十五部之说及阴、阳、入对转的理论，对音韵学也有所贡献。

文字学　金石学与音韵学、训诂学，都不能不兼及文字学的研究。明人已开始编撰文字学的专书。明初赵扬谦曾参预编纂《洪武正韵》，自撰《六书本义》十二卷，把汉字分为三百六十个部首，在各部之下详细辨别六书字体。梅膺祚修纂《字汇》十四卷，定部首二百十四个，收录单字三万三千多个，以反切字及同音字注音，据许慎《说文解字》解释字义。在编排上，依地支分为十二集，各集首列部首表，附录检字表。这些编辑体例，为清代学者所沿用。

清代学者文字学的成就，集中表现于《说文解字》的研究。代表作是段玉裁的《说文解字注》三十卷。段玉裁（一七三五——一八一五年），字若膺，江苏金坛人，是戴震的弟子。皖派学人从音韵训诂入手，研治经学。段氏则以为究明构成文字的"六书"，才能通晓音韵训诂。曾继承江永、戴震之学，著《六书音韵表》，分古韵为十七部，被戴震誉为唐以来所未有的成就。段氏以古韵十七部为依据，考察《说文解字》形声字和"读若"字的古音，进而考察《说文》所收形声字与转注、假借字的关系，条贯六书。再据经书及前人的经注，以训诂字义，考辨字形，是一部兼及形、音、义的综合性著述。嘉庆时，训诂学家王念孙为段氏的《说文解字注》作序，盛赞本书是："训诂声音明而小学明，小学明而经学明，盖千七百年来无此作矣。"王念孙将段注与许书并重，并非有意溢美。段氏注《说文》，犹如汉学家的注经书，实际上是凭依《说文》，以申述自己的研究成果和独立见解。许氏《说文》的研究也由此蔚为专学"许学"，成为文字学的基石。

与段氏约略同时的山东曲阜人，进士桂馥（一七三六——一八〇五年），著《说文解字义证》五十卷，博引群书，以解说许书的字义，一时与段注并称。此后，朱骏声著《说文通训定声》、王筠著《说文句读》。有清一代，研究《说文》的著述，先后近二百种，使许学的研究达到了高峰。

训诂学 训诂学与音韵学、文字学息息相通，也与经学关系密切。明朱谋㙔研治《周易》，又著《骈雅》七卷。仿《尔雅》体例，收编古籍文句，自语词文义至虫鱼鸟兽，类编为二十篇，分别作出解释。朱氏博览群书，征引文献极为广泛，并多收奇文僻字，对训诂学作出了贡献。

清代训诂学发展到极盛。汉学家注疏经书，考校以外，多是训诂。《经籍籑诂》则是训诂经义的总集。训诂学专著中，成就最大的当推江苏高邮王念孙、王引之父子。王念孙（一七四四——一八三二年），字怀祖，乾隆四十年进士，改翰林院庶吉士。曾任陕西道御史，嘉庆初，上疏弹劾和珅，后受命督治黄河。子引之（一七六六——一八三四年），嘉庆四年进士，授翰林院编修，历任各地乡试考官、实录馆副总裁。道光时，擢任吏、户、礼、工各部尚书。王念孙原来受学于戴震，治音韵文字之学，著《读书杂志》八十三卷，校正诸子及史汉误字，广征群书，以证古义，号为精审。训诂专著是《广雅疏正》二十卷。曹魏时张揖所著《广雅》，明刻本多有误字。王书详为校正，并上溯《尔雅》、《说文》，因古音以求古义，就同音之字，破假借以求本字。全书积十年之力写定，实际上，是凭依《广雅》编著的一部综合性训诂学巨著。原编为十卷，每卷又各分上下。第十卷由王引之续成。王引之又继承父学，著《经传释词》十卷，搜辑先秦至两汉经传中之语词虚字一百六十例，博引例证，究明本义及演变，多有发明。

与王念孙同时治《尔雅》者，有邵晋涵的《尔雅正义》、郝懿行的《尔雅义疏》。邵晋涵（一七四三——一七九六年），字二云，浙江余姚人。乾隆时曾入四库馆，授翰林院编修。曾从毕沅编修《续资治通鉴》，又从阮元编修《经籍籑诂》，所著《尔雅正义》二十卷，自诸书中汇辑汉魏以来各家注释，成为研究《尔雅》的总集。郝懿行（一七五五——一八二三年）著《尔雅义疏》二十卷，旨在弥补邵书的不足，着力于字借声转之故。其中草木虫鱼之名，多经目验而后疏释。书稿曾经王念孙点阅，寄阮元刊行。

史家杭世骏著《续方言》三卷，采集《说文》、《释名》及经疏诸书，以续补扬雄《方言》。翟灏著《通俗篇》三十八卷，采摘经史以至民间流传的方言俗语五千余条，分别探源释义。语言训诂之学，逐渐摆脱了经学的束缚，开拓了广阔的领域。

字典 清代字典的编纂，是语言文字学的划时代的成就。

康熙四十九年（一七一〇年），康熙帝命大学士张玉书、礼部侍郎凌绍雯纂修字书，前后经历六年，于康熙五十五年告成，名为《字典》。通称《康熙字典》。“字典”一词也由此用为字书的通称。本书依仿明梅膺祚《字汇》的体例，立二百十四个部首，分十二集，收字四万七千零三十五个，是收字最多、应用最广的字书。所收之字，注明音切和不同的意义。释义时，举出古籍中的例证，附释词语，从而兼有词典作用。书末附录生僻字及不可施用之别字，以便检索。道光时，王引之等奉敕考证，订正误失二千五百多条，撰成《字典考正》。近世刊本,附录于字典备考。

清朝以满文为"国书",又称"清文"。康熙帝敕修《清文鉴》二十五卷,分门别类,用满文注释满洲语义,是满文的基本字典,无汉字释义。雍正间修成《音汉清文鉴》。乾隆三十六年（一七七一年）,敕纂《增订清文鉴》三十六卷、《补编》四卷,分三十五部,二百九十二个子目,释文满汉对照。由于满文书写格式是直行,由左向右,与汉文的由右向左的习惯相反,所以左书满文,右书汉文,同时在满文的左侧注上汉音,在汉文的右侧则注以满文字母。乾隆四十四年（一七七九年）,又修成《满洲蒙古汉字三合切音清文鉴》。以后增补为满、汉、蒙、藏合璧的《四体清文鉴》,以及补入维文的《五体清文鉴》。

（六）目　录　学

宋元时代目录学渐成专学。明清两代,大规模编纂类书和丛书,目录之学遂成显学。随着清代汉学的发展,辑佚校勘及版本之学受到学者的注意,目录学也因而提高到新水平。全祖望、章学诚等人讥讽目录只供谈助,不能与校勘学相比,所论不免偏颇。乾嘉时期目录学专著之多,远超前代,为书籍的保存流传和学术信息的传播,作出了重大贡献。

官修书目　明宣宗时文渊阁藏书二万余种,近百万卷，英宗正统间大学士杨士奇、学士马愉等清点藏书，编成《文渊阁书目》四卷，以《千字文》字序排次，著录图籍七千多部，因考订不足，解题不免缺漏，但仍是一部重要的目录学著作。万历间，中书舍人张萱奉命编纂《内阁藏书目录》八卷，著录著者及各书的完缺状况，间有题解，比《文渊阁书目》更为完善。清乾隆间编成《天禄琳琅书目》十卷，著录秘府收藏的善本，分经史子集四类，各类按金元明版本时代排次，各书有解题、版本及收藏家题识印记、著者姓名、时代、籍贯、爵职，并有乾隆帝的诗文题识。清敕修《四库全书》时，乾隆帝命纪昀等编写所收书籍（存书）和存目书籍的学术性提要。纪昀认真从事，以"一生精力，备注于四库提要及目录"（《国朝先正事略》卷二十），纂成《四库全书总目》二百卷，著录图书一万零二百五十四种，分类一如《四库全书》：经史子集四大类，类下区分为若干项，或再分子目。每项先录存书，次及存目。各书提要包括书目、卷数、收藏、著者时代、简历以及本书的优缺点等评论。每一大类和小类的前面各有小序，说明这一类图书的源流以及分类的依据。书成后有乾隆五十四年（一七八九年）武英殿印本。它是清代最重要的综合性的图籍目录，也是前所未有的规模最大的书目。

私家书目 明清两代，私家藏书之风日盛，多编有书目传世。明成化初，昆山叶盛撰《菉竹堂书目》，著录家藏书四千六百余册，二万二千七百余卷，藏书之富为前人所不及。嘉靖时高儒撰《百川书志》，著录家藏书，于经史子集四部之外，兼收戏曲、小说，是一创举。万历时，徐𤊶编《红雨楼书目》收录家藏书五万三千余卷，内含元明杂剧传奇多至一百四十种。嘉靖末年，鄞县人范钦在家乡建天一阁藏书，自编书目。后人范懋柱在清乾隆时正式编成《天一阁书目》十卷，著录三千四百四十八种，详载各书卷数、著者、版本并录出序跋，所藏书多有他处未见的善本。清初晁瑮《宝文堂分类书目》著录家藏书六千余种，书目分编三卷五十一目。钱谦益编《绛云楼书目》收录家藏图籍，绛云楼后毁于火，书目所载，尤足珍贵。毛扆《汲古阁珍藏秘本书目》，徐乾学《传是楼书目》，孙星衍《平津馆鉴赏书籍记》和《孙氏祠堂书目》，张金吾《爱日精庐藏书志》等，都是清代学者的著名书目。虞山钱曾藏书繁富，有《也是园藏书目》及《述古堂书目》，又将善本题记编为《读书敏求记》传世。黄虞稷《千顷堂书目》三十二卷，详录明人著述，为《明史·艺文志》所本。

专修书目 私家书目限于私藏。学者依据所知所见，编修综合的或专科的书目，成为目录学的专书。明成化间学士钱溥纂《秘阁书目》，著录在东阁所见图书。万历间焦竑纂辑《国史经籍志》五卷，首列御制及敕修诸书，著录明人著述。其中间有沿袭旧目，未及详考。末附"纠缪"，议论《汉书·艺文志》以来目录分类之得失，可视为目录学的专论。专科目录有明万历间吕天成著《曲品》，专录明代传奇。明殷仲著《医藏书目》，编集医学书目，为前此所未有；清初朱彝尊撰《经义考》三百卷，编录历代经学及有关石刻目录。康熙时梅文鼎著《勿庵历算书目》，是所撰历算学著作的提要。书目的编撰，呈现出多种新创的体裁。目录学家或将编目考订所得，写成题记，汇为专书。著名的著作有清人黄丕烈《士礼居藏书题跋记》，吴寿旸《解经楼藏书题跋记》，李富孙《校经厫题跋》，顾千里作《思适斋题跋》等。

第三节　文　学　艺　术

　　明清时期是文学艺术史上又一个繁荣时期。明代学术研究趋于低落，小说创作却开辟了文学史的新阶段。明初创作的《三国演义》、《水浒传》等名作，产生了重大的影响，至清代孕育出《红楼梦》这样的文学巨著。在元代戏曲繁荣的基础上，明清的传奇普及于南北各地，剧本创作不断出现传世的名篇，地方声腔各有特色，形成众多的剧种，百花竞艳，并且日益成为居民文化生活中不可缺少的艺术享受。科举考试制度以试帖诗和八股文取士，扼制了诗文创作的生机。明清两代的诗文创作，远不能与唐宋时代相比，但也陆续出现一些新流派，形成自己的独立风格。绘画与书法是明清两代颇为发达的部门。流派林立，名家辈出，呈现出空前的繁荣。书风画法，多有创新，留下了丰富的艺术遗产。工艺美术使应用与欣赏相结合，形成独立的艺术领域，创制了大量的艺术珍品。

（一）小　　说

明清小说创作有三个高峰时期，明初洪武年间，产生《三国演义》、《水浒传》；明嘉靖、崇祯间，出现《西游记》、《金瓶梅》、"三言"、"二拍"；清康、乾时代，《聊斋志异》、《儒林外史》、《红楼梦》问世，它们分别是三个时期的代表作，也是古典小说的精华。

唐代传奇，宋元话本，都是短篇文字，明清小说创立了长篇体裁，开辟了中国小说史的新阶段。长篇小说的作者，重视民间口语的使用，作品通俗流畅，引人入胜。这种近似语体文的写作，又往往娴熟地运用多种古典文体，与口语相结合，俗中有雅，通俗而不粗俗，是宋元话本体的新发展。

明清小说反映社会生活极为广阔，既有现实社会的政治、经济、文化生活，也有对历史的回顾，还有对未来的虚幻的向往。明代小说重在暴露社会黑暗，作者痛恨之余，又往往对某些黑暗腐败现象流露出津津乐道的态度。清代一些著名小说的作者思虑深沉，勇于探索，但是明清时代的作家，都只是感到社会矛盾，而还不可能找到克服这种矛盾的社会力量，不得不寄托于善良的虚想。

《三国演义》——作者罗贯中，名本，元末明初人，太原籍（另有山东东原、江西庐陵、浙江杭州籍数说），相传还作有《隋唐志传》、《三遂平妖传》等书。三国故事，隋唐以来就有流传，宋代有《说三分》的讲史，元代出现了《三国志平话》和以三国故事为内容的多种杂剧。罗氏利用陈寿《三国志》及裴松之《注》的史料，汲取"平话"、杂剧等创作，写作出章回体长篇历史小说《三国演义》，在我国文学史上，创造了历史小说的长篇。《三国演义》的故事自黄巾起义开始，运用一个个艺术形象的活动，表现复杂多变的政治军事斗争，使人物刻画与政治军事斗争紧密结合。小说中的刘备、关羽、张飞、曹操、诸葛亮、周瑜等人物栩栩如生，成为民间熟知的形象。《三国演义》中的许多动人故事，也长期广泛流传，影响深远。

《三国演义》的最早印本是明嘉靖壬午（一五二二年）刊刻本，题为《三国志通俗演义》。清康熙间毛伦、毛宗岗父子予以修订，成为近世通行的一百二十回本。

《水浒传》——北宋末宋江起义，宋江、李逵等英雄故事，早在南宋就有流传，龚圣与著《宋江三十六人赞》，《宣和遗事》已有水浒故事梗概，元杂剧也有不少水浒戏。元末明初人施耐庵在前人文学创作的基础上，写成长篇小说《水浒传》。施氏，生平不详，传说参加过元末吴王张士诚的起义，对农民造反有亲身的感受。有的研究者根据嘉靖本《水浒传》题署"钱塘施耐庵的本、罗贯中编次"等资料，认为《水浒传》是罗贯中据施耐庵的话本写成。《水浒》写梁山泊一百零八条好汉反对官府的故事，其内容因版本的不同而有差异。今存传世最早的本子是嘉靖间梓刻的《忠义水浒传》一百回，万历间出版天都外臣序本、容与堂本、袁无涯刊本。最多的内容包括梁山聚义、受招安、征方腊、征辽、征田虎、征王庆，崇祯十四年（一六四一年）金圣叹删去受招安以后情节，加写卢俊义"惊恶梦"，令梁山好汉被官军剿杀以作结束，这就是七十回的本子。一九五四年印行的七十一回本，是将金本的楔子改订为第一回，并删削"惊恶梦"的情节，保持了梁山聚义的完整内容。

《西游记》——共一百回。作者吴承恩，号射阳，明淮安人，曾任长兴县丞，著有《射阳先生存稿》。他在《西游记》中铺衍唐玄奘故事，写唐僧、孙悟空、猪八戒、沙僧师徒四人去西天取佛经，历经艰险，变化离奇。唐玄奘原著有《大唐西域记》，宋代出现了《大唐三藏取经诗话》话本，金、元有西天取经的院本、杂剧。吴承恩吸收了这些创作成就，《西游记》的产生，也和《三国演义》、《水浒》一样，是几代众多的说书人、戏剧演员和作者长期创作的结晶。吴氏通过唐僧取经路上兴风作浪、无恶不作的妖魔鬼怪的描写，曲折地揭露了黑暗的社会现实。精心塑造的孙悟空，则是人类智慧与反抗

明刻本《忠义水浒全传》

精神的结合。吴氏在所作《禹鼎志》序言中说："吾书名为志怪，盖不专明鬼，时纪人间变异，亦微有鉴戒寓焉。"（《射阳先生存稿》卷二）这多少表明了他创作这部小说的深意。

《金瓶梅》——一百回。题署兰陵笑笑生作。作者身世不详，研究者说法不一。从书中大量运用山东方言来看，作者当是山东或其附近的文人。现存最早的本子是万历四十五年（一六一七年）的《金瓶梅词话》。本书铺衍《水浒》中西门庆、潘金莲的故事，书名是由潘金莲、李瓶儿、春梅三人名字合成，她们都是富商西门庆的宠妾和侍婢。全书由西门庆奸占潘金莲开始，叙说西门一家的腐朽生活和兴衰。《金瓶梅》创造了以社会生活为体裁的所谓"言情小说"的长篇，口语艺术的运用也达到很高的境地。书中描写的以西门庆为代表的富商状况是当时实际生活的反映，坦露的色情描写则是从又一个侧面表现了理学的说教已不再能控制文化思想。

"三言"、"二拍"——"三言"是指冯梦龙（一五七四——一六四六年）编《喻世明言》（初刻本题名《古今小说》）、《警世通言》和《醒世恒言》三部短篇小说集，每部四十卷，每卷一篇，合共一百二十篇。冯氏，吴县人，字犹龙，别号墨憨斋，曾任寿宁知县。博学能文，曾著《古今笑》（《古今谈概》），增补小说《平妖传》，改作《新列国志》，又编民歌集《挂枝儿》、《山歌》，散曲集《太霞新

明崇祯本《金瓶梅》插图

奏》，撰作传奇剧本《万事足》，并修订汤显祖等人作品，刊刻《墨憨斋定本传奇》。"三言"所收小说，多是宋、元、明人的作品，经冯氏润色，也有些是冯氏自撰。他取这样三个书名，是为劝谕、警诫、唤醒世人，正确对待生活。与冯氏同时的凌濛初（一五八〇——一六四四年）编《拍案惊奇》、《二刻拍案惊奇》各四十卷，俗称"二拍"。凌氏，乌程（今吴兴）人，做过县丞、通判。称赞"三言"：颇存雅道，"时著良规，一破今时陋习"（初刻序），所以仿傚"三言"，编成"二拍"。"三言"、"二拍"所收的小说都是短篇语体，多以社会生活为内容，但出于不同的时代和作者，体制相同，而思想倾向各异。显著的特点是，晚明时期的作品集中表现了对商人骤富和生活侈靡的强烈不满，以多种形式予以揭露和鞭挞。这是曲折地反映了广大居民的情绪和文士的观点。

《聊斋志异》——清蒲松龄（一六四〇——一七一五年）撰。松龄字留仙，号柳泉，山东淄川（今淄博市）人，平生教家馆，以老贡生告终，撰有《小学节要》、《日用俗字》、《农桑经》、《婚嫁全书》以及俚曲十四种，今人整理成《蒲松龄集》行世。蒲氏陆续写出近五百篇短篇小说，结集为《聊斋志异》。书中多写鬼狐与人交往的故事，以鬼狐的形象寄托作者的丰富的遐想。作者阅历甚广，思维敏捷，五百篇小说涉及官场、富商、文士以至公廷冤狱、民间婚姻等极其广泛的社会内容，对一些社会现象的本质做了犀利的揭示。善恶昭彰，爱憎分明。作为编者自撰的短篇小说集，其广度、深度都超过"三言"、"二拍"而达到了新的水平。

《儒林外史》——五十五回。著者吴敬梓（一七〇一——一七五四年），安徽全椒人，移居江宁，因号秦淮寓客，又号文木老人，拒不参加博学鸿词科，鄙弃科举。《儒林外史》作为一部自撰短篇小说集，集中揭露科举制度对读书人的毒害，考场的腐败和仕途的险恶。辛辣地讽刺文士举子对功名利禄的追求。一些小说抨击理学伦常说的虚伪和造成的危害，达到相当的深度。这些小说与当时思想界反理学的思潮相呼应而具有广泛的社会影响。

《红楼梦》——著者曹雪芹（一七一五或一七二四——一七六三年），名霑，一字梦阮，号芹溪居士，出生于内务府旗籍家庭，父祖三代四人为江宁织造。祖父曹寅，长于诗文，与名士交游，父辈也能文，可说是书香世家。但在雪芹童年，曹家获罪被抄，从此败落。雪芹不入仕途，有时靠卖画度日，晚年住在北京西郊，在那里创作了《红楼梦》。他从富贵之家沦于贫困，愤世嫉俗，用时十年，修改五次，完成了《红楼梦》巨著。原书又名《石头记》，早期的八十回抄本有脂砚斋等人的批语，通称脂批本，文字更接近于雪芹原著。雪芹原著不只八十回，但八十回以后的文字在友人借阅中遗失。以后由程伟元、高鹗补写四十回，就是《红楼梦》的程刻一百二十回本。《红楼梦》写贾、史、王、薛四大家族兴衰

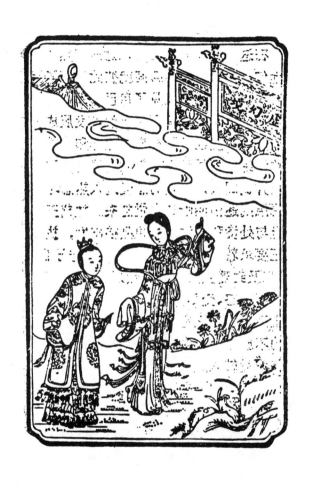

乾隆程甲本《红楼梦》插图

史，以贾宝玉和林黛玉的恋爱悲剧为中心，带出十二钗和婢女的婚姻不幸以及四大家族中的种种矛盾和斗争。作者在开篇说本书不涉时事，只写"将真事隐去"的儿女之情，其实它隐去的真事就是雍正朝的时事。康熙末年，废立太子事演为反复的政治斗争，一直延续到雍正初年。雍正帝清查财政，整顿吏治，曹家在起伏的政治风波中，获罪抄家。小说描写贾家"六亲同运"，先后败亡，反映了当时官场的状况。曹家与书中的贾家有某些相似之处，但这只是作者从经历中选择素材，进行艺术创作，并不能视为作者的家史或自传。《红楼梦》贯串着反对理学伦常传统和科举八股文等内容，这也是当时进步的社会思潮的反映。曹雪芹生活的时代，正是乾隆"盛世"，但他依据特殊的世事经历和当时所能具备的认识能力，对贵族社会做了极其犀利的解剖，涉及到社会生活的广阔的领域。作者高超的语文修养和艺术才能，又使《红楼梦》的构思行文，取得前所未有的成就。在中国小说史和整个文学史上，《红楼梦》都不愧为一部划时代的巨著。

《镜花缘》——一百回。作者李汝珍（约一七六三——一八三〇年），顺天大兴人，做过县丞，著有《李氏音鉴》，约在嘉庆末年写出《镜花缘》，讲士人唐敖与海外贸易商人林之洋、水手多九公一起出洋，经历了一个虚构的海外世界。书中描写一百名才女，表现出同情、尊重妇女，提高妇女社会地位的愿望，是对理学家男尊女卑说教的抗议,也是《镜花缘》思想中的精华。书中还讽刺了读书人深受理学毒害,伪装道学,不学无术,并表示了"学以致用"的主张。但后半部写各种游艺和琴棋书画医卜知识,艺术性较差。总的说来,仍不失为一部有特色的小说。

明清两代是小说创作空前繁荣的时期,以上所举,都是影响巨大、脍炙人口的佳作。他如历史小说中的《南北宋志传》、《杨家将世代忠义志传》、《说岳全传》、《东周列国志》、《说唐演义》,神话小说中的《封神演义》、《济公传》等等,也都广泛流传在民间,产生了深远的影响。著名学者纪昀有《阅微草堂笔记》二十四卷,其中包含着某些文学创作,以"述异"讥讽理学,也可纳入小说之林。

(二) 诗　文

明清诗文的成就与唐宋相比,不免逊色,但也有其自己的特色和独特的贡献。诗文形成多种流派,相互竞美,为前代所没有。诗歌理论中,也出现诸说争鸣。诗文作家之多,作品之丰富,则远远超过唐宋。诗、文学研究的深入,出现诗话、词话、文话、赋话、四六话等专题研究著作,是文学史上的新创。

明朝初年,被誉为开国第一文臣的宋濂,著有《翰苑集》、《芝园集》、《朝京稿》等文集,并有寓言体散文集

《燕书》、《龙门子凝道记》。传记文尤有特色。开国功臣刘基著有《诚意伯文集》、《郁离子》，文笔隽美，生动感人。翰林院史官高启，作诗讽刺时事，被明太祖杀死。他同杨基、张羽、徐贲合称为明初四杰，与唐初王、杨、卢、骆比美。张羽字来仪，著《张来仪集》、《静居集》，文章"精结有法，尤长于诗"（《明史》卷二八五）。

永乐之后，歌颂昇平的文风兴起。内阁大学士杨士奇、杨荣、杨溥等台阁重臣的诗文多为应制、颂圣等酬应之作，讲究雍容典雅，内容却空虚平庸。一批追随者，模仿写作，称为台阁体，风靡一时。

弘治、正德间礼部尚书、文渊阁大学士，茶陵人李东阳，是杨士奇之后号为文章领袖的宰辅，起而反对台阁体。著《怀麓堂前后集》、《怀麓堂诗话》，为文典雅流丽，认为诗必须有声韵节奏，推崇唐诗，流于模拟，称为茶陵诗派。

继茶陵诗派，出现了前后七子提倡的拟古运动。前七子是李梦阳、何景明、徐祯卿、边贡、康海、王九思及王廷相，后七子是李攀龙、王世贞、谢榛、宗臣、梁有誉、徐中行、吴国伦。他们受茶陵诗派的影响，进一步提出"文必秦汉，诗必盛唐"的口号（《明史》卷二八七），反对台阁体和八股文，企图以摹拟古人，改变衰朽的文风，并且确实冲击了台阁体，隆庆、万历间称霸文坛。但是他们的复古只是从格调、法度方面学古，以形式主义的摹拟代替对文学遗产内涵的继承，缺少应有的创造性。

558

诗文古奥呆板，往往不堪卒读。此派统治文坛，诗文呈现停滞的状态。

这时，文坛又杀出了几个新流派。一是唐宋派，以王慎中、唐顺之、茅坤和归有光为代表。这个学派主张古文学习唐宋，不必远师秦汉，茅坤编选《唐宋八大家文钞》，供人学习。在学习方法上反对一味摹仿，主张吸收神髓。唐顺之提出"本色论"，主张按自身的认识去写作，接近自然，不必因雕文琢字而害意。此派的诗文即事抒情，宛曲流畅，亲切动人，其中归有光的文章最为上乘。

思想家李贽提出"童心说"。他评点《水浒传》、《三国演义》、《琵琶记》等作品，认为文学创作不在于追求字句、结构，而在于内心有认识，即要有"童心"，有真实自然的感情。他的这一见解，影响了公安派。

公安派的主将是万历时期的袁宏道（一五六八——一六一〇年）和袁宗道、袁中道三兄弟。他们是公安人，流派因此而得名。公安派针对拟古派的主张，认为文学应该有自己的时代特色，随着时代的变化而发展，语言、形式都要变化前进，学习古人也不能刻意摹仿，而要学其精神。他们发展童心说，提出性灵说，强调自由地抒写自己的真实感情和独创见解，以达到自然天真。袁宏道著《袁中郎全集》，散文自然地表现个性，文笔清新。这一派的创作，打破传统古文的格局，促进了文体的解放，他们的作品有的能关心人民的疾苦,抨击时政,并流露出对理学(道学)的不满。

钟惺(一五七二——一六二四年)著作《隐秀轩集》,谭元春(一五八六——一六三七年)撰著《谭友夏全集》,两人合选《诗归》(《古诗归》、《唐诗归》),风行一时,几乎家置一编。他们都是湖北竟陵人,因而称为竟陵派。他们与公安派一样,反对机械地摹仿古人,也主张性灵说,认为抒写"灵心"的诗才是真诗。和公安派不同的是"性灵"的内容狭隘,思想不如公安派活跃。

明末文人社团活动兴盛。复社的创始人张溥,主张复兴古学,与拟古派有相同处。但是他的复古是要为现实利用古学,思想性很强。他撰《五人墓碑记》,写天启间苏州民众反抗阉党的斗争,歌颂牺牲的平民颜佩韦等五人,指出匹夫重于社稷的观点,抨击了阉党的败政。

陈子龙(一六〇八——一六四七)与徐孚远、夏允彝等编辑《皇明经世文编》,主张经世致用。在文学上也想用古学来为当世服务。陈子龙有《诗集》传世,七律沉雄瑰丽,有《小车行》描写饥民逃荒,所到之处人去屋空,道出关心民众疾苦的思想感情。夏允彝的儿子完淳(一六三一——一六四七年)抗清被害,年仅十六岁。他在家乡云间(今上海松江县)被俘,解往南京之际作《别云间》诗云:"毅魂归来日,灵旗空际看。"表现出宁死不屈的高尚民族气节。

明清之际的思想家顾炎武、黄宗羲、王夫之都能以

560

诗文创作抒发切身感受,具有丰富的时代内容,沉雄悲壮的艺术风格。和他们约略同时的钱谦益(一五八二——一六六四年),一度号为文坛盟主,叛明降清。著《初学集》、《有学集》。乾隆时曾被禁毁著作的吴伟业(一六〇九——一六七一年),著《梅村集》,号称文坛领袖,降清后遭人嘲讽,不能自安,于诗歌中时有流露,所作《圆圆曲》,堪称史诗。

继钱谦益、吴伟业而为文坛盟主的是王士禛(一六三四——一七一一年),山东新城(今桓台)人,号阮亭,又号渔洋山人,著作等身,有《带经堂全集》、《渔洋诗话》、《衍波词》。在诗文创作上,提倡神韵说,认为诗歌以清淡闲远的风神韵致为最高境界,要含蓄、朦胧、超逸、空灵,令人可以体会到意境,而又说不出来,写作时要有灵感,要有冲动。王氏的诗作颇具神采,诗情画意,体现了他的神韵主张。但过分强调神韵,容易流于空疏,因而又出现了反对派。

赵执信(一六六二——一七四四年)著《谈龙录》,批评王士禛的作品"诗中无人",以风流相尚,缺乏内容,思想感情也不真实。他强调作诗应以意为主,文字是表现内容的。

乾隆间沈德潜(一六七三——一七六九年)编辑《古诗源》、《唐诗别裁》、《明诗别裁》和《国朝诗别裁》,撰著《归愚文钞》、《说诗晬语》,提倡格调说,认为作诗态度应是怨而不怒,温柔敦厚,作诗的方法讲求比兴、蕴蓄，不可过露，要特别重视音律格调，不必死守一种章法，注意变通。这种诗论，为乾隆帝所欣赏，给以殊荣，亲为沈氏文集作序。格调派名噪一时。

不赞成格调派的大有人在。扬州八怪之一的郑燮（一六九三——一七六五年），号板桥，兴化人，以书画擅名，对作诗也有创见。认为神韵说、格调说是"纤小之夫""自文其陋"。收在《郑板桥全集》的诗文，多反映社会问题，同情苦难的平民。看来他是重视创作实践的。

比郑板桥稍晚的袁枚（一七一六——一七九七年），提出性灵说。袁氏字子才，号简斋，钱塘人，著作丰富，诗论有《随园诗话》。他受公安派"抒写性灵"观点的影响，说"诗人者，不失其赤子之心者也"（《诗话》卷三），认为"性情"是诗的根本，作诗就是抒发个人的性灵、性情。这样就不必摹仿古人，雕琢词句。他认为神韵说有可取之处，但不可过分强调。"诗在骨不在格"，对格调派持批评态度。袁氏的诗歌创作体现他的理论，但多吟咏身边琐事，内容显得贫乏。

清代文人多出在南方，乾嘉时大兴人翁方纲（一七三三——一八一八）独树一帜，著《复初斋文集》，创肌理说。他说"诗必研诸肌理，而文必求实际"（《文集》卷四）。他说的肌理，包括文理与义理，义理指以儒家典籍为基础的学问，文理指自古以来的各种作诗方法。讲肌理就是要把学问材料与写作方法统一起来，争取做到内容充实，形式雅丽。翁氏是学问家，擅长考据，诗非其所长。

清初著名的词家有陈维嵩（一六二五——一六八二年）、纳兰性德（一六五四——一六八五年）、朱彝尊（一六二九——一七〇九年）等人。纳兰性德（成德），满洲正黄旗人，大学士明珠子，著有《通志堂集》，主张作词须有才学，有比兴。他的词哀惋动人，陈维嵩认为与南唐李煜风格相同，但词中有青春气息，长于后主。陈维嵩是江苏宜兴人，宜兴古称阳羡，故称阳羡派。陈氏著有《湖海楼文集》，作词一千六百多首，词风宗苏东坡、辛弃疾，词作高歌壮语，气势豪迈，长调小令，运用自如。朱彝尊号竹垞，秀水（今嘉兴）人，被称为浙西词派。有李良年、龚翔麟、李符、沈皞日、沈岸登等"浙西六家"。朱氏撰《曝书亭集》八十卷，其中收词七卷。又编辑《词综》，推崇南宋词人张炎、姜夔。所作词句炫俪，格律工巧，但缺乏思想内容。朱氏之后，钱塘史家厉鹗成为此派领袖，著有《樊榭山房文集》。

乾嘉间形成的常州词派，创始人张惠言（一七六一——一八〇二年），字皋文，常州阳湖人，著《茗柯文编》，有《茗柯词》四十六首。另编有《词选》。友人称他"每举一艺，辄欲与古之第一流者相角，而不屑稍贬以从俗"（《茗柯文编·鲍桂星序》）。同派恽敬（一七五七——一八一七年），也是阳湖人，著《大云山房文稿》；周济，宜兴人，撰作《介存斋诗》。常州词派针对浙西词派寄兴不高的弊病，强调比兴寄托，推崇北宋词人，尤其是周邦彦，创作注重表达真实感情，反对一味雕琢。它打破了浙西词派的支配地位，逐渐控制词坛，影响及于清末。

明末清初的古文界，多有名家。侯方域（一六一八——一六五四年），字朝宗，商邱人，早年组织雪苑社，明季移居金陵，参加复社，著有《壮悔堂集》、《四忆堂诗集》，以诗、制艺、古文出名。古文崇尚韩、柳、欧、苏，为世所称。宁都魏氏三兄弟，魏际瑞著《魏伯子文集》，魏禧（一六二四——一六八一年）撰《魏叔子文集》，魏礼作《魏季子文集》。魏禧主张学以致用，认为无关世道的文章，就是奇文，也不必写作。对于向古人学习，魏禧说智胜于古人的人始能学习，得知古人文章毛病的人才能学到精华，以此主张创造，反对因袭前人。他的散文文字简洁，叙事生动，自成风格。汪琬（一六二四——一六九一年），长洲（今苏州）人，撰著《尧峰文钞》，文宗欧阳修，但不是机械地模仿，志在超越宋明大家。文章简洁亦有气势。计东，吴江人，向汪琬学习宋人古文义法，著《改亭集》。

清代古文流派，以桐城派享名最久，它的代表人物方苞、刘大櫆、姚鼐都是桐城人。方苞，号望溪，康熙时进士，一度受戴名世文字狱牵连。乾隆间任礼部侍郎。著《望溪先生文集》，继承明代"唐宋派"古文传统，师法唐宋八大家，提倡"义法"，即中心思想和形式技巧的统

564

一。崇尚理学，以卫道自任，所以桐城派的追求目标是
"学行继程朱之后，文章在韩欧之间"（《望溪文集·王
兆符序》），使散文成为通经明道的工具。刘大櫆著《海
峰诗文集》，学术宗庄子，不像方苞那样讲求文章的义
理，侧重于追求作文方法，强调"神、气、音节"的运用。
姚鼐，字姬传，撰《惜抱轩全集》，编辑《古文辞类纂》。姚
氏认为应像对待父师那样对待程朱，以此继承方苞的
义理。他对作文提出"神、理、气、味、格、律、声、色"的标
准，将桐城派的文学理论进一步系统化。他本人的文
章从容雅淡，但气势不振，以《登泰山记》为名篇。桐城
派至清末仍有曾国藩、吴汝纶等继承，影响深远。

与早期桐城派并存的另一个古文流派是阳湖派，
代表人物是前述常州词派的恽敬、张惠言。恽敬初学
桐城派，不能满意，认为古文不应只学到唐宋，而要上
推秦汉，知识要广博，见识要高明，接触社会实际，不以
理学为根基。所以，他的作品，思想开扩，文字简洁严
谨，自成一家。

（三）戏　曲

明代戏曲继承宋元南戏而演为传奇。宋元杂剧与
南戏原来也都称为"传奇"。明代传奇成为专用的名
称。源于南戏，剧本不限出数，唱曲不限演员，往往一
剧长达数十出，以适应演出的需要。戏曲声腔中新腔

不断出现，其中海盐、弋阳、余姚、昆山合称为四大声腔。海盐腔，产生于南宋浙江海盐县，流行于嘉兴、湖、温、台等，是明初主要声腔之一，嘉靖后衰落。余姚腔，发源于浙江余姚，流行到苏南、皖南。弋阳腔，又称高腔，出现于江西弋阳，流行地区较广，产生一些支派，如乐平、徽州诸腔。昆山腔，即清代所称昆曲，发源于江苏昆山，明代传奇几乎全用昆腔演唱。明清之际，弋阳腔进入北京，受京话影响，音乐上有所变化，形成京腔，又称北弋，是清代四大声腔之一。另三大腔是南昆、东柳、西梆。梆腔是因用硬木梆子击节按拍而得名，它又按地域分成秦、晋、冀、鲁、豫等梆子。东柳指柳子戏（弦子腔），流传在河南、山东。明代传奇作品多达一千种左右，知名的传奇作家约有二百人。明清两代形成我国戏曲史上的鼎盛时期。经历了三个发展阶段。第一阶段是明初至嘉靖，由宋元南戏演变而来的传奇正式形成，各种声腔相继出现，在创作内容上分为两类。一类是宣扬纲常伦理，流于说教，缺少艺术活力。另一类是以反映民间生活，反对礼教为内容。在舞台上所以长期流传。第二阶段自明嘉靖末年到清乾隆初年。北曲杂剧从舞台上逐步消失，经过革新的昆腔流行于戏剧舞台，弋阳腔也由地方声调而普及于大江南北。昆、弋两腔竞争激烈，昆腔处于支配地位，传播于社会上层和文士之间，弋阳腔则在民间求发展。戏曲理论的研究受到重视，出现了临川和吴江两大派别。乾隆、嘉庆时期是第三阶段。戏曲区分为雅部与花部，雅部是昆腔，花部是昆腔以外的地方戏曲。雅部有文人的参与，在社会上层流传。花部则传布于民间。

下面介绍发展阶段的概况。

明大学士丘濬（一四二一——一四九五年）作《伍伦全备记》传奇，宣扬君臣、父子、兄弟、夫妇、朋友五伦，剧中多引儒学语录。理学家称赞它变淫词为正曲，一时效尤者颇不乏人。这种倾向，自然影响戏剧的发展。嘉靖时，戏剧家徐渭，曾对它提出了批评。

徐渭（一五二一——一五九三），字文长，号青藤，浙江山阴（今绍兴）人，著作《青藤书屋文集》，所作《南词叙录》，是我国第一部研究南戏的著作，所作杂剧有《渔阳弄》、《雌木兰》、《女状元》、《翠乡梦》，合称《四声猿》，分别叙写弥衡击鼓骂曹，花木兰从军，女子扮男装中状元等轶事。传奇兴起后，杂剧逐渐衰落。徐渭的剧作品可视为明代杂剧的代表。

嘉靖以前，昆腔是一种清唱曲，经过魏良辅、梁辰鱼改制，才有了较大的发展。魏氏，南昌人，长期居住太仓，得到北曲演唱者张野塘、曲师过云适等帮助，吸收海盐腔、弋阳腔、金元北曲、江南民间小曲等艺术成分，创造出细腻轻柔的腔调，称作"水磨腔"，也还是只适于清唱。梁辰鱼，昆山人，约在隆庆末年，根据水磨腔的音律、腔调写出《浣纱记》传奇，在舞台上用昆山腔演出，从此昆山腔正式搬上舞台，很快得到传播。张凤翼撰《红拂记》，写李靖与红拂故事，又作《虎符记》，写平原君救赵故事。梅鼎祚著《玉合记》，演说唐代诗人韩翊与妻柳氏悲欢离合的故事。鄞县人、寄居松江青浦的屠隆作《彩毫记》，记李白故事，写高力士脱靴，杨贵妃捧砚，李白醉写《清平调》，流传远近。

同时期，《鸣凤记》传奇问世，相传是王世贞或其门人所作。铺写杨继盛、邹应龙、夏言等官员与严嵩等奸臣恶吏的斗争，杨继盛及其妻死事，邹应龙奏倒严嵩。这是演说当朝实事的时事戏，震动一时。传奇前半部以生旦（杨氏夫妇）为主，后半部全是生角与净末丑角，突破了专以生旦为主角的单一格局。

《牡丹亭》的问世，是戏曲史上划时代的成就。作者汤显祖（一五五〇——一六一六年），江西临川人，进士出身，曾任遂昌县令。《牡丹亭》之外，还作有《紫钗记》、《南柯梦》、《邯郸梦》，四部传奇都有梦的情节，合称“临川四梦”。汤氏居室署玉茗堂，故又称“玉茗堂四梦”。《紫钗记》、《南柯梦》、《邯郸梦》分别根据唐人小说《霍小玉传》、《南柯太守传》、《枕中记》改编，情节变动很多。《牡丹亭》，又名《还魂记》，参考明代话本《杜丽娘慕色还魂》，描写太守之女杜丽娘与书生柳梦梅的恋爱故事。对伦常礼教的害人，给予严厉的抨击。这显然受到当时思想界反理学思潮的影响。但作者通过文学创造，人物形象典型逼真，故事悲欢离合，起伏跌宕，给人以极深刻的感受。曲文也委婉动人，绚丽多彩。问

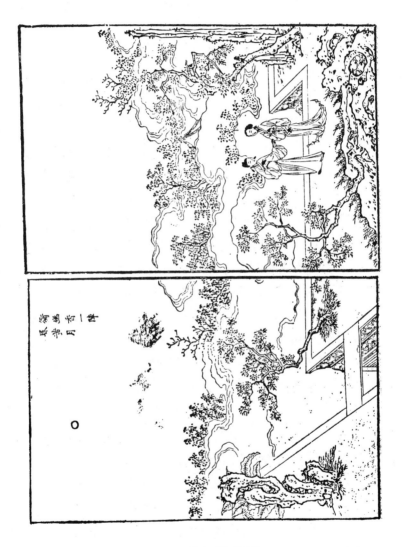

明刻本《牡丹亭》插图

世后，一时家传户诵，引起强烈的反响。《牡丹亭》成为公认的杰作，推动了戏剧创作的发展。

汤显祖的同时人沈璟（一五五四——一六一一），曾改编《牡丹亭》，变动了一些不合音律之处，引起汤氏的不满，双方展开论战。沈氏是吴江人，因而形成临川派与吴江派的争论。沈璟辞官乡居二十余年，自号"词隐生"，作有《红蕖记》、《义侠记》、《博笑记》等传奇十七种，称《属玉堂传奇》。内容多写和尚、道士、商贩、小官吏等下层社会的活动，与才子佳人戏不同，但立意仍在宣扬纲常伦理，维护理学传统。在戏曲理论上，主张"合律依腔"（《博笑记附词隐先生论曲》），认为传奇文字，第一要求是腔调合乎规律，不能演唱起来不顺口。第二才是要有文采，但不可因文采而破坏韵律。第三语言要通俗易懂，不必追求典雅骈丽。汤显祖强调他的传奇的不可更动性，不合律的地方也不能改，他是用文字立意，内容比格律更重要，强调形式服务于内容。汤、沈之争，各执一端，从戏剧创造来说，内容与韵律当然都是重要的。

吴江派里出现几个戏曲理论家，沈璟的学生兼友人吕天成撰著传奇、杂剧十九种，万历四十一年（一六一三）写成《曲品》，评论九十五位作家、二百十二部作品，遵从沈璟的理论，以合律与否作为评价作品的主要标准。王骥德，天启五年（一六二五年）作《曲律》，认为写剧本要重视布局与剪裁，文字要有可读、可唱、可解的特色,用典要恰到好处,不可堆砌。调和汤、沈之争,认为音律和辞章都重要,不可偏废。

明清之际苏州出现了一批有成就的传奇作家,有李玉、朱素臣、朱佐朝、张大复、丘园、叶时章、马佶人、朱云从等,他们生于乱世,都比较重视现实生活。李玉(一五九一——一六七一年?),别号苏门啸侣,斋名一笠庵,编成《北词广正谱》,又作《清忠谱》、《一捧雪》、《占花魁》、《万民安》等传奇四十种。《清忠谱》表演天启间苏州民变。东林党人周顺昌被捕遇害,苏州民众以颜佩韦为首与魏忠贤党人拼死搏斗。《一捧雪》写严嵩之子严世蕃强夺他人财物等罪恶,与《鸣凤记》有异曲同工之妙。朱佐朝撰著《渔家乐》,抨击东汉外戚梁冀。张大复编著《寒山堂南曲谱》,所撰《天下乐》,写钟馗嫁妹故事。叶时章作《琥珀匙》。朱素臣作《十五贯》、《秦楼月》、《未央天》等传奇。《十五贯》又名《双熊梦》,歌颂明朝知府况钟平反熊氏兄弟的冤案,辛辣地嘲讽了固执己见的县官过于执草菅人命,暴露了晚明官场的黑幕。

《圆圆曲》作者吴伟业,又作有传奇《秣陵春》、杂剧《临春阁》、《通天台》。《秣陵春》写南唐亡后,李后主、黄保仪鬼魂撮合南唐大臣徐铉之子徐适与南唐临维将军黄济之女黄展娘的爱情故事,借以寄托对亡明的哀思。

李渔(一六一〇——一六八〇年),祖籍浙江兰溪,

571

游历四方,居住江宁、杭州时日较多,集戏曲理论家、作家、导演、演员于一身,著述丰富,有《闲情偶寄》,其中《词曲部》、《演习部》、《声容部》有关戏曲美学的论述,后人编为《李笠翁曲话》(《李笠翁剧论》)刊行。它讲戏曲创作的规律有六条:一是结构,提出"立主脑"说,确定主题、情节构造和结构安排应统一考虑;二是词采,提倡"贵显浅",即戏曲语言要通俗,适合舞台演出;三是音律;四是宾白;五是科诨,要雅俗共赏;六是格局,戏中的冷热场次要安排得当。自撰传奇称《笠翁十种曲》,在内容上立意不高,未能摆脱宣扬忠孝节义的窠臼。

"纵使元人多院本,勾栏争唱孔、洪词"(金埴:《巾箱说卷》)。孔是《桃花扇》作者孔尚任(一六四八——一七一八年),洪是《长生殿》撰人洪昇(一六四五——一七〇四年),他们在清初剧坛都有巨大的影响。洪昇,钱塘人,国子监生,所写传奇还有《回文锦》、《回龙院》等,杂剧《四婵娟》,诗集《稗畦集》、《稗畦续集》。康熙二十八年(一六八九年),友人为他庆祝生日,在家中演出《长生殿》,时值佟皇后丧期禁止娱乐,洪氏及听戏的诗人赵执信、赵征介等五十余人获罪,被革除功名,"可怜一曲《长生殿》,断送功名到白头。"洪氏也穷愁潦倒,晚年应江宁织造曹寅之约,到南京连看三天全部《长生殿》,在回乡途中落水而死。《长生殿》传奇写唐明皇李隆基与杨贵妃的爱情故事,主题思想则是揭示李、杨的

清刻本孔尚任
《石门山集》

沉溺于侈靡，带来衰乱，隐喻亡明之痛。

　　孔尚任，曲阜人，孔子六十四代孙，国子监博士、户部员外郎，康熙中参加治黄海口工程，到过南京、扬州等地。康熙三十八年（一六九九年）写成《桃花扇》，次年进京演出，轰动一时。《桃花扇》描写明末复社文士侯方域与秦淮名妓李香君的恋爱故事，重现了南明弘光政权的衰亡史。《凡例》中说："朝政得失，文人聚散，皆确考时地，全无假借。至于儿女钟情，宾客解嘲，虽稍有点染，亦非乌有子虚之比。"《小引》中说："《桃花扇》

一剧，皆南朝新事，父老犹有存者，……不独令观者感慨涕零，亦可惩创人心，为末世之一救矣。"剧中揭露弘光朝朋党林立，权奸当道的腐败，阉党余孽马士英、阮大铖的荒淫，讴歌了李香君等社会下层人物和史可法的抗清斗争以及侯方域的降清求荣。剧中演出的故事都是观众经历过的实事，演出后，确曾使人"感慨涕零"，悲愤交加。《桃花扇》遂成为久演不衰的名作。孔尚任有《湖海诗集》、《岸堂文集》传世。

蒋士铨（一七二五——一七八五年），江西铅山人，翰林院编修，扬州安定书院山长，以善作诗文著名，有《忠雅堂文集》。撰有杂剧《一片石》、《第二碑》，传奇《冬青树》、《空谷香》、《临川梦》等九种，合为《藏园九种曲》。《冬青树》写文天祥舍身取义和南宋灭亡的故事。《临川梦》写汤显祖怀才不遇，从事戏曲创作，并将娄江女子俞二姑读《牡丹亭》哀伤而死，以及《临川四梦》中的一些情节与汤显祖联系起来，在戏剧中塑造了汤显祖的形象。蒋氏剧作情思感人，据说在扬州写剧，戏班争先上演。

乾隆三年（一七三八年），黄图珌曾依据宋人话本《西湖三塔记》及冯梦龙《白娘子永镇雷峰塔》小说，写成《雷峰塔》传奇，演述白蛇与许宣的故事，把白娘子写得妖气十足。与此同时，民间艺人也有《雷峰塔传奇》问世，白娘子纯真可爱，勇敢善良。乾隆三十六年（一七七一年）方成培编成《雷峰塔传奇》，继承了民间艺人塑造的白娘子形象,广为流传。

清代戏曲在各地形成多种声腔,昆山腔和弋阳腔最为流行。昆山腔又称昆曲。弋阳腔又称高腔,传入北京后,习称京腔。乾隆时,各地官商为庆祝皇太后和皇帝寿辰,纷纷组织各地方戏曲入都献技。乾隆五十五年(一七九〇年),扬州盐商为庆祝乾隆帝八十寿诞,组织徽班三庆班进京。三庆班以唱徽调(二簧调)为主,兼能昆腔及其他声腔。随后,四喜班、春台班、和春班相继进京,合称四大徽班。徽班吸取昆曲、京腔及地方声腔,丰富了表演艺术,逐渐成为京都盛行的剧种。道光时又吸收汉调,形成近代的京剧。

(四)绘画与书法

一、绘 画

绘画在明清两代呈现前所未有的发展,取得杰出的艺术成就。

画院及宫廷绘画——元代宫廷没有设立画院,明代继承两宋旧制,在宫廷设立画院。但在编制上与宋代的翰林图画院有所不同。清代不设专门的画院,只有内廷供奉、内廷祗候等官职。宫廷绘画主要是为皇室服务,图绘帝王业绩,歌颂功德。《康熙南巡图》、《南巡盛典图》及《雍正平准战图》等都是成功的代表作。

山水画——明清山水画在各类绘画中成就最为辉煌。明代山水画的发展可分为三个时期。前期由明初至嘉靖，主要是以戴进为首的浙派山水画。这一派迎合统治者的意趣，摒弃"元四家"那种幽淡枯寂的画风，有意识地倡导南宋院体画苍劲浑朴的画法。戴进（一三八八——一四六二年）的画，水墨苍劲淋漓，斧劈皴法的应用恰到好处，所作《春山积翠图》、《金台送别图》等均为浙派山水的代表作。吴伟在浙派山水中另辟蹊径，形成浙派支流江夏派。中期自隆庆至万历，吴门派绘画倡行天下。吴门派多是士大夫出身，由于官场失意，安于恬淡闲静的生活，画中透露出明显的"书卷气"和道家倾向。这一派主要代表有沈周、文徵明和唐寅。沈周是吴门派创始人，文、唐二人都曾从他学画。所作画笔锋所指，力透纸背，又具有简洁含蓄的艺术感染力。文徵明的画多状写江南风光，早年秀丽，中年粗放，晚年兼二者之长，神采气韵独步一时。唐寅的山水画变化巧妙，令人有可游可居之感。此外漆匠出身的仇英，山水画浓重艳丽，讲究法度，富于装饰风味，别有一番天地。万历之后是后期，也是明代文人山水画最发达的时期，当时有董其昌、莫是龙、陈继儒、赵左等所谓"画坛九友"，尤以松江华亭人董其昌（一五五五——一六三六年）最为杰出。他的画兼采前代众家之长，笔与神合、气韵生动，为明末文人山水画的集大成者，对清代许多著名画家有重大影响。

576

清代山水画，清初至乾、嘉时期不断有所发展。清初，以"四大高僧"为代表，强调解脱、创新，与"四王"为代表的临摹古人的"正统派"相对立。"四大高僧"，是弘仁（一六一〇——一六六四年）、髡残（生卒未详）、八大山人（一六二六——一七〇五年）和石涛（一六四〇——一七一八年）。弘仁，俗姓江名韬。明亡削发为僧，寄兴自然，云游各地，往来于黄山、天都之间，作《黄山真景册》五十幅，笔墨苍劲，开新派之先河。髡残师法"元四家"，《溪山幽居图》等画幅，用笔精炼，具有一种绵邈清幽，奥境独辟的境界。八大山人，名朱耷，明宁王朱权后裔。每作画题款必使"八大"与"山人"二字联缀，类哭之笑之之意，其画笔情恣纵，不泥成法，所作残山剩水，往往河颠树倒，满目荒凉，寄托了山河破碎的亡国之痛。石涛，名朱若极，明靖王后裔。一生饱览名山大川之神秀，实现了"搜尽奇峰打草稿"的宏愿，他的山水无论布局还是笔法墨路都不拘一格。"四大高僧"成就虽高，却不为人重。在当时清代画坛上充当领袖的是皇家画院中的王时敏、王鉴、王翚及王原祁。"四王"山水画总的倾向是摹古，他们把绘画的最高审美标准与此相联，评价一幅画常以"古色苍人"、"摹古逼真"为上乘，他们自己的艺术实践也以此为指导方针。

花鸟画——明清花鸟画的突出特点是水墨写意花鸟有了长足的进步。明代是花鸟画由工整艳丽的工笔画向水墨写意画过渡的时期。明初至嘉靖是发展的前期，工笔院体画笔笔工整，敷彩艳丽，其主将有边文进和吕纪。边文进（景昭）所画花鸟，注重形神特征，飞鸣之态均艳丽生动，工致绝伦。吕纪作画总是立意进规、遵具法度，无论花鸟草木均生气奕奕，灿灿夺目。但这时林良、沈周、唐寅等也开始涉略水墨写意花鸟，沈周的《慈乌图》、唐寅的《临水芙蓉》是不可多得的精品。明嘉靖之后，进入花鸟画发展的后期。水墨写意派独树一帜，以其淋漓洒脱，自然生动的意境，博得称赏，陈淳（一四八二——一五四四年）、徐渭（一五二一——一五九三年）、周之冕声名最大。陈淳所画花鸟树石生动有韵，淡墨欹毫，极为逼真，他与稍后的徐渭并称"白阳青藤"，被尊为一代宗师。徐渭所作的水墨大写意花鸟，笔

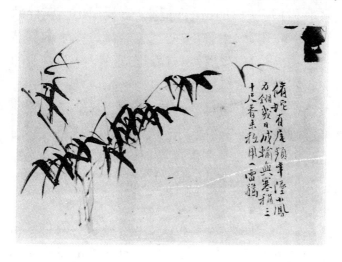

明徐渭墨竹

578

墨淋漓奔放，追求新颖奇特，抒发了追求精神解放的胸襟。周之冕在花鸟画中把工笔与写意两种画法相结合，创钩花点叶--派，其画风清雅纯朴，自然风趣，富于生活气息。

清代花鸟画的发展可分为清初至嘉庆的前期，道、咸、同的中期及晚清光绪、宣统的后期。清初至嘉庆这段时期的花鸟画风格多样，百花齐放。尤以清初恽格的"常州派"及乾隆时的"扬州八怪"影响最大。恽格（一六三三——一六九〇年）的没骨写生花鸟简洁明丽，天机物趣，毕集毫端，颇具大家风度。"扬州八怪"是对乾隆年间活跃在扬州画坛上的一群具有革新精神的画家的总称。汪士慎（一六八六——一七五九年）的冷梅，金农（一六八七——一七六四年）的梅竹马，郑燮（一六九三——一七六五年）的兰竹，李方膺（一六九五——一七五五年）的"四君子"及罗聘（一七三三——一七九九年）的蔬果梅花各具韵致。

人物画——明代人物画大家有唐寅、仇英、丁云鹏、陈洪绶及曾鲸。明代人物画法基本有两派。一派工笔细密，设色浓丽，继承宋代院体传统；另一派扫去粉黛，淡墨轻毫，学李公麟之白描。此外还有水墨点染，继承梁楷写意传统的画法。唐寅人物画既善工笔，又涉水墨，所画美人名士，线条洗炼，表情含蓄。工笔以《孟蜀宫妓图》、《吹萧仕女图》最为出色，水墨人物则以《秋风纨扇图》最为著名。仇英人物画题材广泛，技法多变，既善工笔，亦通白描，更把优美恬静的山川与人物融为一体，时称"双美"。丁云鹏所画的白描罗汉，神姿飒爽，笔力伟然，董其昌赞"三百年来无比作手"。曾鲸以画人物肖像响誉一时，无论画什么人物都点睛生动，咄咄逼真，如镜取像，妙得神情。陈洪绶所画的人物，形体上往往略有夸张，然注重神似，妙不可言。

清代人物画以乾嘉时最发达，著名人物画家有高其佩和丁皋。高其佩为指头画家，于山水、人物、花鸟兼通，喜画钟馗，能传钟馗之妙，风趣横生。丁皋善画肖像，他将自己的心得写成《传真心领》、《写真秘诀》，将人物画法发扬光大。

明清绘画除在山水、花鸟、人物画上取得重大发展外，在版画、壁画、年画等民间绘画上也取得了很大成就。

二、书　　法

明清两代书法上宗晋唐，近追宋元，使书法艺术于继承中得到全面发展。

明清帝王与书学——明代皇帝中醉心翰墨者甚多。《书史会要》中记述了太祖、成祖、神宗、宣宗等帝王对书学的喜好。马宗霍《书林藻鉴》说："夫上有好者，下必甚焉，明之诸帝既并重帖学，宜士大夫之咸究心于此也"。由于统治者对书道有所偏颇，所以行草之发展"几越唐宋"，而篆隶八分却无一名家。

清朝皇帝也多酷爱书道，并广为提倡。圣祖康熙酷爱董其昌书法，董书一时身价百倍风靡海内。高宗乾隆栖情翰墨，每至一处游览必作诗纪胜，御书刻石。他还特建淳化轩收藏历代著名碑帖，称"淳化阁帖"，这对书法的流传发展起了促进作用。

　　明代书法——明代书法帖学大盛，善行草者颇多，但只可与入时，未可以议古。特别是篆籀八分几于绝迹。整个书风趋于妍媚娟静，没有古人之雄浑朴拙的气势。但仍有不少称得上上宗晋唐笔意的书法大家。明代书学的发展可分为三个时期，由明初到成化为其初期，此时书家以刘基（一三一一——一三七五年）、"三宋"、陶宗仪、俞和、王绂、解缙、"二沈"最著名。刘基善行草，书法智永，流畅俊逸，历代推重。"三宋"中宋遂以小篆最杰出，被称为"国朝第一"；宋克工于草隶，笔精墨妙，很受时人推崇；宋广善草书，章草尤为入神。陶宗仪传唐李阳冰篆法，有《书史会要》、《古刻丛钞》行世，对书史有很大影响。俞和乃元大书法家赵孟頫的私生子，行草逼真乃父。王绂永乐初以善书供事文渊阁，书名震一时。解缙书法学王右军、危素，尤以小楷精绝，端雅纯熟，还撰有《学书法》、《草书评》、《书学详说》等书学论著。"二沈"指沈度、沈粲兄弟，均以善书得帝王赏识。

　　成化至隆庆是明书法发展的中期。此时文人学士辈出，号称"吴中才子"的祝允明（一四六〇——一五二六)、文徵明及王宠、陈淳、徐霖等人风流一时，此时山水画也正值明代发展盛期，一时丹青翰墨现出勃勃生机。祝允明楷行草书皆深得书学之奥妙，功力深厚，名动海内。晚年书法进入极高境界，变化出入，不可端倪，风骨烂熳，天真纵逸。文徵明的书风笔法苍润，张驰有致，整栗遒劲。后世书家称其书"神理超妙"，"浑然天成"。王宠正书取法虞智，行书法大令，晚年自行一体，以拙取巧，合而成雅，婉丽遒逸，别有风度。陈淳行书出杨凝式，老笔纵横可赏，真行小楷皆清雅秀丽，具有米家遗风。徐霖九岁能大书，于各体兼通，尤善篆法。

嘉靖以后为明代书学发展的后期，晚明书家历来推邢侗(一五五一——一六一二年)、张端图、董其昌、米万钟，时称"晚明四大家"。此外，黄道周、倪元璐也颇有名。邢侗书法兼学诸家，尤得右军笔意，有龙跳虎卧之致，极为海内珍赏。张端图善行草，执法得当，用力劲健，骨气独标。米万钟精于行草，浑厚遒劲，有"南董(其昌)北米"的美誉。董其昌被推为明末书画坛上第一人。他学书虽晚，然进步颇快。治书态度严谨，六体八法，无所不精。黄道周于书艺上富于创造精神，隶书自成一家，行草笔意离奇超妙。倪元璐书法灵秀神秘，行草尤极超逸，用笔多藏锋，如锥画沙。

明代书法有其无可否认的流弊。由于科举取士注重生员举止书体，因而读书人写字唯求横平竖直，端方拘谨，一字万同，呆板乏味，即所谓"台阁体"。这一流弊不仅危害明人，而且流毒清代，愈演愈烈，是书学的一大憾事。

清代书法——清代书法可分帖学期（清初至嘉道年间）和碑学期（嘉道以后）两个时期。帖学期著名书家颇多，各有所善，争奇斗艳。杰出者有王铎、傅山、汪士铉、王澍、张照、郑燮、金农、刘墉、梁同权、王文治、姚鼐、翁方纲、钱沣诸人。王铎书学米南宫，笔墨苍老劲健，能自出胸臆。但古来书品随人品，降清后书名大减。傅山兼工分隶行草及金石篆刻，又兼医道超群，人称"学问志节为国初第一风流人物"。汪士铉早年善真行，蝇头棍书，精妙绝伦；晚年尚慕篆隶，名重一时。王澍以善书充五经篆文馆总裁官，书法专学欧阳询，火候纯熟。张照由于继承董书遗风，颇得康熙帝垂青，评价甚高。他右手左手兼能，时称造化手。郑燮不仅以"怪"名垂画史，书法亦堪称一怪，他把真、草、隶、篆融为一体，自谓"六分半书"，其书怪而不失法度，古秀独绝，有乱石铺路之誉。金农书以拙为妍，以重为巧，看似未佳，实笔笔出自汉隶。刘墉处于帖学碑学交替之际，被称为融汇历代诸家书法之集大成者。笔笔力厚骨劲，气苍韵遒，极为后代书论家推重。梁同权书笔力纵横，年九十书无苍老之气，远至日本、琉球、朝鲜诸国，都以得其片缣以为幸。王文沾书专取风神，稍有浮浪，有"浓墨宰相（刘墉）、淡墨探花（王）"之称。姚鼐为清文坛"桐城派"巨将，晚年工书，笔致超然，品质精妙。翁方纲书谨守法度，尤以小真书工整厚实著名。钱沣为人正直不阿，不惧和珅权势，书风直逼颜平原，被誉为形神兼得。

（五）工 艺 美 术

工艺美术到明代发展到登峰造极的阶段，各手工行当的技巧皆臻于完善，审美设计水平也达到极高的层次。清代在继承明传统的基础上虽有一定发展，特别是民间工艺仍显出很强的生命力，但开始出现繁琐堆饰、格调渐低。

明清官方工艺制度——明代工匠制度继承了元代的世袭制，所有工匠均隶属于工部和内宫监管理。工匠们有一定的时间为朝廷服役，在此之外可以自由从事其它职业。据《明会典》记载，明代的工匠有轮班、存留和住坐三种类型。清代初期，废除了匠籍，改变了工匠的服役制度。工匠能用较多的时间进行自己的生产，因而也发挥了创造性。但清代仍有一套严格的手工管理机构，工部专门设有管理各手工业的职官，如掌管营建工作的营缮，掌管五工（银工、镀工、皮工、绣工、甲工）的制造等。

染织工艺——染织工艺在织造技术和染色工艺方面都较前代有了很大的提高。特别是江南地区形成了"男女勤谨，络绎机杼之声，通宵彻夜"的盛况。

棉纺工艺自从元黄道婆将制棉纺花织布技术由南海带回江南以来，迅速发展。黄道婆的故乡松江明代已成为全国的棉纺织业中心，有"松江衣被天下"的美誉。棉织品种类繁多，有大布、扣布、稀布、番布等数十种。西北一带则以毛织品为主要生产工艺，产品织造技术很高，构图色彩变化多样。以蚕丝为原料的丝织工艺不仅质地更加精美，而且工艺设计，包括图案花纹造型，色彩组织搭配也都达到更高的审美水平。明代工部专设颜料局，掌管颜料。安徽芜湖是当时全国印染业最为发达的地区。套染技术进一步提高，所染的色谱日益扩大。民间刺绣工艺，最著名的是上海露香园顾名世一家的"顾绣"。官方对刺绣工艺也很重视，皇室设有绣院，专为皇家制作服饰用品。

清代的染织刺绣工艺以更大的规模、更广的范围发展起来。朝廷在江南等地设置织造局，把大批优秀的民间艺人征集到官营工场作工。北京专门设有染织局，掌管"缎纱染彩绣绘之事"。清代刺绣工艺题材广泛，造型新颖，色彩典雅，针法高超，苏绣、粤绣、湘绣、蜀绣、京绣、瓯绣、汴绣、鲁绣等，各有特色。

明清少数民族的织绣印染工艺也很出色。藏族的栽绒织物花纹粗放，有变形换色的效果；西北的地毯、壁毯，西南一带的壮锦、侗锦，苗族的腊染等皆以其独具的审美特点、浓郁的地方风味获得了强大的生命力。

陶瓷工艺——明代以前，陶瓷工艺以青瓷为主，多采用刻、划、印花等方法。明代以来，以白瓷为主要釉色，以画花为主要装饰手法。明代制瓷中心景德镇的产品数量大，品种多、质量高、销路广，所谓"工匠来八方、器成天下走"。明代彩瓷创造是中国陶瓷史上的里程碑，其中以成化斗彩最有名，它开创了釉下青花和釉上多种色彩相结合的新工艺。此外，福建德化的白瓷，江苏宜兴的紫砂陶品也是享誉天下的精品。

清代对景德镇的官窑实行"官搭民烧"制度。官窑御厂生产供皇家享用的产品，集中了大批优秀制瓷工匠，技术超绝，不断创制出新品种，促进了制瓷业的发展。清代陶瓷的著名产品有青花、釉里红、五彩瓷、粉彩和斗彩。康熙青花独步天下，呈宝石蓝色泽，极为鲜艳，莹澈明亮。除景德镇外，宜兴的紫砂器，广东石湾的陶器及德化的白瓷也在清代陶瓷业占有重要位置。

金属与雕漆工艺——明清金属工艺在前代基础上更为精进。铜、锡、铁制品和金银细工都有所创造，丰富多彩，尤以"宣德炉"、"景泰蓝"闻名中外。"宣德炉"始创于明宣德三年，当时工部为适应宫廷和寺庙作祀祠或薰衣之用，利用从南洋所得的风磨铜铸造了一批小型铜制品，由于其多为香炉式，故称"宣德炉"，其特点是铜质细腻、色彩丰富、花纹精美、造型新颖。"景泰蓝"是在铜胎上掐铜丝，再填珐琅釉彩制成的工艺品，由于它盛行于明景泰年间，釉彩又多以蓝色为主而得名。它制作工艺复杂，是造型、色彩、装饰、精工合为一体的特种工艺品。清代康熙时发展的画珐琅，到乾隆时达到极盛点，但到清末即已绝迹。

明代漆树种植面积扩大，漆器工艺品的制作水平也较前代有所提高。明初，北京设有为皇家制作漆器的机构。永乐时又开设了官营漆品的生产的机构，称为"果园厂"，主要生产雕漆和填漆工艺品。以金粉为装饰的金漆工艺在明代也有发展，主要基地是苏州和鄞县，苏州艺人蒋回回是著名的漆艺高手。清代漆艺更富特色，形成了北京、扬州、福建等制作中心。

雕塑工艺——明清手工雕刻和泥塑工艺各有所长。皇陵大型雕刻石牲，气势浑厚质朴无华，小型的玉雕、石雕、牙雕、竹雕、角雕、木雕、核雕等工艺品种也颇发达。明代在御用监专门设有玉作。清代玉雕技艺更高，乾隆时出现的巨型玉山《大禹治水》重约七吨，构思巧妙，制作工整，栩栩如生。清代石雕以砚，有广东端砚，安徽歙砚，既美观又实用。

家具工艺——"明式家具"是我国古代家具工艺中的精品。在选料、制造、实用和审美方面达到了完美的结合。北京御用监设"佛作"和"油漆作"，专门制作宫廷使用的家具。民间则以苏州、广东等地为重要产地，依地区不同，称为"京做"、"苏做"和"广做"。不论官制还是民间柴木家具，都以其造型简洁，比例适度，线条舒展挺秀，不施装饰而博得人们的赞赏。清代家具虽继承明式构造上的某些传统，但逐渐趋向雍荣华丽，线条平直硬拐，雕饰过于繁缛。但是，许多民间家具制作仍保持了朴实简洁的风格。

第四节 科 学 技 术

科学技术在宋元时代曾经获得重大的发展，许多部门都曾居于世界的前列，并建立了自己的体系。明朝统治时期，西方国家随着工业革命的到来，科学技术迅速发展，许多领域都发生了重大的变革。明清时期，中国逐渐陷于资本主义国家的包围之中，科学技术的发展，受到"只重其法，不重其理"的旧体系的束缚，也日益落在西方国家的后面。但某些具有自己传统的领域，仍然出现了一些杰出的科学家和科技著作，取得了举世瞩目的成就。西方的科学技术传入后，某些领域逐渐注重科学原理的探讨，得到新的进步。

（一）天文学、数学与地理测绘

一、天文与历法

西方科技传入中国后，引起中西学术之争，焦点是天文学。这迫使中国学者重新研究中国传统天文学的实际水平，不得不改变"详于法而不著其理"（见王锡阐《晓庵遗书·杂著篇》）的传统体系。许多人努力钻研天文历法理论,从宇宙结构等方面认识天文现象,从方法上使传统天文学得到更新。

明代行用的《大统历》源于元郭守敬《授时历》,到明末已历二百六十多年。屡次有人提出修改历法的建议,崇祯二年(一六二九年)开设历局,由徐光启主持用西洋法编制新历。徐认为用西洋法当先翻译西洋著作,先后推荐传教士龙华民、邓玉函、汤若望、罗雅谷等人入局译书。到崇祯六年徐光启去世前,据译书编成新法《历书》共一百零四卷。继任的李天经又编成三十二卷,合称为《崇祯历书》。内分基本五目,节次六目,合十一部。徐光启原意是要"镕西算以入大统之型模"(参见梅文鼎《历学疑问》),实际上是一部西洋历法。

《崇祯历书》的编订是官府组织的一次翻译、整理西洋天文历算学著作的活动,对西洋历算的介绍与传播有重要意义。《崇祯历书》与旧历不同处,汤若望总结为四十二条,要点有三:一是天体结构理论不同。《崇祯历书》使用的是第谷的本轮、次轮说,认为日月恒星所在的本轮心沿本天(又称均轮)绕地运转,五星所在的次轮心沿太阳所在的本轮运转(绕日运转),诸曜不同天运行,日、地不同心。由此引出历法中的日月高卑差、不同心差等参数。二是计算方法不同。西法用平三角、弧三角、椭圆法等计算,不似中法只用勾股、圆法。三是观测仪器不同。新法使用象限仪、百游仪、望远镜等仪器，提高了观测的精度，加深了对天体结构的认识。如西法定恒星大小为六等；以银河为小星攒聚而成，不是云气……，都与望远镜的使用有关。以上三点都使西法的精度高于中法。还有一些虽与中法不同，但与精度无大关系的，如西法用黄道度

《皇朝礼器图式》天体仪

数，分周天为三百六十度，一日为九十六刻等，均与中法不同。此后中国学者如王锡阐、梅文鼎，都通过《崇祯历书》学习西法历算。清朝建立后，改名为《时宪历》，行用了二百余年。

王锡阐（一六二八——一六八二年），字寅旭，号晓庵，吴江（今属江苏省）人。明亡后闭门不出，苦攻天文星历之学。主要著作有《历法》六卷，《历表》三卷，《大统历法启蒙》五卷，《杂著》一卷，合编为《晓庵遗书》。

王锡阐正统思想极强，反映到学术上是对西法不

590

能给以实事求是的评价。他认为西法长处有五，当辨者(缺陷)有十，而长处是从中法窃取的，缺陷则导致了它测算的不精确性。但他与一般坚持排教护法的士大夫如杨光先、魏文奎辈不同，他把对西法的攻诘建立在对中、西法认真研究、理解的基础上，所以论西法缺点，常能中其肯綮。其次，他虽在总体上蔑视西法，却不忘西法长处，特别在涉及具体问题时，常表现出对西法的推崇。他的贡献除了阐明中西法的异同、渊源外，还在于他穷三十年精力，自制一部历法，世称"晓庵新法"。长处是既"以中法为型范"，又吸取了西法优点。徐光启曾有此心而无此力，王锡阐把它变成了现实。他的历书利用西学理论对中历的传统方法作了恰当解释，使中法道理大明于世，为清代学者研究古学，开辟了新路。在技术方面，如把日月分为三百六十度，以度分确定日月食复方位；为选择合适参数，"变周改应，增损经纬迟疾诸率"(《杂著·推步交朔序》)，耗费了三十年精力。在他去世的前一年，曾以大统旧法、西法及自制法对测当年八月朔日食，结果与旧法相差悬殊，与西法所差甚微。

二、数　学

明代商品经济发展，宋元间广泛使用的珠算法进一步普及，以解决应用题为征特的商业数学发展起来。西方数学传入后，在士大夫中引起了强烈反响。为了正确认识中西算学的异同，加速西算与中算的融合，清初梅文鼎与梅瑴成祖孙二人做出了重要贡献。

明代《九章》系统的数学著作首推吴敬《九章算法比类大全》，书成于景泰元年（一四五〇年）。它的格式除了开篇增加"乘除开方起例"，介绍有关算和数的基本知识外，完全象《九章》那样，按方田、粟米等九项分作九卷，每卷也由若干应用题组成，全书共有一三二九题（包括书首"起例"中的一九四题），比《九章》的二四六题增加了四点四倍多。其中一部分是从古算书中抄录来的，新增题目中如"就物抽分"、"合伙经营"等，多属于商业内容。

程大位著《算法统宗》，成书于万历二十年（一五九二年）。分十七卷，收录应用题五九五个。体例与《九章算法比类大全》相同，仍是属于旧算学系统的著作。它的特点是运算全部采用珠算法，包括开平方、立方。又加法用"上法诀"，减法用"退法诀"（如"一上一"，"一下五除四"；"一退一"，"一退十还九"等）；除法将法（除数）列在算盘右边，实（被除数）列在左边。珠算结构和算法的完善，反映了明代商业数学的水平，并传播于日本、朝鲜，南传东南亚各国。

梅文鼎（一六三三——一七二一年），字定九，宣州陵阳人。幼习儒业，二十七岁始学历算。此后辛勤研究，孜孜不倦，数十年如一日，写下大量的数学著作，名声渐盛。康熙皇帝南巡途中召见，谈论三日，亲书"积学参微"四字为赠。

梅文鼎始习历算时,距利玛窦来华已八十年左右。当时翻译的西洋历算书很多,如李之藻译《同文算指》、徐光启译的《几何原本》等。一些学者认为高出中算很多,另一些人又认为西学那些东西中国古已有之。梅文鼎通过自己的研究,对这一争议作出了回答。

梅文鼎著作约九十余种(阮元《畴人传》载八十八种,另有《天步真原订注》等四种),对算学的贡献表现在两个方面:一是深入研究、整理了古代算学遗产,使古算义理更加昌明,频于失传者也重现于世。如他的《方程论》、《勾股举隅》等就是这类著作。二是将西算中国化,更容易为中国士大夫接受,为中西算学的融合作了有益工作。如改西洋笔算的横行式为直行式,改直行式的西洋纳白尔算筹为横式(见《勿庵筹算》)等。在他的《平三角举要》、《几何通解》中,还用传统的勾股法证明《几何原本》中的习题。钱大昕说,梅文鼎"国朝算学第一",在中国古代算学史中,梅文鼎的贡献是巨大的。

由于梅文鼎在算学方面的成就,康熙四十六年(一七〇七年)特准他的孙子梅瑴成入内廷读书。梅瑴成字玉汝,号循斋,又号柳下居士。入内廷后钦赐监生、举人,充蒙养斋汇编官,与陈厚耀、何国宗等人编纂《数理精蕴》、《历象考成》等书。另著有《增删算法统宗》、《操缦卮言》、《赤水遗珍》。

《数理精蕴》是据法国传教士张诚、白晋的遗稿修改而成，不仅是一部全面介绍西算的读物，也是一部全面总结清初中国算学知识的著作。书分上下两编。上编五卷，卷一为《数理本原》、《河图》、《洛书》、《周髀经解》，卷二至四为《几何原本》，但与欧几里德《几何原本》体例差异较大。与卷五的《算术原本》相对照可知，作者不是为了介绍欧氏原著，而是要把当时具有的几何知识加以分类著录。下编四十卷，其中《首部》二卷，介绍算学基本方法，如命位、加、减、因乘、归除、通分、约分等。虽然主要是西洋方法，却不照搬西算。如用中国数字，不用阿拉伯数字；约分用辗转相减法等。卷三至三十，分为《线部》、《面部》、《体部》，此外还有"垛堆"问题计算法。卷三十一至四十为末部，讨论"借根方"，即代数的有关问题。下编之后附"八线"等表，共四种，分为八卷。全书共五十三卷。书中没有介绍珠算，对西方的算筹和比例尺却有详细介绍。这是我国第一部纯由数学图形和方法分类的数学著作，标志着传统的《九章算术》体系已全部更新了。

三、地 理 测 绘

天文学和数学的发展，推动了地理测绘的进步。地理测绘也反转来促进了天文测量和数学应用的发展。

康熙帝在签订中俄尼布楚条约后，深感原有地图不准确的危害，决意进行全国性的地理测量。经过近二十年的准备，从康熙四十六年（一七〇七年）开始，前后经历十年，将关内的十五省与关外满、蒙地区测绘完毕，在法国教士杜德美的主持下，将测量结果绘成《皇舆全图》，于康熙五十七年进呈。这时天山战乱未平，西部测量仅到哈密。乾隆二十年（一七五五年）和二十四年，又两次派遣明安图、何国宗等到天山补测。二十六年将补测结果编绘成《西域图志》。法国教士蒋友人根据《皇舆全图》、《西域图志》，并参考俄、蒙文献，汇编成《皇舆全览图》，比例尺约为一比一百四十万，图幅比《皇舆全图》大一倍。包括的地区北到北冰洋，南到印度洋，西到波罗的海、地中海、红海，相当于一幅亚洲全图。

　　康、乾时的两次地理测量是兼用天文测量和大地三角测量两种方法进行的。天文测量是在待测地区选择适当数目的观测点，分别测出它们的经纬度数值作为基准点。康熙时的测量在直隶、山东等二十个省、地区选定的基准点共六百四十个。三角测量是把待测区划分成一个三角网，选定其中某一个三角形的一条边为基线，准确量出它的长度；再从两端分别测出某一待测目标的方位角，就能用三角法算出基线两端到待测点的距离。以任一求得的距离为基线，计算到另一待测点的距离，依次计算下去，就能得到三角网中任意一点的座标。再用测出的基准点的经纬度数值修正计算误差，得出较准确的测量结果。由于当时经纬度测量

（特别是经度测量）的精确度差，所绘地图的绝对精度不如相对精度大。但由于使用了科学的测量法，仍然是当时世界上最精确的地图。直到一九三四年上海申报馆出版《中华民国新地图》之前，一直是我国印制各种地图的蓝本。通过这些测量，规定了统一的尺度，以地球经线一度的长度为二百里，每里为一百八十丈，由此定出营造尺长度。这与十八世纪末法国由赤道长度定出米制单位具有同样的科学性；又测出纬度愈高，每度经线的直线距离愈长，从而证实了牛顿地球扁圆说的正确性；测量所得数据，还可作为对地形变化进行比较研究的依据，时代愈久，愈显示出重大意义。

（二）医学与本草学

中国特有的传统医学和本草学在明清两代有了较大的发展。医学著作的大量出现，内容包括对古医经的诠释、药物研究、医方征集、医案选辑、中外医学交流等等。李时珍《本草纲目》的完成是《本草》系统的中药学发展到顶点的标志。医学中的显著成就是瘟病学说的建立和发展。藏族和蒙族的医学也取得了新发展。

一、李时珍《本草纲目》

李时珍（一五一八——一五九三年）字东璧，号频湖，蕲州蕲春县（今湖北蕲春）人，世医出身。历时三十余年,撰成《本草纲目》。全书约一百九十余万字,分为五十二卷,十六部六十类。收载药物一八九二种,其中一五一八种系旧《本草》书所有,三七四种是李时珍新增(此据王士祯《本草纲目序》,传世本与此数略有出入)。每种药物下列有"释名"、"集解"、"修治"、"气味"、"主治"、"发明"等细目,分别叙述药物别名、形状、出处、采集加工方法、药性、用途等,最后附载有关药方。全书收载的药方共一万一千一百五十一方,其中旧方二千九百八十一,新增八千一百七十。并附有药物图一千一百零九幅。

《本草纲目》涉及到植物学、动物学、矿物学、化学、经济地理学等各方面的知识,是我国古代的一部百科全书。例如金石部中的"金",书中不但记述它的药性和主治这类医学内容,"集解"目下还记述了金的产地、伴生矿石、植物找矿法、开采法、冶炼法、金的种类、纯度的物理鉴别法等等,几乎包括了当时金的全部知识。由于书中收藏的自然物很多,就更显得珍贵。

乾隆三十年(一七六五年),浙江钱塘人赵学敏撰《本草纲目拾遗》十卷,载药物七一六种,附记二〇五种,合九二一种。新增药物多为旧有品种的不同产地,但补入明末以来传入的西药,如强水(硝酸溶液)、刀伤水(碘酒)、鼻冲水、药露、金鸡勒(今名金鸡纳霜)等。虽然为数不多,但反映了中医已开始注意到西药的应用。

二、瘟病学说与人痘接种术

《明史·五行志》记载，一四〇八至一六四四年间，各地发生的大瘟疫达二十六次之多。入境外国人士的增加，使中土从未有过的传染病也开始流行。中医的内科理论原是建立在《伤寒论》之上。瘟疫等传染病的流行，促使瘟病学说得到发展。

在隋代巢元方《诸病源候论》里已记载瘟病的传染性特征，宋元时引起较多人注意，开始与伤寒病区分开来。但瘟病学说的真正奠基人是明初丹溪学派的医家王履（字安道，一三三二——一三九一）。他首先从论症、治法两方面对伤寒与瘟病加以区别。明清之际吴有性（字又可）摆脱了"六气说"束缚，提出"戾气说"。认为瘟病是戾气所致，由口鼻传入，与伤寒病因根本不同。著《瘟疫论》，进而指出戾气有不同类型，各能产生不同疫病。经过清代名医叶桂、薛雪、吴瑭、王士雄等人的努力，瘟病学说逐渐建立起体系。

叶桂（一六六七——一七四六年）字天士，在《温热论》中总结了温病发病、传病的规律，依据感染程度不同分作卫、气、营、血四个阶段，按段施治。薛雪（一六八一——一七七〇）撰《湿热条辨》、吴瑭（约一七五八——一八三六）撰《瘟病条辨》、王士雄（一八〇八——一八六六年）撰《瘟热经纬》等，对瘟病的病源、证候及治法都有所发挥，使瘟病在理、法、方、药等方面都成了

598

独立于《伤寒论》之外的专门学科。

天花（即痘疹）也是一种瘟病，最早的记载见诸公元四世纪成书的《肘后备急方》，据传是东汉光武帝建武年间在南阳击虏所得，故称为虏疮。唐人孙思邈《千金方》中已有治疗药方，此后才逐渐掌握了接种人痘的预防方法。清人武荣纶撰《牛痘新书》中载："唐开元间，江南赵氏始传鼻苗种痘之法"，此后逐渐完善，约有三种：较早的是用棉花蘸取痘疮的疮浆，塞入接种儿童的鼻孔。此法很危险，文献中多有"种痘而亡"的记载。后又有用痘痂接种的旱痘法和水痘法：前者是将干痘痂研成粉，吹入接种儿的鼻孔；后者将痘痂粉调水，用棉花蘸取后塞入被接种儿童的鼻孔中，此后改进为使用经过多次接种后的痘痂接种，称熟苗接种，较为安全了。

接种人痘预防天花是人工免疫法的先驱，是我国医学的一大贡献。清初传入日本；康熙间俄国人来中国学痘医；十八世纪初已传入欧洲。直到一七九六年英人真纳发明牛痘接种法以前，一直是最有效地预防天花病的方法。

三、藏医与蒙医

藏医早自吐蕃王朝时即已形成。明代的帕竹王朝，藏医形成南北两大学派。北方学派由强巴·南杰桑（一三九四————一四七五）创建，特点是善用温热药物，制方所用药味较多，长于灸法、放血及对风湿性疾病的治疗。南方学派的创始人是索卡·年姆尼多吉（一四三九——一四七五），学术特点是善用清解药物，制剂药味少，长于应用地方草药治疗温热疾病。南北两学派又各自形成支派。

清代拉萨、日喀则等地建立了藏医学校，以吐蕃时代的藏医著作《四部医典》为教材。还经常延聘名医到布达拉宫讲学。医学流派最著名的是由南方学派发展来的直贡学派和西康学派。前者是十七世纪中期由直贡·曲扎在墨竹工卡地区的直贡寺创立；后者是十八世纪时司徒·曲吉琼奈创立于昌都德格地区。西康学派受汉医的影响较大。

以正骨、饮食疗法为特色的蒙医体系是元代以来逐步形成的。十四世纪初，印度经典《金光典》译为蒙文，其中的医学理论传入蒙古。此后又受藏医、汉医、阿拉伯医的影响，有了长足发展，逐渐形成三个派别：一是传统蒙医学派，以擅长骨科和饮食疗法为特征；二是藏医学派，奉《四部医典》为经典，具有较高的医学理论水平。三是近代蒙医学派，形成于十七世纪末叶，主张蒙医与藏医相结合。既注重传统疗法，又重《四部医典》。各派都著书立说，出现了一些著名的医家。

（三）农学著作与技术科学

一、《农政全书》

明代人口增长，嘉靖以来，水旱频仍。农学受到学者的重视。继承前代编修农书的传统，出现了农学的集大成著作《农政全书》。

《农政全书》作者徐光启（一五六二——一六三三年）字子先，号玄扈，官至太子太保，文渊阁大学士。入仕前即与传教士利玛窦等人相往还，译注《几何原本》等西方科技著作。晚年著《农政全书》六十卷，分"农本"、"田制"、"农事"等十二门。以汇辑古农书的记载为主，辅以作者本人的经历和述评。书中极重水利，以能否灌溉作为区分成田、荒田的标志，认为"凡地得水皆可田"，农业不发展的根本原因是"水利不修"（《农政全书》卷十六）。"救荒"一门，篇幅几占全书的三分之一，表明作者关心民间疾苦，也是明末局势衰败，灾荒严重的反映。

明代，自美洲经南洋输入玉米、番薯、马铃薯、花生、烟草等多种农作物。《农政全书》详细记述了番薯的种植、贮藏、加工法。讲到番薯育苗越冬、剪茎分种、扦插、窖藏干藏等技术，是最早系统介绍番薯种植法的著作。此后清人陈世元撰《金薯传习录》，记述了冷床育苗，包世臣《齐民四术》中记述了翻蔓技术，番薯种植技术逐渐完善。木棉的种植,至明朝已有数百年历史,种植法于农书中屡见记载,但《农政全书》首次把种植经验总结为"精拣核、早下种、深根短干、稀科肥壅"的十四字诀。《农政全书》中论除蝗的文字虽然不多,却是徐光启实地考察的结果。如论蝗虫生殖:"蝗虫下子,必择坚垎黑土高亢之处,用尾栽入土中下子。深不及一寸,仍留孔窍,……势如蜂窠。""一蝗所下十余,形如豆粒,中止白汁。渐次充实,因而分颗,一粒中即有细子百余。或云一生九十九子,不然也。"(《农政全书》卷四《四备荒考中》)观察十分细致,具有较高的科学水平。《全书》中还著录《泰西水法》,采自徐光启译,传教士熊三拔著《水法本论》,其中介绍的汲水具:龙尾车、恒升车、玉衡车等在我国农村流被极广。

明清两代,农学著述极多。据不完全统计,明代有一百余种,清代超过二百种。明人的名著还有邝璠《便民图纂》、马一龙《农说》、耿荫楼《国脉农天》、涟川沈氏的《沈氏农书》,清代有张履祥《补农书》、杨屾《知本提纲》、潘曾沂《潘丰裕庄本书》、李彦章《江南催耕课稻篇》等。这些著述从不同角度研究农业生产技术,对农学的发展作出了贡献。

二、《天工开物》

继《农政全书》之后出现的《天工开物》是科学技术

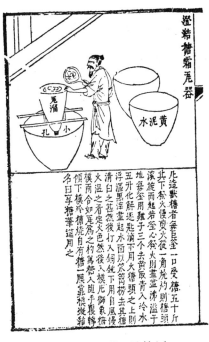

《天工开物》制糖图

史上的又一部奇书。作者宋应星，字长庚，江西奉新县人，生于一五八七年，卒于清顺治间。《天工开物》成书于一六三七年，分上、中、下三卷，分为"乃粒"、"乃服"、"彰施"等十八目。分别记述织染、农产品加工、制盐、制糖、陶冶、舟车等手工业生产，是世界最早的一部手工业生产技术专著。

《天工开物》记述了明代许多先进的手工业技术，如用杂交法培养桑蚕的优良品种，蜡模铸造法、千钧以上大锚的锻造法、火法炼锌等等。这些虽然不全是明代的发明，却由于《天工开物》的记述而得以使人了解和传布。《天工开物》还收载了自国外传来的技术，如倭缎织造法，朝鲜及西洋棉布染整法，红夷炮、佛朗机冶铸法，日本与朝鲜海船的制造法等等。表明海外技术的不断传入，已成为人们不可缺少的知识。

三、技术科学

明清两代的技术科学，一般说来，进步迟缓，但在建筑、纺织、机械制造等也取得了一些新成就，并有专门著述传世。

建筑——宋代李诫著《营造法式》，是我国古代建筑学的重要专著。清工部编制《工部工程做法则例》是又一部建筑学专书。本书于雍正十二年（一七三四年）由清工部刊印行世。全书共七十卷，前二十七卷是二十七种不同规格的殿堂廊屋的"大木作"（梁、柱、檩、椽、斗拱等主体木构件的制作）例，将各种"大木"构件的尺寸一一注出；后二十四卷是工料估算法；其余各卷分别记述"小木作"（门窗、天花、勾栏、照壁等附属设施的木件作法）、"石作"、"砖作"、"瓦作"、"彩画作"……等。与宋《营造法式》相比，本书反映的建筑风格的变化主要是：斗拱攒数增加、尺寸权衡变小，表现出斗拱的装饰性增强，功能性降低；举架（屋面坡度）较峻，出檐（檐柱到撩檐檩间的水平距离）较少，柱有收分（每高一丈，柱径收七分），使建筑外形更加俊秀，不似宋代以前那样幽深朴拙；台基、须弥座、勾栏等的线脚较少，手法更加简练；材料截面的宽高比接近正方形，而宋式为三比二。总的看来，清式宫廷建筑的技术性提高，但由于追求装饰性，向着华艳方向发展，从材料力学的角度看，科学性反而有所降低。

《则例》的缺点是书中记述的只是建筑构件的绝对尺寸，而不是各部尺寸比例，使用不便。其次，对各部件的装配位置、功能、加工步骤都无解释，读者利用有不少困难。但它仍然是了解清式建筑的重要著作。

　　纺织——纺织历来是手工业中的重要部门。明代，古老的丝织和新兴的棉纺形成两大部类。有关纺织技术的纪录和研究，主要见于《天工开物》一书。

　　《天工开物》记载，明代养蚕已知用杂交法培育优良蚕种。练丝法用猪胰或乌梅。猪胰中含有蛋白酶，对丝胶水解有催化作用，所以练减率高，又不损伤丝质，后世一直沿用此法。《天工开物》还载有纺织五枚经斜纹绫的织绫技术。棉布到明代已取代丝麻，成为普遍使用的织物。《天工开物》说："凡棉布，寸土皆有，而织造尚松江。"松江历来是棉织业的中心。明代松江棉布，分为标布、中机和山布三类。山布最窄且短。标布最宽，行销全国，远达海外。《农政全书》记载，江西乐安纺车，一车五繀（音岁 sui，繀车）。较旧车只容三繀，有所改进，但以手指操作，仍极困难。英国在一七六八年制成珍尼纺纱机，以机器牵引，一车可多达十九繀。明清时代的中国，却未能出现这样的机械。

　　机械制造——明代西方的某些器械东传，中国开始仿造。崇祯二年（一六二九年），明廷应徐光启请求，决定制造望远镜。据《明史·天文志》记载，系由两个镜片组成，用于天文观测和"望敌施炮"。自鸣钟由利玛窦带入中国。徐光启曾受命造自鸣钟，作为测天仪器，大约由于精度不够，当时的天文计时仍以日晷、漏壶为主。清代制钟技术才得到发展。

明朝使用火药火器始于"靖难之役"（见朱国桢《涌幢小品》卷十二），明成祖平交趾，得神机枪炮法，特设了神机营习练。此后，中国匠人续有发明。正德间，佛朗机海舶来中国，在嘉靖二年（一五二三年）的海战中，船上火炮被明军俘获，称之为"佛朗机"。白沙巡检何儒仿制成功，明军中才有了各式佛朗机炮。大者重千余斤，射程数百步，号称"大将军"。万历后又得西洋红夷炮，长二丈余，重达三千斤，"能洞裂石城，震数十里"。崇祯时，徐光启以重资从广澳募集西洋工匠制造。明末军器局制造的中外各式火器已有数十种之多（参见《明史·兵制四》）。清康熙帝为平三藩之乱，命南怀仁监制大小西洋火器，在芦沟桥试放，受到康熙帝的称赞。日本的火器技术这时也传入中国。日本鸟铳，装有瞄准具（照星和照门），发无不中，射程又远，是中国轻型火器中比较优良的一种（纳兰容若《渌水亭杂识》卷三）。

明末西洋教士邓玉函与中国士人王徵共撰《奇器图说》三卷，是机械制造学的专著。卷一介绍有关重心、重力线、比重、浮力、压强等基本概念以及相关的定理、定律，还介绍了固体、液体（书中称干、湿二体）的某些性质。卷二把机械元件分作六类：天平、等子（不等

606

臂称)、杠杆、滑车、圆轮和藤线（即螺旋），分别介绍了各自的使用原理和计算方法。其中说"器之能力最大者，其用时必多"，即省力的器械必然费时。在能量守恒定律正式确立之前，作为一个传教士能在机械中提出这样的表达式，是难能可贵的。卷三是实用器械图，包括起重十一图，引重四图，转重二图，取水九图，转磨十五图，解木四图，解石、转碓、书架、水日晷、代耕各一图，水铳（抽水唧筒）四图，总计五十四图，并附有说解。

《奇器图说》第一次使中国零散的力学器械纳入理论体系，提供了研究器械的科学方法，在中国机械制造史中具有重要的意义。

清代纪年表

（太祖至仁宗）

公元纪年	干支纪年	清　朝　纪　年
一六一六	丙辰	太祖（金）天命元年
一六二七	丁卯	太宗（金）天聪元年
一六三六	丙子	崇德元年
一六四四	甲申	世祖顺治元年
一六六二	壬寅	圣祖康熙元年
一七二三	癸卯	世宗雍正元年
一七三六	丙辰	高宗乾隆元年
一七九六	丙辰	仁宗嘉庆元年

地 名 表

本表所收只限本册所见的清代地名。明清文化一章中的少数明代地名已见前册，不重录。邻国地名，附带收入，注明今地。古地名依笔画顺序排列。今地名只表示治所和城镇的大致方位。有异议者，择善而从；无确据者，暂缺存疑。古今异名的山川，有关重大历史事件者，酌量选录，以供读者参考。

二　画

八　寨　贵州丹寨县

三　画

三　姓　黑龙江依兰县
干崖司　云南盈江县东北
大　宁　四川巫溪县
大　光　缅甸仰光市
大　同　山西大同市
大　竹　四川大竹县
大　名　河北大名县
大　兴　北京市境
大　足　四川大足县
大　定　贵州大方县
大　荔　陕西大荔县
大　姚　云南大姚县
大　理　云南大理白族自治州
大　庚　江西大余县
大金川　四川金川县
大沽口　天津大沽
万　泉　山西万荣县
弋　阳　江西弋阳县
上　杭　福建上杭县
山　阳　陕西山阳县
山海关　河北秦皇岛市东北
广　元　四川广元县
广　平　河北广平县
广西州　云南泸西县
广　州　广东广州市
广南府　云南广南县
卫辉府　河南汲县

小库伦	内蒙古哲里木盟库伦旗
小金川	四川小金县
马白关	云南开化县
马边厅	四川马边彝族自治县

四　画

扎卜堪	蒙古扎布哈朗特以西扎 布噶河一带
扎什伦布寺	西藏日喀则市
云　州	云南云县
云南府	云南昆明市
元江州	云南元江哈尼族彝族傣 族自治县
元和县	江苏苏州市
无　锡	江苏无锡市
天　水	甘肃天水市
天　台	浙江天台县
天　津	天津市
开　化	云南文山县
开　州	河南濮阳市
开　县	四川开县
开　远	云南开远市
开　封	河南开封市
木兰围场	河北围场县
五　台	山西五台县
屯　溪	安徽屯溪市
车　里	云南景洪县东北
丰　城	四川宣汉县
丰　润	河北丰润县
太平厅	四川万源县
太平庄	河北隆化县西
太平府	广西崇左县

太　原	山西太原市
历　城	山东济南市
中　江	四川中江县
中　牟	河南中牟县
中甸厅	云南中甸县
内　江	四川内江市
日　照	山东日照市
日喀则	西藏日喀则市
升　龙	越南河内
长　子	山西长子县
长　乐	湖北五峰土家族自治县
长　安	陕西西安市
长　阳	湖北长阳土家族自治县
长　垣	河南长垣县
长　洲	江苏苏州市
长　泰	福建长泰县
乌　什	新疆乌什市
乌蒙府	云南昭通市
乌撒府	贵州威宁彝族回族苗族 自治县
乌兰乌苏	新疆石河子市
乌鲁木齐	新疆乌鲁木齐市
乌里雅苏台	蒙古扎布汉省会扎 布哈朗特
乌哈尔里克	新疆伊宁市
丹　江	贵州雷山县北
凤　山	台湾高雄县
凤　台	安徽凤台县
凤　凰	湖南凤凰县
凤　翔	陕西凤翔县
文　县	甘肃文县
户撒司	云南陇川县北

斗六门　台湾云林县
巴　州　四川巴中县
巴　塘　四川巴塘县
巴里坤　新疆巴里坤哈萨克自治
　　　　县
巴克达山　阿富汗东境
巴林右旗　内蒙古巴林右旗
水　西　贵州毕节地区和安顺的
　　　　部分地区
水口关　广西龙州县龙州镇西北
水沙连　台湾南投县西南水里镇

五　画

巧家厅　云南巧家县
打牲乌拉　吉林吉林市西北乌拉
　　　　街
打箭炉厅　四川康定县
平　远　贵州织金县
平　利　陕西平利县
平　和　福建平和县
平　湖　浙江平湖县
平而关　广西凭祥市西北
平凉府　甘肃平凉市
正　定　河北正定县
古　丈　湖南古丈县
古　州　贵州榕江县
古北口　北京市密云县东北
甘　州　甘肃张掖市
甘　泉　江苏扬州市
东　乡　四川宣汉县
东　平　山东东平县
东　台　江苏东台县

东　安　湖南东安县
东　昌　山东聊城市
东　明　山东东明县
东　莞　广东东莞市
东　湖　湖北宜昌县
东川府　云南会泽县
布特哈　清政区名。汉译"打牲
　　　　处"，总管驻宜卧奇
　　　　（今内蒙古莫力达瓦
　　　　达斡尔自治旗）
布尔干河　蒙古科布多南布尔木
　　　　良河
布鲁克巴　不丹
石　屏　云南石屏县
石　湾　广东东莞县东北
石家庄　河北石家庄市
龙　州　广西龙州县
龙　阳　湖南汉寿县
龙　胜　广西龙胜各族自治县
龙安府　四川平武县
归化城　内蒙古呼和浩特市
北淡水　台湾台北县淡水港
叶　县　河南叶县
叶尔羌　新疆莎车县
卡　撒　四川金川县南
仪　征　江苏仪征市
仪　封　河南兰考县东南
白　河　陕西白河县
瓜州镇　江苏扬州市南
句　容　江苏句容县
乐　平　江西乐平县
乐　至　四川乐至县

汉　口	湖北武汉市汉口	老万山群岛(万山群岛)	广东珠
汉　州	四川广汉县		江口外
兰　山	山东临沂市	西　乡	陕西西乡县
兰　州	甘肃兰州市	西　宁	青海西宁市
宁　远	新疆伊宁市	西　充	四川西充县
宁　羌	陕西宁强县	西　安	陕西西安市
宁　国	安徽宁国县	西安州(营)	宁夏海原县西
宁　波	浙江宁波市	达　州	四川达县市
宁　津	山东宁津县	成　都	四川成都市
宁　都	江西宁都县	扬　州	江苏扬州市
宁　海	辽宁金县	当　阳	湖北当阳县
宁　德	福建宁德县	吐鲁番	新疆吐鲁番市
宁古塔	黑龙江宁安县	同　安	福建同安县
宁远府	四川西昌市	同州府	陕西大荔县
宁夏府	宁夏银川市	曲　阜	山东曲阜市
永　安	福建永安市	曲　靖	云南曲靖市
永　昌	云南保山市	竹　山	湖北竹山县
永　顺	湖南永顺县	竹　溪	湖北竹溪县
永　绥	湖南花垣县	休　宁	安徽休宁县
永　善	云南永善县	伏　羌	甘肃甘谷县
永　嘉	浙江温州市	伊　犁	新疆伊宁市西
永北厅	云南永胜县	华　州	陕西华县
永州府	湖南永州市	华　阳	陕西洋县北
台　拱	贵州台江县	华　亭	上海松江县
台湾府	台湾台南市	舟　山	浙江定海县
尼布楚	苏联涅尔琴斯克	全　椒	安徽全椒县
协噶尔宗	西藏定日县	会　宁	甘肃会宁县
巩昌府	甘肃陇西县	会　泽	云南会泽县
		会　稽	浙江绍兴市

六　画

		合　浦	广西合浦县
吉　安	江西吉安市	多伦诺尔厅	内蒙古多伦县
吉　林(吉林乌拉)	吉林吉林市	齐齐哈尔	黑龙江齐齐哈尔市

612

齐齐尔里克　蒙古鄂尔浑河上游
　　　　　塔米尔河南
庆远府　广西宜山县
汗阿林(汗山)　蒙古乌兰巴托市南
江　宁　江苏南京市
江　孜　西藏江孜县
江　阴　江苏江阴县
江　油　四川江油县
汲　县　河南汲县
池州府　安徽贵池县
安　仁　湖南安仁县
安　西　甘肃安西县
安　邑　山西运城市东北
安　岳　四川安岳县
安　定　甘肃定西县
安　顺　贵州安顺市
安　康　陕西安康县
安　溪　福建安溪县
安集延　苏联乌兹别克费尔干纳
　　　　盆地东南
兴　山　湖北兴山县
兴　化　江苏兴化县
兴义府　贵州安龙布依族苗族自
　　　　治县
兴安府　陕西安康县
寻　甸　云南寻甸回族彝族自治
　　　　县
阳　山　广东阳山县
阳　布　尼泊尔加德满都市
阳　谷　山东阳谷县
阳　高　山西阳高县
阳　湖　江苏常州市

阶　州　甘肃武都县

七　画

寿　州　安徽寿县
寿　阳　山西寿阳县
寿　张　山东阳谷县东南
丽江府　云南丽江纳西族自治县
克鲁伦巴尔河　蒙古克鲁伦河，
　　　　　　源出肯特山脉
　　　　　　东坡
芜　湖　安徽芜湖市
苏　州　江苏苏州市
赤　峰　内蒙古赤峰市
孝　感　湖北孝感市
两河口　陕西西乡县境
酉　阳　四川酉阳土家族苗族自
　　　　治县
来　凤　湖北来凤县
抚　州　江西抚州市
连　山　广东连山壮族瑶族自治
　　　　县
连　州　广东连县
吴　江　江苏吴江县
吴　县　江苏苏州市
里　塘　四川理塘县
秀　山　四川秀山土家族苗族自
　　　　治县
秀　水　浙江嘉兴市境
延平府　福建南平市
延安府　陕西延安市
延绥镇　陕西榆林县
攸　乐　云南景洪县允景洪镇以

613

东

伯都讷城　吉林扶余县北
佛　山　广东佛山市
余　姚　浙江余姚市
狄　道　甘肃临洮县
库　车　新疆库车县
库　伦　蒙古乌兰巴托市
库尔哈刺乌苏　新疆乌苏县
沙　市　四川沙市市
沔　县　陕西勉县
沅　江　湖南沅江县
张家口　河北张家口市
灵　寿　河北灵寿县
阿勒泰(承化寺)　新疆阿勒泰市
阿克苏　新疆阿克苏市
阿尔古厅　四川金川县
阿勒楚尔　新疆塔什库尔干塔吉
　　　　克自治县以西苏联
　　　　境内
阿勒坦淖尔　苏联捷列茨科耶湖
陇　川　云南陇川县
邵　武　福建邵武市

八　画

青　田　浙江青田县
青　州　山东青州市
奉　天　辽宁沈阳市
武　宁　江西武宁县
武　进　江苏武进县(驻常州市)
武　定　云南武定县
武　城　山东武城县
枝　江　湖北枝江县

松　江　上海市松江县
松　桃　贵州松桃苗族自治县
杭　州　浙江杭州市
茂隆银厂　地址在云南沧源班
　　　　洪、班老地区
英　山　湖北英山县
英吉沙(英吉沙尔)　新疆英吉沙
　　　　尔县
枣　阳　湖北枣阳县
砀　山　安徽砀山县
拉　林　黑龙江阿城县南
拉　萨　西藏拉萨市
瓯　宁　福建建安县
虎　门　广东东莞西南
虎踞关　云南陇川县西边界外
岷　州　甘肃岷县
明　正　四川康定县
昌　都　西藏昌都县
昆(崑)山　江苏昆山县
昆　明　云南昆明市
易　州　河北易县
罗　城　广西罗城仫佬族自治县
迪　化　新疆乌鲁木齐市
固　原　宁夏固原县
固勒扎(绥定)　新疆霍城县
和　阗　新疆和田市
岳　阳　山西古县
金　门　福建金门县
金　乡　山东金乡县
金　坛　江苏金坛县
金华府　浙江金华市
鱼　台　山东鱼台县

周　至	陕西周至县
河　州	甘肃临夏东北
泸　溪	湖南泸溪县
沙城府	广西凌云县
留　坝	陕西留坝县
郑家屯	吉林双辽县
单　县	山东单县
定　日	西藏定日县
定　安	广东定安县
定　远	四川武胜县
定　远	陕西镇巴县
定　海	浙江定海县
定　陶	山东定陶县
宕　昌	甘肃宕昌县
宜　兴	江苏宜兴县
宜　都	湖北宜都县
宛　顶	云南畹町市
房　县	湖北房县
肃　宁	河北肃宁县
肃　州	甘肃酒泉市
建　宁	福建建宁县
建　昌	辽宁凌源县
建昌府	四川西昌市
绍　兴	浙江绍兴市
经　棚	内蒙古克什克腾旗
孟　县	河南孟县
孟　定	云南耿马傣族佤族自治县西
孟连司	云南孟连傣族拉祜族佤族自治县
承德县	辽宁沈阳市
承德府	河北承德市

九　画

柳　林	山东临清市南
城　口	四川城口县
荆　州	湖北江陵县
南　丰	江西南丰县
南　江	四川南江县
南　阳	河南南阳市
南　投	台湾南投县
南　甸	云南梁河县东北
南　昌	江西南昌市
南　郑	陕西汉中市
南　部	四川南部县
南　通	浙江南通市
荔　波	贵州荔波
革布什咱	四川金川县西南
威　宁	贵州威宁彝族回族苗族自治区
咸　阳	陕西咸阳市
咸　远	四川威远县
临　川	江西临川县
临　安	云南建水县
临　海	浙江临海市
临　清	山东临清市
临　潼	陕西临潼县
哈　密	新疆哈密市
哈剌沙尔	新疆焉耆回族自治县
昭　文	江苏常熟县
昭　通	云南昭通市
郧　西	湖北郧西县
郧　阳	湖北郧县
思　茅	云南思茅县

拜　城　新疆拜城县

科布多　蒙古吉尔格朗图

钦　州　广西钦州市

复　州　辽宁复县西北

香山县　广东中山县

重　庆　四川重庆市

保　山　云南保山市

保　定　河北保定市

保　康　湖北保康县

保　靖　湖南保靖县

顺天府　北京市

顺宁府　云南凤庆县

泉　州　福建泉州市

剑　川　云南剑川县

叙州府　四川宜宾市

独石口　河北赤城县北

恰克图　旧市街在今苏联境内恰
　　　　克图，新市街（买卖
　　　　城）在旧市街南，今蒙
　　　　古阿尔丹布拉克

闷勒奇山（塔勒奇山）　新疆伊宁
　　　　市北

洞庭（东山，西山）　江苏太湖东
　　　　岸

洮　州　甘肃临潭县

洵　阳　陕西旬阳县

洛　阳　河南洛阳市

济　宁　山东济宁市

济　南　山东济南市

洋　县　陕西洋县

浑　源　山西浑源县

浒墅关　江苏苏州市西北

将军山　陕西安康县境

美诺厅　四川小金县

屏　山　四川屏山县

十　画

珠勒都斯河　新疆准裕勒都斯河

秦　安　甘肃秦安县

秦　州　甘肃天水市

泰　安　山东泰安市

桂　阳　湖南桂阳县

桐　乡　浙江桐乡县

桐　城　安徽桐城县

耿　马　云南耿马傣族佤族自治
　　　　县

都匀府　贵州都匀市

莱　州　山东掖县

获　鹿　河北获鹿县

盐　亭　四川盐亭县

盐水港　台湾台南县西

盐茶厅　宁夏海原县

聂拉木　西藏聂拉木县

起台堡　甘肃临夏市西北

夏　邑　河南夏邑县

热河厅　河北承德市

哲孟雄　锡金

峨　边　四川峨边彝族自治县

峨　眉　四川峨眉县

钱　塘　浙江杭州市

铁壁关　云南陇川县西缅甸境内

铅　山　江西铅山县

射　洪　四川射洪县

旅顺口　辽宁大连市旅顺

高邮	江苏高邮县
高陵	陕西高陵县
凉州	甘肃武威市
浦市	湖南辰溪县西北
酒泉	甘肃酒泉市
浩罕	苏联乌兹别克费尔干纳盆地
海宁	浙江海宁市西南
海州	江苏连云港市西南
海城	辽宁海城市
海盐	浙江海盐县
海澄	福建龙海县
浚县	河南浚县
益都	山东青州市
容县	广西容县
容城	河北容城县
诸城	山东诸城县
诸罗	台湾嘉义市
陵川	山西陵川县
桑植	湖南桑植县
通州	北京市通县
通江	四川通江县
通渭	甘肃通渭县
绥德	陕西绥德县
绥远城	内蒙古呼和浩特市
绥定城	新疆霍城县
绥靖城	新疆塔城市
勐卯	云南瑞丽县
勐海	云南勐海县
勐笼	云南西双版纳傣族自治州景洪县南

十一画

琅峤（郎娇）	台湾屏东县恒春镇
乾州厅	湖南吉首市
勒乌围	四川金川县境
萧山	浙江萧山县
萨尔浒	辽宁抚顺市东浑河南岸
曹县	山东曹县
盛京	辽宁沈阳市
堂邑	山东聊城市西
常熟	江苏常熟市
常州	江苏常州市
鄂克什	四川小金县东北
崇安	福建崇安县
崇明	上海市崇明县
略阳	陕西略阳县
猫雾捒	台湾台中市
铜壁关	云南盈江县西南
船厂	吉林吉林市旧称
章丘	山东章丘县
鹿邑	河南鹿邑县
鹿港（鹿仔港）	台湾彰化县西鹿港
鹿耳门	台湾台南市安平港北
麻阳	湖南麻阳县
清江	贵州剑河县
清平	山东临清市东南
涿州	河北涿州市
淮安	江苏淮安县
渔山	浙江临海市东海面
凉州府	甘肃武威市
淡水	台湾新竹县

盖　平　辽宁盖县
宿　迁　江苏宿迁县
密　县　河南密县
隆　德　宁夏隆德县
维西厅　云南维西傈僳族自治县

十 二 画

琼　山　广东琼山县
博　野　河北博野县
博罗塔拉河　新疆博尔塔拉蒙古
　　　　　　自治州
塔什干　苏联乌兹别克首都
塔尔巴哈台　乾隆二十八年设治
　　　　　　于雅尔（苏联乌
　　　　　　尔扎尔），三十年
　　　　　　移治楚呼楚（新
　　　　　　疆塔城市）
喜峰口　河北迁西县北
越　嶲　四川越西县
厦　门　福建厦门市
雅　尔　苏联哈萨克共和国乌尔
　　　　扎尔城
雅克萨　苏联阿尔巴津
紫　阳　陕西紫阳县
辉　县　河南辉县
喀什噶尔（徕宁城）新疆喀什市
喀喇沙尔　新疆焉耆回族自治县
景德镇　江西景德镇市
循化厅　青海循化撒拉族自治县
腊撒司　云南陇川县西北
湖　州　浙江湖州市
温州府　浙江温州市

渭　南　陕西渭南市
渭　源　甘肃渭源县
普洱府　云南普洱哈尼族彝族自
　　　　治县
富　平　陕西富平县
富良江　越南红河
道口镇　河南滑县北
遂　宁　四川遂宁市
疏　勒　新疆疏勒县
婺　源　江西婺源县
登　州　山东蓬莱县

十 三 画

瑞　金　江西瑞金县
榆　次　山西榆次市
榆　林　陕西榆林县
献　县　河北献县
鄢　陵　河南鄢陵县
鄞　县　浙江宁波市
蓬　溪　四川蓬溪县
蒙　化　云南巍山彝族回族自治
　　　　县
蒙　自　云南蒙自县
楚　雄　云南楚雄市
雷波厅　四川雷波县
零丁洋　广东珠江口外
虞　城　河南虞城县
锡哷图库伦（小库伦）内蒙古哲
　　　　　　　　　里木盟
　　　　　　　　　库伦旗
　　　　　　　　　一带
锦　县　辽宁锦州市

618

腾冲府　云南腾冲县
腾越厅　云南腾冲县
靖　州　湖南靖县
靖　江　江苏靖江县
靖　远　甘肃靖远县
新　宁　湖南新宁县
新　会　广东新会县
新　昌　江西宜丰县
新　建　江西南昌市
新　城　山东桓台县
新　街　云南陇川县西界外缅甸
　　　　八莫
新义州　朝鲜新义州市
鄜　州　陕西富县
滑　县　河南滑县旧县城
福　州　福建福州市

十四画

静宁州　甘肃静宁县
嘉　兴　浙江嘉兴市
嘉　应　广东梅县市
嘉　定　上海市嘉定县
嘉定府　四川乐山市
嘉峪关　甘肃嘉峪关市嘉峪山西
　　　　麓
雒　容　广西鹿寨县
彰　化　台湾彰化县
漳　州　福建漳州市
彰　德　河南安阳市
精　河(晶河)　新疆精河县
察木多(昌都)　旧城名，故址在
　　　　西藏昌都县

十五画

撒马尔罕　苏联乌兹别克撒马尔
　　　　罕州首府
墨竹工卡　西藏墨竹工卡县
镇　江　江苏镇江市
镇　远　贵州镇远县
镇　康　云南永德县东北
镇安府　广西德保县
镇南关　广西凭祥市南友谊关
镇雄府　云南镇雄县
德　州　山东德州市
德　格　四川德格县
德　清　浙江德清县
樊　城　湖北襄樊市
澳　门　广东澳门
澜　沧　云南澜沧拉祜族自治县
澄　江　云南澄江县
额尔德尼召(光显寺)　蒙古鄂尔
　　　　浑河上
　　　　游东岸
　　　　特空特
　　　　玛尔
遵　义　贵州遵义市
遵　化　河北遵化县

十六画

噶尔厓(崖)　四川金川县境
歙　县　安徽歙县
黔　西　贵州黔西县
潞　安　山西长治市

619

620

人 名 索 引

622

628

630

635

638

十二画

642